SPECLANG
Beiträge zur Berufs- und Fachkommunikation

Band 2

Herausgegeben von
Beata Grzeszczakowska-Pawlikowska, Jacek Makowski
und Agnieszka Stawikowska-Marcinkowska

Die Bände dieser Reihe sind peer-reviewed.

Magda Grzybowska

Fachsprachenvermittlung für den modernen Arbeitsmarkt

Ausbildung von Fachsprachenlehrern in Curricula
des Germanistikstudiums am Beispiel Polens

Mit 15 Abbildungen

V&R unipress

**FACULTY OF
PHILOLOGY**
University of Lodz

Bibliografische Information der Deutschen Nationalbibliothek
Die Deutsche Nationalbibliothek verzeichnet diese Publikation in der Deutschen
Nationalbibliografie; detaillierte bibliografische Daten sind im Internet über
https://dnb.de abrufbar.

Gedruckt mit freundlicher Unterstützung der Universität Łódź.

© 2024 Brill | V&R unipress, Robert-Bosch-Breite 10, D-37079 Göttingen, ein Imprint der Brill-Gruppe
(Koninklijke Brill NV, Leiden, Niederlande; Brill USA Inc., Boston MA, USA; Brill Asia Pte Ltd,
Singapore; Brill Deutschland GmbH, Paderborn, Deutschland; Brill Österreich GmbH, Wien,
Österreich)
Koninklijke Brill NV umfasst die Imprints Brill, Brill Nijhoff, Brill Schöningh, Brill Fink, Brill mentis,
Brill Wageningen Academic, Vandenhoeck & Ruprecht, Böhlau und V&R unipress.

Druck und Bindung: CPI books GmbH, Birkstraße 10, D-25917 Leck
Printed in the EU.

Vandenhoeck & Ruprecht Verlage | www.vandenhoeck-ruprecht-verlage.com

ISSN 2750-6169
ISBN 978-3-8471-1662-2

An meine Großeltern Alina und Feliks

Inhalt

1. Einleitung

Die sich gegenwärtig abzeichnende berufliche Realität und das Entstehen neuer Berufe, wie z. B. der ›Beruf‹ des online *haters* (Matulewska 2022: 19) zeigen die weitreichenden Veränderungen auf dem modernen Arbeitsmarkt. Noch vor wenigen Jahren war das Erscheinen einer solchen Tätigkeit unvorstellbar. Heutzutage sind lebenslange Berufe jedoch immer seltener und der allgegenwärtige Wandel bringt die ständige Fortbildung, den Branchenwechsel und die Suche nach neuen Lösungen mit sich. Diese Tendenzen spiegeln sich in dem wider, was mittlerweile öfter als lebenslanges Lernen bezeichnet wird, welches in jeden erfolgreichen Bildungsprozess eingebettet ist oder sein sollte. Etwas unterschiedlich stellt sich allerdings auch die Situation der Philologen dar, die keinen tatsächlichen Beruf im traditionellen Sinne mehr ausüben und deren philologische Ausbildung eher zu einer Kompetenz geworden ist (Matulewska 2022: 14). Natürlich sollte das Bildungswesen nicht in die Richtung gehen, Curricula und Ausbildungen zur Vorbereitung auf den Beruf des *online haters* zu konzipieren. Dieser Prozess zeigt jedoch, dass nach den Worten von Heraklit von Ephesus »die einzige Konstante im Universum die Veränderung ist«[1], und es liegt an der Universität selbst, wie sie auf diese Veränderungen reagieren wird.

Zweifelsohne sollte die Universität als wissenschaftliche Forschungseinheit stets solche unbestrittenen Werte wie Respekt, Engagement, Entwicklung, Zusammenarbeit, Mut und Neugierde hochhalten[2]. Das Ziel sollte somit nicht der Versuch sein, die Universität in eine Art Berufsschule zu verwandeln, sondern die Aufmerksamkeit auf die Notwendigkeit zu lenken, der sich dynamisch verändernden Realität entsprechend entgegenzukommen. Die Relevanz dieses Themas wird ferner durch die anhaltende Wirtschaftskrise und den in der Gesellschaft herrschenden verstärkten Bedarf nach finanzieller Stabilität unterstrichen.

---

1 Das Zitat wurde der Webseite entnommen: https://beruhmte-zitate.de/zitate/1979264-herakli t-die-einzige-konstante-im-universum-ist-die-verande/ [letzter Zugang 20.08.2022].

2 Die zitierten Werte werden der Webseite der Universität Łódź entnommen https://www.uni.l odz.pl/o-uniwersytecie/misja-wizja-wartosci-strategia [letzter Zugang 20.08.2022].

Im Prozess des Wandels verdient der derzeit unterbewertete Lehrerberuf besondere Aufmerksamkeit, aus dem eine anhaltende Personalabwanderung in andere Branchen zu beobachten ist. Die Lehrerausbildung und die Vorbereitung auf die Mehrdimensionalität und Variabilität des Berufs sollten bei der Gestaltung der universitären Curricula als Anhaltspunkte betrachtet werden. Im Falle von Fremdsprachlehrenden[3] fördern die unattraktiven Bedingungen im öffentlichen Sektor das Interesse an der Sprachvermittlung für berufliche Zwecke oft mit Berücksichtigung der fachsprachlichen Inhalte. Der alternative Weg erweitert die Karrieremöglichkeiten, bietet Raum für Entwicklung und den Austausch von Ansichten und Erfahrungen mit Menschen aus der Geschäftswelt im weitesten Sinne.

Die vorliegende Arbeit reflektiert über den aktuellen Stand der philologischen sowie didaktischen Ausbildung im Rahmen der Germanischen Philologie in Polen. Somit setzt sie sich mit der Fremd- und Fachsprachenvermittlung für berufliche Zwecke sowie mit der Ausbildung von Fachsprachenlehrenden auseinander. Die vorliegende Arbeit wird im Rahmen der geisteswissenschaftlichen Forschung realisiert. Die Studie bildet einen Beitrag zum aktuellen internationalen Diskurs über die Chancen, Herausforderungen und Grenzen für die Fremd- und Fachsprachendidaktik im germanistischen Studium im Kontext einer engen Zusammenarbeit von Hochschulen mit dem wirtschaftlichen und sozialen Umfeld. Die Schwerpunkte von diesem Diskurs sollen anschließend kurz skizziert werden.

In der umfangreichen Publikation »LSP, FOS, Fachsprache… Dydaktyka języków specjalistycznych« (de. *LSP, FOS, Fachsprache… Fachsprachendidaktik*) befassen sich Gajewska und Sowa (2014) mit der Fachsprachenvermittlung für den modernen Arbeitsmarkt. Im Mittelpunkt der Diskussion stehen die Fachsprachendidaktik sowie die besondere Situation der Lehrkräfte. Die Monografie behandelt ausführlich verschiedene Phasen der Lehrkraftarbeit, angefangen von der Planung eines Fachsprachenkurses und Methoden zur Bedarfsermittlung bis hin zur Organisation eines Fachsprachenkurses und der Entwicklung von Übungen sowie der Evaluierung der Fachsprachenkompetenz.

Die Artikel von Kałasznik und Szczęk (2016, 2020a, 2020b) liefern Informationen zur DaF-Ausbildung im universitären Bereich und analysieren die fachsprachliche Komponente in den Curricula für das Fach *Germanistik* in Polen. Ihre Untersuchungen versuchen den aktuellen Stand und den Umfang der vermittelten Inhalte zu diagnostizieren sowie zugleich die Zukunftsaussichten aufzuzeigen.

Bei Kic-Drgas (2015, 2017, 2018a, 2018b) werden u. a. die Schwierigkeiten beim Erwerb fachsprachlicher Terminologie sowie die Interaktion im Fachsprachen-

---

3 In der vorliegenden Arbeit werden Begriffe wie »Fachsprachenlehrende«, »fachspezifische DaF-Lehrende« sowie »Fachsprachenlehrkräfte« synonym genutzt.

unterricht erforscht werden. Der Schwerpunkt ihrer Arbeiten wird ebenfalls auf die fachspezifischen DaF-Lehrende und das Präsentieren im Fachsprachenunterricht gelegt. Erwähnenswert ist in diesem Zusammenhang auch die neulich veröffentlichte Monografie von Kic-Drgas und Woźniak (2022) »Perspektywy kształcenia nauczycieli języków specjalistycznych w Polsce« (de. *Ausbildungsperspektiven der Fachsprachenlehrenden in Polen*). Die mehrdimensionale Eröffnungsdiskussion wird als Meinungs- sowie Erfahrungsaustausch konzipiert und stellt somit eine Reflexion über die Präsenz der Fachsprachendidaktik sowie den Stand des Fachsprachenunterrichts und seinen Platz in den Studienprogrammen an den polnischen Universitäten dar. Sie greift u. a. die Fortbildungsmöglichkeiten der Fachsprachenlehrenden auf und macht auf die Bereitstellung von Instrumenten oder die Entwicklung bestimmter Kompetenzen aufmerksam, welche eine flexible Reaktion von Lehrkräften auf das Marktgeschehen erlauben würden.

In Bezug auf den modernen Arbeitsmarkt sowie dessen Auswirkungen auf die Hochschulbildung bemerken Middeke und Tichy (2017, 2021) ähnliche Veränderungen und Tendenzen in vielen Germanistiken in Mittelost- und Südosteuropa. Der Kern dieser Problematik spiegelt sich auch in Galters (2021) These wider, die die Abhängigkeit des Überlebens von kleinen Germanistikabteilungen im Ausland von der angemessenen Gestaltung ihrer Curricula hervorhebt.

Ein weiteres Beispiel ist die 4., neu bearbeitete und wesentlich erweiterte Auflage des Werkes »Fachsprachen« von Roelcke (2020). Neben der begrifflichen Bestimmung und Gliederung von Fachsprachen, deren geschichtlichen Überblick sowie Eigenschaften in Wortschatz und Grammatik wird in der 4. Auflage besonders die Theorie, Systematik und Didaktik der Fachsprachen maßgeblich ausgebaut. Roelckes Forschung in diesem Bereich unterstreicht dessen Relevanz und signalisiert Tendenzen auf internationaler Ebene.

Der präsentierte Kurzüberblick der einschlägigen Literatur zum Gegenstand der vorliegenden Arbeit beweist die Innovation und Aktualität der in dieser Studie vorgenommenen Forschungsziele. Gleichzeitig weist er auf die Notwendigkeit eines mehrdimensionalen Konzepts für die Ausbildung der fachspezifischen DaF-Lehrenden hin. Mit dieser Arbeit soll folglich der Versuch unternommen werden, die bestehende Forschungslücke zu ergänzen.

1.1 Zielsetzung und Forschungsfragen

Bei der Konzipierung der vorliegenden Arbeit wurden folgende Ziele verfolgt:
1. Die Anfertigung einer bisher noch nicht erstellten Erhebung, Zusammenstellung, Auswertung und Diskussion von Lehrplänen des Studienfachs Germanistik/Germanische Philologie an allen staatlichen Universitäten in

Polen, deren Kern eine quantitative und qualitative Aufschlüsselung der untersuchten Curricula im Hinblick auf den Gegenstand und die Forschungsfragen der vorliegenden Arbeit bildet.

2. Die Entwicklung von Ratschlägen und guten Praktiken zur Ausbildung von fachspezifischen DaF-Lehrenden für berufliche Zwecke.

Die verfasste Zusammenstellung kann als Informationsquelle für weitere Forschungen, Gestaltung von Studienprogrammen, Wahlmodulen sowie für Lehrbuchautoren, Absolventen oder Autoren von Sprachkursen dienen. Darüber hinaus kann sie für Studierende und Studieninteressierte hilfreich sein, da sie einen schnellen Vergleich der in Polen angebotenen Curricula für das Fach Germanistik und die Auswahl des attraktivsten Studiengangs hinsichtlich der Schwerpunktsetzung ermöglicht. Die erarbeiteten Lösungen können den für die Entwicklung von Curricula Verantwortlichen als Orientierungshilfe dienen und als Inspiration für angehende fachspezifische DaF-Lehrende angesehen werden.

Zur Erreichung der gesetzten Ziele dienen die Schlussfolgerungen des curricularen Vergleichs sowie der durchgeführten Online-Befragung. Dabei wird hier die Beantwortung folgender Forschungsfragen behilflich:

1. Bereiten die Curricula für das Fach Germanistik in ihrer derzeitigen Form **sprachlich** auf die Vermittlung des Deutschen als Fremd- und Fachsprache für die berufliche Zwecke vor?
2. Bereiten die Curricula für das Fach Germanistik in ihrer derzeitigen Form **fachlich, bzw. sachlich** auf die Vermittlung des Deutschen als Fremd- und Fachsprache für die berufliche Zwecke vor?
3. Mit welchen Schwierigkeiten können die Fachsprachenlehrenden für berufliche Zwecke konfrontiert werden?
4. Welche Änderungen an den Curricula könnten zur besseren Vorbereitung der angehenden Fachsprachenlehrenden vorgenommen werden?

1.2   Aufbau der Studie

Aus den oben dargelegten Fragestellungen und Forschungszielen ergibt sich die Gliederung der vorliegenden Arbeit.

Nach dem einleitenden Kapitel werden im zweiten Kapitel zunächst die Veränderungen auf dem modernen Arbeitsmarkt aufgezeigt und somit auch die heutigen Schlüsselkompetenzen wie u. a. Flexibilität, hohe Anpassungsfähigkeit oder kontinuierliche Kompetenzentwicklung im Kontext der Branche moderner Dienstleistungen benannt. Des Weiteren wird der Status der deutschen Sprache in Polen ermittelt und die Entwicklung der Germanistik und ihr aktueller Stand an polnischen Universitäten dargestellt. Ein Unterkapitel wird aufgrund ähnlicher Entwicklungstendenzen auch der Germanistik in Ost- und Mitteleuropa gewidmet.

Der Schwerpunkt des dritten Kapitels wird auf die Fachsprachenforschung in Deutschland und Polen gelegt. An dieser Stelle wird auf die Fachsprachenentwicklung sowie Eigenschaften der Fachsprachen näher eingegangen. Am Ende wird der Versuch unternommen, in Anlehnung an die einschlägige Fachliteratur, die Begriffe der Fach- und Berufssprache zu diversifizieren.

Im vierten Kapitel werden die Fachsprachen im Lehrkontext präsentiert. Hier wird zunächst die Glotto- und Fachsprachendidaktik definiert sowie die Besonderheiten des Fachsprachenunterrichts mit Berücksichtigung der Erwartungen von Studierenden geschildert. Danach wird das Konzept der Fachsprachenpropädeutik dargestellt und ein Überblick über die aktuellen Projekte zur Fach- und Berufsorientierung auf der akademischen Ebene gegeben. Das letzte Unterkapitel setzt sich mit der strittigen Diskussion der Ent-Philologiesierung und Arbeitsmarktorientierung auseinander.

Das fünfte Kapitel konzentriert sich auf die Person der fachspezifischen DaF-Lehrenden selbst sowie ihrer Ausbildung und ihren Kompetenzen. Anschließend wird die Problematik der Erwachsenenbildung und die Schwierigkeiten beim Fachsprachenerwerb dargelegt. Danach werden verschiedene Phasen der Gestaltung eines Fachsprachenkurses erläutert.

Das letzte Kapitel der vorliegenden Arbeit bildet der analytische Teil. Die Studie ist eine vergleichende Analyse der Curricula für Germanische Philologie an 18 Universitäten in ganz Polen. Die einzelnen Programme werden in Form einer Tabelle dargestellt, in der die behandelten Lehrveranstaltungen sowie die Anzahl der dafür vorgesehenen Unterrichtsstunden explizit angegeben werden. Auf jede Tabelle folgt eine Kurzbeschreibung des ausgewerteten Studienprogramms, welche allgemeine Informationen zum Curriculum, Ausbildung im Bereich der Fachsprachen, Ausbildung im Bereich der Didaktik sowie Zusammenfassung der erworbenen Daten umfasst. Zunächst wird näher auf die Studiengänge auf der Bachelor-Stufe und dann auf der Master-Stufe eingegangen. Für einen besseren Überblick wird nach jedem der analysierten Abschnitte ein Zwischenfazit eingefügt. Der weitere Teil der empirischen Forschung wird der Evaluierung von Fragebögen gewidmet, welche unter einer Gruppe von tätigen fachspezifischen DaF-Lehrenden durchgeführt werden. Jede der in der Online-Befragung gestellten Fragen wurde zunächst einer quantitativen und anschließend einer qualitativen Analyse unterzogen. Zur besseren Veranschaulichung wird die quantitative Analyse durch entsprechende Diagramme ergänzt. Abschließend werden die Schlussfolgerungen aus den vorgenommenen Studien geschildert und die weiteren Forschungsperspektiven präsentiert.

1.3   Untersuchungsmethoden

Zur Beantwortung der genannten Forschungsfragen wurde ein Ansatz ge-
mischter Methodenanwendung gewählt, nämlich curricularer Vergleich und die
Analyse von Fragebögen. Der erste Teil der Untersuchung wird als curricularer
Vergleich angelegt, daher lohnt es sich zunächst eine theoretische Einbettung der
Studie vorzunehmen.

Das Konzept des Curriculums wurde im 19. Jahrhundert entworfen, als in den
USA ein geregeltes Schulsystem eingeführt und entwickelt wurde. Das Hauptziel
war die Entwicklung einheitlicher Standards für die Gestaltung von Schulen und
ihres Unterrichts. Das staatlich geregelte Curriculum sollte die Grundlage für ein
skalierbares Schulsystem bilden, in dem Lehrkräfte nach einheitlichen Standards
ausgebildet und die Schulen vergleichend evaluiert werden konnten (Westbury
1995 bei Jenert 2021: 57 f.). Im engeren Sinne wird unter Curriculum der Lehrplan
bezeichnet, welcher Unterrichtsinhalte sowie -ablauf für eine bestimmte Sequenz
eines Bildungsangebots festsetzt (Westbury 1995 bei Jenert 2021: 57). Curricula
werden auch zugleich als ein Ausdruck gesellschaftlicher Wertevorstellungen
(Fend 2006:31 bei Berger 2016: 153) und als ein »Subsystem im gesamten Bildungssystem« erörtert, welches vom gesellschaftlichen Umfeld nicht losgelöst
werden kann (Dauenhauer 1976: 7, 42 bei Berger 2016:153). In Anlehnung an
Künzli (2009: 137 bei Berger 2016: 153) wird das Curriculum als ein Produkt
»gesellschaftliche[r] Macht- und Herrschaftsverhältnisse«, des »technisch-zivi-
lisatorische[n] Entwicklungsstand[s]« und der aktuellen »politischen und ökonomischen Herausforderungen« erörtert. Nach Jenert (2021: 58) sollte das
Curriculum »als umfassendes Konzept für die Gestaltung, die Evaluation und die
Steuerung von Schule und Unterricht« verstanden werden. Ihm zufolge handelt
es sich hier weniger um ein Dokument im Sinne eines Lehrplans, sondern es
sollte eher als ein Programm eingeordnet werden, welches »die Leistungsfähigkeit der Bildungsinstitutionen über Bewertungskriterien und Evaluationen si-
cherstellen soll«. Die Entwicklung des Curriculums wird als linearer Prozess
erläutert, welcher mit der Identifizierung der gesellschaftlichen Bildungsbedarfe
beginnt, die als Lernziele für Schulen und anschließend als Lernziele für einzelne
Unterrichtseinheiten umgesetzt werden. Darüber hinaus werden im Rahmen der
Curriculumgestaltung Kriterien zur Evaluation festgesetzt sowie verschiedene
methodische Entscheidungen getroffen, welche zur Feststellung der Effektivität
von Schulen und Lehrkräften führen (Tyler 1949, Westbury 1995: 214 bei Jenert
2021: 58). Die wichtigsten, Mitte des 20. Jahrhunderts von Tyler (1949 bei Jenert
2021: 58) formulierten Grundsätze für die Entwicklung eines Curriculums bilden
die Grundlage der Curriculumforschung. Im weiteren Teil der Arbeit werden
durch vergleichende Untersuchung der Curricula fachsprachliche sowie didak-

tische Komponenten im Bildungsangebot der polnischen Universitäten für das Fach Germanistik offengelegt.

Um die vergleichende Analyse zu vervollständigen und die Problematik aus anderer Perspektive zu beleuchten, wird der weitere Teil der Studie unter tätigen fachspezifischen DaF-Lehrenden für berufliche Zwecke durchgeführt. Daher wird die schriftliche Online-Befragung als Methode der Datenerhebung gewählt, auf welche im Folgenden näher eingegangen wird.

In Anlehnung an Porst (2014: 16f.) ist ein Fragebogen eine theoretisch begründete und systematisch dargestellte Auswahl von Fragen. Diese sollen den Versuch ermöglichen, das theoretisch definierte Erkenntnisinteresse mithilfe der aus dem Fragebogen gewonnenen Daten empirisch zu prüfen:

> Ein Fragebogen ist eine mehr oder weniger standardisierte Zusammenstellung von Fragen, die Personen zur Beantwortung vorgelegt werden mit dem Ziel, deren Antworten zur Überprüfung der den Fragen zugrundeliegenden theoretischen Konzepte und Zusammenhänge zu verwenden. Somit stellt ein Fragebogen das zentrale Verbindungsstück zwischen Theorie und Analyse dar (Porst 1996: 738).

Bei der Konzipierung des für die vorliegende Arbeit grundlegenden Fragebogens werden die fünf Phasen der Fragebogenentwicklung laut Atteslander (1995: 138 bei Koster 2002: 38) beachtet.

Maßgeblich für die Formulierung der Fragen werden die von Porst (2000 bei Porst 2014: 99f.) aufgelisteten 10 Gebote der Fragenformulierung berücksichtigt:
- Verwendung von einfachen, unzweideutigen Begriffen, die von allen Befragten in gleicher Weise verstanden werden,
- Vermeidung von langen und komplexen Fragen,
- Vermeidung von hypothetischen Fragen,
- Vermeidung von doppelten Stimuli und Verneinungen,
- Vermeidung von Unterstellungen und suggestiven Fragen,
- Vermeidung von Fragen, die auf Informationen abzielen, über die viele Befragte mutmaßlich nicht verfügen,
- Verwendung von Fragen mit eindeutigem zeitlichem Bezug,
- Verwendung von Antwortkategorien, die erschöpfend und disjunkt (überschneidungsfrei) sind,
- Sicherstellung, dass der Kontext einer Frage sich nicht (unkontrolliert) auf deren Beantwortung auswirkt,
- Angabe der Definition von unklaren Begriffen[4]

---

4 Aus Platzgründen wird auf die detaillierte Erläuterung der einzelnen Punkte verzichtet. Für eine ausführliche Beschreibung siehe Porst (2014: 99–118).

Der Fragebogen[5] unter dem Titel »Fremd- und Fachsprachenvermittlung für berufliche Zwecke« besteht insgesamt aus 14 Fragen. Darunter kommen offene Fragen, Fragen mit Ein- und Mehrfachauswahl vor, wobei es auch möglich ist, einen eigenen Kommentar zu erstellen. Die Studie wird qualitativ ausgewertet. Der Erhebungszeitraum der Untersuchung erstreckte sich vom 2. Dezember 2021 bis zum 15. Januar 2022. Die Probanden dieser Studie sind Absolventen der Germanistik, die derzeit beruflich mit der Fremd- und Fachsprachenvermittlung für berufliche Zwecke beschäftigt sind. Die Untersuchungsgruppe zählt 12 Personen. Die gestellten Fragen entsprechen den drei wichtigsten Themeneinheiten und damit auch den Zielen dieser Studie, mit der folgende Forschungsfragen beantwortet werden sollen:
- Wie werden die notwendigen Qualifikationen für die Fremd- und Fachsprachenvermittlung für den modernen Arbeitsmarkt erworben?
- Wie ist die Spezifik dieser Tätigkeit?
- Wie ist die Motivation der Lehrkräfte?

Die ersten sieben Fragen konzentrieren sich auf den Erwerb der notwendigen Qualifikationen für die Fremd- und Fachsprachenvermittlung für den modernen Arbeitsmarkt. Der erste Teil des Fragebogens stellt damit den Kern der Untersuchung dar und korrespondiert eng mit der Analyse der Curricula. Die vier nächsten Fragen geben Aufschluss über die Spezifik der Tätigkeit. Aus den zwei letzten Fragen ergeben sich Informationen zur Motivation der Lehrkräfte. Dies wird in der vorliegenden Arbeit eher als Nebenaspekt betrachtet, kann aber gleichzeitig ein interessantes und umfangreiches Thema für weitere Studien bilden.

---

5 Siehe Anhang.

2. Die Branche moderner Unternehmensdienstleistungen als Herausforderung für germanistische Ausbildung

Im Folgenden gilt es sich zunächst mit dem Wandel auf dem Arbeitsmarkt und mit der aktuellen wirtschaftlichen Situation in Polen auseinandersetzen. Weiterführend wird versucht, die heutige Lage der polnischen Germanistik zu schildern sowie auf die Entwicklungstendenzen dieser Studienrichtung in Mittel- und Osteuropa einzugehen[6].

2.1 Änderungen auf dem Arbeitsmarkt

Auf dem gegenwärtigen Arbeitsmarkt verändern sich die Anforderungen der Arbeitgeber in Bezug auf Fremdsprachenkenntnisse sowie ihre fachsprachlichen Varianten. Dies wird in erster Linie vom technologischen Fortschritt verursacht, der als direkte Antriebskraft für steigende Mobilität aber auch Globalisierung und Spezialisierung der Berufe gilt (Prokop, Kic-Drgas 2019: 28). Laut Schober (2011: 16f.) verändert die Globalisierung die Arbeitswelt aller Menschen. Zuerst betrifft sie unmittelbar auf internationaler Ebene zusammenarbeitende Erwerbstätige, indem an sie erhöhte Ansprüche u. a. in Bezug auf Fremdsprachenkenntnisse und andere interkulturelle Kompetenzen gestellt werden[7]. Folglich bedeutet sie Veränderungen auch für diejenigen, deren Arbeit nicht unmittelbar mit internationaler Zusammenarbeit verbunden ist. Zusätzlich wählen die Unternehmen aufgrund des internationalen Wettbewerbs immer häufiger globale Lösungen statt regionale Sonderwege, besonders bei der Produktion, Arbeitsorganisation oder Einstellung von Arbeitskräften. Dadurch entstehen neue berufliche Anforderungsprofile sowie neue Berufe, was dauerhaft hohe Anpassungsleistungen von den Erwerbstätigen fordert und somit das (berufs)lebenslange Lernen für den Erhalt der Arbeitsstelle zur unbedingten Notwendigkeit macht (Kuhn 2007:

---

6 Vgl. Kapitel 2.4.
7 Grzeszczakowska-Pawlikowska (2020: 88) nennt außer der interkulturellen Kompetenz zusätzlich noch die rhetorische Kompetenz als eine der Schlüsselkompetenzen.

9 f.). Obwohl fachliche Qualifikationen immer noch von Belang sind, unterliegen sie einem schnellen Verfall und sollen somit die ganze Zeit auf den neuesten Stand gebracht werden. Daher wird außer dem lebensbegleitenden Lernen, welches Fachkenntnisse aktualisiert, ein hohes Allgemeinbildungsniveau und eine möglichst hohe Erstausbildung als Bedingung für den Einstieg in den Arbeitsmarkt gefordert. Darüber hinaus soll noch der Erwerb außerfachlicher Kompetenzen unterstützt werden, was als Teil der »schulischen und außerschulischen Berufsorientierung und Berufswahlvorbereitung« betrachtet werden sollte (vgl. Schober 2011: 16–19).

Es ist allgemein bekannt, dass Fremdsprachenkenntnisse viele Türen landesaber auch weltweit eröffnen (Kałasznik, Szczęk 2020: 36). Gajewska und Sowa (2014: 138 f.,) zufolge erhöht sich nach wie vor die Signifikanz fremdsprachlicher Kompetenz bei der Ausübung der beruflichen Tätigkeit. Solide Beweise für eine Notwendigkeit von Fremdsprachenkenntnissen im Berufsleben liefern in den letzten Jahren immer häufiger auch die Arbeitgeber[8] (Sowa 2016a: 4). Dies wird grundlegend durch Veränderungen in der Arbeitsorganisation und der Kommunikationsstruktur von Unternehmen verursacht, in denen alle Mitarbeiter ermutigt werden, sich in Unternehmensangelegenheiten einzubringen (Gajewska, Sowa 2014: 138 f.,). Es ist ein großer Unterschied zu den Zeiten einer starken Hierarchie, in denen die Unternehmenskommunikation bei Änderungen oder wichtigen Entscheidungen den Stufen der Hierarchie folgte, d. h. von oben nach unten. Internationale Kontakte wurden in der Regel durch in den Unternehmen tätige Personen mit erforderlichen Sprachkenntnissen, wie Wirtschaftsassistenten, Im- und Exportkaufleute oder Übersetzer und Dolmetscher abgewickelt (ZDfB 1995: 12 bei Kuhn 2007: 10 f.). Im Fall von Verhandlungen oder Vertragsabschlüssen verfügten die Führungskräfte entweder selbst über Fremdsprachenkenntnisse oder verließen sich auf Kommunikationsexperten (Kuhn 2007: 11.). Die Fremdsprachenkenntnisse sind schon bei der Auswahl der Mitarbeiter von Belang. Wenn die vorhandenen Sprachkenntnisse ungenügend sind, können durch die Unternehmen verschiedene Trainingsmaßnahmen eingesetzt werden, wie z. B. inner- und außerbetriebliche Fremdsprachenkurse (vgl. Römer 2004: 34 bei Kuhn 2007: 79). Die Orientierung an den Bedürfnissen und Besonderheiten des Unternehmens spricht für die unternehmensinterne Fremdsprachenförderung. Dagegen stehen die möglichen hohen Kosten aufgrund relativ langen Bildungszeit, die für das Sprachenlernen erforderlich ist, sowie die Frage, ob die

---

8 Wenn nicht anders vermerkt, beziehen sich Bezeichnungen wie »Arbeitgeber« sowohl auf Arbeitgeberinnen und Arbeitgeber. Aus Platzgründen wird in der vorliegenden Arbeit auf die weiblichen Formen verzichtet, wobei die maskulinen Personenbezeichnungen im generischen Sinne gebraucht werden und sich auf weibliche und männliche Personen beziehen.

Fremdsprachenvermittlung während oder außerhalb der Arbeitszeit stattfinden soll (vgl. Weiß, Schöpper-Grabe 2001: 137 bei Kuhn 2007: 80).

Zweifelsohne beruht jede richtig funktionierende Wirtschaft auf effektiver Kommunikation, die dank der Sprache möglich ist (Bogacki 2018: 9). Skrzypczak (1998: 20 bei Klonowska-Matynia 2010: 147) stuft die Kommunikationsfähigkeit, d. h. die Fähigkeit, Technologien zu nutzen, in mehreren Sprachen zu kommunizieren, aber auch zu argumentieren und die eigene Meinung zu verteidigen, als eine Schlüsselkompetenz ein, die sich auf die gleichzeitige Ausübung verschiedener Funktionen und die Fertigkeit bezieht, Veränderungen zu akzeptieren und sich anzupassen. Daher erweisen sich gegenwärtig die Sprachkenntnisse in der beruflichen Kommunikation in vielen verschiedenen Branchen als eine der wichtigsten Anforderungen (Kiefer, Szerszeń 2015: 129 f.). Im Anschluss daran benötigten laut einer 2018 durchgeführten Studie des Bundesinstituts für Berufsbildung 68 % der Erwerbstätigen in Deutschland fremdsprachliche Grund- oder Fachkenntnisse für ihre Arbeit (DW 2021). Der oben geschilderte Wandel bildet ein globales Phänomen. Nicht nur europa-, sondern weltweit werden immer häufiger Arbeitskräfte gesucht, die außer sehr guten beruflichen Qualifikationen auch fremdsprachlich ausgebildet sind. Des Weiteren wird Prokop und Kic-Drgas (2019: 28) zufolge das große Interesse an Fachsprachen als Ergebnis der fortschreitenden Internationalisierung von Dienstleistungen sowie Produktionsprozessen angesehen. Da der Arbeitsmarkt nicht mehr an den Landesgrenzen endet, entsteht naturgemäß ein zunehmender Bedarf an fach- und berufsbezogenen Sprachkenntnissen (Steinmüller 2021: 33). Dieser Stand ist unumkehrbar, denn »je höher das Niveau zivilisatorischer Entwicklung, das eine Gesellschaft erreicht, desto reicher war und ist ihr Bestand an Fachsprachen und desto stärker waren und sind diese spezialisiert« (Grucza S. 2012: 9). Ohne Sprache und Kommunikation ist das berufliche Handeln kaum vorstellbar (Sander 2021: 65). Aufgrund der Verfachsprachlichung des Alltags durch Fachwörter und Fachtexte wird eine »allgemeine einzelsprachliche Fachsprachen- und Fachkommunikationskompetenz als wichtige Voraussetzung für eine erfolgreiche Teilnahme am öffentlichen Leben« sowie »für Erfolg in Alltag und Beruf« betrachtet (Kniffka, Roelcke 2016: 18, 23 bei Efing, Kiefer 2018: 170).

Die Veränderungen auf dem Arbeitsmarkt in Bezug auf Fremd- und Fachsprachenkenntnisse spiegeln sich im Bildungsbedarf wider, was zugleich eine Herausforderung für Sprachschulen, germanistische Institute und vor allem für Universitäten bildet. Obwohl bis vor kurzem Fachsprachen im Fremdsprachenunterricht an geisteswissenschaftlichen Fakultäten eine Seltenheit waren, vertreten viele den Standpunkt (u. a. Strzelecka 2018) auch an einer Philologie könne Fachwissen zusammen mit der Fremdsprache vermittelt werden. In diesem inhaltlichen Zusammenhang stehen ebenfalls die nächsten Kapitel der vorliegenden

Arbeit, welche die gegenwärtige Arbeitsmarktorientierung der Bildungsprozesse, insbesondere im Fall von Vermittlung der Fremd- und Fachsprachen, aufzeigen.

2.2 Charakteristik der Branche moderner Dienstleistungen in Polen

Für die Zwecke der vorliegenden Arbeit ist es wesentlich, den Sektor der modernen Unternehmensdienstleistungen zu beschreiben, welcher in den letzten 15 Jahren eines der wichtigsten und sich am dynamischsten entwickelnden Elemente der polnischen Wirtschaft bildet (Goźdź-Roszkowski, Makowski 2015: 68). Der zur Zeit des Verfassens des vorliegenden Kapitels aktuellste Bericht über den Sektor der modernen Unternehmensdienstleistungen in Polen wurde 2021 auf der Grundlage einer von ABSL[9] systematisch aktualisierten Datenbank der Dienstleistungszentren in Polen erstellt (vgl. ABSL 2021: 6).

Das stetige Wachstum der Beschäftigungszahlen sowie die Erweiterung und Differenzierung des Tätigkeitsbereichs von Unternehmen aus den Bereichen BPO, SSC, IT und R&D erlauben es, Polen zu den führenden europäischen Ländern im Bereich der Unternehmensdienstleistungen zu zählen. Ausschlaggebend für die Wahl Polens waren die relativ niedrigen Löhne und das hohe Niveau der Fremdsprachenausbildung. Zugleich wurden ebenfalls solche Aspekte wie qualifiziertes Personal und umfangreiches Netz von Lieferanten für die wesentlichen Branchen der deutschen Wirtschaft positiv bewertet (Kiefer, Szerszeń 2015: 132ff.). Einleitend und zugleich zur besseren Veranschaulichung dieser Entwicklung werden im Folgenden die wichtigsten Daten vorgelegt. Insbesondere kann das Jahr 2008 mit 50 000 Beschäftigten in diesem Sektor mit dem ersten Quartal 2020 verglichen werden, in dem bereits 341 700 Personen in mehr als 1500 Unternehmen angestellt waren. Dies zeigt einen enormen Unterschied im Beschäftigungswachstum im Laufe der vergangenen 12 Jahre. Im Vergleich dazu waren zum Ende des ersten Quartals 2021 in der gesamten Branche 355.300 Personen in über 1.600 Unternehmen beschäftigt. Wie prognostiziert, tritt der Sektor langsam in eine Phase der stabilen Entwicklung ein, die durch die Konsolidierung der Tätigkeiten und die Erweiterung des Wissens im Bereich der Unternehmensdienstleistungen gekennzeichnet ist. Dies beweist die Anzahl der 2020 in Polen in die Branche einsteigenden Unternehmen, die das dritte Jahr in Folge gesunken ist (vgl. ABSL 2021: 6). 2021 haben neue Investoren aus insgesamt

---

9 Association of Business Service Leaders (ABSL) – eine führende Organisation, die moderne Unternehmensdienstleistungen in Polen vertritt und regelmäßig ausführliche Berichte für ihre Mitglieder und Unternehmen in diesem Sektor veröffentlicht. Zu den aktuellen Berichten vgl. https://absl.pl/pl/sektor-w-liczbach.

17 verschiedenen Ländern 4.800 Arbeitsplätze geschaffen, was die fortschreitende Internationalisierung des polnischen Arbeitsmarktes bestätigt. Neue Unternehmen wurden meist von amerikanischen Investoren gegründet (32,4 %), während polnische Gründungen noch im Jahr 2020 an erster Stelle standen (17,6 %). Die Bedeutung des US-Kapitals verdient es, besonders hervorgehoben zu werden, da es sich um 300 Unternehmen und einen Anteil von über 20,0 % an der Gesamtanzahl der Beschäftigten handelt, die nach ABSL-Schätzungen im ersten Quartal 2021 100.000 Arbeitsplätze überstieg (vgl. ABSL 2021: 10). Auf den weiteren Plätzen folgten Investitionen aus Deutschland, Großbritannien, Dänemark, den Niederlanden, Schweden, Frankreich und Spanien. Investoren aus acht weiteren Ländern eröffneten jeweils ein Zentrum (vgl. ABSL 2021: 7). Beeindruckend ist auch die geografische Abdeckung der angebotenen Dienste. Mehr als die Hälfte der analysierten Unternehmen (56,2 %) arbeiten für Kunden aus verschiedenen Teilen der Welt. Darunter wird Deutschland als der häufigste Kunde der Zentren angegeben, gefolgt von Großbritannien, den USA, Frankreich und Polen, wobei die ersten zwei Länder auf große Bedeutung von *Nearshoring* hinweisen können (vgl. ABSL 2021: 94).

Die Analysen verweisen auch auf einen erheblichen Unterschied bei der durchschnittlichen Anzahl der Beschäftigten zwischen ausländischen und polnischen Zentren. Im ersten Fall handelt es sich um 269 Personen, während im zweiten um 124. Es wird betont, dass diese Tendenz in der ganzen Wirtschaft fortbesteht. Da Unternehmen mit ausländischem Kapital in der Regel größer, produktiver und stärker internationalisiert sind, ist ihre Effektivität bei der Schaffung neuer Arbeitsplätze viel höher (vgl. ABSL 2021: 10). Insgesamt schafft der Sektor direkt oder indirekt ca. 639.000 Arbeitsplätze und macht nach der ABSL-Schätzung derzeit über 3,5 % des polnischen BIP aus. Der Bericht listet auch die beliebtesten Branchen mit dem schnellsten Beschäftigungswachstum auf. Die meisten Arbeitsplätze (36,3 %) wurden von SSC/GBS-Zentren geschaffen, gefolgt von IT-Zentren (31,0 %), BPO (17,2 %) und R&D (11,5 %). Von den großen Zentren für Unternehmensdienstleistungen vermerkte die Region Trójmiasto (2016–2021) den größten prozentualen Anstieg der Beschäftigung (um 88,4 % bzw. 14.100 Personen), wobei auch in Warszawa (85,6 %) und Poznań (72,0 %) ein erhebliches Wachstum zu verzeichnen war (vgl. ABSL 2021: 7).

Dynamisch entwickelt sich dieser Sektor auch in Łódź. Unter den elf größten Zentren für moderne Unternehmensdienstleistungen (mit jeweils mehr als 5.000 Beschäftigten) mit der höchsten Durchschnittsbeschäftigung belegt Łódź (286 Personen) im Jahr 2021, gleich nach Kraków (332 Personen), den zweiten Platz (vgl. ABSL 2021: 52). Ansonsten gewann Łódź in der Rangliste der Zentren für Unternehmensdienstleistungen in Bezug auf das Gehaltsniveau, die Mietkosten für Büroräume und die Zusammenarbeit mit lokalen Universitäten (vgl. ABSL 2021: 77f.). Im ersten Quartal 2021 befanden sich in Łódź über 92 Dienstleistungszentren mit 26.300 Beschäftigten. Auch die Prognosen sehen optimistisch aus, da Berechnungen zufolge dieser Zahl im ersten Quartal 2022 auf 27.800 ansteigen wird. Zusammenfassend wurden in der Stadt seit 2016 10.700 neue Arbeitsplätze geschaffen (vgl. ABSL 2021: 85).

Die steigende Beschäftigung im Bereich der modernen Unternehmensdienstleistungen zeugt nicht nur von guter Entwicklung der Investitionen, sondern auch vom Interesse an dieser Art von Arbeit. Aus dem ABSL-Bericht geht hervor, dass sie nicht nur modern, sondern auch für viele als attraktiv gilt. Hingewiesen wird auf wettbewerbsfähige Löhne und das Angebot an nichtmonetären Leistungen sowie andere Faktoren wie die Unterstützung von Vielfalt, Integration und Zugehörigkeitsgefühl, Engagement im Bereich der sozialen Verantwortung von Unternehmen und die Unterstützung lokaler und regionaler Gemeinschaften. Ansonsten fördert weitere Entwicklung dieses Sektors eine steigende Nachfrage nach gut ausgebildetem und erfahrenem Personal, d. h. die Einstellung solcher Arbeitnehmer, die über neue und fortgeschrittene Kompetenzen und Qualifikationen verfügen (vgl. ABSL 2021: 7). An dieser Stelle soll noch angemerkt werden, dass laut der Untersuchungen zur Unternehmensstruktur die Gruppe der Hochschulabsolventen im Alter zwischen 27 und 34 Jahren dominiert (vgl. ABSL 2021: 53).

2020 und 2021 waren aufgrund der COVID-19-Pandemie und der dadurch ausgelösten Krise besonders schwierig, was auch im Bericht thematisiert wurde. Diese Zeit wird positiv bewertet, da sie sich »als Motor des Wandels erwiesen hat und vor allem die digitale Transformation beschleunigt hat«. Was ursprünglich unmöglich schien, nämlich die massive Umstellung auf Home-Office-Arbeit, verlief der ABSL-Auswertung zufolge schnell und reibungslos. Dies bedeutet, dass sich der Sektor durch eine hohe Widerstandsfähigkeit gegenüber Schocks, eine große Flexibilität und Anpassungsfähigkeit sowie eine hohe Reaktionsgeschwindigkeit auszeichnet. Es wird sogar angenommen, dass die COVID-19-Pandemie mehr positive als negative Auswirkungen auf die Unternehmen des Sektors in Polen haben wird. Wegen der Investitionsattraktivität und Größe der Wirtschaft sowie des sog. *talent pools* wird Polen von den krisenbedingten Veränderungen im globalen Sektor profitieren. Als eine der wichtigsten Folgen wird die Verlagerung von neuen Geschäftsprozessen angegeben. Des Weiteren wird die Beschäftigung im Sektor der modernen Unternehmensdienstleistungen im kommenden Jahr voraussichtlich um 6,0 % steigen. Ergänzend zu den oben genannten wichtigen und unumkehrbaren Veränderungen auf dem Arbeitsmarkt sollte ein besonderer Schwerpunkt auf die Entwicklung von *Soft Skills* gelegt werden (vgl. ABSL 2021: 9).

Als die größte Herausforderung für die weitere Entwicklung des Sektors wird der Mangel an qualifizierten Arbeitskräften angesehen. Dies sind auf die Alterung der Gesellschaft und die Auswanderung zurückzuführen, welche möglicherweise zur Folge hat, dass die zurückgebliebenen nicht über ausreichende Kompetenzen verfügen. Die gute Position Polens kann durch die Zusammenarbeit mit Bildungseinrichtungen aufrechterhalten werden. Daher sollte das Profil des Bildungssystems nicht nur auf der universitären Ebene, sondern auch in den Oberschulen geändert werden. Dem Bericht zufolge sollte mehr Wert auf digitale Lösungen, Problemlösung, emotionale Intelligenz und Führungskompetenzen (Soft Skills, Zukunftskompetenzen) gelegt werden (vgl. ABSL 2021: 22 f.).

Aufgrund der fortschreitenden Internationalisierung des Arbeitsmarktes und der Erbringung von Dienstleistungen für Kunden aus der ganzen Welt sind Fremdsprachenkenntnisse eine wertvolle, unverzichtbare und täglich benötigte Kompetenz. Daher fördern die Arbeitgeber des Sektors intensiv die Entwicklung ihrer Mitarbeiter, indem sie in verschiedene Schulungen investieren, einschließlich Kursen zur Verbesserung der Sprachkenntnisse. In der Pyramide der Lohnnebenleistungen (*Fringe-Benefits*), die den Arbeitnehmern im I Quartal 2021 angeboten werden, rangieren Sprachkurse auf Platz 7. Die höchsten Werte werden für folgende Leistungen vergeben: private medizinische Versorgung, Kostenübernahme für Brillen und Kontaktlinsen, Home-Office-Arbeit, interne Schulungen, Gruppenlebensversicherung sowie flexible Arbeitszeiten (vgl. ABSL 2021: 62 f.). Nach dem ABSL-Bericht liegt die höchste Zahl der in einem einzigen Dienstleistungszentrum verwendeten Sprachen bei 37, während durchschnittlich 8 Fremdsprachen in allen Zentren gebraucht werden. Die häufigste Sprache der in Polen angebotenen Dienstleistungen ist Englisch (mehr als 90 %), gefolgt von Deutsch (mehr als 70 %), Polnisch (mehr als 60 %) und Französisch (60 %). Weitere Plätze belegen noch Spanisch und Italienisch (jeweils ca. 50 %) (vgl. ABSL 2021: 104). Für die Verbesserung von Sprachkenntnissen spricht auch der monatliche Lohnzuschlag. Heutzutage differenziert sogar 63 % der Unternehmen aus dem BPO/SSC/IT/R&D-Sektor in Polen die Gehälter in Abhängigkeit von den Kenntnissen einer bestimmten Fremdsprache, und 40 % in Abhängigkeit vom Sprachniveau. Im Kontext der vorliegenden Arbeit ist es optimistisch festzustellen, dass die am meisten erwünschte Fremdsprache Deutsch ist, deren Kenntnis von 79 % der befragten Unternehmen erwartet wird[10]. Darüber hinaus

---

10 Hierbei kann noch ähnliche Tendenz in Tschechien erwähnt werden. Bei der Arbeitssuche junger Menschen ist es von Vorteil, über Sprachkenntnisse in Deutsch und Englisch zu verfügen, was eine 2015 von DTIHK (Deutsch-Tschechische Industrie- und Handelskammer) vorgestellte Studie belegte. 88 % von 275 befragten Unternehmen teilte mit, dass Deutschkenntnisse für ihre Firma wichtig oder sehr wichtig seien, während Englischkenntnisse für 89 % als unabdingbar bezeichnet werden. Auf dem tschechischen Arbeitsmarkt sind die Bedürfnisse der Wirtschaft in Bezug auf Deutschkenntnisse viel höher als das Schulwesen es befriedigen kann. Dies in Verbindung mit steigender Anzahl der Arbeitsmöglichkeiten für Deutsch sprechende Erwerbstätige verursacht bei den Unternehmen die Notwendigkeit ihre Angestellte aus- und fortzubilden (Čapek 2020).

ist es einträglich, da Deutschkenntnisse mit einem monatlichen Zuschlag in Höhe von bis zu 850 Zloty belohnt werden (vgl. ABSL 2021: 151 f.). Anschließend wird ein bedeutender Einfluss auf die Entwicklung des Sektors der modernen Unternehmensdienstleistungen von Universitäten hervorgehoben, die Studenten unter anderem in philologischen Fakultäten ausbilden, die hauptsächlich Fremdsprachenerwerb und Linguistik umfassen (vgl. ABSL 2021: 162).

Im Lichte der angeführten Daten ist es ersichtlich, dass Polen nach wie vor als attraktiver Ort für neue Investitionen wahrgenommen wird. Positiv bewertet wird auch die Stadt Łódź als Standort für moderne Unternehmensdienstleistungen. Die Niederlassungen der ausländischen Unternehmen bilden auf dem gegenwärtigen Lodzer Arbeitsmarkt den am schnellsten wachsenden Unternehmenssektor (Stawikowska-Marcinkowska 2020: 91). Die weiter prognostizierte Entwicklung des Sektors in diesem Bereich deutet auf einen wichtigen und unumkehrbaren Trend in Łódź hin, der auch die Hochschulen vor die Herausforderung stellen wird, Curricula zu schaffen, welche den beruflichen Anforderungen des sozioökonomischen Umfelds Rechnung tragen. Die Förderung der sprachlichen Weiterentwicklung von Angestellten steht in direktem Zusammenhang mit dem Bedarf an qualifizierten Lehrkräften, die nicht nur über ausgezeichnete Sprachkenntnisse verfügen, sondern auch ihre fachsprachlichen Varianten beherrschen. Ein besonderes Augenmerk verdient hierbei die deutsche Sprache, der sich durch den gesamten Bericht zieht. Deutschland ist sowohl als Investor als auch als Kunde einer der wichtigsten Geschäftspartner Polens, was sich unmittelbar in der Nachfrage nach Deutsch sprechenden Mitarbeitern niederschlägt. Angesichts eines sich so entwickelnden Arbeitsmarktes kann die Sprachkenntnis der polnischen Nachbarn als Schlüsselqualifikation angesehen werden. Nach Ammon (2010: 96 bei Kiefer, Szerszeń 2015: 130) herrscht in der deutschen Wirtschaft zwar nach wie vor Englisch als »internationale Kontakt- und Verhandlungssprache« vor, doch gibt es in jüngster Zeit einen Trend zur Beibehaltung der deutschen Sprache in multinationalen Unternehmen deutscher Herkunft. Wie die Tendenzen zeigen, werden Deutschkenntnisse bei der Einstellung neuer Mitarbeiter im Ausland ebenfalls als Vorteil wahrgenommen.

2.3   Status der deutschen Sprache

Die ersten deutsch-tschechisch-polnischen Sprachkontakte sind in Oberschlesien schon seit dem Mittelalter bekannt, als Schlesien zunächst zu Tschechien, dann zu Österreich und ab 1742 zu Preußen gehörte (Lasatowicz 2010: 256). Im Laufe der Zeit verstärkte sich die Rolle des Deutschen in Polen, sodass es im 17. sowie 18. Jh. als eine hoch geschätzte Sprache betrachtet wurde. Demzufolge kann die stabile Position des Deutschen als auch die heutige Lage der Germanistik vor dem Hintergrund der Geschichte der polnisch-deutschen Beziehungen verstanden werden (Żebrowska 2017: 101). Dass Englisch als Universalsprache, bzw. »Lingua franca der globalisierten Welt« betrachtet wird, scheint unbestritten zu sein (vgl. Gauger 2000: 21 ff. bei Białczyk 2015: 12). Die englische Sprache wird sehr gerne in der privaten Kommunikation von Vertretern verschiedener nicht-englischsprachiger Länder als ein erfolgreiches Verständigungsmittel gebraucht[11] (Białczyk 2015: 12). Obwohl Englisch weltweit eine führende Position hat, ist Deutsch in Europa die meistgesprochene Sprache. Als alleinige Amtssprache gilt es in Deutschland, Österreich sowie Lichtenstein und ist ebenfalls eine von mehreren Amtssprachen in der Schweiz, in Belgien und in Luxemburg. Daher wird es in Europa insgesamt von fast 100 Millionen Menschen als Landessprache gesprochen. Das Interesse Deutsch als Fremdsprache zu lehren und lernen ist auch in Skandinavien, in den Niederlanden, sowie in mittel- und osteuropäischen Ländern wie z. B. Tschechien, Slowakei, Slowenien, Ungarn, Serbien, Rumänien und Polen sichtbar (Galter 2021: 175).

In Anlehnung an Białczyk (vgl. 2015: 24 f.) kann auf keinen Fall vom weitgehenden Verfall des Deutschen als Kommunikationsmittel in den Wissenschaften gesprochen werden. Seinen Recherchen nach gibt es, abgesehen von der bereits erwähnten dominierenden Rolle des Englischen, Fachbereiche wie Sozial- oder Geisteswissenschaften, in denen der Anteil deutschsprachiger Publikationen nach wie vor relativ hoch ist. Laut Komorowska (2009: 36) gilt Deutsch in Polen als zweithäufigste Fremdsprache hinter Englisch. Die sichere zweite Position des Deutschen und zugleich den großen Abstand zu dem bedeutendsten Englischen betont auch Biaduń-Grabarek (2010: 84 f.). Einen ähnlichen Standpunkt vertritt auch Kic-Drgas (2018: 2), wobei sie betont, dass der Status der deutschen Sprache und der Germanistik in Polen hoch sei. Dabei nennt sie die wichtigsten Faktoren, die einen besonderen Beitrag zur Erhöhung der Attraktivität der deutschen Sprache in Polen leisten sowie einen ständigen Bedarf an Philologen verursachen,

---

11 Trotz diesem Trend kaufen Kunde immer noch am liebsten in ihrer eigenen Sprache ein. Die Bereitschaft ein Gespräch auf Englisch zu führen, erleichtert zunächst die Kommunikation. Das Problem entsteht jedoch, wenn verschiedene Unklarheiten über Bedeutungsnuancen erscheinen, »die in formalisierten handlungsregulierenden Situationen über das Gelingen der Kommunikation und damit des geschäftlichen Abschlusses entscheiden können« (Funk 2003: 166 bei Kuhn 2007: 60). Des Weiteren agieren fremdsprachige Gesprächspartner oft unbewusst – vor dem Hintergrund ihrer eigenen Kommunikationskultur, d.h. sie kommunizieren und beurteilen ihren Gesprächspartner nach den Standards ihrer eigenen Kultur, z. B. in Bezug auf die Höflichkeitsformen (Kuhn 2007: 60). Dies kann distanzierend wirken, wenn keiner der Kommunikationspartner seine eigene Sprache spricht, oder keiner in der Lage ist, sich sprachlich und kulturell an den anderen anzupassen, sowie wenn kulturelle Unterschiede in der Kommunikation nicht berücksichtigt werden (Bungarten 1994: 7 bei Kuhn 2007: 61).

welche als Lehrkräfte, Dolmetscher oder Übersetzer die Zusammenarbeit zwischen Deutschland und Polen ermöglichen und erleichtern können:

- Nachbarschaft, weil die geografische Lage Polens und Deutschlands zahlreiche gemeinsame Initiativen sowie andere Möglichkeiten der Zusammenarbeit schafft;
- Wirtschaftliche Kontakte, weil die deutschen Firmen bevorzugt Filialen in Polen eröffnen, damit Arbeitsplätze garantieren und zugleich den Bildungsmarkt fördern;
- EU-Mitgliedschaft Polens, weil Deutsch als eine der Amtssprachen der Europäischen Union gilt, was für Schüler und Studenten attraktiv wirkt[12];
- Bildungschancen in Deutschland, weil die Mobilität der Studierenden dank der Einführung des Bologna-Systems erheblich gestiegen ist. Zusätzlich werden diese Aktivitäten von verschiedenen Austausch- und Förderprogrammen sowie von den in Polen tätigen deutschen Organisationen angeboten und unterstützt, was für viele begehrenswert ist (vgl. Kic-Drgas 2018: 2f.).

Darüber hinaus macht der folgende Kommentar von Nerlicki (2011: 16f., bei Kic-Drgas 2018: 3) deutlich, dass sich:

> die deutsche Sprache in Polen nach wie vor großer Popularität erfreut, obwohl sie – aus verständlichen Gründen – landesweit den weiten Platz nach Englisch belegt. Viele Lerner wollen ihre in der regulären Schullaufbahn gewonnenen Kenntnisse und Kompetenzen im Germanistikstudium weiterentwickeln und um Fachwissen ergänzen.

In Bezug auf das oben Gesagte sowie in Anlehnung an Roelcke (2010: 171) hat sich das Interesse, Deutsch als Fremdsprache zu beherrschen, aufgrund der kulturellen, akademischen und wirtschaftlichen Entwicklungen der letzten Jahrzehnte weg von einer persönlich-integrativen und hin zu einer beruflich-instrumentellen Motivation geändert. Die wirtschaftliche Stärke des Deutschen ist enorm und besonders im mitteleuropäischen Raum lohnt es sich, Deutsch zu lernen und zu studieren (Čapek 2020: 26, 34). Im Hinblick auf die funktionale Motivation wird Deutsch als Fach- sowie Berufssprache zwar immer später (in Bezug auf das Lebensalter), aber gleichzeitig immer früher (in Bezug auf das Lernalter in Deutsch als Fremdsprache) und dabei immer bedarfsorientiert gelernt. Als bedarfsorientiert gilt spezifisch fach(sprachen)orientiert oder allgemeiner berufs(sprachen)orientiert (Efing, Kiefer: 2018: 167).

---

12 Deutsch fungiert in den Strukturen der Europäischen Union als eine der Amtssprachen und als eine der drei Arbeitssprachen neben dem Englischen und Französischen. Nach dem Austreten von Großbritannien aus der EU verlor Englisch formal seinen Status als Amtssprache, bleibt jedoch nach wie vor als die am weitesten verbreitete Arbeitssprache (Backhaus 2020). Demnach wird die Verstärkung der Position des Deutschen und zugleich die Schwächung der Stellung des Englischen nach dem Brexit angenommen (Čapek 2020: 26).

Seit 1985 wird vom Deutschen Auswärtigen Amt eine Erhebung der Zahl der Deutschlernenden durchgeführt. Die Publikation unter dem Titel »Deutsch als Fremdsprache weltweit« wird alle 5 Jahre veröffentlicht und bietet Informationen über die Verbreitung und Entwicklung der deutschen Sprache in der Welt. In dieser Datenerhebung ist auch starke Position Polens sichtbar, weil es beispielsweise 2015 das Land in Europa mit den meisten Deutschlernenden (2,3 Millionen, davon 2,1 Millionen in den Schulen) war. Hingewiesen wurde noch auf die enge Vernetzung Polens und Deutschlands auf der wirtschaftlichen, zivilgesellschaftlichen sowie kulturellen Ebene. Dazu wurde ebenfalls das umfangreiche Angebot u. a. an Stipendien, Studienmöglichkeiten oder erweiterten Berufschancen in deutschen Firmen in Polen oder in Deutschland dargelegt, die die Motivation Deutsch zu lernen bedeutsam fördern. Ergänzend wurde der einschneidende demographische Einbruch beschrieben, unter dem das polnische Bildungswesen zu leiden beginnt, was u. a. durch die Schließung von Bildungseinrichtungen sowie den Lehrermangel spürbar ist. Trotzdem wurde die Position des Deutschen folgendermaßen beschrieben:

> Unter diesen schwierigen Umständen kann sich Deutsch aber weiterhin sehr gut auf einem stabilen zweiten Platz behaupten: 90 % der polnischen Schüler lernen Englisch, 40 % Deutsch, 5 % Russisch und 3 % Französisch. Während die Gesamtschülerzahl in Polen in den letzten Jahren um 25 % zurückgegangen ist, ist die Zahl der Deutschlernenden an Schulen im selben Zeitraum nur um 8 % gesunken (DaF weltweit 2015: 19).

2020 wurde die aktuelle Broschüre erstellt, in der auch einige Verschiebungen und neue Tendenzen in Bezug auf polnische Deutschlernende präsentiert werden. Trotz eines leichten Rückgangs bleibt Polen der Spitzenreiter unter den Ländern, was die Zahl der Deutschlernenden angeht (1,95 Millionen, davon 1,84 Millionen in den Schulen). Als Hindernis für den Erwerb von Deutschkenntnissen wurde die Bildungsreform von 2017 identifiziert, die sowohl die Stundenanzahl als auch die Lernjahre für die zweite Fremdsprache merklich verkürzte. Unter den zweiten Fremdsprachen spielt Deutsch nach wie vor die wichtigste Rolle, weil über 30 % Deutsch, gefolgt von Russisch mit 3 % und Französisch mit 2,5 % lernen. Der stärkste Unterschied ist an den Hochschulen zu verzeichnen. Im Vergleich zu 2015, in dem 97.000 Studierende Deutsch lernten, waren es 2020 nur noch etwa 56.000, wovon 48.000 Deutsch als studienbegleitendes Fach wählen. Ein interessantes Phänomen ist jedoch ein Gegentrend außerhalb der Schulen und Universitäten, der in den mangelnden Optionen im schulischen Bereich begründet wird. Der Zuwachs an Niederlassungen deutscher Firmen in Polen sowie die immer häufigere Suche nach künftigen Angestellten, die neben dem Englischen auch über ausreichende Deutschkenntnisse verfügen, verursachen, dass viele Menschen ihre beruflichen Perspektiven durch Deutschkenntnisse verbessern wollen (DaF weltweit 2020: 24f.).

2.3.1 Germanistik in Polen

Die ursprüngliche Gestaltung der Curricula deutscher Philologien fokussierte sich auf die Erforschung der deutschen Sprache und der deutschsprachigen Literatur in ihren historischen sowie gegenwärtigen Kontexten. Folglich umfasste das wissenschaftliche Interesse auch die Philosophie, Literaturgeschichte, Geschichte der Literaturwissenschaft, deutsch-polnische vergleichende deskriptive Sprachwissenschaft sowie historisch-vergleichende deutsch-polnische Dialektologie (vgl. Grucza F. 2001: 1536f. bei Grzeszczakowska-Pawlikowska 2021: 78). Die in den 1960er Jahren umgesetzte Reform reduzierte die historischen Anteile und führte anstelle dieser Inhalte aus dem Bereich Methodik, Sprach- und Literaturwissenschaft sowie Sprachunterricht, Landes- und Kulturkunde und germanistische Translatorik in die Curricula der Germanistik ein. Die Gestaltung der Lernprogramme konzentrierte sich vor allem auf die Ausbildung von Deutschlehrenden, Dolmetschern und Übersetzern (vgl. Grucza F. 2001: 1539f. bei Grzeszczakowska-Pawlikowska 2021: 79). Ein weiterer Anstoß für den Wandel waren die Voraussetzungen des 1999 initiierten Bologna-Prozesses, die sowohl eine organisatorische als auch inhaltliche Umstrukturierung der germanistischen Studiengänge mit sich brachten. Diese resultierten aus einer der wichtigsten Forderungen, nämlich der fortlaufenden Beschäftigungsfähigkeit der Absolventen auf dem Arbeitsmarkt und der damit einhergehenden Umsetzung von Kompetenzorientierung der Hochschullehre. Der Schwerpunkt dieser Konzepte liegt auf der »Beschreibung von Dispositionen für die unmittelbare Erwerbstätigkeit: Flexibilität, Mobilität, vorausschauendes Denken, Selbstmanagement, individuelle Wettbewerbsfähigkeit, Selbstverantwortung, etc.« (Greinert 2008: 9 bei Grzeszczakowska-Pawlikowska 2021: 79). Die Beschäftigungsfähigkeit wird als Fähigkeit einer Person »auf der Grundlage ihrer fachlichen und überfachlichen Handlungskompetenzen ihre Arbeitskraft auf einem sich (…) veränderten Markt anbieten zu können und damit Zugang zum Erwerbsleben zu erhalten bzw. sich darin erfolgreich bewegen zu können« definiert (Greinert 2008: 10 bei Grzeszczakowska-Pawlikowska 2021: 79). Ohne Zweifel stört das institutionelle Streben nach der beruflichen Zukunftsfähigkeit der Absolventen das von den Universitäten angenommene Prinzip der Einheit von Forschung (Wissensgewinnung) und Lehre (Wissensvermittlung). Daher wird die Konkurrenz »zwischen Traditionsbewusstsein und Praxisorientierung« betont, welche verschiedenen Ansprüchen gerecht zu werden sucht: »(…) dem Anspruch wissenschaftlicher Qualität (…) und beruflicher Nützlichkeit, praktischer Anwendbarkeit, zukunftsbezogener Offenheit« (Hess-Lüttich 2009: 22 bei Grzeszczakowska-Pawlikowska 2021: 80). Um die umrissene Ausführung zu vervollständigen, soll noch die dritte Mission der *Academia* genannt werden, welche als breites Spektrum von Aktivitäten verstanden wird, die auf Zusammenarbeit der

Universitäten und Hochschulen mit dem außerwissenschaftlichen Umfeld abzielen (Grzeszczakowska-Pawlikowska 2021: 80).

Mit den ursprünglichen Annahmen der traditionellen deutschen Philologie sowie Beschreibungen der Karrierewege nach dem Abschluss setzte sich auch Sakowski (2018: 90) auseinander, wobei er auf eine Reihe von Faktoren hinweist, die zu einer Veränderung in der Wahrnehmung der Ausbildungsziele zukünftiger Germanisten an der Philologischen Fakultät der Universität Łódź führten. Während noch vor etwa 10–15 Jahren besonders drei Branchen mit einem hohen Anteil an Absolventen der neuphilologischen Fakultät identifiziert werden konnten, nämlich Bildungswesen[13], Übersetzungsbranche und Tourismus, ändert sich seither die Situation auf dem polnischen Arbeitsmarkt, verursacht durch das Aufkommen von modernen Unternehmensdienstleistungen. Infolgedessen ist die Nachfrage nach Mitarbeitern mit sehr hohen Kenntnissen in europäischen Sprachen deutlich gestiegen. Nicht zu verschweigen sind die Einstellungserfahrungen der Unternehmen, die die Kompetenz- und Kommunikationsvorteile der Studierenden der neuphilologischen Studienrichtungen im Vergleich zu Absolventen anderer Fakultäten bevorzugen. Folglich stellte sich heraus, dass es wesentlich einfacher ist das Verständnis und die Bedienung einfacher Buchhaltungs-, Logistik oder HR-Prozesse an Personen zu vermitteln, welche die für diese Prozesse erforderliche Sprache gut beherrschen, als einem Spezialisten, wie etwa einem Absolventen der Wirtschaftswissenschaften, eine Fremdsprache beizubringen[14] (Sakowski 2018: 90). Ein wichtiger Aspekt, der den aktuellen Arbeitsmarkt beeinflusst, ist die Sättigung des Bildungs-, Übersetzungs- und Tourismussektors durch Absolventen aus den Jahren des größten Bildungsbooms (1995–2005), was Probleme bei der Arbeitssuche in den genannten Bereichen verursacht. Schließlich hebt Sakowski (2018: 90 f.) ein relevantes Element dieser Entwicklung hervor, nämlich die 1999 eingeführte Bildungsreform, welche die Form des Abiturs veränderte und die Aufnahmeprüfungen abschaffte. Die Fokussierung auf Kommunikation statt auf sprachliche Perfektion führte zu Schwierigkeiten unter Studierenden, den Kursinhalten in deutscher Sprache zu folgen, und damit verbundenen weiteren Problemen, das erforderliche Sprachniveau nach dem Abschluss des Masterstudiums zu erreichen. Von Absolventen werden jedoch grundsätzlich keine für Ausländer typischen Fehler in Flexion und im Satzbau erwartet. Diese Betonung der grammatikalischen Korrektheit ist der Tatsache geschuldet, dass Absolventen der Philologie, auch wenn sie keine

---

13 Laut Miodek (2010: 57) konzentrierten sich die meisten Germanistikstudien in Polen auf die Ausbildung von Deutschlehrern an polnischen Schulen. Es kam jedoch zur Revision des Arbeitsmarktes, auf dem es einen Mangel an Arbeitsplätzen für Lehrer gibt, was die Absolventen zur Aufnahme anderer beruflicher Tätigkeiten gezwungen hat.
14 Vgl. dazu ausführlicher Grzybowska 2018.

Lehrbefähigung erlangen, häufig in Sprachschulen Einstellung finden (Linde-Usiekniewicz 2009: 70f.).

Ähnliche Schlussfolgerungen in Bezug auf zwei gegenwärtige Hauptprobleme des Germanistikstudiums, nämlich die immer schwächer werdenden Sprachkenntnisse der Kandidaten sowie der langsame Rückgang des Interesses an der deutschen Sprache im Vergleich zum Englischen haben auch Szczęk und Kałasznik (2016: 99ff.) gezogen. Ihres Erachtens lässt sich dies an der stetig sinkenden Anzahl der Kandidaten ablesen, welche auf die geburtenschwachen Jahrgänge und die damit einhergehende sinkende Zahl von Abiturienten und somit auch Hochschulkandidaten zurückgeführt werden kann (Szczęk, Kałasznik 2016: 104f.). Des Weiteren bleiben die unzureichenden Sprachkenntnisse der Kandidaten nicht ohne Einfluss auf die Gestaltung von Studienprogrammen. Zweifelsohne zwingen die genannten Gründe die Universitäten dazu, neue Lösungen zu finden, um Studierende für sich zu gewinnen und sie während des Studiums bei der Entwicklung ihrer mangelhaften Deutschkenntnisse zu unterstützen (Kałasznik, Szczęk 2020: 36). Im Rahmen des Germanistikstudiums können zwei Typen von Fächern unterschieden werden, d.h. diese, die sich zum Ziel setzen, Sprachkenntnisse unter den Studierenden zu verbessern und jene, die als rein philologisch betrachtet werden und darauf abzielen, den Studierenden das Wissen über das Land, dessen Geschichte, Literatur und Sprache beizubringen (Szczęk, Kałasznik 2016: 104f.). Besonders erstere werden immer zahlreicher in die Studienprogramme (sowohl für das Studium 1. Grades als auch für Masterstudiengänge) zum Zweck der Erweiterung der sprachlichen Kompetenz integriert (Kałasznik, Szczęk 2020: 44f.).

Eine weitere Reaktion der Universitäten besteht darin, auch Kandidaten ohne Deutschkenntnisse aufzunehmen, was im Lichte des nicht befriedigenden Sprachniveaus unter den bereits aufgenommenen Studierenden zu einer Notwendigkeit geworden ist. Diese Schritte führen ebenfalls wieder zur Modifizierung und zum Ausbau der Lehrveranstaltungen zum Sprachpraxis. An dieser Stelle sind ebenfalls die Annahmen der Sprachpolitik in Polen wesentlich zu erläutern. Der 2017 veröffentlichte Rahmenlehrplan legt den Schwerpunkt auf den Erwerb ausschließlich einer Fremdsprache. Somit gehört die Mehrsprachigkeit nicht mehr zu Prioritäten der polnischen Sprachpolitik (Kałasznik, Szczęk 2020: 38). Der ersten Fremdsprache werden insgesamt 630 Unterrichtsstunden in der Grundschule gewidmet, was dem Rahmenlehrplan zufolge zum Sprachniveau A2+ führen sollte. Wie Kałasznik und Szczęk (2020: 39f.) richtig feststellen, steht dies im Widerspruch zu den GER-Angaben, nach denen die gleiche Stundenanzahl das Niveau B2 zu erreichen ermöglicht. In der Oberschule werden für die erste Fremdsprache 360 Stunden vorgesehen, die nach dem Rahmenlehrplan dem Niveau B1+ entsprechen. Insgesamt sind das 990 Unterrichtsstunden, die in Anlehnung an Kałasznik und Szczęk (2020: 39f.) die Lernenden dem Niveau C2 nähern sollen. In der Grundschule werden der zweiten Fremdsprache nur 120 Unterrichtsstunden gewidmet und falls sie in der Oberschule fortgesetzt wird, kommen noch 240 Unterrichtsstunden dazu, was insgesamt 360 Stunden ausmacht und dem Niveau A2 entspricht (Kałasznik, Szczęk 2020: 40). Außer dem bereits erwähnten Rahmenlehrplan und den mit seiner Einführung verbundenen Folgen lassen sich noch andere Mängel des Bildungssystems nennen, wie z. B. das Lernen in Gruppen mit stark differenzierten Niveaus oder die fehlende Kontinuität zwischen den verschiedenen Bildungsstufen (Komorowska 2009: 35). In Anbetracht dieser Umstände sind die sinkenden Ergebnisse der polnischen Abiturienten in der Deutsch-Prüfung und somit das Sprachniveau der künftigen Studierenden nicht verwunderlich[15]. Die anfänglichen Sprachfähigkeiten der Kandidaten beeinflussen wiederum die Qualität der Ausbildung und demnach das Niveau des Studiums. Daher ist es also bei einem solchen ›Ausgangsniveau‹ äußerst schwierig, im Laufe z. B. eines BA-Studiums eine ausreichende Sprachkompetenz zu erwerben (Komorowska 2009: 35), ohne zusätzliche praktische Lehrveranstaltungen in die Curricula einzubauen. Duszak (2009: 48) zufolge erleben die Universitäten derzeit einen allgemeinen, öffentlich eher ungern geäußerten Rückgang des Studienniveaus in ihrem derzeitigen Massencharakter. Gemeint ist hier vor allem die Herabsetzung des Bildungsniveaus zugunsten von Fähigkeiten, Motivation sowie Bedürfnissen der durchschnittlichen Studierenden und eine Verstärkung des Modells des Lernens statt des Studierens[16].

Die vorangegangenen Ausführungen lassen auf notwendige Änderungen in Curricula des Germanistikstudiums schließen. Daher werden viele Universitäten vor Herausforderungen gestellt, ihre derzeitigen Ausbildungswege teilweise aufzugeben und ihr Angebot an die sich verändernde Wirklichkeit anzupassen. Um den Ansprüchen entgegenzukommen werden verschiedene Schritte unternommen. Beispielsweise wurden im Programm des Instituts für Germanistische Philologie der Universität Wrocław einige Lösungen zur Erhöhung des Sprachniveaus initiiert. Als obligatorische Lehrveranstaltungen wurden Lese- und Hörübungen eingeführt. Des Weiteren findet noch ein Tutorium statt, welches von Doktoranden der Germanistischen Philologie geleitet wird und sich an solche Studierenden des ersten Studienjahres wendet, die ihre Deutschkenntnisse verbessern wollen. Abschließend lässt sich feststellen, dass beide Tendenzen, sowohl

---

15 Vgl. dazu ausführlicher Kałasznik, Szczęk (2020).
16 Ebenfalls Burneva (2010: 15) setzt sich mit dem Thema der europaweit politisch angestrebten Vermassung der universitären Ausbildung auseinander, welche zur Senkung der Anforderungen gegenüber Studienanfängern beiträgt. Die Tendenz wird auch in den ehemaligen Ostblockländern beobachtet, in denen Deutschunterricht von einem Elitefach zu einem Zweit- oder Drittwunschstudiengang geworden ist, was niedriges Sprachniveau der Erstsemestler bewirkt.

das sinkende Sprachniveau als auch die sinkenden Kandidatenzahlen ein Zeichen heutiger Zeiten zu sein scheinen. Daher entscheiden sich auch andere Institute für Germanistische Philologie in Polen die Curricula in Bezug auf DaF-Fächer zu modifizieren sowie das Germanistikstudium für Anfänger anzubieten (Szczęk, Kałasznik 2016: 115).

Im Zusammenhang mit diesen Erkenntnissen sollen noch zwei wesentliche Stichworte genannt werden, nämlich die Qualität und die Innovation der Bildung. Piasecka (2009: 119) verbindet dies mit den Herausforderungen und Aufgaben für die Sprachausbildung an Universitäten, die sich aus der Mission und Strategie der Hochschulbildung ergeben. Sie schlägt vor, Qualität als Zweckmäßigkeit zu betrachten, während Innovation als Veränderung des Lehrens und Lernens, die Einführung neuer Elemente oder eine neue Konfiguration derselben, die die Effektivität des Bildungsprozesses und damit auch die Qualität erhöht, verstanden werden sollte. Als eine von solchen Herausforderungen für die universitäre Ausbildung ist der Versuch gemeint, die Curricula an die veränderten Bedingungen auf dem Arbeitsmarkt anzupassen und z. B. fachsprachliche Komponenten in die Ausbildung aufzunehmen. Dafür spricht die allgemeine Tendenz, dass das Lehrangebot an Hochschulen in Deutschland, aber auch in europäischen und außereuropäischen Ländern zunehmend die berufsorientierte sowie fachbezogene Kommunikation miteinschließt (Roelcke 2010: 175).

2.3.2 Germanistik in Mittelost- und Südosteuropa

Die oben skizzierte Wandlung bildet nicht nur ein rein polnisches Phänomen, sondern gilt für viele Germanistiken in Mittelost- und Südosteuropa. Beim genaueren Hinschauen stellt sich heraus, dass ähnliche Veränderungen in Bezug auf den Arbeitsmarkt und deren Auswirkungen auf die Hochschulbildung sowie die Erwartungen der Studierenden auch in anderen Ländern bemerkt werden. Dieser Teil der vorliegenden Arbeit zielt darauf ab, die globale Bestrebung nach den fach- bzw. berufsorientierten Tätigkeiten auf der universitären Ebene als Antwort auf den permanenten Wandel des Arbeitsmarktes zu erörtern. Im Folgenden wird die Situation der deutschen Philologie in Albanien, Ungarn, Kosovo und Rumänien beleuchtet.

Zweifelsohne spiegeln sich die Globalisierungsprozesse ebenfalls auf dem albanischen Arbeitsmarkt. Deutschland fungiert in Albanien als eines der wirtschaftlich stärksten EU-Länder, was in Verbindung mit der Öffnung gegenüber Einwanderern, der Beschäftigungspolitik sowie Rekrutierung von ausländischen Fachkräften für Germanistikabsolventen und Experten mit soliden Deutschkenntnissen verlockend wirkt. Daher wollen viele Albaner in deutschsprachigen Ländern studieren oder arbeiten (vor allem Ärzte, Krankenpfleger, Ingenieure,

Handwerker, aber auch Deutschlehrer und einfache Arbeitskräfte), wodurch eine hohe Nachfrage vor allem nach Lehrkräften, insbesondere im privaten Sektor, in Sprachzentren sowie für den individuellen Unterricht entsteht (Janku, Sadikaj 2021: 48). Im Zusammenhang damit werden auch amtlich anerkannte Übersetzer nachgefragt, die bei der Erstellung der Bewerbungsunterlagen behilflich sein können (Janku, Sadikaj 2021: 48 f.). Des Weiteren erlebt der albanische Touris-mus einen kontinuierlichen Aufschwung und demzufolge steigt der Bedarf an Fremdenführern mit Deutschkenntnissen. Die Germanistikabsolventen finden ebenfalls Anstellung als Medienexperten, Koordinatoren oder Sachbearbeiter innerhalb deutschsprachiger Organisationen, Angestellte diplomatischer Ver-tretungen Deutschlands, Österreichs oder der Schweiz, sowie Beamte im öf-fentlichen Dienst. Um den Arbeitsmarktbedarf an Lehrern, Übersetzern, Dol-metschern, Fremdenführern und anderen Berufen mit Bezug auf Philologie zu decken, kommt das Bildungsangebot für Germanisten den geschilderten An-forderungen entgegen. Es werden verschiedene Schritte unternommen, wie z. B. der Erwerb der für diese Berufsprofile notwendigen Fachsprachenkenntnisse, die Ausrichtung des Angebots an Nullanfänger sowie die Einführung sprachpra-xisbezogener Fächer (Janku, Sadikaj 2021: 49 f.). Zusammenfassend stellen Janku und Sadikaj (2021: 60) fest, dass der permanente Wandel auf dem Arbeitsmarkt Flexibilität, kompetente Reaktion auf Lernanforderungen sowie eine hohe An-passungsfähigkeit erfordert.

Die Tendenz der Abweichung vom klassisch-humanistischen Bildungsideal hin zur praxisorientierten Ausbildung auf der universitären Ebene betrifft ebenfalls Germanistiken im gegenwärtigen Ungarn. Dazu haben die in den Hochschulgesetzen inbegriffenen Leitprinzipien zur Neugestaltung der Curri-cula des BA-Studiums beigetragen. Gemeint wird hier vor allem »die Vermittlung moderner Kenntnisse, die Konkurrenzfähigkeit im internationalen Maßstab, die flexible Anpassung an die realen wirtschaftlichen und sozialen Verhältnisse des Landes« (Rada 2021: 64 f.). Erwartet wird die Verstärkung der Beziehungen sowie der inhaltlichen Verknüpfung zwischen dem hochschulischen und dem wirt-schaftlichen Bereich. Zum einen wird dadurch die Anpassung an die Erwar-tungen des Arbeitsmarktes ausgedrückt und zum anderen wird auf die Finan-zierung der Hochschuleinrichtungen hingewiesen, die im Stil der Wirtschafts-unternehmen funktionieren sollen. Hier geht es vor allem um das Generieren von eigenem Einkommen »durch Projektfinanzierung aus Drittmitteln oder durch kostenpflichtige Kurse«. Die Zusammenarbeit sollte die Übernahme von be-stimmten Kosten der Universitäten oder die Finanzierung der für sie relevanten Forschung umfassen. Für das BA-Studium in Germanistik bedeuten die ge-nannten Anforderungen die Vermittlung von praktischen Fertigkeiten aus sol-chen Bereichen wie Wirtschaft, Fremdenverkehr oder Administration, welche folglich auf dem Arbeitsmarkt gebraucht werden und die vielseitige Einsetzbarkeit der Germanistikabsolventen ermöglichen. Dies ist äußerst wesentlich in Anbetracht der Ansiedlung deutscher, österreichischer und schweizerischer Firmen in Ungarn sowie der Nachfrage nach Germanistikabsolventen mit sehr guten Sprachkenntnissen und philologischen Kompetenzen (Rada 2021: 65). Die Änderungen werden als Chance angesehen, das Potenzial der Germanistik zu erhöhen und sie zu beleben, da diese an einigen Universitäten des Landes ums Überleben kämpft. Die Möglichkeiten und Erwartungen des Arbeitsmarktes beeinflussen in großem Maße die Erwartungen der Studierenden gegenüber dem Studium, die immer häufiges berufsorientiertes Interesse an Deutsch aufzeigen. Des Weiteren ist ihr Sprachniveau niedriger als früher und somit möchten sie während des Studiums vor allem die allgemeinen Deutschkenntnisse verbessern sowie parallel fachbezogene Kompetenzen in deutscher Sprache erwerben (Rada 2021: 63, 66). Die größte Herausforderung der ungarischen Auslandsgermanistik wird darin gesehen, einerseits den aktuellen Erwartungen und Ansprüchen entgegenzukommen und andererseits eine universitäre Fremdsprachenphilologie bleiben zu können. Daher wird von Rada (vgl. 2021: 67–74) als Lösung ein duales Studium der Germanistik vorgeschlagen, welches eine praxisbezogene sowie arbeitsmarktorientierte Sichtweise auf ein Philologiestudium widerspiegelt.

Kosovo ist durch hohe Arbeitslosigkeit gekennzeichnet, welche jedoch auf die diplomierten Germanisten der Philologischen Fakultät in Pristina nicht zutrifft. Die Germanistikabsolventen haben eine sehr hohe Beschäftigungsquote und sind vor allem in der Lehre, in deutschen Firmen, in der Verwaltung und in deutschsprachigen Organisationen sowie in der Verwaltung inländischer Organisationen und als Übersetzer und Dolmetscher tätig (Hamiti, Ismajli 2021: 191 ff.). Die deutsche Sprache beginnt in Kosovo eine führende Rolle einzunehmen. Es wird angenommen, dass der Bedarf an qualifizierten deutschsprachigen Mitarbeitern in der Zukunft weiterhin steigen wird und weitere deutsche Firmen eröffnet werden. In diesem Zusammenhang strebt die Abteilung für deutsche Sprache und Literatur in Pristina eine Anpassung der Curricula an die Anforderungen des Arbeitsmarktes an. Gemeint ist hier in erster Linie eine gute Ausbildung der angehenden Deutschlehrer, die immer häufiger nachgefragt werden (Hamiti, Ismajli 2021: 196 f). Dies resultiert aus dem vermehrten Interesse an Deutschkursen unter verschiedenen Berufsgruppen, die in Deutschland leben und arbeiten möchten (u. a. junge Ärzte, Pflegekräfte) (Hamiti, Ismajli 2021: 193). Von Belang sind ebenfalls solche Lehrveranstaltungen, die eine Grundausbildung für potenzielle Arbeitsfelder sichern (z. B. Übersetzung) (Hamiti, Ismajli 2021: 197).

Als letztes wird ein Beispiel für den Wandel in der traditionellen Germanistik in Rumänien angeführt. In Rumänien waren und sind Deutschkenntnisse von vielen wegen der Anwesenheit der deutschen Minderheiten sowie der möglichen

Verbesserung bzw. Sicherung der beruflichen Chancen landesweit[17] und sogar im Ausland hochgeschätzt (Middeke, Tichy 2017: 105; Sava, Lăzărescu 2021: 156 ff.). Obwohl die Lehrerausbildung sich früher eines hohen Ansehens erfreute, wird gegenwärtig der Lehrberuf immer seltener als Berufsziel angestrebt. Zum Verlust der Attraktivität dieses Berufes haben überwiegend die Verdienstmöglichkeiten beigetragen, die weit unter denen der freien Wirtschaft liegen (Middeke, Tichy 2017: 105 ff.). Dies führte zur Auswanderung oder zum Austritt vieler gut ausgebildeter Lehrer aus dem Lehrberuf. Für eine Arbeitsstelle in der freien Wirtschaft entscheiden sich ebenfalls immer mehr die Germanistikabsolventen, was das Problem der Lehrerversorgung erhöht (Sava, Lăzărescu 2021: 159). Des Weiteren bietet der wirtschaftliche Arbeitsmarkt viel mehr Arbeitsplätze als Arbeitnehmer verfügbar sind, sodass diese sogar wählen können (Galter 2021: 178). Angesicht dieser Veränderungen war es für die Universitäten erforderlich, sowohl der Nachfrage nach deutschsprachigen Fachkräften als auch den aktuellen Anforderungen an die Ausbildung weitreichender Kompetenzen entgegenzukommen. Die sinkende Nachfrage nach einem traditionellen Germanistikstudium bei Kandidaten mit sehr guten Deutschkenntnissen verursachte die Gestaltung stärker berufsorientierter Studiengänge. Die größten Herausforderungen der rumänischen Germanistik überlappen sich mit den bereits in anderen Ländern erwähnten. Darunter werden vor allem niedrige Immatrikulationszahlen, unterschiedliche und oft mangelnde Sprachkenntnisse, reiches Angebot an Studienplätzen, Konkurrenz zwischen den einzelnen germanistischen Standorten sowie Unterfinanzierung vom Staat genannt. Um die Anzahl der Studienbewerber zu erhöhen und somit für das Fortbestehen des Studienganges zu kämpfen, werden Kandidaten mit Null-Deutschkenntnissen aufgenommen (vgl. Sava, Lăzărescu 2021: 163 ff.). Als nächste Reaktion gilt die Gestaltung von zwei Studiengängen: ›Angewandte Fremdsprachen‹ (BA) und ›Interkulturelle Wirtschaftskommunikation Deutsch‹ (MA). Beide konzentrieren sich auf der Vertiefung der Sprachkenntnisse und der Vermittlung notwendiger Kompetenzen, um die Fremdsprachen im wirtschaftlichen Bereich zu nutzen (DAAD 2013: 96 bei Middeke, Tichy 2017: 109). Im Falle des zweiten Studienganges wird der Schwerpunkt auf die »Verbesserung der Sprachkompetenz im Bereich Deutsch als Allgemeinsprache, im Bereich Deutsch als Berufssprache und auch im Bereich Deutsch als Fachsprache Wirtschaft« gelegt. Vielmehr handelt es sich dabei um die Vermittlung sprachlicher Handlungskompetenzen für berufliche Kontexte als um die Fachsprache im engeren Sinne. Da nicht zwischen Berufs- und Fachsprache unterschieden wird, befinden sich die Module »im Schnittfeld zwischen Berufs- und Fachsprache« (Middeke, Tichy 2017: 110).

---

17 Deutsch gilt besonders in Siebenbürgen gleich nach der englischen Sprache als die meistgefragte Fremdsprache auf dem Arbeitsmarkt.

Die geschilderte Situation und die eingeführten Maßnahmen bestätigen und betonen den gegenwärtigen arbeitsmarktorientierten Charakter des Germanistikstudiums. Ähnliche Tendenzen können auch u. a. in solchen Ländern wie Südkorea[18], USA[19], Chile[20], Russland[21], Tschechien[22] beobachtet werden. Diese werden aus Platzgründen hier nicht näher erörtert. Abschließend lässt sich noch in Bezug auf Galter (2021: 185) feststellen, dass:

> es sich die kleinen Auslandsgermanistik-Abteilungen nicht leisten können, ihr Curriculum nach rein wissenschaftlichen Kriterien zu gestalten und dass sie in gewissem Maße auch auf die Bedürfnisse der Wirtschaft eingehen müssen. Einerseits hätten sie sonst nicht genügend Studierende, um überleben zu können, andererseits ist auch das Stellenangebot in Lehre und Forschung vergleichsweise beschränkt.

---

18 Vgl. ausführlicher dazu Lee 2010.
19 Vgl. ausführlicher dazu Cothran 2010.
20 Vgl. ausführlicher dazu Babel, Castro 2010.
21 Vgl. ausführlicher dazu Fomina 2010.
22 Vgl. ausführlicher dazu Matušková 2010.

3. Fachsprachenforschung

In diesem Kapitel wird angestrebt, die Fachsprachenentwicklung zu beschreiben sowie sich mit verschiedenen Definitionen der Fachsprache auseinanderzusetzen. Des Weiteren wird die Theorie der Fachsprachen als Varietäten mit der anthropozentrischen Sprachtheorie zusammengestellt. Als nächstes werden die Merkmale und Funktionen der Fachsprachen erörtert. Vor dem Hintergrund des Gegenstands der vorliegenden Untersuchung wird schließlich versucht, die Fachsprache mit der Berufssprache zu vergleichen.

3.1 Fachsprachenentwicklung

Im Laufe der Zeit haben sich die Betrachtungen des Forschungsgegenstandes Fachsprache bedeutend geändert. Obwohl das Interesse an diesem Gebiet schon zu Beginn des 19. Jahrhunderts vorhanden ist (Hoffmann 1984: 21), verliert dieses Thema nicht an Aktualität, weil immer noch neue Entwicklungstendenzen in der Fachsprachenforschung beobachtet werden. Gajewska und Sowa (2014: 17) betonen jedoch, dass die Beschäftigung mit Fachsprachen keine einfache Aufgabe ist, da diese sich als ein sehr ungeordnetes Gebiet erweisen (vgl. Roelcke 1999: 7).

Die erste Schwierigkeit besteht darin, die Definition von Fachsprache zu bestimmen oder sich für eine von vielen zu entscheiden, weil der Terminus »nicht gültig definiert« ist, obwohl »so einfach er gebildet und so verständlich er zu sein scheint« (Fluck 1976: 11). Feinäugle (1976: 11) zufolge entstehen die Fachsprachen auf der einen Seite durch »die Bereitstellung von Bezeichnungen für neue Gegenstände und Begriffe« und auf der anderen Seite durch »die Anpassung des Satzbaus an die speziellen Bedürfnisse der Kommunikationssituation«. Nach Gajewska und Sowa (2014: 17) sind Fachsprachen kein separates, eigenständiges System, sondern müssen zuerst aus den natürlichen Sprachen isoliert werden. Dabei können mehrere Kriterien angewendet werden, woraus eine Menge von Definitionen der Fachsprachen resultiert, welche verschiedene Aspekte des problematischen Bereiches verdeutlichen oder sogar seine Grenzen anders bestimmen. Darüber hinaus kommt dazu noch eine Vielzahl von Benennungen, die nicht immer synonym verwendet werden können und in verschiedenen sprachwissenschaftlichen oder didaktischen Forschungstraditionen eingesetzt werden.

In der deutschen Fachsprachenforschung können drei Hauptrichtungen mit weiteren konzeptionellen Ansätzen unterschieden werden, nämlich systemlinguistisch, pragmalinguistisch und kognitiv orientierte Forschungsansätze (vgl. Roelcke 1999: 15 ff.).

Die systemlinguistisch orientierte Theorie betrachtete die Fachsprache als ein sprachliches Zeichensystem, welches sich im fachlichen Kommunikationsbereich aktualisiert. Die wichtigste Frage dieses Ansatzes konzentrierte sich auf dem Zusammenhang zwischen Fachsprachen und der Gemeinsprache (Hoffmann 1985: 48, bei Siewert 2010: 36). Das Hauptproblem bestand darin, dass die Grenze zwischen diesen Phänomenen offenbleibt (Klute, 1975: 6, bei Siewert 2010: 36) und die Gemeinsprache selbst eine vage Kategorie bildet (Hoffmann 1976: 162, bei Siewert 2010: 36). Einen ähnlichen Standpunkt vertritt auch Grucza (Grucza F. 2002: 18, Grucza F. 2005: 51, bei Sawicka 2009: 191), in dem er die Schwierigkeit der Feststellung betont, wo genau die Grenze zwischen Fach- und Gemeinsprache verlaufe. Kubiak (2002: 6) gibt an, der Definitionsversuch sei ohne Bezug auf Gemeinsprache nicht möglich, da es zwischen Fach- und Gemeinsprache ständig zu Einwirkung und Transfer kommt. Im Rahmen der systemlinguistisch orientierten Theorie können vier weitere Konzeptionen der Fachsprachenforschung genannt werden: die lexikalisch-terminologische, die funktionalstilistische, die varietätenlinguistisch orientierte Konzeption sowie die Theorie von Subsprachen (vgl. Hoffmann 1985: 21 ff.; Bungarten 1993: 27 ff.).

Die lexikalisch-terminologische Richtung hat die Fachsprachenforschung in einem maßgeblichen Teilbereich weitergebracht. Diese Konzeption hat das Wesen der Fachsprachen fast ausschließlich in ihren Terminologien gesucht, so dass der Begriff Fachsprache gewissermaßen als Synonym zum Begriff Fachwortschatz verwendet wurde (vgl. Baumann 1990: 11). Die Bedeutung der Fachwörter wurde lange Zeit gegenüber der Bedeutung der Syntax überschätzt (Fluck 1976: 12), wovon verschiedene Definitionen der Fachsprache zeugen[23].

---

23 Dies zeigt z. B. die Definition der Fachsprache nach A. Schirmer (1913: 37, bei Siewert 2010: 37): »Fachsprachen nenne ich die Terminologien für die verschiedenen Gebiete der geistigen, sittlichen und künstlerischen Betätigung des Menschen, also etwa Recht und Politik, Kunst und Wissenschaft und anderes mehr, soweit dabei eine von der Gemeinsprache abweichende Ausdrucksweise in Frage kommt«; aber auch später verfasste Definition von H. Müller-Tochtermann (1959: 89, bei Grucza S. 2008: 41): »Fachsprache ist nichts anderes als ein Bestand der Fachwörter, der auch im äußersten Falle nur im Zusammenhang mit einem mehr oder weniger umfangreichen unverzichtbaren Rest von Allgemeinwörtern verwendet werden kann«.

Auch Möhn (1968, bei Grucza S. 2012: 41) bemerkte, dass die Fachsprachen nicht nur auf Terminologie begrenzt werden sollten, sondern es sollten ihnen gesamtsprachliche Eigenschaften zuerkannt werden, was auf die syntaktischen Besonderheiten hinweist. Daher erreichte die systemlinguistisch orientierte Betrachtung ihre Erkenntnisgrenzen und in den Mittelpunkt rückte

(…) die Fachsprachenforschung, die durch empirische Analysen jene Berührungen und Überschneidungen herausgefunden hat, über die der Objektbereich ›Fachsprache‹ mit den Objektbereichen der angrenzenden Humanwissenschaften verbunden ist (Soziologie, Psychologie, Methodik/Didaktik u. a.) (Baumann 2000: 150 f.).

Gegen Mitte der sechziger Jahre veränderte sich regelmäßig die Sichtweise und die Fachsprachen wurden im weiteren Sinne, d. h. mit Berücksichtigung ihrer kommunikativen Funktion erörtert (Grucza S. 2008: 41).

Die funktionalstilistische Orientierung wurde auf dem Konzept der Funktionalstile aufgebaut, wobei die Funktionalstilistik auf die von der Prager Schule entwickelte Theorie der Schriftsprache zurückgeht (Siewert 2010: 38), in der die Sprache als »polyfunktionales System mit mehreren Stilschichten« (Fluck 1976: 13) verstanden wurde. Der Schriftsprache wurden vier gesellschaftliche Aufgaben zugeschrieben, d. h. die kommunikative,- fachlich-praktische, fachlich-theoretische und ästhetische. Darauf aufbauend wurden den einzelnen Funktionen vier funktionale Stile zugeordnet: Alltagssprache, Geschäfts- und Amtssprache, Wissenschaftssprache und Literatursprache. Diese wurden im Laufe der Zeit auf drei reduziert, nämlich Konversationssprache, Fachsprache und Literatursprache (vgl. Barth 1971: 211, Fluck 1996: 13, Gläser 1998: 203, bei Siewert 2010: 38). Die Sprachkonzeption der Prager Schule beeinflusste die Fachsprachenforschung in vielen Ländern. Deutlich war außerdem, dass die funktionalsprachliche Betrachtung über die lexikalischen Mittel der Fachsprache hinausgeht (vgl. Hoffmann 1984: 31–34). Einen weiteren Schritt machte Schmidt (Schmidt/Scherberg 1968, bei Hoffmann 1984: 34), in dem er zwischen Gruppensprachen und Fachsprachen unterschied. Erstere betrachtete er als sozial bedingte, während zweite von der Sprache, d. h. vom Thema abhängen. Vorläufig definierte er die Fachsprachen als

(…) Erscheinungsformen der Sprache, die der sachgebundenen Kommunikation unter Fachleuten in den verschiedenen Bereichen von Wissenschaft und Technik, Wirtschaft, Politik und Kultur dienen. Die speziellen Mittel der Fachsprache dienen dem fachgerechten Ausdruck, der genauen und differenzierten Bezeichnung der Sachverhalte in den genannten Fachbereichen (Schmidt/Scherberg 1968, bei Hoffmann 1984: 34).

Im Vordergrund seiner Überlegung stand zwar die Terminologie, aber er akzeptierte auch andere nichtterminologische Merkmale der Fachsprachen (vgl.

Hoffmann 1984: 34). In der später eingeführten Definition[24] versuchte er durch die Betonung der systemhaften Unselbstständigkeit der Fachsprachen, aufgrund weiterer Forschungen die scharfe Polarisierung zu überwinden (Siewert 2010: 38 f.).

In dem varietätenlinguistischen Ansatz werden die Fachsprachen als Varietäten einer Einzelsprache verstanden, »die sich von deren anderen Varietäten mehr oder weniger deutlich unterscheiden« (Roelcke 2010: 16). Bußmann (1990 bei Grucza S. 2008: 49 f.) erkennt das Wesen der Fachsprachen in Bezug auf die genannte Theorie als »sprachliche Varietäten mit der Funktion einer präzisen und differenzierten Kommunikation über meist berufsspezifische Sachbereiche und Tätigkeitsfelder«. Eine Varietät wird als ein im Rahmen der Einzelsprache funktionierendes sprachliches System definiert, das durch bestimmte inner- und außersprachliche Merkmale gegenüber anderen Varietäten abgegrenzt wird. Zu den innensprachlichen Merkmalen können »auf den Beschreibungsebenen Laut und Schrift, Lexik, Syntax sowie Text jeweils unter den Beschreibungsgesichtspunkten Inventar, Semantik, Grammatik oder Pragmatik« gezählt werden. In Bezug auf außersprachliche Merkmale wird zwischen regionalen, sozialen, funktionalen, sowie historischen Varietäten unterschieden (Roelcke 2010: 16). Bei der Interpretation von Fachsprachen als Varietäten werden besonders funktionale und soziale Bedingungen in Vordergrund gestellt. Grundsätzlich werden die Fachsprachen als funktionale Varietäten erörtert, bei deren Bestimmung regionale, soziale und historische Bedingungen (gegenüber den funktionalen) eher von zweitrangiger Bedeutung sind. In Anlehnung an Roelcke (2010: 16) sollen nicht nur die funktionalen Bedingungen in Betracht gezogen werden, sondern vielmehr die anderen Bedingungen sprachlicher Kommunikation, auch wenn sie im Vergleich zu den funktionalen als weniger wichtig betrachtet werden. Es wird weiterhin darauf hingewiesen, dass die Fachsprachen in erster Linie nicht als funktionale, sondern als soziale Varietäten (oder als sog. Gruppensprachen) verstanden werden. Der menschliche Tätigkeitsbereich wird demnach vom Erkenntnis- oder Handlungsinteresse einer bestimmten sozialen Gruppe anhängig gemacht.

Erwähnenswert ist an dieser Stelle die anthropozentrische Sprachtheorie, die sich im polnischen Forschungsgebiet entwickelte[25]. Franciszek (vgl. u. a. 1983,

---

24 Nach Schmidt (1969: 17, bei Siewert 2010: 38) ist die Fachsprache »das Mittel einer optimalen Verständigung über ein Fachgebiet unter Fachleuten; sie ist gekennzeichnet durch einen spezifischen Fachwortschatz und spezielle Normen für die Auswahl, Verwendung und Frequenz gemeinsprachlicher lexikalischer und grammatischer Mittel; sie existiert nicht als selbständige Erscheinungsform der Sprache, sondern wird in Fachtexten aktualisiert, die außer der fachsprachlichen Schicht immer gemeinsprachliche Elemente enthalten«.
25 Die Ansichten von J.N.I. Baudouin de Courtenay werden als Beginn des anthropozentrischen Denkens über menschliche Sprachen angesehen (Grucza S. 2010a: 41).

1988, 1993a/b, 1997, 2005, 2007, 2012) sowie Sambor Grucza (vgl. u. a. 2008; 2009: 15 ff.) kritisieren den varietätenlinguistischen Ansatz und stellen fest, er erörtere die Fachsprachen als gewisse Varietäten der Gemeinsprache im gleichen Sinne wie Dialekte oder Soziolekte. Grucza S. (2010a: 49 f.) schlägt vor, alles, was unter dem Begriff Fachsprache bestimmt wird, zuerst in zwei Kategorien zu teilen. Die erste sollten die realen Fachsprachen bilden, d. h. die Sprachen konkreter Spezialisten und die zweite jene allgemeinen Fachsprachen, die als Fachsprachen für bestimmte Branchen oder Bereiche gelten.

Im Lichte der anthropozentrischen Sprachtheorie werden die Sprachen vor allem als Idiolekte, als die individuellen Sprachen konkreter Menschen betrachtet, wobei der Idiolekt die einzige Form der Sprache sei, die real existiert (Olpińska-Szkiełko 2016: 82). Die Sprache (der Idiolekt) werde als eine Eigenschaft des Menschen definiert, als seine Fähigkeit zu kommunizieren, d. h. »sprachliche Äußerungen zu produzieren, sie gezielt im Kommunikationsprozess als Kommunikationsmittel einzusetzen sowie sprachliche Äußerungen anderer Menschen zu empfangen und zu interpretieren« (vgl. Grucza F. 1993a: 157; 1993b: 31, bei Olpińska-Szkiełko 2016: 82). Dabei wird die Begriffsbestimmung der Fachsprache als Kommunikationsmittel sowie als linguistisches System abgelehnt und die sprachlichen Äußerungen werden als Verständigungsmittel der Menschen identifiziert (Olpińska-Szkiełko 2016: 86). Die Fachsprache ist ein Bereich des praktischen Wissens und bildet einen Bauteil bestimmter Fachfertigkeiten einzelner Fachpersonen ab. Darüber hinaus besitzen die Fachpersonen im Unterschied zu anderen Personen das Fachwissen. Daher scheint das Fachwissen im Unterschied zum Wissen ausschließlich empirisch, d. h. unter anderem durch Erfahrung und Beobachtung und nicht genetisch, durch Vererbung, beherrschbar zu sein (Osiejewicz 2016: 70). Es ist unübersehbar, dass auch die Fachpersonen das Fachwissen auf unterschiedlichen Niveaus erwerben können (vgl. Grucza F. 1997: 12 f. bei Osiejewicz 2016: 70). Als Objekte der linguistischen Erforschungen wären dieser Theorie nach die Sprachen konkreter Menschen. Diesbezüglich sollten die Sprachen der konkreten Fachleute, d. h. die konkreten Fachsprachen erforscht werden, da jede Fachsprache zunächst als Fachsprache eines konkreten Sprechers/Hörers zu erörtern ist (Osiejewicz 2010: 231). Das Vorhandensein von Fachwissen und/oder das Vorhandensein von Fachwissen zusammen mit entsprechender Fachfertigkeit determiniert die Zugehörigkeit der Fachperson zu einer Gruppe. Die Fähigkeit, Fachtexte zu erstellen, hängt jedoch vom Fachwissen ab, weil sie nur von solchen Personen produziert werden, die über angemessenes Fachwissen verfügen und der entsprechenden Fachsprache mächtig sind (Grucza 2008: 137). Kubiak (2002: 9) macht auf den Grad der beruflichen Sozialisation aufmerksam, d. h. die Kenntnis eines bestimmten Fachgebiets, welche den Gebrauch einer Fachsprache wesentlich beeinflusst. Der anthropozentrischen Sprachtheorie zufolge wird die Fachsprache einer bestimmten Person als Fachidiolekt genannt. Die logische Summe und/oder der logische Querschnitt einer beliebigen Menge von Idiolekten ist dagegen ein Polylekt von den Menschen, die sich dieser Idiolekte bedienen (Grucza S. 2004: 39 bei Osiejewicz 2016: 71). Fachpolylekte sowie Fachidiolekte kommen als keine strikt autonomen Sprachen vor, weil sich ihre »Phonemik, Graphemik, Grammatik und teilweise auch ihre Lexik mit der Phonemik, der Grammatik und teilweise auch ihre Lexik der entsprechenden Gemeinsprache überlappen« (Grucza S. 2004: 39 bei Osiejewicz 2016: 71). Die Fachsprache zeichnet sich im Unterschied zur Gemeinsprache durch lexikalische Besonderheiten aus, die das Verstehen der sprachlichen Äußerungen von solchen Sprechern/Hörern stören können, die der konkreten Fachsprache oder einigen Begriffen aus dieser Fachsprache nicht mächtig sind. Sowohl Fachidiolekte als auch Fachpolylekte können als funktional relativ autonome Sprachen erörtert werden, die auch im Verhältnis zueinander autonom sind. Im Hinblick auf denselben Ausschnitt der Wirklichkeit ist es unmöglich sich unterschiedlicher Fachidiolekte oder Fachpolylekte zu bedienen. Daher lässt sich schlussfolgern, die Fachsprachen seien keine Varianten der Gemeinsprache (Grucza S. 2004: 41 f. bei Osiejewicz 2016: 72). Mit der Entwicklung der anthropozentrischen Sprachtheorie erfolgte ihre Implementierung auch in die glottodidaktischen Überlegungen (Grucza S. 2010a: 54).

Abgesehen von der anthropozentrischen Sprachtheorie wird die Theorie von Subsprachen ohne Zweifel als ein weiterer Schritt zur Überbrückung der Gegenüberstellung von Fachsprachen und Gemeinsprache betrachtet (Siewert 2010:39). Hoffmann (1985) weist darauf hin, dass die genauen Grenzen der Gemeinsprache sich nicht bestimmen lassen und der gesamte gemeinsprachliche Wortschatz einer Sprachgemeinschaft nicht zu erfassen ist. Daher hat er vorgeschlagen, den Begriff Gemeinsprache durch den Begriff Gesamtsprache zu ersetzen. Die Fachsprachen werden als Subsprachen aufgefasst, die als Bestandteile des Gesamtsprachensystems erörtert werden (Hoffmann 2004, bei Schumacher 2020: 23). Im Zentrum der Betrachtung steht vor allem der Kommunikationsgegenstand und in den Hintergrund treten die Kommunikationssituation und der Kommunikationszweck (Schumacher 2020: 23). Entsprechend der Konzeption von Subsprachen wurde von Hoffmann (1984: 53) die bis jetzt meistzitierte Definition der Fachsprache folgendermaßen formuliert: »das ist die Gesamtheit aller sprachlichen Mittel, die in einem fachlich begrenzbaren Kommunikationsbereich verwendet werden, um die Verständigung zwischen den in diesem Bereich tätigen Menschen zu gewährleisten«. Unter »Gesamtheit aller sprachlichen Mittel« versteht er das Inventar phonetischer, morphologischer und lexikalischer Elemente bzw. syntaktischer Regeln sowie ihr funktionelles Zusammenwirken bei allen in diesem Bereich möglichen Kommunikationsakten. Mit Kommunikationsbereich wird der Ausschnitt aus der gesellschaftlichen Wirk-

lichkeit gemeint (d. h. produktive Tätigkeit des Menschen, sowohl körperliche als auch geistige), wo die Fachsprache verwendet wird (Hoffmann 1984: 53 f.). Die Definition von Hoffmann hat u. a. Roelcke (2010: 15) näher betrachtet, wobei er folgende Anmerkungen äußerte: zum einen wurde *Fach* durch »fachlich« bestimmt und zum anderen hat die Sprache durch »Gesamtheit sprachlicher Mittel« eine »wenig brauchbare Erläuterung«. Seines Erachtens weist der »Kommunikationsbereich« auf ein kommunikationstheoretisches Fundament des Fachsprachenkonzepts hin. Auf den Ausdruck »Gesamtheit aller sprachlichen Mittel« von Hoffmann hat auch Grucza S. (2008: 46) hingewiesen, in dem er davon überzeugt, dass dazu, was unter Fachsprache aufzufassen ist, die Sprache im weiteren Sinne erörtert werden sollte. Unter dieser Annahme sollte die von Hoffmann geäußerte Ansicht als zutreffend betrachtet werden. Sowohl aus fachsprachenlinguistischer als auch aus wissenschaftstheoretischer Perspektive bereitet es große Schwierigkeiten zu bestimmen, was eigentlich unter Fach zu verstehen ist (vgl. Kalverkämper 1998a, Posner 1988 bei Roelcke 2010: 15). Es handelt sich um einen Begriff, der nicht ausreichend definierbar und daher als »ein mehr oder weniger spezialisierter menschlicher Tätigkeitsbereich« zu betrachten ist. Aus dieser Bestimmung ergeben sich folgende Ansätze (Roelcke 2010: 15):
- die referentielle Bestimmung von Fach anhand des betreffenden Gegenstandsbereiches – wird aufgrund menschlichen Handelns konstituiert;
- die soziologische Bestimmung anhand einer Gruppe von tätigen Personen – die Gruppe kann sich durch einen gemeinsamen Tätigkeitsbereich von anderen abgrenzen;
- die linguistische oder semiotische Bestimmung – im Rahmen eines Tätigkeitsbereiches wird ein Fach an dem Gebrauch sprachlicher oder nichtsprachlicher Zeichen festgemacht.

Weber (2010: 12) verweist noch auf einen anderen Aspekt dieser Definition, nämlich dass sie zu stark auf die fachinterne Kommunikation ausgerichtet ist und die für die interdisziplinäre Zusammenarbeit wesentliche interfachliche Kommunikation sowie die für die Erfüllung von Bildungsaufgaben wesentliche fachexterne Kommunikation nicht miteinschließt. Auf die pragmalinguistische Grundlegung dieser Konzeption deutet auf jeden Fall die Herstellung eines Zusammenhangs zwischen der Fachsprache und einem Kommunikationsbereich hin. Dieses Konzept hat die Dichotomie von Fach- und Gemeinsprache überwunden (Siewert 2010: 40). Die Gemeinsprache befindet sich auf einer höheren Ebene und wird als Oberbegriff für Subsprachen (somit auch für Fachsprachen) betrachtet. Daher kann nicht von einer Gegenüberstellung gesprochen werden: »grundsätzlich bilden also Fach- und Gemeinsprache kein gegensätzliches Paar, sie liegen nur auf verschiedenen Ebenen« (Fluck 1996: 176).

Die Fachsprachen lassen sich anhand von vielfältigen Kriterien gliedern. Hoffmann (1984) ist mit der zunächst horizontalen und später auch der vertikalen die wohl bekannteste Gliederung der Fachsprachen zu verdanken. Die erstgenannte Aufteilung war der früheste Versuch »die ganz offensichtliche Disparatheit verschiedener als Fachsprachen festgestellter sprachlicher Äußerungen theoretisch aufzufangen und damit die Konsistenz des Fachsprachenbegriffs überhaupt zu retten« (von Hahn 1983: 72). Die horizontale Gliederung von Fachsprachen basiert vor allem auf der Gliederung der Fächer und Fachbereiche, die zusammen mit Sprachen in eine lineare Abfolge gestellt werden, wobei der Abstand deren Grad an sprachlichen Gemeinsamkeiten angibt (Roelcke 2010: 29, 33).

Künstlerische Prosa	Literatur- wissenschaft	Pädagogik	Philosophie	...	Ökonomie der Land- und Nahrungsgüterwirtschaft	...

Landwirtschafts- wissenschaft	Tierproduktion und Veteriänermedizin	...	Bauwesen	...	Maschinenbau	...

Elektrotechnik	...	Medizin	...	Chemie	Physik	Mathematik	...

Abb. 1: Horizontale Fachsprachengliederung nach Hoffmann (1984: 58)

Das Hauptproblem einer solchen Vorgehensweise besteht darin, dass bei verschiedenen sprachlichen Betrachtungsweisen die einzelnen Fachsprachen, die homogenisiert werden, unterschiedliche Verwandtschaftsgrade aufweisen können. Die Leitidee dieser Theorie ist jedoch entscheidend und lautet wie folgt: zwischen den einzelnen Fächern und ihren Sprachen gibt es sowohl Gemeinsamkeiten als auch Unterschiede, die variationslinguistisch greifbar sind und dadurch auch einen Vergleich unter systematischen Gesichtspunkten gestatten (Roelcke 2010: 33f.). Hoffmann (1984: 58) gibt an, eine vollständige Gliederung der Fachsprachen sei praktisch nie zu erreichen, weil die produktive Tätigkeit des Menschen immer neue Bereiche entwickle.

Die vertikale Gliederung folgt dagegen jeweils den kommunikativen Ebenen innerhalb eines einzelnen Fachs, bzw. Fachbereichs (Roelcke 2010: 34). Es wird davon ausgegangen, dass innerhalb einzelnen Fächer verschiedene Kommunikationsbereiche vorkommen, die sich in Bezug auf »das Allgemeine und das Besondere der Gegenstände und Sachverhalte des betreffenden Fachbereichs unterscheiden«. Wenn im Vordergrund der Fachkommunikation eher das Abstrakte, Theoretische oder Allgemeine steht, betrifft dies die höhere fachliche und sprachliche Ebene. Wenn das Konkrete, Praktische oder Besondere von Belang ist, liegt eine vergleichsweise niedrigere Ebene vor. Eine der bekanntesten vertikalen Aufteilungen wurde von Heinz Ischreyt (1965) eingeführt und dient zugleich als Grundlage für die erweiterte Klassifikation von Hoffmann (von Hahn 1983: 63, Hoffmann 1984: 64f., Roelcke 2010: 34). Als Kriterien dieser Schichtung nimmt er die Abstraktionsstufe, die äußere Sprachform, das Milieu und die Teilnehmer der Kommunikation an (Hoffmann 1984: 65). Darauf aufbauend unterscheidet er fünf Abstraktionsstufen mit eigenen semiotischen und kommunikativen Erscheinungen (Hoffmann 1984: 65ff., Roelcke 2010: 35f.):

– die höchste Abstraktionsstufe – Sprache der theoretischen Grundlagenwissenschaften, Gebrauch von künstlichen Symbolen für Elemente wie Relationen, Verwendung unter Wissenschaftlern;
– sehr hohe Abstraktionsstufe – Sprache der experimentellen Wissenschaften, Gebrauch von künstlichen Symbolen für Elemente und natürlichsprachiger Syntax für Relationen, Verwendung unter Wissenschaftlern und Technikern sowie zwischen diesen und wissenschaftlich-technischem Hilfspersonal;
– hohe Abstraktionsstufe – Sprache der angewandten Wissenschaften und Technik, Gebrauch von natürlicher Sprache mit starker Terminologisierung und verbindlicher Syntax, Verwendung unter Wissenschaftlern und Technikern sowie wissenschaftlichen, bzw. technischen Produktionsleitern;
– niedrige Abstraktionsstufe – Sprache der materiellen Produktion, Gebrauch natürlicher Sprache mit relativ starker Terminologisierung und einer vergleichsweise unverbindlichen Syntax, Verwendung unter Produktionsleitern, Meistern und Facharbeitern;
– sehr niedrige Abstraktionsstufe – Sprache der Konsumption, Gebrauch natürlicher Sprache mit wenigen Termini und unverbindlicher Syntax, Verwendung unter Mitgliedern der Produktion, Vertretern des Handels sowie Konsumenten.

Genauso wie bei der horizontalen Gliederung betont Hoffmann (1984: 64) auch hier die Problematik einer klaren Abgrenzung. Für Grucza S. (2010a: 47f.) ist die Einteilung der Fachsprachen in verschiedene Bereiche zwar annehmbar, aber seiner Meinung nach ist es schwierig, ihre Differenzierung in Bezug auf einige Abstraktionsstufen zu akzeptieren. Weiterführend stellt er fest, dass nicht genau bestimmt wurde, um welche Art von Abstraktionen es sich handelt, und es wurde auch nicht begründet, warum fünf und nicht z.B. mehr davon herausgegriffen werden sollten. Die Verbindung der Kategorisierung von Fachsprachen mit den Abstraktionsstufen der Fachgebiete mache wenig Sinn und führe dazu, die Kategorisierung von Fachsprachen basiere nicht auf den Eigenschaften von Fachsprachen, sondern auf den Eigenschaften von Fachgebieten (Grucza S. 2009: 16f.). In seinen Überlegungen geht er noch einen Schritt weiter und fügt hinzu, die unkritische Übernahme dieses Modells schade mehr als nütze und führe vor allem ein konzeptionelles Durcheinander ein (Grucza S. 2010a: 48). Steinmüller (2021: 36) zufolge erleichtert das Verständnis dieser differenzierten Betrachtungsweise den Umgang mit und die Vermittlung von Fach- und Berufssprachen enorm. Daher wird die Orientierung an einer bestimmten Zielgruppe von Lernenden, die Zielsetzung des zu erreichenden Sprachniveaus sowie die Aufgabenstellung genauer als bei einem sehr allgemeinen Bezug auf »die Entwicklung fachsprachlicher Kompetenz«, deren Undeutlichkeit »eher unerfüllbare Erwartungen weckt als einer konkreten Lernzielbestimmung zu dienen«.

Seit den 80er Jahren ist im Rahmen der Fachsprachenforschung eine verstärkte Hinwendung zu pragmalinguistischen und textwissenschaftlichen Fragestellungen zu beobachten (Roelcke 2010: 18). Fachsprachen werden nicht mehr als Zeichensysteme interpretiert, mit deren Hilfe die fachliche Kommunikation zustande komme, sondern als sprachliche Äußerungen, die der Realisierung der fachlichen Kommunikation dienen und zugleich ihr Ergebnis seien (Siewert 2010: 40). Im Zentrum des Interesses standen innersprachliche Besonderheiten der Äußerungen sowie außersprachliche Elemente und Bedingungen, unter denen die Fachkommunikation stattfindet. Dementsprechend erstreckte sich die Forschungsperspektive über Termini (Fachlexik) und Syntax hinaus bis zum Fachtext (vgl. Siewert 2010: 40f.; Roelcke 2010: 18), zu dem Hoffmann folgende Definition verfasste

> Der Fachtext ist ein Instrument und Resultat der im Zusammenhang mit einer spezialisierten gesellschaftlich-produktiven Tätigkeit ausgeübten sprachlich-kommunikativen Tätigkeit; er besteht aus einer endlichen, geordneten Menge logisch, semantisch und syntaktisch kohärenter Sätze (Texteme) oder satzwertiger Einheiten, die als komplexe sprachliche Zeichen komplexen Propositionen im Bewusstsein des Menschen und komplexen Sachverhalten in der objektiven Realität entsprechen (Hoffmann 1985: 233f., bei Roelcke 2010: 18).

Die zunehmende internationale Zusammenarbeit auf verschiedenen Gebieten verursacht einen ständig wachsenden Bedarf an Fachbegriffen, was auch zum steigenden Interesse an Fachsprachen führt. Darüber hinaus stehen die Entwicklungstendenzen der Fachsprachen im engen Zusammenhang mit denen der Sprache, weil die Verbreitung der Fachlexik im Alltag sukzessiv die Veränderung der Gesamtsprache hervorruft (Osiejewicz 2016: 67). Die effektive Erforschung von Fachsprachen hängt in hohem Maße von der geschickten Nutzung vorhandener und der Bildung angemessener Organisation und Infrastruktur ab (Gajda 2010: 59). Abschließend lohnt es sich noch eine Vielzahl von Bezeichnungen der Fachsprache erwähnen, die in populärwissenschaftlichen Beiträgen gefunden werden können, nämlich: Berufssprache, technische Sprache, Fachjargon, Spezialsprache, Gruppensprache, Zwecksprache, Arbeitssprache, Sachsprache, Expertensprache, fachlicher Soziolekt, Subsprache, Register, Sprachvariante, Varietät, oder Teilsprache (Grucza S. 2014: 16). Ein im Deutschen ironisch verwendeter Begriff, der die Kritik am Konzept der Fachsprachen und an der Unbestimmtheit der ihnen gewidmeten Überlegungen zum Ausdruck bringt, ist Fachchinesisch (Möhn, Pelka 1984: 1; Ickler 1997:1).

Auf der Grundlage der oben beschriebenen Entwicklung der Theorie der Fachsprachen wird für die Zwecke dieser Arbeit die Interpretation der Fachsprachen als Varietäten angenommen. Der Grund dafür ist, dass diese Theorie in der deutschsprachigen Forschung am weitesten verbreitet ist. Darüber hinaus zeichnet sie sich durch einen großen Umfang aus, da sie ein breites Spektrum an Fachsprachen umfasst.

3.2   Eigenschaften von Fachsprachen

Den Fachsprachen werden verschiedene funktionale Eigenschaften zugeschrieben, die mit der Darstellungsfunktion der Sprache in engem Zusammenhang stehen. Am häufigsten werden solche Besonderheiten genannt wie (vgl. Roelcke 2010: 25 ff.):

- Deutlichkeit – wird durch den Gebrauch möglichst adäquaten Bezeichnungen für die fachlichen Gegenstände, Sachverhalte, sowie Abläufe und Verfahren erreicht;
- Verständlichkeit – wird durch Besonderheiten des fachlichen Sprachsystems, d.h. Lexik und Syntax garantiert. Sie hängt auch von den fachlichen sowie sprachlichen (Vor-)Kenntnissen des Rezipienten ab;
- Ökonomie – wird oft falsch als minimaler sprachlicher Einsatz bei maximaler fachlicher Darstellung verstanden. Die Bestimmung fachsprachlicher Ökonomie kann einerseits darin bestehen, dass bei einem gewissen Einsatz eine maximale fachliche Darstellung erreicht wird und andererseits, dass eine gewisse fachliche Darstellung durch einen minimalen sprachlichen Einsatz erfolgt;
- Anonymität – erfordert keine Berücksichtigung des Produzenten. Im Zusammenhang mit der Anonymität steht ansonsten eine möglichst sachliche und emotionslose Fachkommunikation;
- Identitätsstiftung – ist mit der Kommunikation über bestimmte Kenntnisbereiche verbunden. Sie ermöglicht es, sowohl Außenstehende als auch Angehörige einer bestimmten Gruppe zu identifizieren.

Osiejewicz (2010: 222) zufolge behalten die genannten Eigenschaften lediglich dann ihren Sinn, wenn sie hinsichtlich eines konkreten Sprechers/Hörers und seiner fachidiolektalen Äußerungen in Betracht gezogen werden.

In der Forschungsliteratur wird ansonsten detaillierter auf Besonderheiten von Fachsprachen im Bereich des Wortschatzes, der Grammatik sowie des Textes eingegangen. Der Wortschatz wird als »ein wesentlicher Bereich fachsprachlicher Besonderheiten« betrachtet (Roelcke 2010: 55 bei Flinz 2019: 7) und die lexikalischen Eigenschaften wurden oft als konstitutiv für Fachsprachen angesehen (vgl. Fraas 1998: 428 bei Flinz 2019: 7), wovon die Gleichsetzung des Fachwortschatzes mit der Fachsprache zeugt. Empirischen Untersuchungen zufolge macht das Fachvokabular einer Fachsprache zwischen 15 % und 50 % des Wortschatzes eines Fachtextes aus, was die Relevanz der lexikalischen Besonderheiten betont (Buhlmann & Fearns 2000: 44 bei Flinz 2019: 7). Nach fachlicher Zugehörigkeit der betreffenden Fachsprach- und Fachtextwörter kann der Fachsprach- und Fachtextwortschatz folgendermaßen gegliedert werden (Roelcke 2010: 56 f., Flinz 2019: 7):
- der intrafachliche Fachsprachwortschatz – darunter werden Wörter des betreffenden Faches verstanden;
- der interfachliche Fachsprachwortschatz – zu dieser Gruppe zählen Wörter, die in der betreffenden Fachsprache sowie in anderen Fachsprachen erscheinen können (vgl. Ehlich 1993: 13–42; Steinhoff 2007: 40 ff. bei Flinz 2019: 7);
- der extrafachliche Fachsprachwortschatz – damit sind Wörter gemeint, die anderen Fachsprachen angehören, aber in den Fachtexten der betreffen Fachsprache vorkommen können;
- der nichtfachliche Fachsprachwortschatz – das sind allgemeine Wörter im Verhältnis zur Gemein- sowie Gesamtsprache (vgl. Hahn 1980, bei Flinz 2019: 7).

In Anlehnung an Roelcke (2010: 77) sind Fachwörter »die kleinsten bedeutungstragenden und frei verwendbaren sprachlichen Einheiten, die innerhalb der Kommunikation eines bestimmten menschlichen Tätigkeitsbereichs verwendet werden«. Sie sind viel präziser und kontextautonomer im Vergleich zu den Wörtern der Gemeinsprache, aber ihre Formseite deckt sich mit der Formseite der gemeinsprachlichen Wörter. Der Unterschied zwischen einem Fachwort und einem gemeinsprachlichen Wort besteht in der Inhaltsseite. Die höchste Präzision des Fachwortes wird üblicherweise dann erreicht, wenn seine Bedeutung durch eine Definition detailliert bestimmt wird (vgl. Fluck 1996: 47 bei Chalyan-Daffner 2019: 6). Im Bezug darauf, werden den Fachwörtern solche Merkmale wie Definiertheit, Exaktheit sowie Eindeutigkeit zugeschrieben (Roelcke 2010: 77). Aus didaktischer Sicht sind die strukturellen Charakteristika der Fachwörter von großer Bedeutung. Daher kann der Fachwortschatz unter dem Aspekt der Wortart, Wortherkunft sowie Wortbildung erörtert werden (Flinz 2019: 7). In Fachsprachen werden Wörter anderer Wortarten oft substantiviert (Verben, Partizipien, Adjektive, Zahlen), aber auch zur präzisen Bedeutung des Fachbegriffs als Attribute gebraucht (Adjektive). Der Fachwortschatz besteht in der

Regel aus Wörtern der offenen Wortklassen (Verb, Substantiv, Adjektiv), viel seltener sind Fachwörter in den geschlossenen Wortklassen (Präpositionen, Konjunktionen) zu finden (Borgwaldt, Sieradz 2018: 58). An dieser Stelle sind ebenfalls Entlehnungen aus anderen Sprachen, vor allem aus dem Lateinischen, Griechischen sowie Englischen zu erwähnen. Innerhalb der Gruppe von Entlehnungen kann zwischen Entlehnungen im engeren Sinne gesprochen werden, bei denen das ganze Wort übernommen wird (z.B. *Software*) und zwischen Lehnübersetzungen, bei denen einige Komponenten komplexer Wörter übersetzt werden (z.B. Datenverarbeitung von *data processing*), unterschieden werden (Borgwaldt, Sieradz 2018: 57). Der Fachwortschatz wird ebenfalls durch Metaphernbildung erweitert. Ein Wort aus der Gemeinsprache wird im Hinblick auf optische oder andere Charakteristika in einer anderen Bedeutung in der Fachsprache gebraucht. Des Weiteren sind im fachsprachlichen Bereich Komposita, Derivationen, Konversionen, Abkürzungen, bzw. Kurzwörter typisch (Borgwaldt, Sieradz 2018: 60). Die Vermittlung des Fachwortschatzes sollte sich auf möglichst häufige und wichtige Fachbegriffe der jeweiligen Disziplin konzentrieren, die im Kontext gelernt werden sollen (Borgwaldt, Sieradz 2018: 62).

Auf der grammatikalischen Ebene handelt es sich nicht um eigene morphologische Kategorien oder syntaktische Regeln, sondern ausschließlich um eine besondere Gewichtung, bzw. Häufigkeit grammatikalischer Erscheinungen, die unter dem typologischen sowie funktionalen Aspekt diskutiert werden können (Roelcke 2010: 89). Aus der typologischen Sicht nennt Roelcke (2010: 89 f.) folgende Besonderheiten der Grammatik der deutschen Fachsprachen:
- stärkere Anwesenheit synthetischer Bauweise durch komplexe Wörter (Gebrauch von Komposition, Derivation und Konversion, Dominanz des Präsens, Erhöhung von Genitiv- und spezifischen Pluralformen);
- stärkere Anwesenheit von analytischer Bauweise (häufige Verwendung von Passiv- und Reflexivkonstruktionen sowie seltener Gebrauch von Akkusativ- und Dativformen);
- starke Gewichtung der Stellung Subjekt-Verb-Objekt (Dominanz der Aussagesätze) sowie der Stellung Subjekt-Objekt-Verb (Dominanz von Konditional-, Final- und Relativsätzen);
- erhöhte Komplexität von Satzgliedern (häufiger Gebrauch von Attribuierungen, Funktionsverbgefügen sowie Präpositionalkonstruktionen).

Aus der funktionalen Sicht können solche Merkmale unterschieden werden wie (Roelcke 2010: 90):
- Deckung eines erhöhten Benennungsbedarfs (Verwendung von Komposita, Kompositionsgliedern und Derivata);
- Erhöhung der Deutlichkeit (Komposition, zahlreiche Genitivformen, spezifische Pluralformen, Dominanz von Aussagesätzen, häufiger Gebrauch von At-

tribuierungen, Relativsätzen, Funktionsverbgefügen sowie Präpositionalkonstruktionen);

- Ökonomie des Ausdrucks (Komposition, Derivation, Kurzwortbildung, Genitivformen);
- Verstärkung der Anonymisierung (Konversion, Bevorzugung der dritten Person, Dominanz des Präsens sowie der Passiv- und Reflexivkonstruktionen, Aussagesätzen, Verwendung von Funktionsverbgefügen);
- Erhöhung der Explizitheit, die durch logische Verknüpfung erreicht wird (Dominanz der Konditional- sowie Finalsätzen);
- Kennzeichnung von Modalität (häufiger Gebrauch von Funktionsverbgefügen sowie Präpositionalkonstruktionen).

Bestimmte Merkmale erscheinen ebenfalls auf der Ebene des Fachtextes. Als Fachtexte werden nach Roelcke (2010: 111) »komplexe und kohärente sprachliche (und nichtsprachliche) Äußerungen im Rahmen der Kommunikation innerhalb eines bestimmten menschlichen Tätigkeitsbereichs« verstanden. Ihre Besonderheiten sollen die Fachkommunikation unterstützen sowie deren Grad an Fachlichkeit mitbestimmen (Roelcke 2010: 111). Die fachliche Textualität zeichnet sich durch Kohäsion, Kohärenz, Intentionalität, Akzeptabilität, Informativität, Situationalität sowie Intertextualität aus. Diese Eigenschaften werden als textbestimmend verstanden und zur Analyse fachlicher wie auch nichtfachlicher Texte herangezogen werden. Dabei geht es um den formalen Zusammenhang (Kohäsion) sowie um den funktionalen Zusammenhang (Kohärenz) der semiotischen oder sprachlichen Einheiten eines Textes. Diese Zusammenhänge können zwischen verschiedenen Sätzen oder Bildeinheiten (Textmikrostruktur) und zwischen Einheiten, die aus mehreren Sätzen, oder Bildsequenzen bestehen (Textmakrostruktur), entstehen (Roelcke 2010: 92f.). Kohärenz und Kohäsion manifestieren sich auf der Ebene der Textmakrostruktur in festen Textbauplänen (z.B. für didaktische Entwürfe oder Medikamentenbeipackzettel), charakteristischen Textbausteinen (z.B. Fußnoten, Zitate, etc.), metasprachlichen Kommentierungen zu sprachlichen und semiotischen Ebenen, sowie typographischen Konventionen oder nonverbalen Elementen (Bilder, Graphiken oder bei der mündlichen Kommunikation Gestik und Mimik) (Roelcke 2010: 111). Ähnlich wie die Makrostruktur, besteht die Mikrostruktur der Fachtexte formal in der Kohäsion und funktional in der Kohärenz von sprachlichen oder semiotischen Einheiten (Roelcke 2010: 102). Dies kommt zum Ausdruck u.a. in Thema/Rhema-Gliederungen, Frage/Antwort-Konstruktionen, in diversen Schlussverfahren (z.B. Syllogismen), sowie diversen Verfahren der Rekurrenz und der Isotopie, aber ebenfalls in den Konnektoren und sog. Satzadverbien (Roelcke 2010: 111). Zu der Gruppe der aus der fachkommunikativen Sicht relevanten Eigenschaften, die zwar bei nichtfachlichen Texten vorkommen, aber fachliche

Texte in besonderer Weise auszeichnen, gehören Intentionalität, Akzeptabilität, Informativität, Situationalität sowie Intertextualität (Roelcke 2010: 112).

3.3 Fachsprache vs. Berufssprache

Im Rahmen der horizontalen Gliederung der Fachsprachen von Hoffmann (1984: 58) kann eine Abgrenzung der Fachsprachen voneinander und gegenüber anderen Subsprachen durch eine Differenzierung nach Kommunikationsbereichen erfolgen. Die Anzahl der vorkommenden Fachsprachen ist zwar aufgrund der unterschiedlichen und sich immer weiter diversifizierenden Fachgebiete unmöglich zu erfassen. Es lassen sich aber einige Gemeinsamkeiten der sprachlichen Handlung herausarbeiten, die in allen Subsprachen, in vielen Fachsprachen sowie nur in einer Fachsprache vorkommen und daher fachspezifisch sind (Hoffmann 1987: 92 bei Kuhn 2010: 92). Die vertikale Schichtung mit ihren unterschiedlichen Sprachebenen zeigt sich laut Kalverkämper (1998b: 50 bei Kuhn 2010: 109) »an der sprachlichen Auswahl sowie an den pragmatischen Einsatz-Umständen fachsprachlicher Kommunikation«. Unter Kriterien, die zur Bestimmung der Schichten dienen, werden: die Abstraktionsstufe, die Sprachform, das Milieu sowie die Kommunikationspartner genannt (Hoffmann 1987: 93 bei Kuhn 2010: 109). Bolten (1991: 75 f. bei Kuhn 2010: 110) vermeidet das Wort »Fachsprache«, welches als »Ausdruck der höchsten Abstraktionsstufe zur Vermittlung fachlicher Inhalte« verstanden wird und differenziert je nach Textsorten, Kommunikationspartnern sowie Abstraktionsniveau der sprachlichen Handlung die Teilbereiche Theoriesprache, Berufssprache und fachbezogene Umgangssprache. Des Weiteren nimmt er keine Abgrenzung bei der Berufssprache und der fachbezogenen Umgangssprache zum inter/intra-betrieblichen oder dem Konsumentenbereich vor. Braunert (1999: 100 f. bei Kuhn 2010: 110) unterscheidet hingegen nach Kommunikanten (wer?), Orten (wo?), Inhalten (was?), Mitteln (wie?) und Absichten (wozu?) in Allgemeinsprache, Berufssprache und Fachsprache. Ihm (Braunert 2014 bei Efing 2014: 425) zufolge befindet sich die Berufssprache in der Mittelposition zwischen Fach- und Allgemeinsprache, wobei die Schnittmenge zwischen Berufs- und Allgemeinsprache maßgeblich größer sei als die »Verwandtschaft zwischen Fach- und Berufssprache«.

In der Forschungsliteratur herrschen verschiedene Standpunkte, wenn es sich um terminologische Abstufungen sowie Definitionen der Berufssprache handelt. Dieser Begriff wird breit und teilweise wenig spezifisch gebraucht. Die damit verbundenen Auffassungen erstrecken sich von didaktischen Konzepten über die Synonymie zu Fachsprachen bis hin zur eigenständigen (theoretischen) Registermodellierung (Sander 2021: 67 f.). Dies bestätigt z. B. die Verwendung der

Berufssprache nur in Kombination »Berufs- und Fachsprache« (Dannerer 2008, Grünhage-Monetti 2010 bei Sander 2021: 67) oder den Gebrauch unterschiedlicher Begrifflichkeiten im Bereich DaF sowie DaZ wie Deutsch für/im Beruf oder Deutsch am Arbeitsplatz, die zur Identifizierung von entsprechenden Sprachkursen umgesetzt werden (Sander 2021: 67). Die Existenz eines eigenen Registers Berufssprache wird manchmal in Frage gestellt oder als rein didaktisches Konstrukt aufgefasst:

> Eine Berufssprache als eigenes Kommunikationssystem wie die Alltags- oder Fachsprache, existiert nicht. Der Begriff der Berufssprache entsteht zunächst in einem unterrichtlichen Kontext und ergibt sich aus der Notwendigkeit einer beruflichen Qualifikation (Roca und Bosch 2005: 80 bei Efing 2014: 425).

In Anlehnung an Efing (2014: 423 ff.) werden unter dem Begriff der Berufssprache alle in der beruflichen Kommunikation bemerkten sprachlichen Erscheinungsformen subsummiert, die der Domäne Beruf zugeschrieben, aber nicht als fachsprachlich im engeren Sinne zugeordnet werden, sondern auch eine gewisse Nähe zur Allgemeinsprache aufzeigen. Nach Roelcke (2020: 19 bei Sander 2021: 68) sollte die Berufssprache nicht als eigenständiges Register behandelt werden, da sie nicht von den benachbarten Registern getrennt werden kann, sondern unter dem Sammelbegriff »berufliche Kommunikation« zusammengefasst werden sollte. Während die Fachsprache als Voraussetzung für die Integration in die Fachgemeinschaft gilt, spielt die Berufssprache eine entscheidende Rolle für die Integration in das alltägliche berufliche Umfeld und den Betrieb (Efing 2018: 229). Ammon (2016: 100 bei Sander 2021: 68) erklärt die Berufssprache als »Sprache einer bestimmten Berufsgruppe, vor allem ihre Fachsprache« und bezieht weiterführend in die Definition auch den Aspekt der Integration ein:

> In der Ausbildung von Berufssprache verbinden sich Bedürfnisse nach präziser und ökonomischer Kommunikation mit gruppenpsychologischen Mechanismen (Ausdruck der Zugehörigkeit zur Berufsgruppe bzw. Ausgrenzung Nichtzugehöriger) (Ammon 2016: 100 bei Sander 2021: 68).

Bei der Bestimmung der Berufssprache wird insbesondere der Integrationsaspekt als kennzeichnendes Merkmal betrachtet:

> Als Sprache am Arbeitsplatz (»Berufssprache«) versteht man dagegen die Gesamtheit aller sprachlichen Mittel zur persönlichen und sachlichen Integration in den Betrieb und ins betriebliche Umfeld, zur sprachlichen Sicherung der betrieblichen Funktionsübernahme (Braunert 2014: 49 bei Sander 2021: 68).

Den Ausführungen zufolge steht die Berufssprache im engen Zusammenhang mit der sozialen Ebene der betrieblichen Integration. So erscheint die Berufssprache nicht nur als ein Register, mit dem praktische berufliche Tätigkeiten ausgeübt werden können, sondern auch als ein Register, das dazu beiträgt, die persönliche Integration in die sozialen und funktionalen Strukturen des Unternehmens zu gewährleisten (Sander 2021: 68).

Das Thema der Abgrenzbarkeit zu benachbarten Registern ist im Allgemeinen bei Register- und Varietätenmodellierungen von Belang (Adamzik: 2018: 165 bei Sander 2021: 69). Im Fall von Berufssprache muss besonders das Verhältnis zum Register der Fachsprache(n) erörtert werden. Da es nicht möglich ist, von einer klaren Trennlinie im Hinblick auf die verschiedenen Verwendungskontexte zu sprechen, wird das Bild eines Kontinuums mit entsprechenden Polen bevorzugt. Die berufliche Kommunikation bewegt sich auf einem solchen Kontinuum, das sich zwischen den Polen Fachsprache und Allgemeinsprache erstreckt. Diesbezüglich enthält die Berufssprache Elemente der Fach- sowie der Allgemeinsprache, unterscheidet sich aber von diesen vor allem durch ihre kommunikative Funktion (Efing 2014: 420, 430 bei Sander 2021: 69). Zwischen verschiedenen Registern können Überschneidungen und Schnittmengen entstehen. Dies zeigt, dass nicht nur die Anwesenheit bestimmter Sprachstrukturen als registerkonstituierendes Merkmal betrachtet werden kann, sondern auch die Häufigkeit und die damit verbundene Relevanz dieser Sprachstrukturen für die berufliche Kommunikation (Sander 2021: 69). Das Verhältnis der Fach- und Berufssprache wird vor dem Hintergrund der berufsbezogenen Fremdsprachenvermittlung im Sinne eines spezifischen und allgemeineren Registers aufgegriffen:

> Im Bereich der berufsorientierten Fremdsprachenvermittlung hat sich gezeigt, dass in der Regel nicht die Vermittlung der Fachsprache einzelner Berufszweige mit einer entsprechenden terminologischen Schwerpunktsetzung im Mittelpunkt steht. Der Grund dafür ist, dass – wie sich herausgestellt hat – berufliche Kommunikation nicht in erster Linie auf Fachsprache beruht. Grundlage jeder Kommunikation am Arbeitsplatz bildet vielmehr ein sehr viel allgemeineres Sprachregister: eine berufsorientierte Sprache, die einerseits nahe an der Allgemeinsprache liegt, andererseits jedoch auch berufliche (d. h. weitgehend berufsübergreifende, nicht berufsspezifische) Kontexte und Anwendungsgebiete einbezieht (Weber, Becker, Laue, 2000: 2 bei Sander 2021: 70).

Abschließend lässt sich feststellen, dass die Fachsprachen besonders für die präzise Kommunikation und den Wissenstransfer in sehr spezifischen beruflichen Situationen notwendig sind, während die Berufssprache ein Register für allgemeine, wiederkehrende berufliche Prozesse und Tätigkeiten verstanden wird. Darüber hinaus steht die Fachsprache im engen Zusammenhang mit Fachleuten und entwickelt ihre volle Funktion und Semantik erst in deren Verwendung untereinander. Die Berufssprache muss hingegen von allen Mitarbeitern gebraucht werden, auch wenn sie nicht einem gemeinsamen Fach angehören. Während die Fachsprache dazu dient, über fachliche Inhalte zu kommunizieren, sich Wissen anzueignen und auszutauschen, ist die Berufssprache eher persönlich und handlungsbezogen (Braunert 2000: 162 bei Efing 2018: 234 f.) und wird verwendet, um Arbeitsprozesse zu koordinieren sowie dient allgemein »der betrieblichen Funktionsübernahme und der sozialen Integration ins Unternehmen (sprachliches Handeln, Interaktion in Situationen)« (Braunert 2014: 66 bei Efing 2018: 235). Somit umfasst die Berufssprache alle fachübergreifenden sprachlichen Handlungen im Sinne der Schnittmenge aller beruflichen Tätigkeiten, die bereits in Form von berufswelttypischen Handlungsfeldern zusammengefasst wurden, wie: »Unterweisung, Sicherheit, [Störungen der] Arbeitsabläufe, Qualitätskontrolle, Produktübergabe und Ausführung« (Braunert 2000: 158 ff. bei Efing 2018: 235). Die Entdeckung der Berufssprache führt jedoch zu keiner Entfachlichung, bzw. Entfachsprachlichung der beruflichen Kommunikation, sondern soll eher als eine Um-Fokussierung und als Ergebnis einer veränderten Wahrnehmung seitens der Forschung verstanden werden (Efing 2014: 419).

4. Fachsprachen im Lehrkontext

Im Rahmen dieses Kapitels wird zunächst auf die Entwicklung der Glotto- sowie Fachsprachendidaktik eingegangen. Danach werden Besonderheiten zum Fachsprachenunterricht im Allgemeinen und in Bezug auf universitäre Ausbildung im Speziellen samt den Erwartungen der Studierenden dargestellt. Abschließend wird das Konzept der Fachsprachenpropädeutik geschildert und ein Überblick über die aktuellen Projekte zum Thema Fach- und Berufsorientierung auf der akademischen Ebene sowie die Auseinandersetzung mit der Ent-Philologiesierung und Arbeitsmarktorientierung präsentiert.

4.1 Glottodidaktik in der polnischen Forschung

Eine besondere Rolle bei der Entwicklung der Didaktik des Fremdsprachenunterrichts in Polen spielte Ludwik Zabrocki und das von ihm konstituierte Fach Glottodidaktik. Dank der Gründung der Fachabteilung Angewandte Linguistik an der Universität Posen erreichte die Fremdsprachendidaktik auf der institutionellen Ebene den Status einer eigenständigen wissenschaftlichen Disziplin. Im Laufe der Zeit folgten dem Vorbild auch weitere Universitäten (Harbig 2013: 8). Der Begriff der Glottodidaktik selbst begann im polnischen Forschungsgebiet in den sechziger Jahren zu funktionieren. Zabrocki sah es als Notwendigkeit an, der »gesamten Problemkomplexion des Fremdsprachenlernens und -lehrens in Theorie und Praxis eine eigenständige Disziplin zuzuerkennen« (Skowronek 1997: 9). Nach der griechischen Herkunft kommt der Begriff von *glótta* ›Sprache‹, *didaskein* ›lehren, unterrichten‹, *didaktikós* ›belehrend, zur Belehrung geeignet‹ und *didáskalos* ›Lehrer, Meister‹. Primär wurde er für die polnische Zeitschrift zur Theorie und Praxis des Fremdsprachenunterrichts (*Glottodidactica*) sowie für die unabhängige Disziplin verwendet, die sich sowohl auf der Unterrichtspraxis als auch auf der Theorie des Fremdsprachenunterrichts konzentrierte. Der Begriff hat sich in der polnischen Forschung eingebürgert und wird in verschiedenen sprachwissenschaftlichen Arbeiten angewendet (Skowronek 1997: 9).

Ganz am Anfang war der Gegenstand dieser Disziplin, sprachliche Texte, die im Sprachunterricht verwendet werden, auf der Grundlage linguistischer Kenntnisse zu entwickeln und zu bewerten. In einer späteren Phase lag der Fokus auf der Erforschung und Beschreibung der Eigenschaften und Erwerbsbedingungen der Lernenden. Folglich kehrte sich diese Reihenfolge um, und im Zentrum der glottodidaktischen Interessen standen nicht mehr ausschließlich Lernende, sondern auch Lehrende (Wąsik E., Wąsik Z. 2008: 129). Mit dem Begriff hat sich auch Chłopek auseinandergesetzt (2018: 11 f.), wobei sie Glottodidaktik als eine wissenschaftliche Disziplin versteht, deren Gegenstand »die Theorie des Lehrens und Lernens, insbesondere von Fremdsprachen« ist. Ansonsten weist sie auch darauf hin, dass die Ausdrücke Fremdsprachendidaktik und Glottodidaktik identisch sind und demnach austauschbar verwendet werden können. Pfeiffer (1990: 146 bei Chłopek 2018: 12) definiert die Glottodidaktik als Wissenschaft, die »sich mit Prozessen des Lehrens und Lernens fremder Sprachen, mit Zielen, Inhalten, Methoden und« Medien dieser Prozesse« befasst. Ihr Hauptziel besteht insbesondere darin, die Lehrmethoden zu verbessern. Daher soll das richtige Modell der Gestaltung von Fremdsprachenkompetenzen auf der ständigen Zusammenarbeit zwischen Glottodidaktik und Sprachwissenschaft basieren (Florczak 2010: 21 f.). Glottodidaktik wird als eine interdisziplinäre Wissenschaft betrachtet, die sich auf andere Disziplinen wie Psychologie, Pädagogik, allgemeine Didaktik, Psycholinguistik, Neurolinguistik und kognitive Linguistik stützt (Chłopek 2018: 12). Bemerkenswert ist an dieser Stelle die Verordnung des Ministers für Wissenschaft und Hochschulwesen vom 20. September 2018 über die Wissensgebiete, die Wissenschafts- und Kunstbereiche sowie die wissenschaftlichen und künstlerischen Disziplinen, in welcher die Glottodidaktik als eigenständige Disziplin nicht vorkommt. Während innerhalb der Humanwissenschaften solche Disziplinen wie Archäologie, Philosophie, Geschichte, Sprachwissenschaft, Literaturwissenschaft, Kultur- und Religionswissenschaften sowie Kunstwissenschaften unterschieden werden und dem Bereich Sozialwissenschaften u. a die Pädagogik, Psychologie, Rechtswissenschaften, sowie Politik- und Verwaltungswissenschaft zugeordnet werden, wird die Glottodidaktik heutzutage als wissenschaftliche Disziplin der Sprachwissenschaft anerkannt (Peć 2020: 30).

Bei den glottodidaktischen Prozessen handelt es sich vor allem um die Vermittlung einer Zeicheninformation zwischen dem Sender (Lehrer) und Empfänger (Lernende) der Sprache als Mittel der Übertragung einer wichtigen Information (Grucza F. 1978: 20 f.). Die Besonderheit des Fremdsprachenlernens und -lehrens besteht darin, dass die Sprache als Objekt der Vermittlung (Unterrichtsobjekt) und zugleich als Kommunikationsmittel betrachtet wird (Lewicka 2007:13 bei Skowronek 2008: 108). Die glottodidaktischen Prozesse verlaufen im sog. glottodidaktischen Gefüge, d.h. wie bereits erwähnt, einem Kommunikationssystem zwischen dem Sender und Empfänger (den Kommunikationspartnern Lerner und Lehrende), dem Code (hauptsächlich einem sprachlichen Zeichensystem) und dem Kanal (mündliche und/oder schriftliche Sprachfertigkeiten) (Zabrocki 1975: 42; Grucza F. 1978: 10; Pfeiffer 2001: 21 bei Skowronek 2008: 108). Obwohl angenommen wurde, dass sich alle Lernenden den Stoff genauso aneignen, wie ihn die Lehrenden unterrichtet haben (symmetrischer Informationsaustausch), nur selten wird der von den lehrenden vermittelte Stoff in gleicher Weise von den lernenden aufgenommen. Als Gründe dafür werden u. a. die individuellen Lernveranlagungen angeführt, denn nicht jeder Lernende ist gleichermaßen aufnahmefähig (Vielau 2003: 239 bei Skowronek 2010: 23).

Um den Prozess des Fremdsprachenlernens genauer zu betrachten, wird das glottodidaktische Modell von Grucza F. (1978: 10 bei Kic-Drgas 2010: 113) herangezogen:

Informationsquelle → Informationskanäle → Lernende

Signale (Zeichen)

Abb. 2: Glottodidaktisches Modell (Grucza F. 1978:10 bei Kic-Drgas 2010: 113, Übers. M. G.)

Das erste und bekannteste glottodidaktische Modell bezieht sich auf Kommunikationsmodelle und diente als Muster für spätere Sprachwissenschaftler (Gębal 2014: 39). Relevant für dieses Modell ist die Tatsache, dass es »die sich verändernde objektive Wirklichkeit und die glottodidaktische Wirklichkeit« berücksichtigen muss (Pfeiffer 2001: 21 bei Kic-Drgas 2010: 113). Um sich an die Anforderungen der Außenwelt anzupassen, ist das glottodidaktische Modell einem ständigen Wandel unterworfen. Die Dynamik ergibt sich aus der Reflexion über den gesamten Unterrichtsprozess, die »eine Neuformulierung der Annahmen und ihre ständige Anpassung an die umgebende Wirklichkeit ermöglicht« (Kic-Drgas 2010: 113 f., Übers. M. G.). Im Mittelpunkt des Interesses stehen die Lernenden, während als Informationsquelle die Lehrenden betrachtet werden. Die Dynamik sollte vor allem die Lernenden berücksichtigen, die nicht abgekoppelt von der gegebenen Wirklichkeit, Reizen oder Veränderungen erörtert werden können. Das glottodidaktische Modell stellt kein isoliertes, hermetisch abgeschlossenes Modell dar, sondern eine dynamische, offene Struktur. Dementsprechend muss der aktive Lernprozess in Interaktion mit der Umgebung stattfinden (Lewicka 2007: 15, 18 bei Kic-Drgas 2010: 114).

4.2   Entwicklung der Fachsprachendidaktik

In der deutschen Fachliteratur werden in der Regel dem Begriff Fachsprachenforschung sowohl sprachwissenschaftliche als auch didaktische Aspekte zugeschrieben, wobei genau der Begriff der Fachsprachendidaktik direkt auf den Lehr-
und Lernprozess hinweist. Des Weiteren erscheinen noch solche Ausdrücke wie
fachbezogener (berufsbezogener) Fremdsprachenunterricht, Fachfremdsprachenunterricht, Fachsprachenunterricht oder bedarfsorientierter fachbezogener
Fremdsprachenunterricht (Efing 2018), die berufs-, bzw. fachbezogene Glottodidaktik und Fachsprachenvermittlung andeuten. Diese Benennung verdeutlicht
die Anpassung des Lernprozesses an die individuellen Bedarfe des Lernenden,
verweist jedoch nicht auf einen konkreten Fachbereich oder Beruf (Gajewska,
Sowa 2014: 38).

Die intensive Beschäftigung mit praktischen Fragen der Fachsprachendidaktik begann am Anfang der 80er Jahre des vergangenen Jahrhunderts. In Polen
wurde das Forschungsinteresse an der Fremdsprachendidaktik durch Studien zu
ebendieser geweckt, zunächst vor allem in Bezug auf die Sprachausbildung von
Studenten verschiedener nicht-philologischer Fakultäten. Der Prozess der In-
stitutionalisierung der Fachsprachenforschung im akademischen Bereich begann vor etwa 20 Jahren. Im Mittelpunkt des wissenschaftlichen Interesses stand
die »Erforschung von Fachsprachen und Fachkommunikation und der akademischen Umsetzung ihrer Ergebnisse in der Fachsprachendidaktik sowie der
Ausbildung von Fachsprachenübersetzern und -dolmetschern« (Grucza S., 2010:
31 f.). Berdychowska (2010: 39) verknüpft die Forderungen nach der Berücksichtigung der Fachsprachen in der germanistischen Ausbildung in Polen mit der
Wende in den 1970er und 1980er Jahren. In der damaligen Zeit befand sich
Englisch noch auf dem Vormarsch im Vergleich zu seiner heutigen Position in
der Fachkommunikation, während Deutsch als regionale Verkehrssprache in
Ost- und Mitteleuropa galt. Allmählich begannen Fragen nach den Kompe-
tenzprofilen in der philologischen Ausbildung im Unterschied zur Fachausbil-
dung aufzukommen, insbesondere wie und welche Komponenten der fachkommunikativen Disponibilität sich in den vorgegebenen Rahmen aneignen
lassen.

Mitte der 1990er Jahre rückten die Fachsprachen unter dem Aspekt des
praktischen Lernens in den Mittelpunkt. Politische Veränderungen und die ra-
sante Entwicklung der Wirtschaft eröffneten neue Beschäftigungsmöglichkeiten
und erweiterten folglich auch das Bildungsangebot der philologischen Studiengänge. Die Sprache wurde im berufsorientierten Kontext unterrichtet, was
gleichzeitig wachsendes Interesse an Schwerpunkten und Problemen der Fachsprachendidaktik weckte. Daher besteht kein Zweifel daran, dass die Beschäftigung mit Fachsprachen auf die zunehmende Präsenz der Sprache in verschie-

denen Bereichen des Berufslebens zurückzuführen ist. Infolgedessen kristallisierte sich ebenfalls ein dringenderer Bedarf an einer Ausbildung in der Fachkommunikation im weitesten Sinne heraus (vgl. Gajewska, Sowa 2014: 78 f.).

Die Fachsprachenvermittlung wurde einerseits von den sprachwissenschaftlichen Strömungen beeinflusst, andererseits von den jeweils gültigen Methoden und Ansätzen der allgemeinen Didaktik. Darüber hinaus hat die Fachsprachendidaktik als Fachgebiet langsam begonnen, sich zu verselbständigen und das Recht auf eigene Methoden und individuelle Behandlung der Lernenden zu beanspruchen. Ein einheitliches Unterrichtskonzept, welches mit einem obligatorischen Durchgang durch die Phase des Erlernens der Regeln der Allgemeinsprache begann, wurde zugunsten einer Anpassung des Kurses an die Bedürfnisse der Empfänger aufgegeben (vgl. Gajewska, Sowa 2014: 79 f.). Diese Anpassung der Curricula ist kein Novum und im Falle von berufsorientierten Sprachkursen spielt die Bedarfsanalyse[26] eine große Rolle, da die Lernenden vom Unterricht die Vorbereitung auf Verwendung der Sprache in einem beruflichen Umfeld erwarten (Sobkowiak 2011: 68). Der Ansatz, dass in der Fachsprachendidaktik die Prinzipien der allgemeinen Glottodidaktik nicht gelten sollten, ebnete u. a. den Weg für das Konzept der Entwicklung begrenzter Fähigkeiten. Die Analyse des Kommunikations- und Lernprozesses wurde geschätzt, und die kognitive Psychologie, welche sich mit den Prozessen des Erwerbs, der Organisation, der Speicherung und der Nutzung von Wissen beschäftigt, wurde zur Inspiration für die Theorie des Sprachenlernens (Gajewska, Sowa 2014: 80).

Im polnischen Bildungswesen betraf die Erforschung zum Lehren und Lernen von Fachsprachen überwiegend die fremdsprachliche Fachsprachendidaktik, wobei der Erwerb von polnischen Fachsprachen kaum diskutiert wurde (Szerszeń 2012: 588 bei Harbig 2013: 9). Grucza S. zufolge (2007: 5) wird im Rahmen der Glottodidaktik den Fachsprachen ständig zu wenig Aufmerksamkeit gewidmet und es fehlt immer noch an ihrer komplexen theoretischen Fundierung. Weiterführend stellt er einen gewissen Zusammenhang fest, es sei zunehmend notwendig, nicht nur die Fähigkeiten zur Erstellung von Fachtexten zu erlernen und zu lehren und diese effektiv zu nutzen, sondern auch die Lehrer und Übersetzer von Fachtexten entsprechend auszubilden (Grucza S. 2007: 6). Die Entwicklung der Fachsprachendidaktik wird neben der Sprachwissenschaft und Didaktik auch erheblich von der Nachfrage beeinflusst. Diese bestimmt auch das Interesse an verschiedenen Fachsprachen, unter welchen die Wirtschaftssprache sich mit Abstand des größten Interesses erfreut. Der Erwerb einer anderen Sprache als Englisch ist häufig beruflich motiviert. Darüber hinaus erzwingen die Lebensumstände wiederum ein fachlich orientiertes Lernen, das nicht auf vorheriger allgemeinsprachlicher Ausbildung aufbaut (Gajewska, Sowa 2014: 75).

---

26 Zur Bedarfsanalyse – Kapitel 5.4.1.

Sowa (2016a: 4) zufolge lohnt es sich bei der Planung des Fremdsprachenlernprozesses im Hinblick auf die Bedarfe des Arbeitsumfelds, Überlegungen zur Linguistik und Glottodidaktik zu berücksichtigen, um einen besseren Überblick über die Kriterien zu erhalten, welche für eine effektive Unterrichtspraxis entscheidend sind. In Anlehnung an Efing und Kiefer (2018: 169) bildet die Fachfremdsprachendidaktik ein Tätigkeitsfeld, das mindestens vier Disziplinen bzw. Bereiche umfasst. Genannt werden die Fachsprachendidaktik, die (allgemeinsprachliche) Fremdsprachendidaktik und ihre Methodik, die Didaktik des Fachs sowie Fragen der interkulturellen Kommunikation. Je stärker oder schwächer die Fokussierung auf einen interdisziplinären, allgemeinen Fachsprachenunterricht oder auf einen fachspezifischen Fachsprachenunterricht erwünscht ist, desto »größer oder kleiner ist die Schnittmenge von Fach(fremd)sprachendidaktik und der Didaktik des jeweiligen Fachgebietes«.

Da kein Fachwissen in der Allgemeinsprache genau dargestellt werden kann, bestimmen die Fachsprachenkenntnisse und der Stand ihrer Entwicklung auch das Niveau der professionellen Kommunikation (Grucza F. 2002, 2004 bei Grucza S. 2007: 6). Angesichts der Vielzahl von Kriterien, die in den zahlreichen Definitionen von Fachsprachen verwendet werden, ist es sehr schwierig, eine Grundlage für die Fachsprachendidaktik im allgemeinen Sinne zu entwickeln. Obwohl einige Sprachwissenschaftler der Meinung sind, eine solche Didaktik könne sich aufgrund des Mangels an geeigneten Beschreibungen von Fachsprachen nicht entwickeln (Pfeiffer 1986: 197 bei Sowa 2016a: 7), beweist die Unterrichtspraxis, dass eine erfolgreiche Vermittlung der Fachsprachen möglich ist (Sowa 2016a: 7). Mit diesem Thema setzte sich davor schon Fluck (1992) auseinander, wobei er von Hahns (1981:13 bei Fluck 1992: 11) vertretene Meinung bestätigt: nämlich, dass »für die wichtigsten Arbeitsfelder eine grundlegende Fachsprachendidaktik/-methodik fehlt«, obwohl es zahlreiche Erkenntnisse der Fachsprachenlinguistik in die Praxis des Fach- und Sprachunterrichts gibt.

Auf dieses Thema geht auch Roelcke (2010: 174f.) ein, indem er einige methodische Grundsätze einer Fachsprachendidaktik des Deutschen aufzählt, die zur gelungenen Vermittlung der Fachsprachen verhelfen können:
– als sinnvoll erweist sich eine kontrollierte Bedarfsanalyse in Bezug auf fachbezogenen bzw. berufsorientierten Sprachgebrauch. Dies ist insbesondere aufgrund der Variabilität der jeweils zu vermittelnden Kompetenzen sowie der Heterogenität der Lehr-/Lernsituation von Belang. Berücksichtigt werden sollten hier solche Aspekte wie: Erwartungen und Vorkenntnisse der Lernenden an die betreffende berufliche Institution sowie an die fachfremdsprachliche Ausbildung, Schwerpunkte des Lernangebots (z. B. Sprachmaterial oder situative Einbettung), Organisation (Kursaufwand, Sozialformen wie Einzelunterricht oder Gruppenunterricht, Lernort, zeitlicher Rahmen, etc.);

– als wenig produktiv können sich solche Unterrichtsformen erweisen, die auf die Lehrenden zentriert sind. Empfohlen werden handlungsorientierte Sozial- und Arbeitsformen, die die Motivation und Eigenständigkeit der Lernenden unterstützen, z. B. das sog. *team teaching*, welches dem Ausgleich vom unterschiedlichen Fachwissen der Kursteilnehmer, der Einzelunterricht am Arbeitsplatz oder andere Planspiele/ Simulationen dient. Das Lehr- und Lernmaterial sollte so gestaltet werden, dass es den spezifischen Bedürfnissen der Lernenden entspricht;

– da dem Unterricht im Bereich Deutsch als Fachfremdsprache hohe Anforderungen an die Lehrenden gestellt werden, sollten sie idealerweise über drei Schlüsselkompetenzen verfügen. Als erste wird die Beherrschung der mutter- und fremdsprachlichen Allgemein- sowie Fachsprache der Lernenden genannt. Zweitens wird über Kenntnisse im bestimmten Fachbereich gesprochen, wobei betont wird, dass deren Fehlen durch eine kooperative Lehr-/ Lernsituation oder durch sprachlich-fachliches *team teaching* ausgeglichen werden kann. Drittens werden auch solche sprachdidaktischen Fähigkeiten genannt, die sowohl inhaltliche als auch methodische Gesichtspunkte umfassen.

Fachdeutsch als Fremdsprache stellt einen wichtigen Schnittpunkt der Fachsprachen- sowie der Fremdsprachendidaktik dar, trotzdem spielt dieser Bereich im Rahmen der Theorie und Praxis der Sprachdidaktik eine eher untergeordnete Rolle. Dies mag überraschen, weil sich im Hinblick auf die kulturellen, akademischen und ökonomischen Entwicklungen der letzten Jahrzehnte das Interesse, Deutsch als Fremdsprache zu erwerben, »weg von einer persönlich-integrativen und hin zu einer beruflich-instrumentellen Motivation verlagert hat« (Roelcke 2010: 171). Das Konzept eines solchen Unterrichts besteht darin, diese sprachlichen und kommunikativen Kompetenzen zu vermitteln, die im Rahmen der fachsprachlichen Kommunikation in deutscher Sprache verlangt werden. Dabei handelt es sich um sprachliche und kommunikative Besonderheiten, die sich von der Allgemeinsprache unterscheiden, wobei eine Verbesserung bereits erreichter Sprachkompetenzen im Mittelpunkt steht (Roelcke 2010: 171).

4.3 Fachsprachenunterricht

Wie bereits erwähnt, resultiert die Wichtigkeit der fach- und berufssprachlichen Kompetenz in Deutsch als Fremdsprache aus der Arbeitsteilung sowie der zunehmenden Internationalisierung der Fachkommunikation insbesondere im wirtschaftlichen, wissenschaftlichen und technischen Bereich (Fluck 1992: 104). Die Fachsprachenvermittlung wird nicht im engeren Sinne auf die Vermittlung von Fachsprache als Register mit bestimmten Eigenschaften begrenzt, sondern es handelt sich allgemein um die Fähigkeit, sich in einem Fach zu kommunizieren (Fluck 2006: 295 bei Efing und Kiefer 2018: 168).

Fragen nach den Unterschieden zwischen dem gewöhnlichen Fremdsprachenunterricht und dem fachbezogenen Fremdsprachenunterricht wurden schon in den 80er Jahren gestellt. Skowronek und Budin (1985: 11) betrachten das Ziel des gesteuerten Fremdsprachenunterrichts aus der Perspektive der Lernenden und der Lehrenden. Erstere sollten die Anpassung an eine bestimmte gesellschaftliche sowie kulturelle Wirklichkeit anstreben, sodass sie im Rahmen des Allgemeinwissens richtig reagieren und Relationen situationsadäquat realisieren können, d. h. verstehen und verstanden werden. Währenddessen konzentriert sich die Rolle der Lehrkräfte vor allem darauf, die Lernenden bei diesem Prozess durch verschiedene Arten formaler Lehrverfahren zu unterstützen. Buhlmann und Fearns (2000: 9, 81 bei Efing 2014: 423) zufolge besteht das Ziel des Fachsprachenunterrichts darin, »den Lerner in seinem Fach sprachlich handlungsfähig zu machen bzw. ihm den Erwerb der sprachlichen Handlungsfähigkeit in seinem Fach zu ermöglichen, zumindest aber zu erleichtern«, wobei die Beherrschung der Fachsprache es ihm ermöglicht, präzise und ökonomisch zu kommunizieren. Die Förderung der Kommunikation im produktiven und rezeptiven Bereich wird besonders im fremdsprachlichen Fachsprachenunterricht als vorrangiges Ziel gesetzt (Efing, Kiefer 2018: 175). Die Vorbereitung auf effektive Kommunikation sollte sowohl sprachliche als auch nichtsprachliche Mittel umfassen, die in einer Kommunikationsgemeinschaft gelten (Skowronek 2010: 21). Nach Zenderowska-Korpus (2004: 16 bei Skowronek 2010: 22) sind die Mitglieder jeder Kommunikationsgemeinschaft von der Wirklichkeit umgeben, in der sie von Geburt an leben und die sie wie die eigene wahrnehmen. Für Fremdsprachenlerner ist die Situation anders, denn sie müssen die fremde Sprache samt den kulturgeprägten Bedingungen neu erlernen, sodass jeder Spracherwerb für sie zugleich einen Kulturerwerb bedeutet. Im engeren Sinne gilt als Grundlage für die fachliche Kommunikation der systematische Erwerb der Fachbegriffe, die Denkelemente eines Faches sind also, »an das fachspezifische Denken und die Mitteilungen über fachliche Inhalte gebunden sind (Buhlmann, Fearns 2000: 122 bei Efing, Kiefer 2018: 175). Aus der interdisziplinären Perspektive zeigt sich darüber hinaus das allgemeine Ziel des Fachsprachenunterrichts in der kognitiven Verbindung von fachlichen Denksystemen, Fachhandeln und Fachsprache (Efing, Kiefer 2018: 175).

Dem fachbezogenen Fremdsprachenunterricht sollen die fachsprachlich relevanten Inhalte zugrunde liegen, wobei von Anfang an verlangt wird, den Unterricht auf die fachsprachliche Kompetenz auszurichten. Skowronek und Budin (1985: 11) definieren die fachsprachliche Kompetenz als Summe des Fachwissens und Fachkönnens innerhalb eines Wirklichkeitsbereichs wie auch des sprachlich-kommunikativen Denkens und Wissens. Der fachsprachliche Fremdsprachenunterricht, der als »Prozess kommunikativer Aneignung fachsprachlichen Könnens und Wissens« verstanden wird, sollte solche sprachkommunikativen Aktivitäten anstreben, die integrativ aus fachlichen und sprachlichen Fertigkeiten, Wissen sowie Können bestehen, auf Kognition beruhen und »zur Automatisierung der Lexik, Grammatik und Phonetik oder Orthografie hauptsächlich auf der Grundlage von Fachtexten« erfolgen (Skowronek, Budin 1985: 11f.). Die Frage, (ab) wann die Fachsprachen unterrichtet werden können und sollen, hängt von der fachlichen Kompetenz der Lernenden, von ihren Lernzielen, von der Komplexität der jeweiligen Fachsprache sowie vom Umfang ihrer allgemeinsprachlichen Anteile ab:

> Die Lernziele haben dabei den größten Einfluss auf den Einsatzzeitpunkt: Wollen die Lerner z. B. ausschließlich Lesekompetenz erwerben und steht eine lingua franca oder eine allen Lernern gemeinsame Sprache zur Verfügung, so kann der fachsprachliche Leseunterricht bei Nullkenntnissen in der Zielsprache einsetzen, wenn die Lerner fachkompetent sind (Buhlmann, Fearns 2000: 86 bei Efing, Kiefer 2018: 172).

Berücksichtigt werden sollen aber auch solche Lernenden, die andere sprachliche Fertigkeiten erwerben möchten. So bedarf der Fachfremdsprachenunterricht immer einer Grundlage in der allgemeinen Sprachkompetenz (vgl. Fluck 1992: 109, Fluck 2006: 301 bei Efing, Kiefer 2018: 172). Bevor die Fach- und Allgemeinsprache parallel fortgesetzt werden, sollte der Fachsprachenvermittlung eine bestimmte Anzahl von Stunden allgemeinsprachlichen Unterrichts vorausgehen. Wie umfangreich der vorherige allgemeinsprachliche Unterricht sein muss, um ein erfolgreiches Erlernen der Fachsprache zu gewährleisten, ist schwer festzustellen, da Faktoren wie Lebens- und Lernalter aber auch das Fach und die Fachsprache (Komplexität und Internationalität, z. B. Internationalismen, Einbeziehung von Zahlen und Formeln) dies mitbestimmen. Es wird hingewiesen, dass in manchen Fällen nach 50 Stunden Grundlagenunterricht mit dem Fachsprachenunterricht angefangen werden kann. Der fachsprachliche Arbeitsaufwand sollte jedoch nicht zu stark ausgedehnt werden, solange der lexikalische Aufwand in den Grundlagen noch sehr hoch ist. Um Fachsprache erfolgreich zu erwerben ist es empfehlenswert, zuerst eine Basis in der Allgemeinsprache zu vermitteln und dann den Fachsprachenunterricht kursbegleitend »als Vorbereitung für den dann erst beginnenden Fachunterricht einsetzen zu lassen« (Buhlmann, Fearns 2000: 86 bei Efing, Kiefer 2018: 172f.). Falls eine solche allgemeinsprachliche Basis in einer Fremdsprache fehlt, kann dies zur falschen Identifizierung der Sprachprobleme als fachsprachliche Probleme beitragen, die weniger im Bereich der Fachsprache bzw. im Aufbau vom Fachwortschatz als vielmehr im Bereich der allgemeinen und der interkulturellen Kommunikation oder auch der Lernmethodik und der Anwendung von Lern- beziehungsweise Erschließungsstrategien« liegen (Kuhn 2007: 136 bei Efing, Kiefer 2018: 174).

In Anlehnung an Roelcke (2010: 169f.) richtet sich der Fachsprachenunterricht vor allem an Experten, weil für Laien ein fremdsprachlicher Fachsprachenunterricht von eher untergeordneter Bedeutung ist. Das Ziel einer solchen Ausbildung besteht in der Herstellung oder Verbesserung der Rezeptionskompetenz, in der Produktionskompetenz in der betreffenden Fachsprache in Wort und Schrift sowie im Abbau von Kommunikationsbarrieren. Für Experten hat der fremdsprachliche Fachunterricht zwei Anforderungskomplexen zu genügen: erstens dem Fach- und zweitens dem Fremdsprachenunterricht, wobei die fremdsprachlichen Vorkenntnisse der Lernenden berücksichtigt werden sollen. Die Anforderungen an den Fachsprachenunterricht für Fremdsprachler mit sprachlichen Vorkenntnissen sind vergleichbar mit denen eines Fachsprachenunterrichts für Muttersprachler. Diese Form der fremdsprachlichen Ausbildung setzt mehr oder weniger direkt an der fachsprachlichen Kommunikation selbst an und zieht ihre Besonderheiten in Betracht. Sie basiert auch auf den inhaltlichen sowie methodischen Grundlagen des allgemeinen Fachsprachenunterrichtes, wobei »dieser unter Umständen in der betreffenden Mutter- und nicht in der Fremdsprache erfolgen mag« (Roelcke 2010: 170). Im Fall von Fremdsprachlern ohne sprachliche Vorkenntnisse konzentrieren sich die Anforderungen an den Fachsprachenunterricht zuerst an den Erwerb der fremdsprachlichen Kenntnis und Kompetenz selbst. An dieser Stelle sind zwei Möglichkeiten vorhanden, wobei die erste sich zuerst auf einer umfassenden Ausbildung im allgemeinsprachlichen Bereich der Fremdsprache konzentriert, um später eine Spezialausbildung im fachsprachlichen Bereich unternehmen zu können. Daher umfasst die spezielle Ausbildung sowohl die fachsprachlichen Besonderheiten der betreffenden Fremdsprache im Allgemeinen als auch diejenigen innerhalb des einzelnen Fachbereiches im Besonderen. Roelcke (2010: 170) schlägt eine kontrastive Unterrichtsmethode vor, die zunächst auf einem Vergleich zwischen Allgemein- und Fachsprache und dann zwischen fremd- und muttersprachlicher Fachsprache basiert. Er betont aber zugleich, diese Methode sei nicht für alle Lernenden geeignet, weil unterschiedliche Berufsgruppen oft auch unterschiedliche Ausbildungswege erfordern. Die oben genannte Arbeitsweise erweist sich als relativ zeit- und kostenaufwendig und wird eher für solche Berufsgruppen vorbehalten, deren Tätigkeit sich mehr auf dem fachsprachlichen als auf dem fachsachlichen Bereich konzentriert. Als Beispiele können solche Gruppen wie Terminologen, Übersetzer oder Dolmetscher genannt werden. Die zweite Möglichkeit besteht in der Vermittlung einer Auswahl fachsprachlich relevanter fremdsprachlicher Erscheinungen. Die Auswahl bilden solche Erscheinungen, die in der betreffenden Fachsprache besonders häufig vorkommen oder eine besondere Bedeutung haben (Roelcke 2010: 171). Die Idee dieser Methode setzt voraus, die Lernenden auf möglichst unmittelbaren Weg mit denjenigen sprachlichen Phänomenen schnell vertraut zu machen, die für sie in der Fachkommunikation betreffender Sprache vermutlich von Belang sind. Die anderen Sprachphänomene sind einem weiterführenden Fachsprachenstudium vorbehalten. Im Gegensatz zur ersten, oben beschriebenen Methode, zielt diese in erster Linie auf einen zeit- und kostengünstigen Erwerb solcher Sprachkenntnisse ab, die eine möglichst unmissverständliche Fachkommunikation gewährleisten. Eine solche Ausbildung kann »im Falle von kurzfristigen wirtschaftlichen oder institutionellen Verhandlungen sowie bei nationalen wissenschaftlichen Projektplanungen mit internationaler Beteiligung« Anwendung finden. Daraus folgt, dass eine solche Art der Ausbildung sich eher auf die fachsprachliche Rezeption als die fachsprachliche Produktion konzentriert (Roelcke 2010: 171).

Im Rahmen eines Fachsprachenunterrichts kann von verschiedenen Arten des Unterrichts gesprochen werden, die je nach Zielgruppe und Unterrichtszielen variieren. In erster Linie wird die deutliche Unterscheidung zwischen berufsorientiertem und fachbezogenem Unterricht in Deutsch als Zweitsprache (hier wird vor allem auf Kinder und Jugendliche mit sog. Migrationshintergrund aufmerksam gemacht) und Deutsch als Fremdsprache (als Beispiel gelten hier Erwachsene, die aus beruflichen Gründen lernen) betont (Roelcke 2010: 172). Des Weiteren werden von Roelcke (2010: 175f.) die folgenden acht Typen des Fachsprachenunterrichts benannt:

- der allgemeine Fachsprachenunterricht für muttersprachliche Laien (hilft bei der Verbesserung der Rezeptionskompetenz und der Überbrückung von fachsprachlichen Kommunikationsbarrieren);
- der spezielle Fachsprachenunterricht für muttersprachliche Laien (ist systematisch zwar möglich, aber spielt in der wirklichen Fachsprachenausbildung kaum eine Rolle);
- der allgemeine Fachsprachenunterricht für muttersprachliche Experten (dient als Grundlage der fachsprachlichen Sonderausbildung);
- der spezielle Fachsprachenunterricht für muttersprachliche Experten (dient der Verbesserung der fachsprachlichen Produktions- und Rezeptionskompetenz sowie der Überbrückung von Kommunikationsbarrieren);
- der allgemeine Fachsprachenunterricht für fremdsprachliche Laien, der sich vor allem an Schüler mit Migrationshintergrund richtet (Deutsch als Zweitsprache);
- der spezielle Fachsprachenunterricht für fremdsprachliche Laien (ist systematisch zwar denkbar, aber kaum von praktischer Bedeutung);
- der allgemeine Fachsprachenunterricht für fremdsprachliche Experten (dient als Grundlage der fachsprachlichen Sonderausbildung und kann durch einen allgemeinen Fachsprachenunterricht für muttersprachliche Experten vertreten werden);

– der spezielle Fachsprachenunterricht für fremdsprachliche Experten (dient
sowohl der Verbesserung der fachsprachlichen Produktions- und Rezeptionskompetenz als auch der Überbrückung von fachlichen Kommunikationsbarrieren).

Abschließend erweist sich im Kontext des fach- bzw. berufsbezogenen Fremdsprachenunterrichts ein weiterer Aspekt als wesentlich. Anders als im Fall von
schulischer oder universitärer Ausbildung, wird der berufsorientierte Fremdsprachenunterricht auf dem freien Markt oft als eine Dienstleistung betrachtet,
die ökonomischen Regelungen unterliegt und aus den Angebots- und Nachfra-
gemechanismen resultiert (Kuhn 2007: 375). Daher wird immer häufiger nach
einem den individuellen Bedürfnissen entsprechenden, qualitativ hochwertigem
sowie effizientem (das Ziel unter möglichst geringem Einsatz von Mitteln, d. h.
unter Wirtschaftlichkeitsaspekten erreichendem) und effektivem (das Ziel unter
Einsatz aller Mittel zu erreichen) Lernangebot gefragt (vgl. Gabler 2005: 783 bei
Kuhn 2007: 375f.). Die Nachfrage betrifft vorwiegend kürzere (Intensiv-)Kurse,
die aus einzeln abschließbaren Modulen bestehen und auf berufliche Situationen
vorbereiten. Des Weiteren haben die Lehrenden wiederum Interesse am ökonomischen Einsatz ihrer Ressourcen und demnach an einer angemessenen
Vergütung. Folglich befindet sich der berufsorientierte Unterricht im Spannungsfeld zwischen den Anforderungen der Individualisierung und der Öko-
nomisierung (Kuhn 2007: 375f.). Die ergebnisorientierte Einstellung sowie
Ausrichtung des Sprachenlernens an ökonomischen Aspekten wird von einigen
als Gefahr einer Funktionalisierung der Sprache angesehen, die dem kreativen
Sprachgebrauch entgegensteht (vgl. Krumm 2003: 122 bei Kuhn 2007: 376). In
Anlehnung an Kuhn (2007: 377f.), obwohl im berufsbezogenen Unterricht typische funktionale Situationen geübt werden, ist ein Sprachgebrauch immer
kreativ, weil reale sprachliche Handlungssituationen offen sind. Da die Lernziele
ebenso für die spätere Evaluation eingesetzt werden, wird dies als eine Reduktion
des Unterrichts auf messbares Wissen verstanden, statt Gelegenheiten zur Per-
sönlichkeitsbildung und zur Entwicklung von Lernstrategien im Sinne eines lebenslangen (Fremdsprachen-)Lernens anzubieten (vgl. Krumm 2005: 152f. bei
Kuhn 2007: 377). Weiterführend äußerte sich noch Schwerdtfeger (2001: 439f. bei
Kuhn 2007: 377) über die zeitliche Konzeption und Gestaltung der Lehr-Lern-
prozess wie folgt:

> das ganzheitliche Lernen soll heute nur einem Zwecke dienen, die Lernenden zu
> **ganzschnellen** Lernenden zu machen. Ganzheitlichkeit des Lernens wird verstanden im
> Sinne einer stromlinienförmig ausgerichteten **Lerneffizienz**, die die sprachlichen
> Lernergebnisse **kalkulierbar** macht, sie **vorhersagbar** macht und schließlich klare
> **Kontrollmaßnahmen** über den Lernprozess ermöglicht. Genau das soll erreicht werden.
> Und hiermit ist sie erreicht, die perfekte *McDonaldisierung* (vgl. Ritzer 2000) des

Sprachenunterrichts, seine vollständige Entmenschlichung. [...] Auch heute wird ganzheitliches Lernen mit einer Ideologie gefüllt: Der sprachenlernende Mensch wird zu einem nach ausgeklügelten betriebswirtschaftlichen Prinzipien akkurat planbaren und kontrollierbaren und damit enthumanisierten Elementchen eines weltumspannenden Kapitalismus«.

Wie Kuhn (2007: 375f., 378f.) treffend bemerkt, steht diese Meinung im Widerspruch zu dem, was die Lernende vom Kurs erwarten, d. h. die kommunikativen Ziele möglichst schnell und effizient zu erreichen. Die Kontrollmaßnahmen sollten dagegen als Qualitätssicherung des Lehr-Lernprozesses angesehen werden, dank derer Defizite entdeckt und verbessert, bzw. nachgeholt werden können. Die geschilderte Orientierung zeigt eine neue Perspektive auf Lehrerausbildung, insbesondere für jene, die den außerschulischen Fremdsprachenunterricht berücksichtigt.

4.4 Fachsprachen in der universitären Ausbildung

Die Ausführungen in den vorangegangenen Kapiteln stellen sich als zutreffend in Bezug auf politische sowie wirtschaftliche Veränderungen und deren Einfluss auf Sprachausbildung im universitären Bereich heraus. Im Folgenden wird die Wichtigkeit der Fachsprachenvermittlung auf der akademischen Ebene hervorgehoben.

Im Laufe der Zeit begannen Fachsprachenkenntnisse nicht nur Experten zu betreffen, die das Fach zusammen mit der dazugehörigen Fachsprache lernen, sondern auch immer häufiger Studierende philologischer Fakultäten, die in ihrer zukünftigen Arbeit über Kenntnisse in einer oder sogar mehren Fachsprachen verfügen müssen (Kałasznik, Szczęk 2020: 107). Folglich ist der Versuch, das Profil der Ausbildung an die beruflichen Bedürfnisse der Studierenden anzupassen und damit den gesellschaftlichen Erwartungen auf dem Arbeitsmarkt gerecht zu werden, das Ergebnis einer pragmatischen Herangehensweise an die Ausbildung (Duszak 2009: 42). Der berufsorientierte Ansatz in der fremdsprachlichen Ausbildung ist heutzutage unbestritten, da jede Art der Bildung die Anforderungen des Arbeitsmarktes berücksichtigen und den Bedürfnissen der Lernenden entgegenkommen sollte (Gajewska, Sowa 2014: 12). Aus diesem Grund scheint es für die Universitäten und Hochschulen wesentlich zu sein, in erster Linie den Trend auf dem Arbeitsmarkt zu beobachten und das Bildungsangebot entsprechend zu gestalten, sodass für die Studierenden angemessene Sprachlernmöglichkeiten bereitgestellt werden können (Maghetiu 2017: 213). Dieser Sachverhalt sollte demnach in die Analyse mit einfließen, weil es sich insbesondere in Anbetracht u. a. der in einem vorherigen Abschnitt geschilderten polnischen Sprachpolitik, sowie der sinkenden Anzahl an Kandidaten als relevant erweist. Ansonsten bildet das Interesse an der Sprachausbildung für berufliche Zwecke kein Phänomen der Neuzeit, da sich schon vor mehr als 20 Jahren Baumann (2000: 150) mit solchen Fragen auseinandergesetzt hat

> inwieweit die Fachsprachenforschung und Fachsprachendidaktik als wichtige Teildisziplinen der Angewandten Linguistik in methodologischer und methodischer Hinsicht vorbereitet sind, den grundlegend veränderten Anforderungen an die Entwicklung (fach-) kommunikativer Kompetenz – besonders in Ausbildungsprozessen an Universitäten und Hochschulen gerecht zu werden.

In Polen hat sich die Diskussion über die Fokussierung der germanischen Philologie auf nichttraditionelle philologische Fächer nach dem Beitritt zur Europäischen Union noch stärker intensiviert (Stawikowska-Marcinkowska 2020: 85). Kalverkämper (2000: 20 bei Maghetiu 2017: 213) zufolge besteht die besondere Rolle und Aufgabe der Hochschulen und Universitäten darin, sie als Ort zu verstehen »wo über Sprachen im Beruf vorzugsweise reflektiert wird und wo diese Erkenntnisse sich in Studieninhalten und in der Praxis der muttersprachlichen und fremdsprachlichen Ausbildung niederschlagen«. Ein ähnlicher Standpunkt ist auch in den neuesten Beiträgen von Kałasznik und Szczęk (2020: 108) vertreten, wobei sie folgendes annehmen: es müsse sich »an Universitäten und Hochschulen ein Wandel im Bereich der Fachsprachenvermittlung vollziehen«, da es sonst zu einer bitteren Verifizierung sowohl der Fremdsprachen- als auch der Fachsprachenkenntnisse der Studierenden im Zusammenhang mit den aktuellen Anforderungen des Arbeitsmarktes kommen kann. Ergänzend in Anlehnung an Mocarz-Kleindienst (2015: 91) werden Fachsprachen zurzeit als integraler Bestandteil der beruflichen Kommunikation betrachtet, welche einen wichtigen Baustein der Inhalte und Curricula in Bezug auf berufliche Spezialisierung bildet. Die Vermittlung fachspezifischer Inhalte in der Sprachausbildung erfolgt in der Regel im Rahmen der sprachpraktischen Kurse oder speziellen Modulen, die auf den Erwerb praktischer Fähigkeiten ausgerichtet sind. Sie nimmt im didaktischen Angebot unterschiedliche Formen an und es werden verschiedene Bildungsformeln in die Curricula aufgenommen, wie z. B. Analyse und Übersetzung literarischer Texte, Vermittlung von Dialekten, Mundarten, Ethnolekten sowie Varietäten der Sprache (Gałkowski 2015: 27). Bei der Erstellung von Bildungsangeboten wird jedoch immer häufiger auf die Terminologie der Fachsprachen geachtet[27]. Das dargelegte Ziel liegt ebenfalls den Empfehlungen des bereits erwähnten Bologna-Prozesses zugrunde, die von Universitäten und Hochschulen verlangen, die Beschäftigungsfähigkeit unter Absolventen herauszubilden. Infolgedessen verdient der Themenkomplex Fachsprachen sowie

---

27 Als Beispiel für eine solche Gestaltung von Curricula kann die Italienische Philologie, sowohl beim Bachelor- wie auch beim Masterstudium an der Universität Łódź dienen (vgl. Gałkowski 2015: 25–38).

Fach- und Berufskommunikation es in die Curricula mit einbezogen zu werden. Auf dieser Grundlage entwickelte sich das Konzept der Fachsprachenpropädeutik (Duś, Zenderowska-Korpus 2010: 7 f.).

Als Fachsprachenpropädeutik wird nach Weber (2010: 9) »eine Komponente des sprachwissenschaftlich orientierten Germanistikstudiums« bezeichnet. Sie richtet sich hauptsächlich an Studierende, die in der Zukunft im sprachmittlerischen Bereich beruflich tätig sein wollen. Die Relevanz dieser Komponente für das Studium und die künftige Tätigkeit zeigt sich darin, dass deutsch- und polnischsprachige Dokumente zur vielfältigen internationalen Zusammenarbeit und Kommunikation weitgehend durch Fach- und Berufsspezifik gekennzeichnet sind. Bei der Zielsetzung der Fachsprachenpropädeutik sollen Erkenntnisse der Fachsprachenforschung und Fachtextlinguistik sowie jene mit einbezogen werden, die für die Übersetzung von deutschen oder polnischen Texten in den jeweiligen Zieltext von Belang sind. Die Konzipierung der Fachsprachenpropädeutik sollte nicht nur auf der Erörterung des sprachlichen Aspekts, sondern auch auf eine ganzheitliche Betrachtung abzielen. Es geht um einen Einblick in die Besonderheit und das Zusammenwirken derjenigen Faktoren, die das Wesen von Ausgangs- und Zieltexten im fachlich-inhaltlichen, textlichen sowie sprachlichen Bezug bestimmen (Weber 2010: 10). In Anbetracht dessen wird als Anwendungsgebiet der Fachsprachenpropädeutik die Tätigkeit als Übersetzer oder Dolmetscher angenommen. In diesem Zusammenhang wurde auch die Frage gestellt, ob sich die Karrierechancen der Absolventen verbessern können, wenn sie als Angestellte von Institutionen, Unternehmen oder Freiberufler die anfallenden Kommunikationsaufgaben in einer Fremdsprache gleichsam als eigenständige Dienstleistung erbringen können. Dabei wurden unterschiedliche Aufgaben genannt, deren Ausübung die erworbenen Kompetenzen ermöglichen könnten, z.B. die Erstellung von Zusammenfassungen aus deutschen oder polnischen Ausgangstexten in die jeweils andere Zielsprache, Ausarbeitung von Protokollen oder Vorlagen für Verhandlungen, Entwerfen von Vertragstexten, etc. (Weber 2010: 11). Abschließend gilt die Fachsprachenpropädeutik als Einführung in die Fachsprachen, bzw. Fach- und Berufskommunikation und ist durch die Eigenschaften »generalisch-exemplarisch, fachübergreifend, auf die Einheit von Erkenntnisgewinnung und Fähigkeitsentwicklung gerichtet« charakterisiert. Damit ist vor allem folgendes gemeint (Weber 2010: 11 f.): die Bezugnahme auf solche Objektbereiche und Fachsprachen, die bei der internationalen Zusammenarbeit sowie Kommunikation von Belang sind, wie Wirtschaft, Recht oder Technik und die Konzentration auf diese Erkenntnisse der Fachsprachenforschung sowie Fachtextlinguistik, die in Bezug auf die Realisierung fachlich und beruflich geprägter kommunikativer Aufgaben als »wesentlich, allgemeingültig, praktikabel« nachgewiesen wurden. Dies unterstreicht, dass sich die Ausbildung eher an dem fachkommunikativ Allgemeinen und Wiederholbaren als an dem fachlich Speziellen orientieren sollte (Berdychowska 2010: 39). Ein Fachsprachenpropädeutikum kann sich auf unterschiedliche Aspekte stützen, wobei Berdychowska (2010: 44 f.) insbesondere auf Methoden linguistischer Identifizierung von Fachtexten, Wissen über Wortbildungsprozesse und -verfahren, auf Kommunikationsmodelle mit Vorschlägen zur Isolierung von Fachkommunikation und zur Unterscheidung fachlicher Kommunikationssituationen und auf textlinguistische Analysemodelle zur Erstellung von Wissenssystemen in Fachtexten verweist. Bei der Darstellung fachspezifischer Denk- und Mitteilungsstrukturen sollen vielfältige Strukturen von Vernetzungen fachspezifischer Konzepte sowie bestimmte Regeln und Mittel, mit denen Fachkommunikation stattfinden kann, hervorgehoben werden. Daher kann kein Fachfremder ohne angemessenes Fachwissen keinen erfolgreichen Beitrag zur Fachkommunikation leisten. Berdychowska (2010: 45) zufolge besteht das Ziel des Fachsprachenpropädeutikums darin,

> die Fachkundigen beim Einstieg in Fachsprachen und Fachkommunikation mit Wegweisern zu unterstützen in der linguistischen Erkennung von Texten als fachsprachlich, in der Aneignung von Sprachmitteln zum Ausdruck von logischen Operationen, wissensbildenden Handlungen und zur Textorganisation sowie im Einarbeiten in das Fachbegriffliche Netzwerk und somit auch in die Struktur eines Faches.

Aus didaktischer Sicht können sich z. B. gut gegliederte Einführungen in das jeweilige Fach zusammen mit der angemessenen Textorganisation von Wissensinhalten als relevant erweisen. Diese Vorgehensweise steht auch im Einklang mit dem Fernziel, das jeder Studiengang verfolgen soll, nämlich die Studierenden zu einem stetigen, lebenslangen Lernen zu befähigen (Berdychowska 2010: 45).

4.4.1 Perspektive der Studierenden

Eine arbeitsmarktorientierte Einstellung spiegelt sich auch in den Erwartungen der Studierenden gegenüber dem Studium, die für den beruflichen Werdegang vorbereitet werden möchten (vgl. Wójcicka 1999 bei Kałasznik, Szczęk 2020: 108) und den Studienprogrammen gegenüber zunehmend kritisch eingestellt sind. Immer häufiger denken sie pragmatisch sowie arbeitsmarktorientiert und wollen die für die bestimmte Fachsprache charakteristische Ausdrucksweise beherrschen, um auf dem Arbeitsmarkt konkurrenzfähig zu sein (Kałasznik, Szczęk 2020: 108). Dieses Phänomen wird von Steinmüller (2018 bei Rada 2021: 66) als »instrumentelle Betrachtung des Deutschen als Fremdsprache« genannt[28]. Die

---

28 Vgl. den mündlichen Vortrag von Prof. Dr. Ulrich Steinmüller unter dem Titel »Werkzeugcharakter der Sprache und Adressatenbezug. Überlegungen zur Didaktik von Fach- und Berufssprachen« anlässlich der Tagung »Deutsch in Fach und Beruf. Aktuelle Fragen und

fachsprachlichen Eigenheiten können jedoch den Studierenden besondere Schwierigkeiten bereiten und müssen daher in diesem Kontext speziell behandelt werden. Der Grund dafür mögen u. a. die schon erwähnten, nicht befriedigenden, allgemeinen Deutschkenntnisse sein. Darüber hinaus wird aber auch der problematische Sachverhalt der mangelnden Kompetenzen der Absolventen philologischer Studiengänge im Bereich der Fachsprachen sowohl von den an der Ausbildung im akademischen Bereich Beteiligten als auch von Arbeitgebern und Absolventen der Philologie selbst thematisiert (Kałasznik, Szczęk 2020: 109). In ihren Überlegungen verweist Strzelecka (2014: 104) auf damalige Germanistikabsolventen, die die allgemeine, literarische deutsche Sprache zwar gut beherrschten, aber die Wirtschaft und die in deutschen Unternehmen tagtäglich gebrauchte Sprache nicht kannten. Spätere von ihr durchgeführte Untersuchungen brachten außerdem hervor, dass die im Unterricht behandelte Thematik sich mehr nach den Wünschen der Studierenden richten sollte (Strzelecka 2018: 212). Dies steht im engen Zusammenhang mit der Motivation der Studierenden, die als ein wichtiger Bestandteil jeder Bildung betrachtet wird. Daher wirken für sie solche Inhalte besonders motivierend, die im späteren beruflichen Leben praktisch eingesetzt werden können. Als Reaktion darauf folgt eine wachsende Anzahl an Fachsprachenlehrern an wirtschaftsorientierten Universitäten in Polen dem aktuellen Trend des Übergangs vom allgemeinsprachlichen zum fachsprachlich orientierten Unterricht (Zielińska 2015: 53 bei Strzelecka 2018: 216). Auf die Problematik der Motivation gehen auch Paprocka-Piotrowska und Knieja (2009: 159 f.) ein: sie führten eine Befragung unter 1014 Studierenden aller neuphilologischen Studiengänge an der Katholischen Universität Lublin Johannes Paul II sowie an der Maria Curie-Skłodowska Universität durch. Auf Grundlage der erhobenen Daten wurde schlussgefolgert, warum sich die Kandidaten für diesen Studiengang entschieden haben, wie sie ihn wahrnehmen und wie sie die erworbenen Kommunikations- und Sprachkompetenzen einsetzen wollen. Den Antworten zufolge ist die Motivation für die Aufnahme eines Sprachstudiums größtenteils instrumentell, wobei insbesondere auf solche Aspekte wie ein besserer Arbeitsplatz, ein höheres Gehalt, Reisen und der Nützlichkeitscharakter der Fremdsprache eine Rolle spielen. Auf die Frage, ob das Studium ihren Erwartungen entsprach, konzentrierten sich die meisten Studierenden auf die Beschreibung negativer Erfahrungen, wie z. B.: zu geringe Stundenanzahl des praktischen Sprachunterrichts, zu viele theoretische Fächer, zu wenige Lehrveranstaltungen, in denen die Sprachkenntnisse geübt werden, Mangel an Muttersprachlern an der Universität, fehlende Spezialisierung, z. B. als Übersetzer, wenige Auslandsaufenthalte, geringe Stundenanzahl für den prak-

---

neue Ansätze der Fremdsprachenvermittlung: 10.–12. Oktober 2018, TU Berlin, zitiert nach Rada (2021: 66).

tischen Sprachunterricht in den letzten Studienjahren. Des Weiteren wurde von den Befragten angegeben, die Universität biete keine Unterstützung bei der Arbeitssuche an. Einige vertraten sogar den Standpunkt, das Studium böte keine Aussicht auf einen guten Arbeitsplatz. Als Grund für ihre unerfüllten Erwartungen an das Studium gibt die Mehrheit der Studierenden den Zwang zum Lernen theoretischer Fächer an, z. B. »ich lerne Dinge, die im Leben absolut nicht gebraucht werden«, »ich lerne Theorie, die sich nicht als nützlich erweisen wird« oder »es gibt zu viele Kurse, die der Literaturwissenschaft gewidmet sind«[29] (Paprocka-Piotrowska, Knieja 2009: 165 f., Übers. M. G.). Auf die Frage nach der Bedeutung von Fremdsprachen im Leben nennt die überwiegende Mehrheit (92 %) berufsbezogene Bereiche. Daraus lässt sich schließen, dass die Studierenden sehr realistisch über ihre berufliche Laufbahn nachdenken und Fremdsprachenkenntnisse als eine Garantie für eine gute Arbeitsstelle betrachten (Paprocka-Piotrowska, Knieja 2009: 169 f.). Ähnliche Schlussfolgerungen wurden aus einer im Jahr 2019 ausschließlich unter Germanistikstudierenden der Universität Łódź durchgeführten Online-Befragung gezogen, deren Ziel in der Erfassung der Einstellung der Studierenden zum Germanistikstudium bestand. An der Umfrage haben insgesamt 24 Personen teilgenommen. Die Fragen betrafen ihre Motivation für die Studienwahl, Karrierepläne, die Meinung zum Studienangebot sowie die Erfüllung ihrer Erwartungen an das Germanistikstudium. Aus den Antworten geht vor allem die eindeutige Arbeitsmarktorientierung der Studierenden sowie der Wunsch nach sprach- und fachorientierten Lehrveranstaltungen hervor, welche bei der Konzipierung der Curricula nicht unbeachtet bleiben dürfen (Grzeszczakowska-Pawlikowska 2021: 88 ff., 93). Nach Rada (2021: 66) lohnt es sich noch aus sozialer Sicht hervorzuheben, dass die heutigen Studierenden anders als Studierende vorheriger Jahrgänge denken. Damit meint sie insbesondere die Zugehörigkeit zu der sogenannten Generation Z mit veränderten primären Sozialisationsprozessen. Als Vertreter der Generation Z werden Menschen bezeichnet, die zwischen 1995 und 2009 geboren sind. Charakteristisch für diese Altersgruppe ist das Aufwachsen in der digitalisierten Welt, welche außer Kommunikation ebenfalls ihre Lernstrategien und -methoden prägt. Die Germanistikstudierenden betrachten sich selbst oft als Linguisten/ Humanisten, die nicht imstande sind, mit der Geschäftswelt umzugehen oder sich für diese Arbeit nicht eignen. In dieser Branche sind sie jedoch hochgeschätzte Mitarbeiter. Der Arbeitsmarkt erfordert heutzutage spezielle Fachkompetenzen und Fähigkeiten aus solchen Bereichen wie Wirtschaft, Handel, Recht, Rechnungswesen oder Finanzen. Von den Arbeitgebern werden aber immer häufiger verschiedene Workshops und Schulungen für neue Mitarbeiter

---

29 Bei den angeführten Mitteilungen handelt es sich um authentische Aussagen der Studierenden, die an der Umfrage teilgenommen haben.

organisiert, die sie auf ihren Job vorbereiten sollen. Es erweist sich in der Realität jedoch als rentabler eine Person mit Fremdsprachenkenntnissen einzustellen und diese dann für eine bestimmte Tätigkeit zu schulen, als jemanden einzustellen, der zwar über die fachliche Expertise verfügt, jedoch die erforderliche Fremdsprache nicht beherrscht. Dies ist der Tatsache geschuldet, dass es bestenfalls Monate, in der Regel aber Jahre erfordert, um eine neue Sprache auf kommunikativem Niveau zu erwerben – ein Prozess, den sich die meisten Firmen nicht leisten können (Stawikowska-Marcinkowska 2020: 94).

4.4.2. Aktuelle Projekte zum fachorientierten Sprachenunterricht im akademischen Bereich – ein Überblick

Dass die universitäre fach- bzw. berufsbezogene Sprachausbildung immer mehr an Bedeutung gewinnt, ist in der aktuellen Forschung der polnischen Sprachwissenschaftler sichtbar, wovon verschiedene Projekte im akademischen Bereich zeugen. Als Beispiel können u. a. Logistikunterricht in deutscher Sprache an der Warschauer Germanistik (Strzelecka 2018) oder das Konzept des neuen Curriculums für fachspezifische DaF-Lehrer an der Adam-Mickiewicz-Universität in Poznań genannt werden (Kic-Drgas 2018). Des Weiteren werden im Institut für Angewandte Linguistik der Adam-Mickiewicz-Universität verschiedene Studienrichtungen angeboten, die die vielseitige Entwicklung von Linguistik-Absolventen nicht nur in Bezug auf Sprachkenntnisse, sondern auch in Bezug auf die auf dem Arbeitsmarkt benötigten Kompetenzen unterstützt. Der Schwerpunkt der umgesetzten Programme liegt auf der Zusammenarbeit mit dem sozialen und wirtschaftlichen Umfeld und der Entwicklung von fachkommunikativen Kompetenzen (Prokop, Kic-Drgas 2019: 30). Beachtung verdient auch eine seit 2013 angebotene Studienrichtung an der Universität Łódź, nämlich *Linguistik für Business*, die in Kooperation der Philologischen Fakultät und der Fakultät für Management geführt wird. Zu erwähnen ist auch das 2014 initiierte Forschungsprojekt *Sprachenbarometer Lodz*, das sich zum Ziel setzt »diverse den Markt für moderne Unternehmensdienstleistungen betreffende Daten zu erheben und zu analysieren«, sowie alle Elemente zu isolieren und zu ermitteln, die »für den Prozess des Fremd- und Fachsprachenunterrichts in beruflichem Kontext in der Hochschuldidaktik« von Belang sind (Makowski 2018). Es existieren auch Institutionen außerhalb des akademischen Sektors, wie z. B. die Stiftung *Pro Progressio*, die die Entwicklung der Outsourcing-Branche in Polen überwachen. *Pro Progressio* kommt zu folgendem Schluss:

> Durch eine gründliche Analyse der Bedürfnisse der Investoren jenseits von Oder, vermittelt die Stiftung Pro Progressio schon seit 2014 einen wachsenden Bedarf an Mit-

arbeitern/-innen, die sich fließend in deutscher Sprache verständigen können. Leider hat der Markt trotz vieler philologischer Fakultäten immer noch ein Defizit an deutschsprachigem Personal (Doktór 2017: URL, bei Bogacki 2018: 20f.).

Allmählich wird auch der Fachsprachendidaktik immer mehr Raum in der Diskussion gewidmet. Anerkennung verdienen zahlreiche Beiträge von Magdalena Sowa, die sich mit der »Anpassung der Lehrprogramme an den Hochschulen an die aktuellen Erfordernisse des Arbeitsmarktes« auseinandersetzen (Sowa 2015: 117). Darüber hinaus hat es einige Änderungen im Bildungssystem gegeben, wie z. B. die Programmgrundlage für die Berufsausbildung aus dem Jahr 2012, welche eine Fremdsprache als integralen und obligatorischen Bestandteil der Berufsausbildung betrachtet. Die Einführung dieser Programmgrundlage konzentriert sich darauf, die Schüler auf effektive Kommunikation in beruflichen Situationen in einer Fremdsprache vorzubereiten[30]. Sowa (2016a: 4) macht auch darauf aufmerksam, dass die Sprachausbildung in der Berufsausbildung eher vernachlässigt wurde und auch nicht eng auf die beruflichen Bedürfnisse der Auszubildenden zugeschnitten war. Die oben genannten Projekte und sich ständig wechselnde Forschungsrichtungen entsprechen der sog. dritten Mission von Hochschulen und Universitäten, die vielfältige Aktivitäten umfasst, wie etwa die Zusammenarbeit mit Wirtschaftsvertretern, Erfahrungsaustausch, Schaffung studentischer Praktikumsplätze, Organisation von Berufsbörsen oder thematischen Workshops, sowie Aufnahme jeglicher Impulse aus dem außeruniversitären Sektor für weitere Untersuchungen (vgl. Grzeszczakowska-Pawlikowska 2021: 80; Grzeszczakowska-Pawlikowska, Stawikowska-Marcinkowska 2019: 7; Goźdź-Roszkowski, Makowski 2015: 68).

4.4.3   Zwischen Ent-Philologisierung und Arbeitsmarktorientierung

Nach der Jahrtausendwende konnte ein deutlicher Verlust an Prestige der Philologie im traditionellen Sinne verzeichnet werden. Um den Absolventen bessere Berufsperspektiven sichern zu können, haben die Universitäten es sich zur Aufgabe gemacht, sich pragmatische Ziele zu setzen und die Curricula ihrer Studiengänge umzustellen (Abrashi, Tichy, Sava 2021: 11f.). Die oben beschriebenen Aktivitäten und Änderungen entsprechen diesem Bestreben, die Absolventen des neuphilologischen Studiums mit berufs- bzw. fachbezogenen Kenntnissen auszustatten, welche perspektivisch gesehen ihre Anstellungsmöglichkeiten verbessern können (vgl. Grzeszczakowska-Pawlikowska, Stawikowska-Marcinkowska 2019: 8). Als Bestätigung der Plausibilität einer solchen berufs-

---

30 Hier ist die Rede vom Rahmenlehrplan von 2012 (*Podstawa programowa kształcenia w zawodach z 2012 r.* (DzU z 2012 r. poz. 184).

orientierten Ausbildung zeugt die auffallend häufige Einstellung der polnischen Germanistikabsolventen in dem Sektor moderner Dienstleistungen (Grzeszcza-kowska-Pawlikowska 2018a: 24). Doch auch innerhalb dieser Diskussion werden verschiedene Ansichten vertreten. An dieser Stelle ist insbesondere die kritische Haltung diverser Hochschullehrender hervorzuheben, für welche die bereits erwähnte »dritte Mission«, »mit ihrer inhaltlichen Ausrichtung von Bildungsinitiativen auf die Bedürfnisse des Arbeitsmarktes« so viel wie »eine weitgehende Abwendung von der traditionellen Wissenschaftlichkeit der akademischen Lehre« bedeutet und als umstritten gilt (Grzeszczakowska-Pawlikowska, Stawikowska-Marcinkowska 2019: 7). Dieser Kritik liegen auch Befürchtungen vor Einflüssen der Politik, Wirtschaft sowie Gesellschaft zu Grunde, welche zur Beschränkung der Autonomie von Universitäten und somit der wissenschaftlichen Unabhängigkeit von Hochschullehrenden beitragen können (Grzeszczakowska-Pawlikowska 2021: 91). Duszak (2009: 42) zufolge funktioniert die Hochschulbildung in Polen in einem wissenschaftlichen Umfeld, in dem die Verbreitung von der Unternehmenskultur im Widerspruch zu den traditionellen akademischen Werten steht, denen das Ethos des Wissensgewinns zugrunde liegt. Konkret spricht sie von der »weitgehenden Ent-Intellektualisierung von Wissenschaft und akademischer Bildung«, um die herum eine Debatte über die neue Identität der Universität und ihre Funktionen heute und in der Zukunft stattfindet. Fortsetzend stellt sie fest, das Wissen sei zu einer Ware geworden, während akademische Institutionen unter ähnlichen Bedingungen wie Unternehmen zu funktionieren beginnen. Zweifelsohne ist die Wirtschaftlichkeit von Bildungsprogrammen und damit die soziale Attraktivität von Bildungsangeboten heutzutage von Belang. Dadurch hat sich nach Duszak (2009: 42 f.) auch die zwischenmenschliche akademische Beziehung verändert, nämlich aus der hierarchischen Beziehung zwischen Studenten und Hochschullehrern hin zu einer Dienstleister-Kunde-Beziehung. Im weiteren Teil ihrer Argumentation betont sie jedoch (Duszak 2009: 50), ihr Ziel bestehe nicht darin, pragmatische Werte im Fremdsprachenunterricht auf Hochschulniveau zu negieren. Sie vertritt eher den Standpunkt, dass die Berücksichtigung der beruflichen und marktwirtschaftlichen Bedürfnisse der Entwicklung und der gesellschaftlichen Bedeutung des Studiums dient, äußert aber eine gewisse Sorge über die potenziellen negativen Auswirkungen auf den Stand der theoretischen Forschung in diesem Bereich. Als Beispiel für die negativen Auswirkungen einer berufsorientierten Ausbildung nennt sie (2009: 46) die Reduktion von intellektuellen Impulsen für sprachlich begabte Studierende, die sich auf eine metasprachliche Reflexion einlassen wollen. Zum anderen beurteilt Duderstadt (2000: 99 bei Sławek 2002: 29) die Ignoranz gegenüber den immer breiter werdenden Bedürfnissen der Studierenden sowie der Tatsache, dass das Spektrum ihrer sozialen Rollen immer breiter und weniger vorhersehbar als früher ist, als die Schwäche der Universität.

Darüber hinaus wird von Roggausch (2010: 6 bei Middeke, Tichy 2017: 103) die Reduzierung philologischer Anteile in der auslandsgermanistischen Ausbildung gefordert

> Mit Blick auf die in Deutschland nach wie vor kontroverse Diskussion will ich nachdrücklich betonen: Wer den Studenten arbeitsmarktrelevante Qualifikationen verweigert, der lässt sie in Sackgassen laufen, der verschlechtert ihre Berufs- und Lebensperspektiven. [...] Wenn die Planer verschiedene Berufsfelder anschauen, dann lassen sich sehr wohl differenzierte, angemessene Beschreibungen der erforderlichen Qualifikationen vornehmen, die nicht gleich für Generationen, aber doch für längere Zeiträume gültig sind, so etwa für Lehrer mit verschiedenen Profilen, für Dolmetscher und Übersetzer, für zukünftige Diplomaten, Juristen oder Ökonomen, für Tourismusfachleute [...]. Einer gewissen Steuerung durch den Arbeitsmarkt kann sich die Universität niemals entziehen. Dies versuchen zu wollen, ist ebenso elitär wie luxuriös, jedenfalls nicht verantwortungsvoll gegenüber den Studenten.

Laut Grzeszczakowska-Pawlikowska (2021: 80) dürfte eine gewisse Skepsis auf den ersten Blick nicht verwundern, da die traditionelle Deutsche Philologie lange Zeit Ziele verfolgte, die mit den aktuellen Erwartungen nichts gemeinsam zu tun haben. Diese sollten jedoch bei der Gestaltung der Curricula sowie den nichtwissenschaftlichen Tätigkeiten der Auslandsgermanistik mitberücksichtigt werden. Daher bedeutet die Öffnung der Germanistiken für die Außenwelt jedoch trotzdem keine Marginalisierung traditionell philologischer Fächer. Vielmehr geht es um die Bewahrung der traditionellen Lerninhalte bei gleichzeitiger Erweiterung um aktuelle Komponenten, die bei der Sicherung der Beschäftigungsfähigkeit der angehenden Germanisten verhelfen können (Grzeszczakowska-Pawlikowska 2021: 88)[31]. Mit der Fragestellung nach der Kernaufgabe der Germanistik setzte sich auch Holzner (2021: 30) auseinander, wobei er Folgendes postuliert:

> Die kritische Beschäftigung mit der Sprache, mit ihrer Geschichte, mit ihrer Rolle als Mittel der politischen Auseinandersetzung, im Zusammenhang mit allen Problemen, die sich unter den Stichworten Migration und Integration sammeln, muss ebenso eine Kernaufgabe der Germanistik bleiben wie das Gespräch über Literatur, das Auskünfte und Einheiten zu vermitteln vermag, die anders nie oder jedenfalls nicht so zu gewinnen wären (...).

In der Diskussion kommen auch Kiefer und Szerszeń (2015: 141) zu Wort, für die die arbeitsmarktorientierte Fremdsprachenvermittlung keine Ablehnung der klassischen Themen und Berufsfelder bedeutet, in denen Philologien ihre Bildungsaktivitäten entfalten. Sie zielt ebenfalls nicht darauf ab, die Universität zu einem Dienstleister für die Unternehmen zu gestalten, sondern den mit der

---

31 Diese Vorgehensweise wurde in den Curricula der Auslandsgermanistik der Universität Łódź versucht. Ausführlicher dazu Grzeszczakowska-Pawlikowska 2021.

Fremdsprachenausbildung befassten Institutionen neue Trends aufzuzeigen. Die Maßnahmen in diesem Bereich dienen u. a. der Erweiterung des Bildungsangebots, systematischer Erforschung des Sprachbedarfs im beruflichen Umfeld, sowie dem Aufbau strategischer Partnerschaften mit Unternehmen, was neue berufliche Perspektiven für die Sprachausbildung eröffnet. Angesprochen werden können neue interkulturelle, sprachliche, landeskundliche sowie literaturwissenschaftliche Themen und dadurch auch neue wissenschaftliche Herausforderungen, die als potenzielle Bildungsvorteile angesehen werden können. Des Weiteren können es sich nicht alle Germanistiken leisten, lediglich wissenschaftliche Kriterien bei der Gestaltung der Curricula zu berücksichtigen. Angesichts der sinkenden Immatrikulationszahlen sowie der schwindenden staatlichen Finanzierung kämpfen die kleineren Germanistiken ums Überleben und sind gezwungen, sich auf die Bedarfe der Wirtschaft umzustellen (Abrashi, Tichy, Sava 2021: 18)[32]. Somit kann eine Berücksichtigung der »Änderungen in der Motivationsstruktur der Lernenden« als erfolgsunterstützender Faktor betrachtet werden (Funk 2011: 138 bei Middeke, Tichy 2021: 111):

> Überall dort, wo Auslandsgermanisten diese Veränderungen der Motivationsstruktur der Lernenden wahrgenommen und in die Planung ihrer Angebotsstrukturen einbezogen haben, konnten sie oft in veränderter Struktur ihre Arbeit fortsetzen. Dort, wo dies nicht möglich war, kämpfen sie mit einem drastischen Rückgang der Studierendenzahlen bzw. sogar ums Überleben.

Den Ausführungen zufolge scheint es heutzutage unmöglich zu sein, diesem fortschreitenden Trend keine Aufmerksamkeit zu schenken, denn er prägt in hohem Maße den gegenwärtigen Arbeitsmarkt und zeigt zukünftige Tendenzen sowie Entwicklungsmöglichkeiten der Universitäten und auf Hochschulen. Die arbeitsmarktorientierte Ausbildung sollte jedoch nicht zu Lasten der traditionellen Fächer gehen, sondern sollte nach Lösungen streben, die einen goldenen Mittelweg weisen und eine ausgewogene Verbindung von Tradition und Innovation sichern.

---

32 Als Beispiel gilt hier Rumänien. Ausführlicher dazu Galter (2021).

5. Fachspezifische DaF-Lehrende

Die Arbeitsmarktorientierung eröffnet für Fremdsprachenlehrende weitere Beschäftigungsmöglichkeiten, welche noch bis vor kurzem auf den schulischen Bereich beschränkt waren. Im Kontext der vorliegenden Arbeit interessiert primär die Ausbildung der Fachsprachenlehrer und die Art und Weise, wie sie die zum Unterrichten von Fachsprachen notwendigen Kompetenzen, sowohl auf sachlich-fachlicher als auch auf persönlichkeitsbezogener Ebene erworben haben. Weiterführend wird das Problem der Erwachsenenbildung sowie der Schwierigkeiten beim Erwerb einer Fachsprache beleuchtet. Im abschließenden Teil wird auf die Aufgaben der Fachsprachenlehrenden in Bezug auf Gestaltung eines Fachsprachenkurses eingegangen, konkret auf die Bedarfsanalyse, Sammlung und Bearbeitung des Sprachmaterials sowie Evaluierung eingegangen.

5.1 Allgemeines zu Fachsprachenlehrenden

Die Rolle von Fachsprachenlehrenden im didaktischen Prozess wird immer häufiger diskutiert, da es sich hierbei einerseits um ein komplexes und kontroverses Thema handelt, andererseits in der vorhandenen Literatur häufig unterschiedliche Ansichten über die erforderlichen Qualifikationen und Fähigkeiten der Lehrkräfte sowie über die zu erfüllenden Aufgaben vertreten werden (Lesiak-Bielawska 2015b: 380). Dieser Standpunkt wird dadurch begründet, dass es in erster Linie kein bestimmtes »Modell für das Unterrichten einer Fachsprache gibt, das unabhängig vom Kontext der Fachkommunikation, der Art des Fachsprachenkurses, der Institution, die die Gestaltung und Durchführung eines solchen Kurses in Auftrag gibt, oder den spezifischen Bedürfnissen der Empfänger« ist (Lesiak-Bielawska 2015b: 380).

Die Gruppe der Lehrkräfte, die Fremdsprachen für berufliche Zwecke im Sinne bestimmter Spezialisierungen, Berufe oder Stellungen unterrichten, wird jedes Jahr zahlreicher (Gajewska, Sowa 2014: 79). Auf die Frage, »woher die Fachsprachenlehrer kommen«, ist nicht einfach zu antworten, weil es bisher keine Curricula für eine solche Spezialisierung gibt. Daraus folgt, dass die derzeit tätigen Fachsprachenlehrer ihre Fähigkeiten auf unterschiedlichen Wegen erlangt haben. Heutzutage sind das in der Regel Absolventen der Philologie mit allgemeindidaktischer Vorbereitung, die sich selbstständig fachlich weiterbilden. Sporadisch beschäftigen sich damit auch Spezialisten mit sehr guten Fremdsprachenkenntnissen, die zusätzlich einen pädagogischen Kurs abgeschlossen haben (Gajewska, Sowa 2014: 103, 160). Nach Lesiak-Bielawska (2015a: 76) sind jedoch Lehrkräfte mit sowohl philologischer als auch mit fachlicher Ausbildung eine Seltenheit. Mamet (2002 bei Gajewska, Sowa 2014: 106) verweist auf die gegenseitige Durchdringung von inhaltlicher und sprachlicher Kompetenz oder sogar der Identität beider. Die Forderung nach der Notwendigkeit einer dualen, d. h. sowohl glottodidaktischen als auch bereichsbezogenen Ausbildung wurde jedoch aufgegeben. Gajewska und Sowa (2014: 106, Übers. M. G.) beziehen sich dabei auf eine Veröffentlichung von Ewer (1983), der »polemisch fragte, wie viele Fachgebiete ein Fachsprachenlehrer beherrschen müsste, und wie viele schlaflose Nächte es kosten würde, auch nur zwei davon oberflächlich zu lernen«. Weiterführend postuliert er als Voraussetzung für erfolgreiche Kommunikation mit den Lernenden den Erwerb von zumindest Laienwissen auf einem bestimmten Gebiet seitens der Fachsprachenlehrer (Ewer 1983 bei Gajewska, Sowa 2014: 106). Dies wirft zugleich die Frage auf, wer ein besserer Lehrer für juristische Fachsprache sein könnte: ein qualifizierter Anwalt mit einem pädagogischen Kurs oder ein Fremdsprachenlehrer mit einem allgemeinen Wissen über das Rechtssystem und seinen Diskurs? Huckin und Olsen (1984 bei Gajewska, Sowa 2014: 107) sehen die ideale Lösung in der Zusammenarbeit zwischen Lehrkräften und Spezialisten, d. h. den Vertretern eines konkreten Fachgebiets. Allerdings wird die Option eines Philologen mit einem entsprechenden Background als die beste der wahrscheinlichen Möglichkeiten angesehen (u. a. Mezzadri 2003; Galian 2004 bei Gajewska, Sowa 2014: 107).

Ein ähnliches Problem wird auch von Lasatowicz (2010: 261) schon auf der Schulebene erkannt. In Oberschlesien wird im Rahmen des bilingualen Unterrichts auf die Rolle der Lehrkräfte hingewiesen, die nicht nur über sprachliche, sondern auch über fachliche Kompetenz in ausgewählten Fächern verfügen sollten. Seit Jahren gibt es Schwierigkeiten bei der Lehrerversorgung in den Fachbereichen Mathematik und Naturwissenschaft, was die Umsetzung des bilingualen Unterrichts erheblich beeinträchtigt. Lasatowicz (2010: 261) zufolge verfügen Absolventen der neuphilologischen Studiengänge über die besten Kompetenzen in der Vermittlung von Fremdsprachen, wobei die Ausbildung in anderen Fächern leider keine Verbindung von Fachwissen und ausreichenden Fremdsprachenkenntnissen garantiert. Als Grund dafür wird das monodisziplinäre Modell in der pädagogischen Ausbildung genannt.

Viele Fremdsprachenlehrende, die für berufliche Zwecke noch nie unterrichtet haben, fürchten die Notwendigkeit, einen Kurs für Ärzte, Ingenieure, Rechtsanwälte usw. zu entwickeln und durchzuführen (vgl. Sowa 2009: 439). Diese Angst ist nachvollziehbar, da die Lehrer beginnen, sich in einem Bereich zu bewegen, der ihnen gar nicht oder nur sehr wenig bekannt ist. Bei der Durchführung eines Kurses z. B. der Rechtssprache bleiben sie ständig in erster Linie Sprachlehrer und sind weit davon entfernt, Spezialisten zu sein, in diesem Fall aus dem Gebiet des Rechts, obwohl sie im Laufe der Zeit ausreichende Kenntnisse für die Durchführung solcher Kurse erwerben. Das Hauptziel der Fachsprachenlehrenden besteht jedoch darin, die Lernenden mit sprachlichen und nichtsprachlichen Hilfsmitteln auszustatten, die es ihnen ermöglichen, in einem professionellen Umfeld zu arbeiten. Ein fachsprachlicher Kurs wird daher nicht einer Ausbildung in einem bestimmten Fachgebiet entsprechen, sondern wird nur als »sprachliche Begleitung« betrachtet, die unabhängig von der Berufsausbildung verläuft (vgl. Sowa 2009: 442 f.).

5.2 Kompetenzen

Um eine Sprache effektiv zu unterrichten, reicht es nicht mehr aus, traditionelle methodische Kenntnisse zu haben und die Sprache selbst auf einem sehr hohen Niveau zu beherrschen, denn heutzutage wird von den Lehrkräften ein viel breiteres Wissen verlangt. Dieses Wissen baut auf der Analyse und Interpretation von Forschungsergebnissen aus verschiedenen wissenschaftlichen Disziplinen im Hinblick auf die Bedürfnisse der Sprachausbildung auf (Lesiak-Bielawska 2015b: 382). Da der didaktische Prozess von verschiedenen Faktoren beeinflusst wird, verlangt er von den Lehrkräften jedes Mal andere Handlungen und methodische Lösungen, die keine schematische Vorgehensweise in allen Sprachkursen zulässt (Sowa 2016a: 10). Die an die Kursanbieter gestellten Anforderungen sind sehr hoch. Sie sollten nicht nur über Kenntnisse und Fähigkeiten in der Fachdidaktik oder der Diskursanalyse verfügen, sondern auch über Kenntnisse in der Unternehmenssoziologie, der Unternehmenskommunikation und manchmal sogar der Mediation, da Kommunikationsprobleme zu Konflikten unter den Mitarbeitern beitragen können (Gajewska, Sowa 2014: 89). Die erforderlichen Kompetenzen sind ebenfalls zusammengefasst als

Kenntnis des Arbeitsumfelds, Fähigkeit zur Analyse der Interaktion und des Ausbildungsbedarfs am Arbeitsplatz, Kursgestaltung, Kenntnis verschiedener Ansätze, Fähigkeit zur Interaktion mit wichtigen Personen am Arbeitsplatz: Lernende, Arbeitgeber, Trainer für berufliche Fertigkeiten, Arbeitnehmervertreter, und Fähigkeit zur Ausübung der Aufgaben eines Kommunikationsberaters im Unternehmen; schließlich didaktische und methodische Kenntnisse und Sprachausbildung (Grünhage-Monetti et al. 2005: 72 f. bei Gajewska, Sowa 2014: 90, Übers. M. G.).

Im Unterschied zu den Sprachlehrenden, die sich mit der Gemeinsprache beschäftigen, ist der Fachsprachenlehrer viel stärker in die Gestaltung des Kurses und der Unterrichtsmaterialien eingebunden. Daher wäre es im Falle der Fachsprachenlehrenden erwünscht, den für die Arbeit notwendigen »methodologischen Apparat« zu beherrschen (vgl. Gajewska, Sowa 2014: 104), der folgende Schritte ermöglicht und erleichtert:
- die kommunikativen und kulturellen Bedürfnisse der Zielgruppe zu bestimmen sowie ein Kursprogramm mit Materialien und Übungen zur Aneignung von Wissen und Fähigkeiten zu entwickeln;
- die Zusammenarbeit mit den Lernenden bei der Festlegung von Zielen, Inhalten und Arbeitstechniken;
- die Vermittlung vom Wissen über die Sprache und Möglichkeiten, sie effektiv zu beherrschen;
- den Unterricht entsprechend dem Sprachniveau zu individualisieren sowie Wege aufzuzeigen, um Defizite selbständig oder teilweise selbständig auszugleichen;
- die Schwierigkeiten zu lösen, die dadurch entstehen, dass die Lernenden nicht immer an jedem Unterricht teilnehmen können;
- die von den Lernenden erworbenen Fähigkeiten zu bewerten.

An dieser Stelle soll noch angedeutet werden, dass die Vorbereitung sowie Durchführung eines Fachsprachenkurses den Lehrkräften besonders in der Anfangsphase ihrer beruflichen Tätigkeit Schwierigkeiten bereiten kann. Einer der wichtigsten Aspekte ist die viel längere Vorbereitungszeit der Inhalte, da es keine fertigen Lehrmaterialien gibt, die im Unterricht eingesetzt werden könnten (Gajewska, Sowa 2014: 104). Aus diesem Grund sind die Lehrer gezwungen, nach neuen Informationsquellen zu suchen oder sich mit Experten in Verbindung zu setzen, die beim Verständnis von Fachfragen sowie beim Erwerb authentischer Unterrichtsmaterialien helfen würden (vgl. Sowa 2016b: 14). In Anlehnung an Dudley-Evans und St John (1998: 172 bei Gajewska, Sowa 2014: 104) erfordert die Vorbereitung einer effektiven Unterrichtsstunde sogar bis zu 15 Stunden eigener Arbeit. Des Weiteren sollen Lehrkräfte, die mit dem Unterrichten von Fachsprachen erst anfangen, in erster Linie die Fähigkeit entwickeln, verfügbare Quellen effektiv zu finden, sie kreativ zu adaptieren und an die Bedürfnisse der Gruppe anzupassen. Die eigenständige Entwicklung von Unterrichtsmaterialien sollte erst in einer späteren Arbeitsphase erfolgen. Die Verfügbarkeit der fertigen Lehrmaterialien entpuppt sich als ein schwerwiegendes Problem, welches häufig als Barriere angesehen wird, die viele Lehrer demotiviert (vgl. Sowa 2016b: 14).

Als sinnvoll kann sich erweisen, ein allgemeines an das Sprachniveau der Lernenden angepasstes Lehrbuch anzubieten, das als Basis des Kurses gilt. Besonders für den Sprachunterricht mit Anfängern bildet die beste Grundlage für die
berufliche Kommunikation ein allgemeines, sprachhandlungsbezogenes Training und ein kultursensibler und Lernerzentrierter Unterricht. Fachspezifische
Elemente können demgegenüber durch zusätzliche Materialien, als ergänzender
Stoff eingeführt werden (Krajka 2017 bei Gajewska, Sowa 2014: 105; Janku, Sadikaj 2021: 60). Ein Lehrwerk kann eine entscheidende Rolle für den Sprachenunterricht spielen, denn es verbindet den Lehrplan, die Lehrsituation und die
Lernenden miteinander (Kast, Neuner 1994: 9 bei Janku, Sdikaj 2021: 50). Auf
dem Markt gibt es eine Palette an Lehrwerken für Deutsch als Fremdsprache, die
fachsprachliche Kommunikation sowie berufsbezogene Inhalte berücksichtigen
(vgl. Neuner 2003: 341 bei Janku, Sadikaj 2021: 50). Die Auswahl der Materialien
und Arbeitstechniken kann ebenfalls von den Lernenden selbst getroffen werden,
indem sie ihre eigenen relevanten Texte vorschlagen und bereitstellen (Gajewska,
Sowa 2014: 105).

Aufgrund der eigenständigen Erstellung von Materialien ist die sprachwissenschaftliche Vorbereitung relevant in der Ausbildung angehender Fachsprachenlehrer. Dabei geht es vor allem um die Fähigkeit, Diskurse zu sammeln und
zu bewerten sowie ihre Merkmale herauszuarbeiten, um sie später der Gruppe
beizubringen. Dabei kann sich die immer wieder betonte Zusammenarbeit mit
Spezialisten aus dem konkreten Fachbereich als notwendig erweisen. Ihr Fachwissen kann bei Zweifeln oder Schwierigkeiten behilflich sein (Gajewska, Sowa
2014: 104f.), weil sogar ein paar Fachausdrücke einen Text für nicht-Experten
unverständlich machen können, obwohl er einem Spezialisten keine Schwierigkeiten bereiten würde (Furdal 1973: 24). Die Fachsprachenlehrer sollen vor allem
in der Lage sein (vgl. Gajewska, Sowa 2014: 105f.):
- einen Korpus von schriftlichen und/oder mündlichen Texten zu erstellen, um
  die spezifischen Merkmale eines bestimmten Diskurses und seiner charakteristischen Textgattungen zu identifizieren;
- das pragmatische Ziel des Textes und die zu seiner Realisierung dienenden
  sprachlichen Mittel zu bestimmen;
- die Mittel zu finden, die die grammatikalische sowie thematische Kohärenz
  des Textes zu gewährleisten;
- die rhetorische Struktur einer bestimmten Textgattung, Schlüsselwörter oder
  Phraseologismen und sprachliche Konventionen zu finden;
- eine bestimmte Textgattung mit Texten eines anderen Diskurses zu vergleichen, um deren spezifische Merkmale herauszuarbeiten;
- eine bestimmte Textgattung in die berufliche Tätigkeit einordnen zu können.

In Anlehnung an Gajewska und Sowa (2014: 106) bezieht sich die fachsprachliche Bildung in einem Unternehmen auf die sog. kritische Diskursanalyse, weil die auf der Grundlage der Analyse entwickelte Bildung in der Regel darauf abzielt, den organisatorischen Diskurs zu verbessern und somit zumindest teilweise zu verändern.

Hutchinson und Waters (1987: 163 bei Gajewska, Sowa 2014: 107) verweisen ebenfalls auf eine positive Einstellung der Fachsprachenlehrer zu den fachlichen Inhalten. Ansonsten sollten sie auch das jeweilige Fachgebiet zumindest auf dem Grundniveau kennen sowie sich ihrer eigenen Kompetenzbereiche bewusst sein. An dieser Stelle wird beispielsweise die Fähigkeit genannt, intelligente Fragen zu den besprochenen Themen zu stellen. Diese Fähigkeit der Lehrkräfte wird hochgeschätzt und sogar mit Kunst verglichen, weil nicht jeder in diesem Beruf diese Fertigkeit auf einem ausreichend hohen Niveau beherrscht. Andererseits ist dieses Verfahren sehr verbreitet und wichtig, da es eine Reihe von Vorteilen für die Lernenden mit sich bringt[33]. Die Antwort auf die gestellte Frage sollte im Voraus bekannt sein, was keine natürliche Situation ist (Wysocka 2003:19). Lesiak-Bielawska (2015b: 384) macht auch darauf aufmerksam, dass die Fachsprachenlehrer sowohl Flexibilität als auch Interesse an dem gelehrten Fachgebiet zeigen und vor allem offen für Lernende sein sollen. Eine solche Einstellung erleichtert es, auf unerwartete Situationen im Sprachkurs zu reagieren, und deutet auch auf die Bereitschaft hin, das Risiko einzugehen. Somit sollte ein Fachsprachenlehrender kein Experte in einer bestimmten Domäne oder einem bestimmten Bereich, sondern eher ein interessierter Student in einem bestimmten Fach sein. Ein lernerzentrierter Ansatz (*learning-centered approach*) ist in dieser Situation bidirektional, weil der Wissensaustausch nicht nur zwischen Lehrenden und Lernenden, sondern auch zwischen Lernenden und Lehrenden stattfindet. Die Notwendigkeit, zusätzliche Erklärungen von den Kursteilnehmern zu erhalten, kann als Vorteil angesehen werden, da ein natürlicher kommunikativer Kontext eingeführt wird, in dem die Lücke mit Informationen gefüllt wird, die von den Interaktionspartnern stammen (Gajewska, Sowa 2014: 107). Aus didaktischer Sicht kann sogar eine allgemeinsprachliche Diskussion über fachliche Themen wertvoll sein, selbst wenn die Lehrkräfte nicht in der Lage sind, sie zu verstehen und ihr zu folgen. In diesem Fall ist ein Mangel an ausreichendem Wissen und Kompetenzen nicht unbedingt ein Vorwurf, welcher solche Lehrkräfte diskreditiert, weil ihr Schweigen den Lernenden erlaubt, aktiv an der Wissensgestaltung mitzuarbeiten (Gajewska, Sowa 2014: 107).

Abschließend wird noch auf die Beschreibung sowie Förderung einer allgemeinen Fachsprachenkompetenz hingedeutet (vgl. Roelcke 2010: 155–169 bei Kniffka, Roelcke 2016: 55f.). Aufgrund einer großen Vielfalt fachsprachlicher

---

33 Vgl. ausführlicher dazu: Richards Jack C. (1993), Chaudron Craig (1998).

Texte in Alltag und Beruf kommt besonders dem Erwerb dieser Kompetenz eine
große Bedeutung zu (Roelcke 2010: 177). Unter allgemeiner Fachsprachenkompetenz wird die Fähigkeit verstanden »Texte gleich welchen horizontal oder
vertikal zu bestimmenden Fachbereichs und welcher Textsorte auch immer
aufgrund der Kenntnis übergreifender fachsprachlicher Merkmale mit größerem
Erfolg zu rezipieren und gegebenenfalls auch zu produzieren« (Roelcke 2010: 159
bei Kniffka, Roelcke 2016: 55). Dabei handelt es sich um eine persönliche Fähigkeit, mit wechselnden und veränderten sprachlichen Gegebenheiten in alltäglichen und beruflichen Kontexten umzugehen. Der Erwerb allgemeiner
fachsprachlicher Kompetenz ersetzt nicht die spezifische fachsprachliche Kompetenz, sondern unterstützt deren Erwerb bzw. kompensiert deren Fehlen und
hilft, fachliche Kommunikationsprobleme im Sinne einer fachsprachlichen Ethik
zu lösen:

> Diese [allgemeine fachsprachliche] Kompetenz ersetzt freilich nicht die einzelfach-
> spezifischen sachlichen oder sprachlichen Kenntnisse, erlaubt jedoch einen effizienten
> Zugang zu diesen Kenntnissen, da die verschiedenen Verfahrensweisen ihrer fach-
> sprachlichen Vermittlung bereits im Vorfeld bekannt sind und als solche bereits im
> Ideal- fall in Produktion und Rezeption eingehend geübt wurden; darüber hinaus trägt
> sie zur Überwindung von Kommunikationsbarrieren bei, die durch fehlende oder un-
> zureichende Kenntnis und Übung solcher Verfahrensweisen bedingt sind.

In diesem Zusammenhang werden für die allgemeine fachsprachliche Kompetenz
außer den strukturellen, pragmatischen und ggf. kognitiven Kompetenzen aus-
drücklich auch ethische Teilkompetenzen berücksichtigt. Die ethischen Teilkompetenzen umfassen u. a.:

- differenzierte Bewertung und keine allgemeine Diskriminierung der Fach-
  sprache und der Fachkommunikation;
- Erkennen des fachsprachlichen Missbrauchs (Streben nach Exklusivität oder
  Manipulation);
- Überwindung von fachsprachlichen Barrieren (z. B. im Umgang mit Behörden
  oder Ärzten).

Anschließend gilt der Begriff der allgemeinen fachsprachlichen Kompetenz als
ein ganzheitlicher Anspruch, der außer Kenntnissen und Fähigkeiten auch
spezifische Verhaltensmuster einbezieht. Aus didaktischer Sicht kann sie ebenfalls bei der Ausbildung von angehenden Fachsprachenlehrern von Belang sein,
weil sie ihnen den Einstieg in den Unterricht der ausgewählten Fachsprache
erheblich erleichtern kann. Darüber hinaus kann die Entwicklung dieser Kompetenz bei den Lernenden zu einer effizienteren Aneignung von Inhalten und
zum Abbau der fachkommunikativen Barriere beitragen (Roelcke 2010: 19 bei
Kniffka, Roelcke 2016: 56).

5.2.1 Persönlichkeitsbezogene Kompetenzen und Soft Skills

Abgesehen von sehr guten sprachlichen sowie fachlichen bzw. sachlichen Qualifikationen, sollte die Aufmerksamkeit ebenfalls auf die Persönlichkeit und die Soft Skills der Lehrkräfte gelenkt werden. Stasiak (2008: 213 f.) bezeichnet den Lehrerberuf als »spezifisch« und behauptet, die Lehrenden könnten die Motivation der Lernenden entweder fördern oder zerstören. Weiterführend verweist sie darauf, dass die Lehrenden imstande sind, »unter allen Bedingungen und mit jedem Programm oder Material die besten Ergebnisse zu erzielen, oder wenn ihnen die für den Beruf notwendigen Eigenschaften fehlen, die Lernenden vom Fach abzuschrecken, selbst wenn die besten Lehrmittel zur Verfügung stehen«. Das Thema der Motivation wird von Mourlhon-Dallies (2008: 214 bei Gajewska und Sowa 2010: 95) etwas anders aufgefasst. Die Entscheidung, eine Fachsprache zu erlernen, kann völlig freiwillig sein, durch externe Anregungen gefördert (z. B. Kursfinanzierung) oder erzwungen werden (vom Unternehmen organisiert). Lernen für berufliche Zwecke ist im Wesentlichen mit extrinsischer Motivation verbunden und hat starke instrumentelle Züge. Wenn der Grund für das Lernen darin besteht, eine Gehaltserhöhung oder eine Beförderung zu erhalten, hat die Tätigkeit der Lehrkräfte nur begrenzte Auswirkungen auf die Steigerung oder Verringerung der Motivation der Gruppe. In dieser Situation ist es relevant die erwarteten formalen Ergebnisse der Ausbildung zu bestimmen, wie das Bestehen einer externen Prüfung oder den Erwerb bestimmter Kompetenzen (Gajewska und Sowa 2010: 95).

Von den Lehrkräften wird die Beherrschung der unterrichteten Fremdsprache und Kultur, der spezifischen Gepflogenheiten des jeweiligen Sprachraums sowie der Methoden der Sprachvermittlung erwartet. Als notwendig erweisen sich darüber hinaus Fähigkeiten zur Festigung von Kenntnissen sowie Techniken des Sprachenlernens. Des Weiteren sollten sie eine Reihe von Eigenschaften besitzen, die es ihnen ermöglichen, die genannten Fähigkeiten sowie das Wissen zu vermitteln (Stasiak: 2008: 214). Da die Fachsprachenlehrer primär Fremdsprachenlehrer sind, werden in beiden Fällen ähnliche Eigenschaften geschätzt. Daher vertritt Galian (2004 bei Gajewska, Sowa 2014: 107) einen ähnlichen Standpunkt und geht bei der Auseinandersetzung mit den größten Stärken eines guten Fachsprachenlehrers näher auf psychologische Aspekte wie Motivation, Forschungsinteresse oder die Selbstentwicklungsfähigkeit ein. Die Diskussion widmet ebenfalls der kritischen Reflexion viel Raum, welche ein tieferes Verständnis der Lehre erleichtert. Richards und Lockhart (1996 bei Wysocka 2003: 16) zufolge kann von einer erfolgreichen Situation erst dann gesprochen werden, wenn die Lehrkräfte selbst die Gründe für ihre Ineffektivität herausfinden und auf der Grundlage dieses Wissens in der Lage sind, konkrete Schritte zu unternehmen. Im Rahmen reflexiver Lehrerbildung und Lehrerforschung wird die Reflexion nach Roters (2012: 151 bei Abendroth-Timmer 2007: 120) als

> ein mentaler Prozess gesehen, der darauf ausgelegt ist, ein Problem, eine Situation, eine neue Erfahrung kognitiv zu strukturieren, um über Reflexionsprozesse Handlungsalternativen zu generieren. Reflexion ist demnach potenziell bewusstseinsfähig und kann indirekt anhand schriftlicher Texte rekonstruiert werden. Es lassen sich Unterschiede in der Qualität der Reflexion ausmachen, die sich in unterschiedlichen Reflexionsniveaus zeigen. Die Inhaltsbereiche fachdidaktisch-pädagogischer Reflexion lassen sich in drei Aspekte aufteilen: die Reflexion über fremdsprachlichen Unterricht, die Reflexion über die Lerner, ihre Lernprozesse und Lernziele und die Reflexion über fachbezogenes und forschungsmethodisches Wissen.

Zweifelsohne wird Reflexion als ein integraler Bestandteil der Didaktik, bzw. Fachsprachendidaktik betrachtet. Ihre Relevanz kann auf der Mikro- und Makroebene erörtert werden. Auf der Mikroebene handelt es sich um eine einzelne Person, die am didaktischen Prozess beteiligt ist, sei es ein Schüler oder ein Lehrender, während die Makroebene das gesamte Unterrichtssystem betrifft und sich somit auf die im gegebenen glottodidaktischen Modell existierende Person auswirkt. Auf der Mikroebene soll zusätzlich die Perspektive des Lehrenden und die Perspektive des Lernenden berücksichtigt werden (Kic-Drgas 2010: 113 f.).

Heutzutage gibt es keinen Platz mehr für Lehrkräfte im traditionellen Sinne und ihre Aufgabe besteht vielmehr darin »den Prozess des Zweitspracherwerbs zu organisieren und zu leiten«. Die Lehrenden hören auf, unübertroffene Vorbilder zu sein, die eine bestimmte Lösung vorgeben, und werden zu Gesprächspartnern, bzw. Betreuern im Lernprozess (Lewicka 2007: 36 bei Kic-Drgas 2010: 114). Gajewska und Sowa (2014: 103) zufolge fungieren sie nun eher als Lernunterstützungspartner. Vor allem die Fachsprachenlehrenden sollen sich darauf vorbereiten, mit solchen Lernenden zu kooperieren, die sozial reif sind und sich die Berücksichtigung ihrer Erwartungen wünschen. Dies spiegelt sich auch in der in der Forschungsliteratur vorkommenden Bezeichnung der Lehrkräfte wider. Von Kic-Drgas (2018) werden die Lehrenden als fachspezifische DaF-Lehrer oder als Fachsprachenlehrer bezeichnet. Buhlmann und Fearns (2000: 8 bei Janiková 2008: 51) sowie Averina (2020: 15) benutzen ebenfalls den Begriff der Fachsprachenlehrer. Kuhn (2007: 340) konstatiert, die Gruppe der Lehrenden für den berufsorientierten Fremdsprachenunterricht werde in der betrieblichen Weiterbildung üblicherweise als »Trainer« bezeichnet. In Anlehnung an sie ist diese Benennung auf sprachökonomische Gründe zurückzuführen und spiegelt gleichzeitig auch die veränderte Rolle der Lehrenden in der Erwachsenenbildung wider. Des Weiteren weist sie auf den grundlegenden Unterschied zur schulischen Ausbildung hin, in welcher auch erzieherische Aspekte berücksichtigt werden müssen. Damit wird ebenfalls das Verhältnis zwischen den Lehrenden als Dienstleistungsanbietern und den Lernenden als Kunden betont, welches im Vordergrund steht, und welches auf einer eher partnerschaftlich-beratenden Ebene beruht. Diese veränderte Wahrnehmung trägt zum Wandel in der Herangehensweise an den Lehrprozess selbst bei. Die Sprachvermittlung ist zu einem individualisierten, reflexiven Prozess geworden, in dessen Mittelpunkt der Lernende steht. Dies ermöglicht die Reflexion, die die Grundlage für die Berücksichtigung von individuellen Fähigkeiten jedes Schülers schafft und ihn als »selbstkonstituierendes System« behandelt (Maturana 1982 bei Kic-Drgas 2010: 114, Übers. M. G.). In Anlehnung an Dewey (1988: 29 bei Kic-Drgas 2010: 114f.) beginnt der Prozess der Reflexion, wenn die Lehrenden auf eine Schwierigkeit stoßen. Somit stellt sie eine Reaktion auf eine Art von Angst dar, die von Lehrkräften angesichts einer bestimmten Situation empfunden wird. Die kritische Reflexion und kontinuierliche Forschung sind Bestandteile des Modells des reflektierenden Lernens. Dieses Modell zeichnet sich durch eine ständige Bestrebung nach Veränderung aus, um eine möglichst große Effektivität im Unterrichtsprozess zu erreichen. Reflektierende Lehrkräfte setzen sich nicht nur mit den Lernenden kritisch auseinander, sondern fangen vor allem bei ihrer eigenen Person an (Kic-Drgas 2010: 115). Eine kritische Analyse der eigenen beruflichen Tätigkeit bietet demnach die Gelegenheit, eigenständige Entscheidungen zu treffen und notwendige Veränderungen zu implementieren. Die reflexive Lehrerbildung ist für Fachsprachenlehrer charakteristisch, da sie die Lernenden als Partner behandelt, die sich individuell Wissen aneignen und ihre eigenen Bedürfnisse bestimmen (Wysocka 2003: 17, 21). Das Vervollständigen der oben genannten Aspekte ist ein Dialog mit sich selbst und dient dazu herauszufinden, was schon beherrscht wurde und woran noch gearbeitet werden muss. Diese Herangehensweise bildet eine Grundlage für die Überwachung der eigenen Karriereentwicklung (Wysocka 2003: 24). Behilflich kann dabei darüber hinaus ein konstruktives Feedback seitens der Lernenden sein, welches zur Verbesserung des Lehr-Lern-Prozesses führt (Bachman 1991: 55 bei Wysocka 2003: 20). Einen weiteren Aspekt bilden die immer höher geschätzten weichen Kompetenzen, bzw. Soft Skills. Laut DUDEN (@) wird unter dem Begriff Soft Skill »Kompetenz im zwischenmenschlichen Bereich, Fähigkeit im Umgang mit anderen Menschen« verstanden. Gorąca-Sawczyk (2018: 29, Übers. M. G.) beruft sich bei der Begriffsbestimmung auf das große polnische Wörterbuch[34], in dem die weichen Kompetenzen im Geschäftskontext wie folgt erfasst werden:

> die Fähigkeiten und Fertigkeiten des Arbeitnehmers, die nicht unmittelbar mit der Art der Arbeit zusammenhängen, die ihn aber in die Lage versetzen, sich selbst zu organisieren, seine Zeit effektiv zu nutzen und mit anderen im Unternehmen zusammenzuarbeiten (Gorąca-Sawczyk 2018: 29, WSJP @, Übers. M. G.).

---

34 Hier wird das Online-Wörterbuch »Wielki słownik języka polskiego« gemeint https://wsjp.pl /haslo/podglad/57751/umiejetnosci-miekkie [letzter Zugang 10.08.2022].

Als weiche Kompetenzen interpretiert sie die folgenden von Smuk (2015: 64 bei Gorąca-Sawczyk 2018: 29) aufgelisteten Schlüsselkompetenzen, nämlich: gedankliche Flexibilität, Kreativität, Lernkompetenz, gute Umgangsformen, Teamfähigkeit, Selbstmotivation, weite Horizonte, Verantwortungsbewusstsein und Argumentationsfähigkeit. Die Zusammenarbeit, bzw. Umgang mit anderen Menschen wird als ein gemeinsamer Nenner für alle Definitionen von Soft Skills betrachtet. Des Weiteren konzentriert sie sich auf solche Kompetenzen wie Kreativität, systemhaftes Denken (weite Horizonte), Interdisziplinarität sowie Innovation, die aus ihrer Perspektive besonders von Hochschullehrenden der philologischen Studiengänge entfaltet werden sollten (Gorąca-Sawczyk 2018: 29). Kreativität bedeutet, sich bei der Organisation des Lehrprozesses und beim Aufbau von Beziehungen zu den Lernenden von traditionellen Mustern zu lösen und den reproduktiven Prozess in einen produktiven Prozess zu verwandeln (Pado 2002: 96 bei Gorąca-Sawczyk 2018: 30). Eine kreative Einstellung steht im Zusammenhang mit Flexibilität und Nachdenklichkeit, weil nur jene Personen, die eine Schwierigkeit bemerken, sie richtig interpretieren und mögliche Gründe dafür nennen können, wissen in welche Richtung die Veränderung erfolgen muss (Kubiczek 2014: 143 bei Gorąca-Sawczyk 2018: 30). Systemhaftes Denken wird in Anlehnung an Mikuła (2006: 60 bei Gorąca-Sawczyk 2018: 30, Übers. M. G.) auf folgende Art und Weise definiert:

> ein Konzept, ein Wissensbestand und ein Instrument, das es ermöglicht, systemhafte Phänomene zu erklären und wirksam zu beeinflussen. Es handelt sich um ein Prinzip, das die gleichzeitige Anwendung der oben genannten Disziplinen verbindet und die Organisation als eine Gesamtheit miteinander verbundener Gefäße betrachtet, als eine Gesamtheit von Elementen, die spezifische Funktionen in Bezug auf das Ganze und seine Umgebung erfüllen, als eine Gesamtheit von Elementen, die spezifische Prozesse für den Erfolg des Ganzen durchführen.

Als System wird an dieser Stelle das Bildungssystem und anschließend die ganze Gesellschaft bezeichnet, welche die von den Hochschullehrenden ausgebildeten Absolventen bilden. Interdisziplinarität meint die Verwendung von Wissen aus anderen Bereichen und zugleich auch die Fähigkeit zur Zusammenarbeit in einem Team, das hinsichtlich der vertretenen wissenschaftlichen Bereiche unterschiedlich ist, was als ein unverzichtbarer Bestandteil der wissenschaftlichen Tätigkeit betrachtet wird (Gorąca-Sawczyk 2018: 31). Zur Entwicklung innovativer Einstellungen können Diskussionen sowie das Aufzeigen von Alternativen und Änderungsmöglichkeiten führen. Die Lehrkräfte sollen ebenfalls von der Richtigkeit und dem Bedarf an innovativen Maßnahmen für eine erfolgreiche Bildung überzeugt werden (Zawadzka 2004: 289 bei Gorąca-Sawczyk 2018: 31). Darüber hinaus kann die Innovation durch Zusammenarbeit mit den Lernenden (hier Studenten) sowie zukünftigen Arbeitgebern entwickelt werden (Sowa,

Mocarz-Kleindienst, Czyżewska 2015: 10 bei Gorąca-Sawczyk 2018: 31f.). Abschließend lässt sich feststellen, dass die Entwicklung der oben beschriebenen Kompetenzen als notwendig gelten sollte. Somit sind sie nicht nur für Hochschullehrer, sondern auch für Fachsprachenlehrer von Belang. Behilflich kann sich ebenfalls das Grundwissen aus dem Bereich der Andragogik erweisen, denn bei der Fachsprachenvermittlung unterscheidet sich die Beziehung zwischen Lehrenden und Lernenden grundlegend von der Beziehung im traditionellen glottodidaktischen Umfeld (Gajewska, Sowa 2014: 111f.).

5.2.2 Fortbildungsmöglichkeiten

Die Anzahl der Faktoren, die die Gestaltung eines Fachsprachenkurses beeinflussen, ist enorm. Daher ist es notwendig, aus einer Menge von Informationen mit Bedacht das Wissen auszuwählen, welches für die Lehrtätigkeit wirklich nützlich ist (Binon, Verlinde 2003: 34 bei Gajewska, Sowa 2014: 111). An systemischen Lösungen im Hinblick auf die Fachsprachendidaktik fehlt es bisher. Gajewska und Sowa (2014: 112) schlagen die Differenzierung von Lernsituationen nach dem Grad der Anstrengung vor, die für die Arbeit mit bestimmten Zielgruppen erforderlich ist. Aus dieser Unterscheidung können sich einige wertvolle Lösungen für die Weiterbildung der Lehrkräfte ergeben.

Der erste Vorschlag betrifft Lehrkräfte für populäre Fachsprachen (in Berufsschulen und Hochschulen) sowie jene, die sich mit dem Erwerb der allgemeinen Kommunikationskompetenzen in einem Unternehmen beschäftigen. Die methodische Vorbereitung würde hier u. a. die Arbeit mit vorhandenen Materialien, sowie Arbeitstechniken, die für den Unterricht der Allgemeinsprache zu beruflichen Zwecken geeignet sind, umfassen. In diesem Fall wäre eine Bedarfsanalyse ein Instrument, um geringe Anpassungen an fertige Lehrbücher oder Programme vorzunehmen. Die Anwendung einer solchen Lösung würde eine effiziente Fortbildung von Lehrkräften der Berufsschulen ermöglichen (Gajewska, Sowa 2014: 112f.).

Zu der zweiten Gruppe gehören Lehrkräfte, die sich mit den weniger verbreiteten Varietäten von Berufs- oder Fachsprachen beschäftigen. In dieser Situation erfordert ihre Arbeit eine Bedarfsanalyse und die Gestaltung eines Kurses unter Berücksichtigung ihrer Ergebnisse. Eine Lösung könnte in der Nutzung von einem vorgefertigten, auf allgemeine Inhalte konzentrierten Programm bestehen, welches durch berufliche Elemente ergänzt wird. Diese Form ermöglicht es, den Kurs an das allgemeine Sprachniveau der Teilnehmer anzupassen, ausgewählte fachsprachliche Komponenten einzuführen und den Lehrkräften die Mühe zu ersparen, den gesamten Kurs von Grund auf neu zu entwickeln (Gajewska, Sowa 2014: 113).

Die letzte Gruppe bilden Lehrkräfte, die an der Vorbereitung eines maßgeschneiderten Kurses beteiligt sind, der den spezifischen Sprachbedürfnissen der Kursteilnehmer am besten entspricht. Da es keine fertigen Materialien gibt, müssen sie methodisch hervorragend vorbereitet werden, von der Fähigkeit, eine Bedarfsanalyse durchzuführen und anzuwenden, bis hin zur Bewertung der erworbenen Fähigkeiten. Der Schwerpunkt sollte auf Gruppenarbeit gelegt werden, die die Lehrkräfte entlastet und die Fähigkeiten sowie das Wissen der Lernenden nutzt. Darüber hinaus ist die Kenntnis von Konzepten, die sprachliche Aktivitäten als Teil der beruflichen Tätigkeit aufzeigen, sowie die Fähigkeit, die Annahmen des aufgabenorientierten Ansatzes in der Praxis anzuwenden, unerlässlich. Der gesamte Prozess erfordert viel Zeit, Engagement und Motivation und sollte daher den Lehrkräften vorbehalten sein, die sich des damit verbundenen Aufwands bewusst sind (Gajewska, Sowa 2014: 113).

Die Fachsprache selbst ist ein breiter Begriff, der eine Vielzahl von Kommunikationskontexten, fachlichen und sprachlichen Fähigkeiten sowie das damit verbundene Wissen umfasst. Deswegen sollte der Umfang verschiedener Fachkenntnisse, die beim Unterrichten von Fachsprachen erforderlich sind, genau analysiert werden. Daher sollte abgewogen werden, ob und um welche Fächer das allgemeindidaktische Programm für eingehende Fachsprachenlehrer bereichert werden soll, sowie ob und welche Elemente der Sprachvorbereitung hinzugefügt werden sollen (Gajewska, Sowa 2014: 103 f.).

5.3 Erwachsenenbildung

Das Unterrichten von Fremdsprachen für berufliche Zwecke zeichnet sich durch eine außerordentliche Vielfalt und Einzigartigkeit der Lernenden aus, die jedes Mal andere Erwartungen und Bedürfnisse an die von ihnen benötigte Sprachausbildung äußern. Die Folge ist eine bewusste und wohlüberlegte Einengung des Umfangs der Lehrtätigkeit auf diese Elemente der Ausbildung kommunikativer Kompetenz in der Fremdsprache für berufliche Zwecke, die sich als notwendig für erfolgreiche Tätigkeit im Berufsalltag erweisen. Daher besteht das Ziel von Fachsprachkursen häufig darin, den Lernenden nur einen bestimmten Teil einer Fremdsprache beizubringen und die ausgewählten Fähigkeiten zu gestalten, die für die Bildungsempfänger vorrangig sind (Lehmann 1993; Komorowska 2005b bei Sowa 2016a: 7; Gajewska, Sowa 2010: 95). Als Beispiel wird hier ein Kurs für Telefonisten angegeben, der sich auf das Hörverstehen und das Sprechen konzentriert, sowie auf die Aussprache und die Entwicklung des Wortschatzes, während der Kurs für Sekretärinnen darauf abzielt, die Hör- und Schreibfähigkeiten zu entwickeln, mit besonderem Schwerpunkt auf grammatikalischer Korrektheit und Wortschatzentwicklung (Sobkowiak 2011: 69). Überlegungen zur Interaktion zwischen den Lehrkräften und den Lernenden sollten in Bezug auf den Paradigmenwechsel in der Sprachausbildung erörtert werden, der durch Dynamik und eine starke Einbettung in den situativen Kontext gekennzeichnet ist (vgl. Ushioda, Dörneyei 2012: 396 bei Kic-Drgas 2017: 208). Der Unterricht soll nicht nur zur Übertragung, Verarbeitung oder Modifizierung bestimmter Inhalte in der Fremdsprache dienen, sondern er soll vor allem ermöglichen, das vorhandene Wissen in Kontexten anzuwenden, die den authentischen Lebens- oder Arbeitssituationen entsprechen (Kic-Drgas 2017: 208) oder solchen, die direkt durch den Arbeitsplatz vorgegeben werden (Sobkowiak 2011: 69). Die Sprache ist in diesem Fall ein Mittel, um außersprachliche Ziele zu erreichen, wie z. B. die Vorbereitung auf eine Verhandlung, ein Meeting oder eine Präsentation. Zweifelsohne liegt der Vorteil solcher Kurse in der Orientierung an pragmatischen Zielen statt an der theoretischen Beschreibung der Sprache. Somit werden die Ziele konkreter gesetzt und sind für die Lernenden einfacher zu erreichen, weil sie die Sprache nicht in ihrer Gesamtheit umfassen (vgl. Sobkowiak 2011: 69).

Nach dem Alterskriterium können drei Gruppen von Lernenden unterschieden werden, nämlich Kinder, Jugendliche und Erwachsene (Chłopek 2018: 56). Eine solche Einteilung ermöglicht nicht nur die inhaltliche, sondern auch methodische Anpassung an entsprechende Bedürfnisse und Erwartungen. Nach Sobkowiak (2011: 68) sind die Teilnehmer von Sprachkursen für berufliche Zwecke in der Regel Erwachsene (Studenten, Angestellte). Sie verfügen über ein breites Spektrum an Erfahrungen, Allgemeinwissen und haben manchmal sogar mehrere Fremdsprachen im unterschiedlichen Umfang beherrscht. Personen, die noch nie mit der unterrichteten Sprache in Berührung gekommen sind, sind in diesem Fall eine Seltenheit. Oft handelt es sich auch um Teilnehmer auf höheren Niveaus wie B1-, B2- oder sogar C1-Niveau (Sobkowiak 2011: 68). Da im Kontext dieser Arbeit besonders die fachsprachliche bzw. arbeitsmarktorientierte Bildung interessiert, wird auf diese Lernergruppe näher eingegangen.

Für die Unterrichtspraxis können sich folgende Merkmale der Zielgruppe der Erwachsenen als nützlich erweisen (vgl. Komorowska 2001/2003: 29–37, Jensen 2005 bei Chłopek 2018: 60):

- Menschen mit abgeschlossener kognitiver und emotionaler Entwicklung, die in der Regel ein hohes Selbstwertgefühl haben. Die für sie vorbereiteten Aufgaben sollten kognitiv anspruchsvoll sein, obwohl sie dabei viele Fehler machen können;
- sie sind imstande metalinguistische Regeln zu verstehen, sollten jedoch die Möglichkeit haben, die Sprache in authentischer Kommunikation zu üben;
- sie sind selbstständig, kennen Lernstrategien sowie Lernstile und wissen, wo sie Lernmaterial finden können;
- haben bestimmte Vorstellungen über den Lernprozess, was Missverständnisse verursachen kann, wenn ihre Erwartungen nicht mit den Methoden der Lehr-

kräfte übereinstimmen. Daher sollten die Methoden am Anfang des Kurses gemeinsam festgelegt werden;
- sind in der Lage, sich auf lange, auch langweilige Aufgaben zu konzentrieren;
- wissen, warum sie eine Fremdsprache lernen, und verstehen die langfristigen Lernziele;
- können zum Lernen entweder motiviert sein oder haben negative Erinnerungen an den Spracherwerb, welche die Motivation beeinflussen können.

Charakteristisch für die fachsprachliche bzw. arbeitsmarktorientierte Sprachausbildung sowie für die Gruppe der Erwachsenen ist ebenfalls das Fachwissen in einem bestimmten Bereich. Diese berufliche Kompetenz ist die Eigenschaft, welche sie von Empfängern der allgemeinen Fremdsprachendidaktik unterscheidet (Fluck 1992: 182 bei Cholewa 2011: 63). Ansonsten ermöglicht sie zu entscheiden, ob Faktoren wie Fachwissen, berufsspezifische Denkstrukturen und Arbeitsstrategien im Sprachunterricht genutzt werden können oder ob diese Faktoren als Lernziele behandelt werden können (Buhlmann, Fearns 1987: 102 bei Cholewa 2011: 63). In Bezug darauf bestimmt die berufliche Kompetenz im Wesentlichen das Profil eines Sprachkurses (Cholewa 2011: 63). Dementsprechend teilen Ellis und Johnson (1994 bei Sobkowiak 2011: 69) die Teilnehmer der Fachsprachkurse in drei Gruppen ein, nämlich: Lernende ohne Fachwissen (*pre-experienced*), zweitens Lernende, die das Fachwissen in geringem Umfang beherrscht haben (*low-experienced*) und drittens solche Lernende, die bereits Arbeitserfahrung haben (*job-experienced*). Zur ersten Gruppe gehören Schüler der Fachoberschule sowie Studenten, deren sprachliche Kompetenz sich während des Kurses gleichzeitig in ihrer Muttersprache und in der Fremdsprache entwickelt. Die zweite Gruppe besteht aus jungen Arbeitnehmern, denen es noch nicht gelungen ist, umfassende Kenntnisse und Erfahrungen in dem ausgewählten Arbeitsbereich zu erwerben. Für sie steht die Verbesserung ihrer Sprachkompetenz in der Regel im engen Zusammenhang mit der Verbesserung ihrer beruflichen Kompetenz, aber auch mit dem Einstieg in ein für sie neues berufliches Umfeld. Die dritte Gruppe besteht aus Personen mit Berufserfahrung und klaren Sprachzielen. Diese fachlich kompetenten Lernenden verursachen die meisten Unsicherheiten bei solchen Lehrkräften, die nicht über so detaillierte Kenntnisse in diesem Bereich verfügen (Sobkowiak 2011: 69).

In Anlehnung an Komorowska (2005a: 45) variieren die Lehr- und Lernprozesse je nach Altersgruppe. Die Zielgruppe der Erwachsenen bilden berufstätige Teilnehmer, bei welchen damit zu rechnen ist, dass sie aufgrund ihrer alltäglichen Pflichten selten ausreichend Zeit und Mühe zum Lernen aufbringen können. Die Lehrkräfte sollten auch berücksichtigen, dass solche Lernenden möglicherweise keine Hausaufgaben bearbeiten oder sogar dem Unterricht fernbleiben. Daher müssen die Unterrichtsstunden als thematisch eigenständige Einheiten geplant werden, damit die Lernenden durch die Abwesenheit und die damit verbundenen Wissenslücken keinen Verlust erleiden (Komorowska 2005a: 45 ff.). Die Bereitstellung von Inhalten und Übungen im Internet oder die Nutzung einer E-Learning-Plattform kann ebenfalls eine Lösung für ein solches Problem sein (Gajewska, Sowa 2014: 109). Die Wiederholung der Inhalte am Anfang des Unterrichts kann eine sinnvolle Unterstützung sein, nicht nur für diejenigen, die abwesend waren, sondern auch für diejenigen, die den Stoff aus anderen Gründen zuhause nicht wiederholen konnten. Den letzten Schritt bildet die Notwendigkeit, zusätzliche Fotokopien mit Basismaterial für diejenigen vorzubereiten, die im vorigen Unterricht abwesend waren oder vergessen haben, diese mitzunehmen (Komorowska 2005a: 45 ff.). Die Lehrkräfte sollten darüber hinaus die Möglichkeiten der Lernenden realistisch einschätzen. Eine zunehmende Menge an unbekanntem Stoff kann demotivierend wirken und sogar zum Kursabbruch beitragen. Des Weiteren können die Lehrkräfte einen erwachsenen Lernenden nicht zwingen, etwas zu tun, sondern ihn nur davon überzeugen, die von ihnen vorgeschlagenen Lösungen zu akzeptieren. Wenn der Lernende ein Kunde ist, nimmt die Bedeutung seiner Entscheidungen erheblich zu (vgl. Gajewska, Sowa 2014: 110 ff.).

Aus didaktischer Sicht sind außerdem die deutlich differenzierten fachspezifischen Lernkontexte erwähnenswert, welche eine Vielfalt von Zielgruppen zur Folge haben und zu einer hohen Unterschiedlichkeit der Bedürfnisse der Lernenden in Bezug auf Inhalte, Kompetenzen, sowie Organisation der Bildung führen (Sowa 2016b: 14). Manchmal scheinen die Gruppen von Empfängern relativ homogen zu sein, erweisen sich jedoch nach einer sorgfältigen Analyse der Bedarfe tatsächlich als recht heterogen, wenn z. B. Juristen, die an einem Fachsprachkurs interessiert sind, verschiedene Berufsgruppen vertreten (Rechtsanwälte, Richter, Gerichtsvollzieher, Notare) und die am Sprachkurs teilnehmenden Ärzte verschiedene Spezialgebiete haben (Kardiologie, Laryngologie, Chirurgie usw.) (Sowa 2016b: 14). Gałkowski (2015: 29) weist jedoch darauf hin, dass einige Fachsprachen einander ähnlich sind oder sich eine aus der anderen ergibt, d. h. die Inhalte sich überschneiden wie z. B. in der Verwaltungssprache und in der Rechtssprache. Weiterführend können solche Bedingungen wie Ort, Zeit, sowie Personen einen bedeutsamen Einfluss auf die Bildung haben, die einen unterschiedlichen Umfang des Inhalts und verschiedene Ziele haben kann, welche auf unterschiedliche Art und Weise erreicht werden. Somit können sich Fachsprachenlehrende relativ selten auf eine universelle Arbeitsweise verlassen, sondern sind eher dazu gezwungen, individuelle Lösungen zu suchen, die dem Profil und den Bedürfnissen der Lernenden entsprechen (vgl. Sowa 2016b: 14).

5.3.1 Potenzielle Schwierigkeiten beim Erwerb von Fachsprachen

Schwierigkeiten, die sich aus der Durchführung eines Fachsprachenkurses ergeben, können nicht nur die Lehrkräfte, sondern auch die Lernenden betreffen (vgl. u. a. Gałkowski 2015: 34 ff.). Kic-Drgas (vgl. 2015: 18) stellt fest, dass diese durch verschiedene zusätzliche Faktoren verursacht werden können, und teilt sie in drei Kategorien ein:

- linguistische/sprachliche – ergeben sich aus der unzureichenden Beherrschung der Fremd- sowie Muttersprache. Um sich in einer Fachsprache korrekt verständigen zu können, muss zunächst die Gemeinsprache relativ gut beherrscht werden, sonst werden die sprachlichen Mängel bei der Verwendung der Fachsprache noch stärker bemerkbar. Fehler, die in der Muttersprache gemacht werden, können wiederum auf eine Fremdsprache übertragen werden;
- fachliche – ergeben sich aus Unkenntnis oder unzureichender Kenntnis des ausgewählten Fachgebietes. Die Grundlage für die korrekte Verwendung der Fachterminologie ist wiederum das richtige Verständnis der beschriebenen Inhalte, da der Grad der Vertrautheit mit einem bestimmten Fachgebiet den Gebrauch der Fachsprache wesentlich beeinflusst. In der fachorientierten Sprachausbildung ergänzen sich die Sprach- und die Sachkompetenz gegenseitig (Mamet 2002: 143 bei Kic-Drgas 2015: 19);
- methodische – hier ist die richtige methodische Einstellung der Lernenden zu neuen Inhalten von großer Bedeutung. Die Kenntnis von Lerntechniken und Lernstrategien kann den Erwerbsprozess einer Fachsprache erheblich erleichtern. Die Lernenden sollten ihre eigenen Strategien für die Arbeit mit Fachvokabular entwerfen und nach geeigneten Quellen sowie zusätzlichen Übungen suchen.

Die Kategorisierung der Schwierigkeiten nach Kic-Drgas (2015) gilt als relativ übereinzelsprachlich und allgemein, weil sie beim Erwerb jeder Fachfremdsprache angewendet werden kann. Sprachliche, fachliche und methodische Faktoren können jeden Lernprozess stören. Anders stellt das Thema Roelcke (2010) dar, der sich auf die deutsche Sprache konzentriert und mit Schwierigkeiten verbundene Bereiche sowie ihre Merkmale beim Erwerb der Fachfremdsprache Deutsch ausführlich dargelegt hat. Daher listet er ausführlich Besonderheiten auf verschiedenen Sprachebenen auf, die sich für Deutschlernende als problematisch erweisen können und deswegen Bestandteil eines fachfremdsprachlichen Deutschunterrichts sein müssen (Roelcke 2010: 172 f.):

- auf der lexikalischen Ebene – aus dem Bereich der Muttersprache dürfen verschiedene Definitionstypen vorausgesetzt werden, sowie einzelne fachliche Definitionen, aber nicht die entsprechenden Äquivalente. Dabei besteht auch die Gefahr von sog. falschen Freunden. Ansonsten kann das

Kommunikationsproblem durch Vagheit und Mehrdeutigkeit verstärkt werden, vor allem, wenn die allgemein- und fachsprachlichen Bedeutungen und deren kontextbezogene Indikatoren fehlen oder nicht erkannt werden. Im Fall von unbekannten Fachwörtern ist es auch möglich, dass diese hinsichtlich ihrer Metaphorik nicht erkannt werden. Als problematisch können sich ebenso Entlehnungen erweisen, »wenn mit ihnen eine (fachsprachliche) Bedeutungsveränderung oder eine zielsprachliche Ausdrucksassimilation« im Zusammenhang steht;

- auf der Ebene der Grammatik – in Bezug auf die reichen Wortbildungsmöglichkeiten ist das Deutsche etwas einzigartig unter den Sprachen und Zusammensetzungen werden besonders in der fachsprachlichen Kommunikation gebraucht, was sowohl die Produktion als auch die Rezeption der Nicht-Muttersprachler erschweren kann. Auf der anderen Seite wird das häufige Vorkommen von Passivformen und Genitivkonstruktionen »im europäisch geprägten Gebrauch von Fachfremdsprachen tendenziell als weniger problematisch« angesehen, obwohl Passivformen durch Deagentivierung und Klammerbildung bei unsicheren Kommunikationspartnern die Unsicherheit verstärken. Das gleiche betrifft große Nominalgruppen und weite Hypotaxen;
- auf der Textebene – hier werden in erster Linie solche funktionalen Textsorteneigenschaften genannt, die aufgrund ihrer Unterschiede in verschiedenen Sprach- sowie Kulturräumen Verständigungsprobleme bereiten können. Zu diesen Eigenschaften zählen Intentionalität, Akzeptabilität, Informativität, Situationalität und Intertextualität. Des Weiteren unterscheiden sich Makrostrukturen einzelner Textsorten in verschiedenen Sprach- und Kulturräumen im Hinblick auf einzelne Textbausteine und deren formale und funktionale Struktur;
- nonverbale Textelemente – (z. B. aus der Mathematik oder den Naturwissenschaften) diese sind nicht nur einer Einzelsprache eigentümlich, sondern gelten oft universell. Manchmal unterliegen sie aber auch Konventionen, die für einen Sprach- und Kulturraum charakteristisch sind, wie z. B. Größen- und Mengenangaben.

Weiterführend wird betont, dass die Beherrschung der oben genannten Regeln die sprachlichen und kommunikativen Kompetenzen nicht vollständig erfasst. Dazu kommen noch verschiedene pragmatische Kompetenzen, die sowohl den Lehrenden als auch den Lernenden Schwierigkeiten bereiten. Diese lassen sich nicht nur auf Sprache und Kommunikation begrenzen, sondern beziehen sich auf soziale sowie kulturelle Gemeinsamkeiten und Unterschiede. An dieser Stelle sollten folgende Aspekte berücksichtigt werden: Texte mit *writer-responsibility* (im angloamerikanischen Raum) und Texte mit *reader-responsibility* (im deutschsprachigen Raum), thematische Textorganisation (bei englischsprachigen Autoren – durch Sätze geleistet, die den Kerngedanken eines Abschnittes vorausschicken, bei deutschsprachigen Autoren – durch Sätze, die inhaltliche Überleitungen enthalten, bei französischsprachigen Autoren – durch meta-kommunikative Verben), Beziehungsarbeit innerhalb fachlicher Hierarchien und Besonderheiten im Hinblick auf die Textgestaltung, die als leser- bzw. re-zeptionsfreundlich aufgefasst wird (englische Werke – Verwendung sog. He-ckenausdrücke, höhere Frequenz an Vollverben sowie Zahl an Danksagungen (Dialogizität), französische – kürzere und übersichtlichere Textteile (Didakti-sierung), deutsche – Merksätze sowie Übungsaufgaben zur Wiederholung und Kontrolle) (Roelcke 2010: 173 f.). Die Erkennung sowie das Verständnis dieser Schwierigkeiten seitens der Lehrkräfte können hilfreich bei der Gestaltung des Kurses sowie bei der Auswahl der Aufgaben sein.

5.4 Planung eines Fachsprachenkurses

Ein Fachsprachenkurs, der auf Anfrage eines Unternehmens, einer Institution oder einer anderen Organisation entwickelt wird, sollte grundsätzlich den Wünschen dieses Kunden entsprechen, der seine Erwartungen in Bezug auf Umfang, Zweck und Dauer des Kurses spezifiziert (Gajewska, Sowa 2014: 90). Der Bedarf an speziellen Fachsprachenkursen ist groß und steigt im Laufe der letzten Jahre kontinuierlich (Borgwaldt, Sieradz 2018: 61). Für weitere Ausführungen in Bezug auf die Planung eines Fachsprachenkurses sind insbesondere die Be-darfsanalyse, die Sammlung und Bearbeitung von Sprachmaterial sowie die Evaluierung der erworbenen Kompetenzen von Belang (Gajewska, Sowa 2014: 116).

5.4.1 Bedarfsanalyse

Die Frage der Bedarfe wird in der Glottodidaktik immer häufiger behandelt. Der Begriff selbst wird als *umbrella term* bezeichnet, weil er viele relevante Aspekte beinhaltet, die in die Bedarfsanalyse möglichst vollständig einbezogen werden sollen. Hingewiesen wird u. a. auf solche Faktoren wie »Ziele und Hintergründe der Lernenden, ihr fremdsprachliches Können, von ihnen bevorzugte Lehr- und Lernmethoden sowie die Zielsituation, in der sie kommunizieren und handeln werden« (Hyland 2006: 73 bei Hartmann 2014: 77). In der Glottodidaktik gibt es drei Hauptgründe, dem Begriff der Bedürfnisse und ihrer Analyse Raum zu widmen (Richterich 1985 bei Gajewska, Sowa 2014: 117). Erstens entsteht ein Bedürfnis immer aus einer Notwendigkeit, deren Erfüllung sich als unabdingbar für ein richtiges Leben in der Welt erweist. Zweitens kann ein und dasselbe

Bedürfnis von verschiedenen Lernenden unterschiedlich wahrgenommen werden. Drittens wird ein Bedürfnis mit dem Erleben eines Mangels unzertrennlich verbunden, was zugleich die Notwendigkeit der Beherrschung einer Fremdsprache für verschiedene kommunikative Zwecke zum Ausdruck bringt. Der zu einem bestimmten Zeitpunkt empfundene Mangel an Sprachkenntnissen kann durch den Beginn des Lernprozesses behoben werden (Gajewska, Sowa 2014: 117). Bemerkenswert ist, dass die Lehrkräfte der subjektiven Meinung der Lernenden manchmal eine zu große Bedeutung beimessen, wobei sie dazu neigen, Bedürfnisse mit Erwartungen, Wünschen, Zielen, Motivationen oder Anforderungen zu verwechseln (Porcher 1994 bei Gajewska, Sowa 2014: 117). Der Sprachbedarf kristallisiert sich aufgrund einer Konfrontation zwischen der aktuellen und der erwarteten Situation heraus, d. h. aufgrund einer Diskrepanz zwischen den vorhandenen Kompetenzen, dem geforderten sowie dem tatsächlichen Stellenprofil. Daher können solche Bedürfnisse als operative Lernziele betrachtet werden und ihre Analyse bezieht sich auf die Anforderungen der Stelle oder des Arbeitsplatzes (Le Boterf 1990: 96, Ardouin 2003: 73 bei Gajewska, Sowa 2014: 117 f.).

Um diese Problematik näher zu erläutern, ist es sinnvoll, die Kategorisierung der Bedarfe einzuführen. Individuelle, soziale oder institutionelle Bedarfe können erörtert werden, wenn sie einen Bezugspunkt für das Entstehen von Bedürfnissen darstellen und zugleich den Kontext aufzeigen, in dem sie erschienen sind (Richterich 1985 bei Gajewska, Sowa 2014: 118). Die subjektiven Bedarfe stehen in direktem Zusammenhang mit den Lernenden, daher werden sie einfach als Bedarfe der Lerner betrachtet. Hauptsächlich werden sie »von individuellen »(Sprach-)Lernerfahrungen«, »beruflichen Erfahrungen«, »persönlichen Einstellungen zu und Vorstellungen von einem bestimmten Beruf« sowie von der persönlichen »Lernmotivation« bestimmt« (Haider 2010: 45 bei Hartmann 2014: 78). Die objektiven Bedarfe werden von Vorgesetzten und Lehrern anhand neutraler Kriterien festgelegt. Bei einer stabilen Kommunikationssituation und unter der Annahme, dass diese sich nicht ändern wird, können vorhersehbare Bedarfe beschrieben werden. Sich ständig ändernde Bedingungen der Kommunikationssituation erschweren jedoch eine genaue Formulierung der Bedarfe und es wird in diesem Zusammenhang von unvorhersehbaren Bedarfen gesprochen. Darüber hinaus gibt es auch konkrete Bedarfe, die durch Messmethoden festgestellt werden können und solche, die auf individuellen Vorstellungen beruhen. Schließlich werden auch die geäußerten Bedarfe (wenn die Lernenden in der Lage sind, sie selbst zu formulieren) und die nicht-geäußerten Bedarfe (wenn sie den Lernenden entgehen und nicht definiert werden) genannt (Richterich 1985 bei Gajewska, Sowa 2014: 118).

Sowohl die individuelle als auch die institutionelle Planung von Fremdsprachenkursen (insbesondere von fach- und berufsbezogenen) sollte auf einer

Bedarfsanalyse beruhen (Kiefer, Szerszeń 2015: 131), weil sie relevante Hinweise für die Kursinhalte sowie Kursgestaltung liefert (Hartmann 2014: 79). In die Glottodidaktik wurde diese in den 1970er Jahren eingeführt und hat sich seither erheblich verändert. Obwohl es jedoch viele Beispiele für die praktische Anwendung der Bedarfsanalyse gibt, fehlt es bis heute an Beiträgen zu ihrer Methodik (Gajewska, Sowa 2014: 119). Unter Bedarfsanalyse wird ein empirischer Prozess zur Identifizierung beruflicher Situationen der Sprachverwendung sowie der für ihre Durchführung erforderlichen sprachlichen und interkulturellen Qualifikationen verstanden. Um von einer effektiven Bedarfsanalyse sprechen zu können, müssen zwei wesentliche Punkte erfüllt sein: sie sollte auf relevanten beruflichen Situationen des Sprachgebrauchs für eine bestimmte Gruppe von Lernenden basieren, und die gesammelten Daten sollten die Gestaltung eines angemessenen Sprachtrainings ermöglichen (Funk 2010: 1148 bei Kiefer, Szerszeń 2015: 131, Brown 2009: 269 bei Hartmann 2014: 77). Gajewska und Sowa (2014: 118) sind der Meinung, dass jede Art der Sprachausbildung durch die Anpassung der Lerninhalte an die Erwartungen der Zielgruppe gekennzeichnet sein sollte. Der Erwerb einer Sprache mit der Absicht, sie in einem beruflichen Kontext zu verwenden, geht in der Regel mit einer instrumentellen Motivation einher. Charakteristisch für diese Ausbildung ist auch die Erwartung konkreter Ergebnisse in nicht allzu langer Zeit, was die Inhaltsauswahl erheblich beeinflusst. Da ein solcher Kurs maßgeschneidert ist und auf ein dringendes Bedürfnis der Lernenden eingeht, kann er keine breite Palette von Themen anbieten, sondern konzentriert sich nur auf solche Aspekte und Fähigkeiten, die die Lernenden benötigen.

Die erste Bedarfsanalyse wird von den Lernenden selbst durchgeführt, wenn sie über ihre Bedürfnisse nachdenken, um sich mit den möglichen Bildungsangeboten in diesem Bereich vertraut zu machen. Später wird sie jedoch meist von den Lehrenden durchgeführt, um den Kurs zu planen und ihn an die Erwartungen der Empfänger anzupassen (vgl. Gajewska, Sowa 2014: 121 f.). Die aus der Bedarfsanalyse formulierten Lernziele dienen dann als Basis für die Entwicklung von Unterrichtsmaterialien, Lernaktivitäten, sowie Tests oder Programmevaluationsstrategien (Brown 2009: 269 bei Hartmann 77). Darin besteht der Unterschied zwischen dem schulischen Fremdsprachenunterricht, der sich an vorangegebenen Curricula bzw. Bildungsstandards orientiert, und den berufsorientierten Kursen, bei denen die weitgehende Lehrplanperspektive entfällt (Kuhn 2007: 342).

Nach Sowa (2016b: 14) ist es die Grundlage aller methodischen Aktivitäten die Bedürfnisse der Lernenden genau zu verstehen, die auf die Erstellung eines geeigneten Sprachkursangebots abzielen. Darüber hinaus ist die gründliche Erkennung des beruflichen Kommunikationsbedarfs mit dem Wissen der Lehrer über das Referenzfeld mit typischen Kommunikationssituationen sowie Diskurs- und Textarten direkt verbunden. Zur besseren Veranschaulichung benutzt Long (2005: 1 bei Hartmann 2014: 79) einen geschickten Vergleich zwischen einer Bedarfsanalyse zur Erstellung eines Sprachkurses und der Diagnose eines Patienten vor der Behandlung. Genauso wie die Diagnose den Ausgangspunkt für eine angemessene Behandlung bildet, wird die Bestimmung der Bedarfe als Grundlage für die Kursgestaltung betrachtet. Außerdem wird auch die Metapher eines Weges impliziert, indem diese von der Bewertung eines Ausgangs- sowie eines Zielpunkts spricht. Unter Weg werden alle Schritte verstanden, welche die Lernenden vom Ausgangspunkt zum Ziel führen, wie z.B. die Methodologie, Strategien zur Auswahl und Einstufung der Inhalte, die Rolle der Lernenden und der Lehrenden oder die Art des Lehrmaterials (West 1994 bei Krajka 2015: 222). Bei der Bedarfsanalyse können zusätzlich Sprachwissenschaftler, Experten des jeweiligen Fachgebiets sowie die Fachliteratur wertvolle Wissensquellen sein. Weitere Methoden zur Informationsbeschaffung in diesem Bereich sind beispielsweise Umfragen, Interviews, Sprachaudits, Beobachtungen oder andere intuitive Aktivitäten. Von großer Bedeutung sind ebenfalls die Diskurs- und Registeranalyse, sowie die Genre- und Korpusanalyse. Um glaubwürdige Daten über die für einen bestimmten beruflichen Diskurs charakteristischen sprachlichen Merkmale und Aufgaben zu erhalten, wird empfohlen, Informationen aus verschiedenen Quellen zusammenzutragen, welche mithilfe unterschiedlicher Methoden erhoben wurden (Long 2005 bei Gajewska, Sowa 2014: 122). Die Verwendung mehrerer Methoden und die Einbeziehung mehrerer Datenquellen wird in der Fachliteratur Triangulation genannt. Genauer gesagt bedeutet dies, »dass ein Forschungsgegenstand von (mindestens) zwei Punkten aus betrachtet wird«, wobei die Analyse einer Sichtweise in der Erforschung möglichst ähnliche Priorität wie die Analyse der anderen haben soll (Flick 2009: 225, Flick 2011: 26 bei Hartmann 2014: 90).

In einem Sprachkurs ist es notwendig, die Meinungen verschiedener Teilnehmer zu berücksichtigen. Dies hilft sowohl die Unterschiede als auch die Ähnlichkeiten in ihren Sichtweisen in die Analyse mit einzubeziehen. Daraus folgt, dass in der Bedarfsanalyse keine »allgemeingültige, einzige Wahrheit« herrscht, sondern unterschiedliche Standpunkte verglichen werden sollen (Brown 2009: 286 bei Hartmann 2014: 78). Ein Beispiel dafür wäre ein Unternehmen, dessen Sprachbedürfnisse eher in Bezug auf eine Gruppe als auf eine Einzelperson definiert sind. Hier sollte nicht nur die Sichtweise der Arbeitnehmer, sondern auch die der Leitung oder der Bildungseinrichtungen berücksichtigt werden. Manchmal stimmen jedoch die Bedürfnisse des Arbeitgebers nicht mit denen des Arbeitnehmers überein. Der Arbeitgeber wird das Kaffeegespräch als Zeitverschwendung ansehen, während der Arbeitnehmer es als positiven Faktor für die Arbeitstätigkeit betrachtet (Gajewska, Sowa 2014: 122f., 127). Da die Motivation im Lernprozess äußerst wichtig ist, können die von den

Lernenden signalisierten Bedürfnisse nicht ignoriert werden (Hutchinson, Waters 1987: 57 bei Hartmann 2014: 93).

Im Zusammenhang mit dem oben angeführten soll noch ein sehr relevantes wissenschaftliches Modell zur lernerorientierten Bedarfsanalyse von Hutchinson und Waters (1987: 56 bei Kuhn 2007: 343 f.) besprochen werden. Im Vordergrund dieses Verfahrens stehen *target needs* und *lerning needs*. Das, was die Lerner in einer gewissen Situation sprachlich bewältigen können müssen, nennen sie *target needs*. Unter *lerning needs* wird aufgezeigt, was Lernende tun müssen, um zu lernen, d.h. ihre lernmethodischen Bedarfe. Demnach unterteilen sich *target needs* in *necessities*, *lacks* und *wants*. *Necessities* ermöglichen es, das effektive Funktionieren der Lerner in der Zielsituation sicherzustellen, was hauptsächlich auf der Zuordnung der entsprechenden Sprachfunktionen sowie sprachlichen Mittel zu den kommunikativen Situationen beruht. Des Weiteren soll der Ist-Zustand, d.h. alle Kenntnisse und Fähigkeiten, über die die Lernenden verfügen, mit dem Soll-Zustand, d.h. alle Kenntnisse und Fähigkeiten, über die die Lernenden verfügen sollen, verglichen werden. Die Differenzen zwischen den beiden Zuständen werden als sog. *lacks* bezeichnet. Betriebliche Arbeitsplatz- oder Stellenbeschreibungen liefern wichtige Informationen über das kommunikative Anforderungsprofil für den berufsorientierten Sprachunterricht. Zur Feststellung des sprachlichen Ist- sowie Soll-Zustands kann der GER gebraucht werden. Der Ist-Zustand kann anhand der Ergebnisse aus schriftlichen oder mündlichen Tests bestimmt werden. Diese Einstufungen entsprechen den lexikalischen und strukturellen Elementen, auf denen die GER-Niveaus basieren. Aus der Stellenbeschreibung der Personalabteilung oder der Bedarfsanalyse oder aus der Verbindung beider Möglichkeiten ergibt sich die Beschreibung des Soll-Zustands (vgl. Eilert-Ebke 2003: 3 bei Kuhn 2007: 344 f.). Schließlich sollten noch die *wants*, also die persönlichen Gründe, Ideen und Bedürfnisse der Lerner in die Bedarfsanalyse mit einbezogen werden, weil sie motivierend wirken (Kuhn 2007: 344). Es wird jedoch betont, dass die Kursgestaltung nicht allein das Ergebnis der Ist-, Soll- und Bedarfsanalyse ist, sondern müssen noch andere Bestandteile gesammelt und verknüpft werden (vgl. Weber, Becker, Laue 2000: 140 bei Kuhn 2007: 346). Dazu werden solche Faktoren genannt, wie z.B. die verfügbaren finanziellen, zeitlichen und personellen Ressourcen, aber auch die aktuelle Methodendiskussion sowie die Theorien der Zweitsprachenerwerbsforschung (Kuhn 2007: 346). Darüber hinaus können bei einer Bedarfsanalyse noch folgende Aspekte wahrgenommen werden (Dudley-Evans, St. John 1998: 125, Singh 1983: 155 f. bei Hartmann 2014: 81 f.):
- persönliche Informationen über die Lernenden, die den Lernprozess beeinflussen können, wie z.B. Lernerfahrung, kultureller Hintergrund, Gründe für den Besuch des Kurses oder Einstellungen zu der Sprache;

- die Art und Weise, wie die Fremdsprache gelernt wird, d. h. effektive Wege zum Sprachenlernen und Erwerb der Kompetenzen;
- organisatorische Angelegenheiten in Bezug auf den Kurs, wie z. B. die lokalen Rahmenbedingungen in der jeweiligen Bildungseinrichtung, der Stundenplan, Anzahl der Lernenden, Verfügbarkeit von audiovisuellen Mitteln, die Einstellung der Verwaltung zu dem Lehren und Lernen jeweiliger Fremdsprache;
- Informationen über die Konventionen hinsichtlich des Lehrens und Lernens, die in der Gesellschaft oder in der jeweiligen Bildungseinrichtung herrschen;
- die Sprachpolitik der Regierung und der örtlichen Gremien;
- die Einstellung der Gesellschaft zum Lehren und Lernen der jeweiligen Fremdsprache.

Alle genannten Informationen ermöglichen es, die Lernergruppe nicht nur als Sprachlerner oder Sprachbenutzer, sondern auch als Persönlichkeiten kennenzulernen. Die Gewinnung von einer Vielzahl an Informationen erleichtert die Förderung des Sprachenlernens und der Kompetenzentwicklung sowie die angemessene Interpretation der Daten und dementsprechend ihre Anwendung. Darüber hinaus wird empfohlen, die Bedarfsanalyse sowohl vor dem Beginn als auch im Laufe des Kurses durchzuführen. Die erste hilft bei der Kursentwicklung, während die zweite, begleitende Bedarfsanalyse, der Anpassung des Kursverlaufs (Dudley-Evans, St. John 1998: 126, 139 bei Hartmann 2014: 83) sowie der späteren Evaluierung dient (Krajka 2015: 221).

Bei der Durchführung jeder Bedarfsanalyse werden verschiedene Etappen unterschieden. Den ersten Schritt sollte die Formulierung des Ziels bilden, welches die Richtung und die Vorgehensweise der ganzen Untersuchung bestimmt (Hartmann 2014: 85). Danach muss die Zielgruppe definiert werden, weil von ihrer Größe die Effektivität der Bedarfsanalyse abhängt. Das bedeutet, dass je kleiner und präziser die Zielgruppe festgelegt wird, desto genauer ihre Bedarfe formuliert und unterstützt werden können (Brown 2009: 273 bei Hartmann 2014: 86). Im Folgenden können dann Entscheidungen in Bezug auf die Vorgehensweise bei der Erforschung getroffen werden. Außerdem sollten noch solche Faktoren berücksichtigt werden, die auf die Bedarfsanalyse einschränkend auswirken können. Hier werden u. a. finanzielle Mittel, die zum Lernen verfügbare Zeit und wie intensiv sie benutzt wird, aber auch der Grad an Homogenität der Gruppe im Hinblick auf den Sprachhintergrund, das Alter, den akademischen Status sowie auf die vorhandenen Kompetenzen (Brown 2009: 276 bei Hartmann 2014: 86). Als Hindernis, mit dem sich die Lehrenden häufig konfrontiert sehen, wird auch der Zeitmangel genannt, welcher einer gründlichen Auseinandersetzung mit dem Kenntnisstand, den Fähigkeiten sowie den Bedürfnissen der Lernenden im Wege steht. Der ganze Prozess ist zeit- sowie arbeitsaufwändig und wird häufig nicht als Arbeitszeit anerkannt und entsprechend vergütet (Singh

1983: 156 bei Hartmann 2014: 86 f.). Daher ist es fast unmöglich detaillierte Informationen über alle Lernenden zu sammeln und zu verarbeiten. In diesem Fall ist es empfehlenswert zu entscheiden, welche Informationen für die Bedarfsanalyse erforderlich sind. Um zusätzlichen Aufwand zu vermeiden, können z. B. eine geeignete Erhebungsmethode und angemessene Datenquellen ausgewählt werden (Hyland 2006: 278 bei Hartmann 2014: 87). Diese sollten auch mit dem Forschungsziel, Projektumfang, Untersuchungsfokus sowie mit den Einschränkungen der jeweiligen Bedarfsanalyse kompatibel sein. Im nächsten Schritt werden die erhobenen Daten analysiert und interpretiert (Brown 2009: 277 bei Hartmann 2014: 87 f.). Anschließend werden die Ergebnisse und Erkenntnisse angewendet, indem z. B. konkrete Lernziele für die Sprachkurse formuliert werden. Die ausgewählten Unterrichtsmaterialien und -methoden sowie die Evaluationsstrategien sollten im Zusammenhang mit den festgelegten Zielen stehen. Als letzter Punkt wird die Aufbereitung der Ergebnisse in Form von Präsentationen z. B. auf Fachkonferenzen, öffentlichen Versammlungen, etc. oder schriftlichen Berichten genannt (Brown 2009: 286 bei Hartmann 2014: 88).

Im Kontext dieser Arbeit interessiert auch die Ermittlung der Bedarfe in der universitären Ausbildung, da die Bedarfsanalyse ebenfalls die auf die Sprachvermittlung spezialisierten Institutionen (z. B. Sprachzentren an ausländischen Universitäten, Institute für Germanistik, usw.) betrifft. Der tatsächliche Bedarf, im Fall der vorliegenden Arbeit an Deutschunterricht, sollte auf dem lokalen Arbeitsmarkt erforscht werden. Nach Kiefer und Szerszeń (2015: 131 f.) sollten insbesondere folgende Schritte unternommen werden:

- Werdegang-Nachverfolgung – hier ist der Kontakt mit Absolventen und die Beobachtung ihrer Karrierewege mit Berücksichtigung des deutschsprachigen Profils gemeint, sowie die Erforschung spezifischer Kommunikationsfähigkeiten, die für bestimmte Berufsbereiche oder Arbeitsstellen erforderlich sind. Dies könnte im Rahmen regelmäßiger Workshops erfolgen;
- regelmäßige Analyse von neuen Trends – besonders in der Wahrnehmung Deutschlands und der deutschen Sprache in der unmittelbaren Umgebung des Studienortes, einschließlich der Unternehmen und anderer Institutionen, die Deutsch im Geschäftsverkehr verwenden. Der Aufbau einer Partnerschaft mit diesen würde es ermöglichen, spezifische Bedürfnisse zu erforschen, sowie Praktika oder andere Formen der Zusammenarbeit zu initiieren.

Aus den oben genannten Aktivitäten kann schlussgefolgert werden, inwieweit spezifische Sprachbedürfnisse in Curricula und berufsorientierten Lernumgebungen berücksichtigt werden. Die daraus resultierenden Ziele können vielfältig sein, wie u. a. das Aufzeigen von Berufsperspektiven mit Berücksichtigung der Zielsprache, welches durch konkrete Anwendung der Fremdsprache und die Förderung der Motivation, sich selbstständig weitere Kompetenzen anzueignen oder die regelmäßige Anpassung der Bildungsinhalte an sich verändernde berufliche Anforderungen. Weiterhin kann noch auf die Gestaltung des Lehr- und Lernprozesses im akademischen Bereich im Hinblick auf spezifische berufliche Aufgaben und Kommunikationsformen und die Vorbereitung der Lernenden auf diese Herausforderungen hingewiesen werden (Kiefer, Szerszeń 2015: 132).

5.4.2 Sammlung des Sprachmaterials

Neben der Bedarfsanalyse bilden die Sammlung, Analyse und didaktische Anpassung des Sprachmaterials sowie die Auswahl der Inhalte und Bearbeitung der Aufgaben Bestandteile im Prozess der Kursgestaltung (Gajewska, Sowa 2014: 115). Die Sammlung des Sprachmaterials kann die Richtigkeit der bei der Bedarfsanalyse gewonnenen Informationen bestätigen oder ergänzen. Sie gibt ebenfalls Auskunft über die Art der Inhalte und Unterlagen, die im Kurs behandelt werden (Gajewska, Sowa 2014: 137).

Für die Fachsprachenvermittlung ist die Verwendung von authentischem Material unerlässlich. Leider können sie nicht immer unverändert gebraucht werden, z. B. aufgrund der Vertraulichkeit der Daten, des Urheberrechts oder des Schwierigkeitsgrads. Wenn sich das authentische Material als zu einfach oder zu schwierig erweist, kann eine Anpassung vorgenommen werden. Diese besteht darin, den authentischen Stoff für Unterrichtszwecke in Form und Inhalt an die Wahrnehmungsfähigkeit des Empfängers anzupassen und kann eine Reduzierung oder Erweiterung des Materials umfassen. In der Regel betrifft die genaue Bestimmung des Bedarfs die Entwicklung eines Kurses für einen bestimmten Auftrag. Die Lehrenden sind gezwungen, sich auf die Analyse konkreter Themen zu konzentrieren und das Themenspektrum zu diversifizieren. Dann können sie auf bereits vorhandenes Lehrmaterial zurückgreifen, das unter einem breiteren oder engeren Blickwinkel entwickelt werden kann (vgl. Gajewska, Sowa 2014: 137f.). Für die Fachsprachenlehrer ist dabei linguistisches Wissen von Belang. Als notwendig erweisen sich die Kompetenzen der Diskurs- und Textanalyse, Wissen über Textgattungen sowie über Pragmatik und Sprechakttheorie. Hilfreich kann auch die Kenntnis von verschiedenen Methoden der Korpusanalyse sein, die unterschiedliche Perspektiven auf das vorliegende Sprachmaterial darstellen. Dies kann als komplexer und kohärenter Text analysiert werden, als Text in einem bestimmten Kontext, d. h. Diskurs und ihm verwandte Gattungen, aber auch als eine Abfolge von Handlungen, die die für ein bestimmtes Umfeld oder einen bestimmten Beruf spezifische Handlungslogik nach außen tragen, und schließlich als ein Produkt einer bestimmten nationalen, beruflichen und organisatorischen Kultur. Die angegebenen Möglichkeiten unterscheiden sich in Bezug auf ihre Komplexität, können aber ebenfalls in Kombination verwendet werden, um ein umfassenderes Verständnis eines bestimmten Bereichs der beruflichen Kommunikation zu gewinnen. Die Auswertung des gesammelten Materials kann darüber hinaus solche Aspekte umfassen wie: Analyse der inneren Textorganisation (Textbausteine, deren formale Merkmale), Suche nach Indizien der Textkohärenz (wie z. B. Wiederholung von konzeptuellen Einheiten) sowie der thematischen Abfolge (z. B. Regeln für die Einführung neuer Informationen) (vgl. Gajewska, Sowa 2014: 140).

Beobachtet werden auch Muster der mündlichen Interaktion wie z. B. Beginn und Ende von Interaktionen, die Hauptphasen der Interaktion sowie die Sprechakte, die jeder Phase entsprechen. Das Dokumentieren des mündlichen Diskurses und der Gattungen gehört jedoch zu einer besonders schwierigen Aufgabe. Als mögliche Gründe werden die Unzulänglichkeit der beruflichen Kommunikation (unvollständige Sätze, logische und grammatikalische Fehler), kontextabhängige Interaktionen (Verwendung von deiktischen Mitteln) und häufiges »Verschweigen«, welches die Ausfüllung der Informationslücken mit Fachwissen impliziert (Gajewska, Sowa 2014: 151). Bei der Analyse mündlicher Äußerungen sollten besonders die Gesprächsorganisation (z. B. wie das Gespräch angefangen und beendet wird) sowie die Art und Weise, wie die Beziehungen aufgebaut werden (z. B. Regeln der sprachlichen Höflichkeit), berücksichtigt werden (Gajewska, Sowa 2014: 152).

Der Ausgangspunkt für jede Aktivität ist jedoch die Bestimmung der Besonderheit sowie des Spezialisierungsniveaus. Um den Prozess der Recherche und Auswahl von Materialien effizienter zu gestalten, schlagen Mangiante und Parpette (2004: 77 bei Gajewska, Sowa 2014: 156) einige Prinzipien in Form von Anweisungen für Lehrkräfte vor. Ihnen zufolge sollten sie u. a.:
- möglichst nah an die Zielsituationen und ihre Teilnehmer herankommen;
- die während der Phase der Bedarfsanalyse geknüpften Kontakte zu den Spezialisten vertiefen sowie ausbauen (insbesondere zu denjenigen, die im gleichen Bereich wie die Lernenden arbeiten);
- Orte, Aktivitäten sowie Äußerungen beobachten;
- wenn möglich: filmen, aufnehmen, notieren, schriftliche Unterlagen sammeln;
- Interviews durchführen;
- das erworbene Material durch zusätzliche Informationen, wie kulturelle und historische Daten ergänzen;
- Daten in den Kontext ihrer Herkunft oder Verwendung stellen, sodass sie für die Lernenden leichter zu verstehen sind;
- wenn nötig die Daten an die Bedürfnisse der Lernenden anpassen.

5.4.3 Bearbeitung des Sprachmaterials

Lehrkräfte unterrichten häufig eine Gruppe mit spezifischen beruflichen Bedürfnissen. Somit ist das von ihnen entwickelte Programm nur für diese eine Gruppe von Lernenden geeignet. Zu Beginn muss daher überlegt werden, was gelehrt werden soll, welche Ziele verfolgt werden und wie die Übungen geplant werden sollen (Mangiante, Parpette 2004: 78 bei Gajewska, Sowa 2014: 161). Mangelnde Sorgfalt bei der Vorbereitung der im Unterricht zu behandelnden Themen kann die Nützlichkeit der früheren Arbeitsphasen zunichtemachen (Gajewska, Sowa 2014: 161).

Der Sprachkurs sollte als ein geschlossenes Ganzes konzipiert werden. Deswegen wird er manchmal als (Mikro-)Modul bezeichnet (Mezzadri 2003, Mourlhon-Dallies 2008 bei Gajewska, Sowa 2014: 161). Dies ist vor allem für Erwerbstätige mit vielen beruflichen und familiären Verpflichtungen von Vorteil, die oft nur wenig Zeit zum Lernen haben oder dem Unterricht regelmäßig fernbleiben. In jeder Unterrichtseinheit sollte der neue Inhalt eingeführt, geübt, angewandt und anschließend überprüft werden. Zur Strukturierung des Inhalts können die folgenden Kategorien verwendet werden: Themen und Bereiche, Sprachgebrauch, Sprachfunktionen, Diskurs, Aufgaben, berufliche Strategien, berufliche Kompetenzen, Berufsprofil, Grad der Spezialisierung. Die Aufgabenorientierung wird insbesondere bei der Vermittlung fachspezifischer Inhalte empfohlen (Gajewska, Sowa 2014: 162 ff.). Unter dem Konzept der Aufgabenorientierung wird ein »Zustand des Interesses und des Engagements, der durch bestimmte Merkmale der Aufgabe hervorgerufen wird« verstanden (Kuhn 2007: 151). Zu den für die Aufgabenorientierung wichtigsten Bedingungen gehören die strukturellen Merkmale der Aufgabe, die die Kraft des Lernenden anregen, die Arbeit abzuschließen oder fortzusetzen sowie die Tatsache, dass der Lernende den Arbeitsprozess und die benötigten Hilfsmittel kontrolliert (Emery 1959: 53 bei Rauterberg, Strohm, Ulich 1993: 163 bei Kuhn 2007: 151). Genannt werden auch sonstige Eigenschaften wie Ganzheitlichkeit, Anforderungsvielfalt, Möglichkeiten der sozialen Interaktion, Autonomie, Lern- und Entwicklungsmöglichkeiten (Emery 1959; Emery, Thorsrud 1982 bei Kuhn 2007: 151). Das Ziel dieses Konzeptes besteht darin, »die unterrichtliche Welt für den außerunterrichtlichen Sprachgebrauch zu öffnen« und beide Bereiche enger miteinander zu verknüpfen (Funk 2006: 52 bei Kuhn 2007: 152). Die auf den Unterricht zugeschnittenen Übungen sollten daher an realen sprachlichen Herausforderungen orientiert werden. Die Lernenden setzten sich im aufgabenorientierten Unterricht insbesondere mit Inhalten auseinander, wobei die Fremdsprache im Hinblick auf ein kommunikatives Handlungsziel gebraucht wird (vgl. Schart 2005: 126 bei Kuhn 2007: 152). Als Aufgabe wird »eine zweckgerichtete Aktivität verstanden, bei der der Fokus weniger auf der Form als auf der Bedeutung der kommunikativen Handlung bzw. der Handlung an sich liegt« (vgl. Ellis 2003: 9, Willis 1996: 23 ff. bei Kuhn 2007: 152). Durch Aufgaben soll in erster Linie der richtige Gebrauch ausgewählter sprachlicher Mittel geübt werden. Dadurch stehen formale Aspekte der Sprache im Vordergrund. Bei der Bearbeitung von Übungen kann die Sprache aber nicht auf die Verwendung bestimmter sprachlicher Mittel begrenzt werden, sondern erfordert ebenfalls kreative Eigenleistung (vgl. Schart 2005: 126 bei Kuhn 2007: 152). Wesentlich ist der authentische Sprachgebrauch, der auf die kommunikativen Bedarfe der Lernenden gerichtet sein sollte. Daher sollte angestrebt werden, »die Lernenden in die Lage zu versetzen, als »sie selbst« sprachlich zu agieren, also z. B. Bedeutung in der Auseinandersetzung mit anderen auszuhandeln, Informationen zu sammeln oder Ideen auszutauschen« (vgl. Ellis 2003: 253 bei Kuhn 2007: 152). Die Aufgaben ermöglichen es den Lernenden nicht nur die »reale Sprache« anzuwenden, sondern sie bringen sich auch dadurch als Personen ein, indem sie mit Sprache handeln und ihr Verhalten trainieren. Für Lehrkräfte ist es von Belang, die Aufgabenstellung so zu konzipieren, dass die Lernenden sprachlich aktiviert werden und ihr Wissen, ihre Interessen sowie ihre fremdsprachlichen Kompetenzen einbringen können. Motivierend wirken auch bedeutungsvolle Aufgaben, die einen Zusammenhang mit der Arbeitswelt und mit den in der Fremdsprache zu erfüllenden Tätigkeiten oder zu lösenden Problemen herstellen (Kuhn 2007: 153). Darüber hinaus haben die Lernenden Einfluss auf die Wahl der Inhalte, indem sie z. B. Materialien aus der Arbeitswelt in den Kursraum bringen. Auf diese Art und Weise nehmen sie auch an der Bereitstellung von authentischen Lehr-Lernmaterialien teil und können berufsbezogene Sprachhandlungen während des Unterrichts trainieren (Ellis 2003: 253 bei Kuhn 2007: 152).

Jede Art von Sprachübung besteht aus drei Hauptelementen: dem Inhalt, den der Lernende lernen muss, der Aktivität, die der Lernende ausführen muss, um das in der Anweisung formulierte Lernziel zu erreichen, und allen möglichen Ressourcen, die die Lösung der Aufgabe ermöglichen (z. B. zusätzliches Material, Einzel- oder Gruppenarbeit usw.) (Pendanx 1998: 65 bei Gajewska, Sowa 2014: 167). Bei der Fachsprachenvermittlung wird die Verwendung von für die allgemeine Sprache entwickelten Materialien nicht ausgeschlossen. Diese Übungen unterscheiden sich nicht in der Form, sondern in ihrer Ausrichtung auf das Ziel, nämlich der Ausübung bestimmter beruflicher Tätigkeiten. Eine solche Aufgabe sollte zumindest eine minimale Einbettung der Aktivitäten in den gewünschten Kontext gewährleisten. Aufgrund der kurzen Dauer des Kurses sind die Lehrkräfte nicht in der Lage, die Lernenden mit allen möglichen Informationen zu versorgen. Daher ist es wichtig, ihnen dabei zu helfen, ihre eigenen Lernstrategien zu entwickeln, damit sie die im Kurs erworbenen Kompetenzen nutzen können. Bei der Aufgabenplanung sollte ansonsten die Rolle der Lehrkräfte reduziert und der Schwerpunkt auf die Aktivität der Lernenden gelegt werden. Die Schaffung möglichst vieler Gelegenheiten für eine freie, authentische Kommunikation sollte somit eines der wichtigsten Ziele darstellen (vgl. Gajewska, Sowa 2014: 167 ff., 201). Ein weiterer wichtiger Punkt ist die Struktur der Aufgaben. Es sollten solche Aufgaben vorgeschlagen werden, die den beruflichen Kenntnissen und der Logik der beruflichen Tätigkeiten entsprechen, die die Lernenden bei ihrer Arbeit ausüben. Darüber hinaus müssen sonstige Elemente wie die korrekte Verwendung von Höflichkeitsformen, die Einhaltung soziolinguistischer Berufskonventionen sowie kultureller und organisatorischer Normen ebenfalls berücksichtigt werden. Es ist auch zu beachten, dass eine übermäßige Einbettung der Übungen in einen beruflichen Kontext negative Auswirkungen auf das Erlernen der Sprache selbst haben kann. Daher ist es notwendig, eine harmonische Umsetzung der Ziele im Bereich der beruflichen Tätigkeit und der Spracharbeit zu gewährleisten. Bei der Vorbereitung verschiedener Arten von Übungen kann man unterscheiden zwischen solchen, die der Aneignung von Sprachelementen dienen, solchen, die individuelle Fähigkeiten entwickeln, und solchen, die durch die Integration verschiedener Elemente und Fähigkeiten auf eine berufliche Tätigkeit vorbereiten. Hilfreich kann sich dabei ebenfalls die Unterscheidung zwischen verschiedenen Arten von Übungen erweisen. Daher können Übungen zum Erwerb von Sprachelementen, zur Entwicklung individueller Fähigkeiten und zur Vorbereitung auf eine berufliche Tätigkeit durch die Integration verschiedener Elemente und Fähigkeiten genannt werden (vgl. Gajewska, Sowa 2014: 170).

5.4.4 Evaluierung erworbener Kompetenzen

Die Evaluierung der erworbenen Kompetenzen bildet den letzten Punkt der Gestaltung eines Fachsprachenkurses. Zweifellos ist sie ein wichtiges und unverzichtbares Element in jedem Sprachlernprozess (Courtillon 2003 bei Gajewska, Sowa 2014: 203). Die Evaluierung ist untrennbar mit dem Konzept der Ziele verbunden, da ihre Hauptaufgabe in der Überprüfung besteht, ob die Lernenden die angestrebten Ziele am Ende erreicht haben oder nicht. Je genauer die Ziele zu Beginn des Kurses definiert werden, desto einfacher ist es, die erzielten Fortschritte zu bewerten (Gajewska, Sowa 2014: 203). Daher wird die Bedarfsanalyse einer bestimmten Gruppe als eine Form der Bewertung an sich betrachtet (Frendo 2005: 123 bei Gajewska, Sowa 2014: 203).

In der Forschungsliteratur werden verschiedene Evaluierungsarten differenziert. Darunter werden besonders vier Hauptformen der Evaluierung hervorgehoben, nämlich die Evaluierung im Einsatz sowie die globale, die formative und die diagnostische Evaluierung. Erstere findet am Ende des Kurses statt, wenn die Lernenden die Aufgaben ausüben, für die sie die Sprache gelernt haben (Henao

1989: 20 bei Gajewska, Sowa 2014: 203). Sind die Lernenden in der Lage, die von ihnen in ihrem Arbeitsumfeld geforderten Aufgaben zu erfüllen, so hat ein Fachsprachenkurs sein Ziel erreicht. Die Sprachkompetenz steht im engen Zusammenhang mit der beruflichen Kompetenz und stellt ein notwendiges Instrument für die Ausübung der beruflichen Tätigkeit dar. Daher ist die Sprache also kein Ziel an sich, sondern ein integraler Bestandteil der Kompetenzen, die von den Ausübenden jeder beruflichen Tätigkeit bewertet werden. Die globale Evaluierung erfolgt am Ende des Kurses und dient dazu, die erworbenen Kenntnisse und Fähigkeiten der Teilnehmer zu überprüfen. Dabei werden die erzielten Ergebnisse in der Regel in Noten oder Punkte umgerechnet, die das vom Lernenden erreichte Niveau im Verhältnis zu einem anerkannten Standard oder einer Skala anzeigen und es auch ermöglichen, sie in Relation zueinander zu setzen. Aus diesem Grund wird diese Art der Bewertung oft als zertifizierend oder normativ bezeichnet. Die Anforderungen und Erwartungen können bei der Bewertung sehr schulbezogen sein und sich auf Elemente des Sprachsystems konzentrieren. Dies kann dazu führen, dass sich die Lernenden nur auf das Bestehen der Prüfung konzentrieren, anstatt die tatsächlich geforderte berufliche Kompetenz zu erlangen (Gajewska, Sowa 2014: 204f.). Während des Bildungsprozesses wird eine formative Evaluierung realisiert, welche Informationen über den Lernvorgang liefert. Diese Art von Informationen ermöglicht die Umgestaltung des Kurses oder die Modifizierung der Übungen. Zu Beginn des Lernprozesses wird eine diagnostische Evaluierung durchgeführt, um das Niveau der Lernenden zu bestimmen. Sie erlaubt es, die weiteren Fortschritte der Lernenden zu bestimmen und das Bildungsprogramm auf der Grundlage der Unterschiede zwischen dem aktuellen und dem gewünschten Stand ihrer Sprachkompetenz zu planen.

Die Evaluierungsinstrumente und -methoden sollten sowohl die Art der im Kurs entwickelten Kompetenzen und Fertigkeiten als auch deren Niveau berücksichtigen (Gajewska, Sowa 2014: 205). Laut Courtillon (2003 bei Gajewska, Sowa 2014: 207) werden das Hör- und Leseverstehen als grundlegend für den Erwerb jeder Sprache angesehen und daher sollten unabhängig vom Zweck der Lernaktivität bewertet werden. Bei der Evaluierung des schriftlichen und mündlichen Ausdrucks können verschiedene Komponenten berücksichtigt werden, nämlich sprachliche, pragmatische oder expressive. Da die Bewertung der Sprachkompetenz nicht ausreicht, sollten auch die berufliche und interkulturelle Kompetenz sowie die Vorgehensweisen im betreffenden beruflichen Umfeld mit einbezogen werden. Darüber hinaus können verschiedene Bewertungstechniken eingesetzt werden, wie z. B. Auswahltests, Lückentexte, Fehlerkorrekturen, Transformationen usw. Im Prinzip kann jede Übung, die im Unterricht verwendet wird, zu einer Testübung werden. In der Fachsprachendidaktik ist es wichtig, bei der Konstruktion von Bewertungsaufgaben die

Authentizität und die Verbindung zwischen sprachlichem und fachlichem Wissen zu betonen. Die in der Aufgabe dargestellten Situationen sollten mit denen in einem authentischen Arbeitskontext identisch sein (vgl. Gajewska, Sowa 2014: 208–211).

6. Empirische Forschung

Der gerade skizzierte Forschungsstand zur Situation der fachspezifischen DaF-Lehrenden für berufliche Zwecke impliziert den zentralen Impuls in diesem Beitrag. Diese Arbeit greift eine im Bereich der Ausbildung von fachspezifischen DaF-Lehrenden ersichtliche Forschungslücke auf. Mit der vorgenommenen Studie wird versucht diese zu vervollständigen.

6.1 Curricularer Vergleich

Der Gegenstand der vorliegenden Studie ist die fachsprachliche und didaktische Ausbildung in den Curricula für die Studienrichtung Germanistische Philologie an polnischen Universitäten. In Bezug auf die genannten Annahmen wird versucht zu analysieren, inwieweit die germanistischen Curricula die Lehrveranstaltungen mit Schwerpunkt auf Fachsprachen miteinbeziehen und demzufolge die zukünftigen Lehrkräfte auf das Unterrichten von Fachsprachen vorbereiten. Darüber hinaus wird erforscht, ob die offizielle glottodidaktische Spezialisierung zur Lehrerausbildung auch die Erwachsenenbildung sowie Didaktik der Fachsprachen berücksichtigt. Die vorliegende Erforschung wird somit durch folgende Forschungsfragen geleitet:

- Wie werden Studierende auf ihre spätere Tätigkeit als fachspezifische DaF-Lehrende für berufliche Zwecke sprachlich vorbereitet?
- Wie werden Studierende auf ihre spätere Tätigkeit als fachspezifische DaF-Lehrende für berufliche Zwecke fachlich, bzw. sachlich vorbereitet?
- Welche Komponenten dominieren in den Curricula?
- Welche Veranstaltungen werden zum Thema Fachsprachen angeboten?
- Umfasst das Lernangebot die Erwachsenenbildung sowie Fachsprachendidaktik?
- Welche Besonderheiten, Unterschiede und Gemeinsamkeiten können für die analysierten Curricula ausgemacht werden?

Um einen klaren Überblick zu bekommen, werden die Informationen in Form von Tabellen dargestellt. Jeder Universität wird eine Tabelle mit den gesammelten Daten zugeschrieben. Angefangen wird zuerst mit der Präsentation der Curricula für das BA-Studium und im Weiteren werden Curricula für das MA-Studium beschrieben.

Für eine bessere Veranschaulichung werden die Fächer den folgenden Bereichen zugeordnet:
- Pflichtfächer
  - Praxis der deutschen Sprache,
  - klassische philologische Veranstaltungen, die den Hauptdisziplinen wie Sprach-, Literatur-, sowie Kulturwissenschaft gewidmet werden,
  - Übersetzungen,
  - Didaktik,
  - andere Fremdsprachen,
  - Wahlpflichtfächer, welche sich je nach Universität im akademischen Jahr unterscheiden können,
  - Abschlussarbeit, d.h. alle für das Verfassen der Diplomarbeit relevanten Lehrveranstaltungen,
  - Sonstige, darunter werden alle Veranstaltungen zusammengefasst, die keiner Disziplin zugeordnet werden können und oft im Zusammenhang mit der Studienorganisation stehen;
- Wahlmodule.

Die Analyse jedes Curriculums erfolgt jeweils auf die gleiche Art und Weise. Untersucht werden die aktuellsten Studienprogramme, die den Internetseiten der Universitäten entnommen wurden. Informationen über das akademische Jahr, ab dem das Programm gilt, befinden sich oben rechts in jeder Tabelle. Im Fall von Universitäten, die im Rahmen der Germanistik unterschiedliche Studiengänge anbieten, werden für die Analyse ebenfalls alle Varianten mitberücksichtigt. Das Kriterium für die Auswahl der Universitäten sowie ihre Reihenfolge in der vorliegenden Arbeit wurde auf der Grundlage der Veröffentlichung des Statistischen Zentralamtes unter dem Titel »Hochschulwesen im akademischen Jahr 2020/2021 – Studierende und Absolventen« festgelegt. Daher wurden die Universitäten in der Reihenfolge nach der Studierendenanzahl angeordnet, jeweils von der größten zur kleinsten. Die Liste der Studiengänge auf Bachelor-Ebene wird von der Adam-Mickiewicz-Universität in Poznań mit 351 Studierenden eröffnet und von der Ermland-Masuren-Universität in Olsztyn mit 15 Studierenden abgeschlossen. In Bezug auf die Master-Stufe beginnt die Aufstellung mit der Universität Wrocław mit 161 Studierenden und endet mit der Ermland-Masuren-Universität in Olsztyn mit 5 Studierenden. Die genaue Anzahl der Studierenden ist neben der jeweiligen Universität über der Tabelle angefügt. Bei mehreren von einer Universität angeboten Studiengängen wird die Gesamtzahl der Studierenden aufgeführt. Sowohl die Bezeichnung der einzelnen Universitäten als auch die genaue Benennung der deutschsprachigen Studiengänge wurden den Internetseiten der Universitäten entnommen.

Der erste Schritt der Analyse bestand darin, alle in den Curricula aufgelisteten Lehrveranstaltungen entsprechend der oben genannten Aufteilung zuzuordnen. Für jedes Fach wurde jeweils das Semester, in welchem es unterrichtet wird, angegeben. Falls in der Tabelle Semester nach einem Schrägstrich stehen, bedeutet dies, dass die Studierenden wählen können, wann sie den Kurs belegen möchten. Falls die Semester mit einem Bindestrich geschrieben sind, haben die Studierenden die Möglichkeit, den Kurs innerhalb des angegebenen Zeitraums zu absolvieren. Die übersichtlich gestaltete Darstellung der Daten erleichtert die Beschreibung der Schlussfolgerungen in den einzelnen Tabellen. Unter jeder Tabelle befindet sich eine kurze Zusammenfassung der erhaltenen Daten, welche sich auf allgemeine Informationen über das Curriculum, die Ausbildung im Bereich der Fachsprachen sowie Didaktik und die Schlussfolgerungen beziehen. Das gleiche Verfahren wurde bei der Curriculumanalyse der MA-Stufe angewandt.

6.1.1 Analyse der Bachelorstudiengänge

1.   Adam-Mickiewicz-Universität in Poznań – 351 Studierende[35]

Adam-Mickiewicz-Universität in Poznań	Studienfachrichtung: Germanistik	
	Stufe: I (BA)	Studienform: Direktstudium
		Gilt ab: 2021/2022

Curriculum	Art der Lehrveranstaltung [Stundenanzahl]	Name der Lehrveranstaltung [^{Semester}Stundenanzahl]	insgesamt
Pflichtfächer	Sprachpraktische Fächer [750]	Praxis der deutschen Sprache [^{1}150, ^{2}150, ^{3}120, ^{4}120, ^{5}90, ^{6}90]	720
		Germanisten AG [^{1}30]	30
	Sprachwissenschaft [300]	Phonetik und Phonologie [^{1}60]	60
		Morphologie des Deutschen [^{2}60]	60
		Einführung in die Sprachwissenschaft [^{2}30]	30
		Syntax des Deutschen [^{3}60]	60
		Geschichte der deutschen Sprache [^{4}30]	30
		Kontrastive Grammatik [^{4}60]	60

---

35 http://germanistyka.amu.edu.pl/pl/index.php/studia/studia-stacjonarne-mainmenu-30/ba [letzter Zugang 20.08.2022].

(Fortsetzung)

Curriculum	Art der Lehrveranstaltung [Stundenanzahl]	Name der Lehrveranstaltung [[Semester]Stundenanzahl]	insgesamt
	Literaturwissenschaft [360]	Geschichte der deutschen Literatur [[1]90, [2]90, [3]90, [4]60]	330
		Sprachliche Kreativität [[3]30]	30
	Kulturwissenschaft [90]	Geschichte und Kultur des deutschen Sprachraums [[1]30]	30
		Kultur des deutschen Sprachraums [[2]30, [3]30]	60
	Übersetzungen [0]	- - - - - -	- - -
	Didaktik [30]	Erwerb und Erlernen von Sprachen [[2]30]	30
	Andere Fremdsprache [120]	Fremdsprache [[2]30, [3]30, [4]30, [5]30]	120
	Wahlpflichtfächer [30]	Wahlpflichtfach[36]: Spezialisierungsübungen [[5]30]	30
	Abschlussarbeit [90]	Fachseminar [[5]30, [6]30]	60
		Diplomseminar [[6]30]	30
	Sonstige [150]	Antike Kultur [[1]30]	30
		Sport [[1]30, [2]30]	60
		Philosophie [[5]30]	30
		Informationstechnologie [[5]30]	30
Wahlmodule	Translatorik [420]	Übersetzungstheorie [[3]30]	30
		Medienübersetzung – Formen von Film und Fernsehen [[3]30, [6]30]	60
		Praktische Rhetorik [[4]30]	30
		Übersetzung von publizistischen- und Gebrauchstexten [[4]30]	30
		Übersetzung von Fachtexten[37] [[5]60, [6]30]	90
		Computergestützte Übersetzung [[6]30]	30
		Berufspraktikum [[5]150]	150
	Interkulturelle Kommunikation [420]	Beziehungen zwischen Kulturen [[3]30]	30
		Germanist als Vermittler zwischen den Kulturen [[3]30]	30
		Kommunikation in der Kultur [[4]30]	30
		Kultur und Klischees [[4]30]	30
		Deutsch-polnische Beziehungen [[5]30]	30
		Übersetzung in der Kultur [[5]30, [6]60]	90
		Polnisch-österreichische sowie polnisch-schweizerische Beziehungen [[6]30]	30
		Berufspraktikum [[5]150]	150

---

36 Die Studierenden wählen ein Fach aus dem aktuellen Angebot des Instituts für Germanistische Philologie.

37 Im Original »Tłumaczenie tekstów fachowych«.

(Fortsetzung)

Curriculum	Art der Lehrveranstaltung [Stundenanzahl]	Name der Lehrveranstaltung [^{Semester}Stundenanzahl]	insgesamt
	Fachsprachen und Translatorik [420]	Einführung in die Translatorik [^{3}30]	30
		Soziolinguistik [^{3}30]	30
		Fachsprache: Ökonomie/Wirtschaft [^{4}30]	30
		Textlinguistik [^{4}30]	30
		Lexikografie mit Elementen der Lexikologie, Phraseologie und Terminologie [^{5}30]	30
		Fachsprache: Recht/Verwaltung [^{5}30]	30
		Computergestützte Übersetzung [^{6}30]	30
		Fachsprache: Medizin/Technik [^{6}30]	30
		Übersetzung von Fachtexten[38] [^{6}30]	30
		Berufspraktikum [^{5}150]	150
	Lehramt [345]	Grundlagen der Psychologie für Lehrkräfte [^{1}30, ^{2}15]	45
		Grundlagen der Pädagogik für Lehrkräfte [^{1}30, ^{2}15]	45
		Pädagogisches Labor: Vorbereitung auf das Praktikum in der Grundschule [^{2}10]	10
		Psychologisches Labor: Vorbereitung auf das Praktikum in der Grundschule [^{2}10]	10
		Grundlagen der Fremdsprachendidaktik [^{3}30, ^{4}15]	45
		Vormedizinische Erste-Hilfe [^{3}4]	4
		Sicherheit in der Schule [^{3}2]	2
		Rechtliche Aspekte der Arbeit in der Schule [^{3}4]	4
		Deutschdidaktik [^{4}60, ^{5}30]	90
		Stimmtraining [^{5}15]	15
		Berufspraktikum [^{4}65]	65
		– Didaktisches [^{4}50]	
		– Psychologisch-pädagogisches [^{4}15]	
		Pädagogisches Evaluierungslabor: Evaluierung des Berufspraktikums [^{5}10]	10

---

38 Im Original »Tłumaczenie tekstów specjalistycznych«.

Adam-Mickiewicz-Universität in Poznań	Studienfachrichtung: Germanistik (ohne Deutschgrundkurs)	
	Stufe: I (BA)	Studienform: Direktstudium
	Gilt ab: 2021/2022	

Curriculum	Art der Lehrveranstaltung [Stundenanzahl]	Name der Lehrveranstaltung [[Semester]Stundenanzahl]	insgesamt
Pflichtfächer	Sprachpraktische Fächer [990]	Praxis der deutschen Sprache [[1]300, [2]270, [3]120, [4]120, [5]90, [6]90]	990
	Sprachwissenschaft [300]	Phonetik und Phonologie [[1]60]	60
		Morphologie des Deutschen [[2]60]	60
		Syntax des Deutschen [[3]60]	60
		Einführung in die Sprachwissenschaft [[3]30]	30
		Geschichte der deutschen Sprache [[4]30]	30
		Kontrastive Grammatik [[4]60]	60
	Literaturwissenschaft [240]	Geschichte der deutschen Literatur [[1]60, [2]60, [3]60, [4]60]	240
	Kulturwissenschaft [60]	Kultur des deutschen Sprachraums [[3]30, [4]30]	60
	Übersetzungen [0]	- - - - - -	- - -
	Didaktik [30]	Erwerb und Erlernen von Sprachen [[2]30]	30
	Andere Fremdsprache [120]	Fremdsprache [[2]30, [3]30, [4]30, [5]30]	120
	Wahlpflichtfächer [30]	Wahlpflichtfach[39]: Spezialisierungsübungen [[5]30]	30
	Abschlussarbeit [90]	Fachseminar [[5]30, [6]30]	60
		Diplomseminar [[6]30]	30
	Sonstige [150]	Antike Kultur [[1]30]	30
		Sport [[1]30, [2]30]	60
		Philosophie [[5]30]	30
		Informationstechnologie [[5]30]	30
Wahlmodule	Translatorik [420]	Übersetzungstheorie [[3]30]	30
		Medienübersetzung – Formen von Film und Fernsehen [[3]30, [6]30]	60
		Praktische Rhetorik [[4]30]	30
		Übersetzung von publizistischen- und Gebrauchstexten [[4]30]	30
		Übersetzung von Fachtexten[40] [[5]60, [6]30]	90
		Computergestützte Übersetzung [[6]30]	30
		Berufspraktikum [[5]150]	150

---

39 Die Studierenden wählen ein Fach aus dem aktuellen Angebot des Instituts für Deutsche Philologie.

40 Im Original »Tłumaczenie tekstów fachowych«.

(Fortsetzung)

Curriculum	Art der Lehrveranstaltung [Stundenanzahl]	Name der Lehrveranstaltung [^{Semester}Stundenanzahl]	insgesamt
	Interkulturelle Kommunikation [420]	Beziehungen zwischen Kulturen [^{3}30]	30
		Germanist als Vermittler zwischen den Kulturen [^{3}30]	30
		Kommunikation in der Kultur [^{4}30]	30
		Kultur und Klischees [^{4}30]	30
		Deutsch-polnische Beziehungen [^{5}30]	30
		Übersetzung in der Kultur [^{5}30, ^{6}60]	90
		Polnisch-österreichische sowie polnisch-schweizerische Beziehungen [^{6}30]	30
		Berufspraktikum [^{5}150]	150
	Fachsprachen und Translatorik [420]	Einführung in die Translatorik [^{3}30]	30
		Soziolinguistik [^{3}30]	30
		Fachsprache: Ökonomie/Wirtschaft [^{4}30]	30
		Textlinguistik [^{4}30]	30
		Lexikographie mit Elementen der Lexikologie, Phraseologie und Terminologie [^{5}30]	30
		Fachsprache: Recht/Verwaltung [^{5}30]	30
		Computergestützte Übersetzung [^{6}30]	30
		Fachsprache: Medizin/Technik [^{6}30]	30
		Übersetzung von Fachtexten[41] [^{6}30]	30
		Berufspraktikum [^{5}150]	150
	Lehramt [345]	Grundlagen der Psychologie für Lehrkräfte [^{1}30, ^{2}15]	45
		Grundlagen der Pädagogik für Lehrkräfte [^{1}30, ^{2}15]	45
		Pädagogisches Labor: Vorbereitung auf das Praktikum in der Grundschule [^{2}10]	10
		Psychologisches Labor: Vorbereitung auf das Praktikum in der Grundschule [^{2}10]	10
		Grundlagen der Fremdsprachendidaktik [^{3}30, ^{4}15]	45
		Vormedizinische Erste-Hilfe [^{3}4]	4
		Sicherheit in der Schule [^{3}2]	2
		Rechtliche Aspekte der Arbeit in der Schule [^{3}4]	4
		Deutschdidaktik [^{4}60, ^{5}30]	90
		Stimmtraining [^{5}15]	15
		Berufspraktikum [^{4}65]	65
		– Didaktisches [^{4}50]	
		– Psychologisch-pädagogisches [^{4}15]	
		Pädagogisches Evaluierungslabor: Evaluierung des Berufspraktikums [^{5}10]	10

---

41 Im Original »Tłumaczenie tekstów specjalistycznych«.

Allgemeine Anmerkungen

Die Adam-Mickiewicz-Universität bietet zwei Studiengänge an, einen für Studierende mit fortgeschrittenen Deutschkenntnissen und einen für Kandidaten ohne Deutschkenntnisse. Der Hauptunterschied zwischen den beiden Varianten liegt in der Stundenzahl für den praktischen Deutschunterricht. Sprachpraktische Fächer werden unter »Praxis der deutschen Sprache« zusammengefasst und »Phonetik und Phonologie« werden der sprachwissenschaftlichen Disziplin zugeordnet. Im Rahmen der obligatorischen Veranstaltungen wird nur ein Fach angeboten, welches der didaktischen Bildung entsprechen könnte, nämlich »Erwerb und Erlernen von Sprachen«. Den Fachsprachen wird kein obligatorisches Fach gewidmet. Nach der Analyse lässt sich feststellen, dass das Grundprogramm leicht von Inhalten aus der sprachwissenschaftlichen Disziplin dominiert wird. Die Studierenden können weitere Kompetenzen durch die Wahl eines von drei Modulen vertiefen: »Translatorik«, »Interkulturelle Kommunikation«, »Fachsprachen und Translatorik«. Für angehende Lehrkräfte wird noch zusätzlich ein Lehramt-Modul angeboten.

Ausbildung im Bereich Fachsprachen

Das Modul »Fachsprachen und Translatorik« stellt eine umfangreiche Palette von fachsprachlichen Veranstaltungen dar, welche die Besprechung der größten und wichtigsten Bereiche ermöglicht: »Ökonomie und Wirtschaft«, »Recht und Verwaltung« sowie »Medizin und Technik«. Zusammen mit dem Fach »Übersetzung von Fachtexten« umfasst alleine die fachsprachliche Bildung 120 Unterrichtseinheiten. Das reiche Angebot an fachsprachlich orientierten Veranstaltungen kann eine gute Basis für Studierende bilden, die ihre Kompetenzen in diesem Bereich verstärken möchten.

Ausbildung im Bereich Didaktik

Zusätzlich zu der bereits erwähnten Veranstaltung im Rahmen der obligatorischen Fächer wird ein separates Lehramt-Modul angeboten, welches sich auf die Vorbereitung auf die Ausübung des Lehrerberufes in der Grundschule konzentriert. Es werden jedoch keine Veranstaltungen zur Erwachsenenbildung oder zur Fachsprachendidaktik angeboten. Somit eignet sich das Modul vor allem für angehende Grundschullehrkräfte.

Schlussbemerkung

Den analysierten Curricula zufolge werden den Studierenden Fachsprachen im Rahmen verschiedener Wissensgebiete vermittelt. Das breite Spektrum kann für die angehenden fachspezifischen DaF-Lehrende als eine Grundlage gelten, welche für didaktische Ziele weiterentwickelt werden kann. Eine Bereicherung des

Lerninhaltes um zusätzliche Komponenten in Bezug auf die Erwachsenenbildung sowie Fachsprachendidaktik wäre von Vorteil.

2. Universität Wrocław – 300 Studierende[42]

Universität Wrocław	Studienfachrichtung: Germanische Philologie	
	Stufe: I (BA)	Studienform: Direktstudium
		Gilt ab: 2019/2020

Curriculum	Art der Lehrveranstaltung [Stundenanzahl]	Name der Lehrveranstaltung [^{Semester}Stundenanzahl]	insgesamt
Pflichtfächer	Sprachpraktische Fächer [Fortgeschrittene 690] [Anfänger 870] Deutsch im Beruf [alle 90]	Praxis der deutschen Sprache (Fortgeschrittene)	690
		– Praktische Grammatik [^{1}60, ^{2}30, ^{3}30, ^{4}30]	150
		– Lexik [^{1}30]	30
		– Lehrbuchkurs [^{1}60, ^{2}60, ^{3}30, ^{4}30]	180
		– Sprechen [^{1}30]	30
		– Hörverstehen [^{1}30]	30
		– Leseverstehen [^{1}30]	30
		– Lexikalische Strukturen in der Praxis [^{2}30]	30
		– Konversationen [^{2}30, ^{5}30]	60
		– Konversations-lexikalische Übungen [^{3}30, ^{4}30]	60
		– Textarbeit [^{4}30]	30
		– Vokabularübungen [^{5}30]	30
		– Arbeit mit publizistischen Texten [^{5}30]	30
		Praxis der deutschen Sprache (Anfänger)	870
		– Praktische Grammatik [^{1}60, ^{2}30, ^{3}30, ^{4}30]	150
		– Lexik [^{1}30]	30
		– Lehrbuchkurs [^{1}60, ^{2}60, ^{3}30, ^{4}30]	180
		– Sprechen [^{1}30]	30
		– Hörverstehen [^{1}30, ^{2}30, ^{3}30, ^{4}30]	120
		– Schreiben [^{3}30]	30
		– Syntaktische Strukturen in der Praxis [^{4}30]	30
		– Leseverstehen [^{1}30, ^{2}30]	60
		– Lexikalische Strukturen in der Praxis [^{2}30]	30
		– Konversationen [^{2}30, ^{5}30]	60
		– Konversation-lexikalische Übungen [^{3}30, ^{4}30]	60
		– Textarbeit [^{4}30]	30
		– Vokabularübungen [^{5}30]	30

---

42 http://www.ifg.uni.wroc.pl/dydaktyka/studia-stacjonarne-i-stopnia/plany-studiow/ [letzter Zugang 20.08.2022].

(Fortsetzung)

Curriculum	Art der Lehrveranstaltung [Stundenanzahl]	Name der Lehrveranstaltung [[Semester]Stundenanzahl]	insgesamt
		– Arbeit mit publizistischen Texten [[5]30]	30
		Deutsch im Beruf (alle) [[3]90]:	90
		– Paraphrasierungstechniken [[6]30]	30
		– Eristische Übungen [[6]30]	30
		– Branchenspezifischer Kurs [[6]30]	30
	Sprachwissenschaft [330]	Phonetik und Phonologie [[1]30, [2]30]	60
		Beschreibende Grammatik – Morphologie [[2]60, [3]60]	120
		Einführung in die Sprachwissenschaft [[1]30]	30
		Beschreibende Grammatik – Syntax [[4]60]	60
		Pragmalinguistik [[5]30]	30
		Kontrastive Grammatik [[6]30]	30
	Literaturwissenschaft [390]	Geschichte der deutschen Literatur [[1]60, [2]60, [3]60, [4]60, [5]60]	300
		Einführung in die Literaturwissenschaft [[2]30]	30
		Geschichte der österreichischen Literatur [[6]60]	60
	Kulturwissenschaft [120]	Kultur der deutschsprachigen Länder und Schlesiens [[4]60, [5]60]	120
	Übersetzungen [30]	Übersetzungen [[6]30]	30
	Didaktik [0]	- - - - -	- - -
	Andere Fremdsprache [210]	Fremdsprache [[1]60, [2]60, [3]60]	180
		Latein [[2]30]	30
	Wahlpflichtfächer [Fortgeschrittene 270] [Anfänger 90]	Wahlkurs (Fortgeschrittene) [[2]60, [3]60, [4]60]	180
		Wahlkurs (alle) [[5]60, [6]30][43]	90
	Abschlussarbeit [60]	Diplomseminar [[5]30, [6]30]	60
	Sonstige [139]	Sport [[1]30, [2]30]	60
		Arbeitsschutzschulung [[1]4]	4
		Arbeitsmarkt [[3]15]	15
		Informations- und Digitalkompetenzen in der germanistischen Arbeit [[5]30]	30
		Zwischen Philosophie und Philologie [[6]30]	30
Wahlmodule	Lehramt [435]	Pädagogik für Lehrkräfte [[2]15]	15
		Psychologie für Lehrkräfte [[2]15]	15

---

43 Wahlkurse werden von den Studierenden je nach gewählter Spezialisierung realisiert: germanistische Sprachwissenschaft, germanistische Literaturwissenschaft oder Kultur der deutschsprachigen Länder und Schlesiens.

(Fortsetzung)

Curriculum	Art der Lehrveranstaltung [Stundenanzahl]	Name der Lehrveranstaltung [[Semester]Stundenanzahl]	insgesamt
		Psychologie der menschlichen Entwicklung [[2]15]	15
		Schüler mit sonderpädagogischem Förderbedarf [[3]30]	30
		Förderung der Kinderentwicklung und Entwicklungsdisharmonie [[3]15]	15
		Elemente des Rechts und der Sicherheit in der Schule [[3]15]	15
		Grundlagen der Didaktik [[3]45]	45
		Psychologische Grundlagen der Lehrerarbeit [[4]30]	30
		Pädagogische Grundlagen der Lehrerarbeit [[4]15]	15
		Deutschdidaktik in der Grundschule [[5]30, [6]30]	60
		Berufspraktikum [[4]90, [5]30] – Didaktisches [[4]90] – Psychologisch-pädagogisches [[5]30]	120
		Deutschdidaktik – Workshops [[5]30]	30
		Psychologische und pädagogische Lehrerkompetenzen [[6]30]	30

Allgemeine Anmerkungen

Die Universität Wrocław bietet den Studierenden zwei Bildungswege an, einen für Personen mit fortgeschrittenen Deutschkenntnissen und einen für Anfänger. Der Hauptunterschied liegt in der Stundenzahl für den praktischen Deutschunterricht sowie Wahlkurse. Sprachpraktische Fächer werden detailliert aufgelistet, was einen klaren Überblick über alle erwerbbaren Sprachfertigkeiten gibt. Der obligatorische Teil des Curriculums wird von literaturwissenschaftlichen Fächern dominiert. Vorgeschlagen wird ein »Branchenspezifischer Kurs«, dessen Bezeichnung möglicherweise auf arbeitsmarktorientierte Inhalte hinweisen kann. Die Studierenden können zwischen drei Spezialisierungen (Sprach- oder Literaturwissenschaft oder Kultur der deutschsprachigen Länder und Schlesiens) wählen und dementsprechend der Spezialisierung zugewiesene Veranstaltungen belegen. Am Lehrerberuf interessierte Studierende können sich darüber hinaus für das Lehramt-Modul entscheiden.

Ausbildung im Bereich Fachsprachen
Außer dem »Branchenspezifischen Kurs«, welcher der Vermittlung von arbeits-marktorientierten Inhalten dienen könnte, werden dem Bereich Fachsprachen keine Veranstaltungen strikt zugeschrieben.

Ausbildung im Bereich Didaktik
Im Rahmen des Wahlmodules »Lehramt« werden ausschließlich Veranstaltungen vorgeschlagen, deren Schwerpunkt auf dem Unterrichten von Kindern in der staatlichen Grundschule liegt. Im Curriculum sind aber keine Fächer zur Erwachsenenbildung sowie Fachsprachendidaktik zu finden.

Schlussbemerkung
Die Analyse des oben genannten Programms lässt den Schluss zu, dass es an einem der Ausbildung in Fachsprachen entsprechendem Angebot fehlt. Die Universität bietet auch kein zusätzliches Modul an, in dem die Studierenden zumindest Grundkenntnisse in diesem Bereich erwerben könnten. Daher könnte es für die angehenden fachspezifischen DaF-Lehrende zeit- sowie kostaufwendig sein, sich auf die Ausübung dieses Berufes vorzubereiten. Eine Erweiterung des Lehrangebotes würde vorteilhaft wirken.

3.   Schlesische Universität Katowice – 295 Studierende[44]

Schlesische Universität Katowice	Studienfachrichtung: Germanische Philologie: Interkulturelle Deutschstudien	
	Stufe: I (BA)	Studienform: Direktstudium
		Gilt ab: 2020/2021

Curriculum	Art der Lehrveranstaltung [Stundenanzahl]	Name der Lehrveranstaltung [[Semester]Stundenanzahl]	insgesamt
Pflichtfächer	Sprachpraktische Fächer [690]	Praxis der deutschen Sprache [[1]120, [2]120, [3]120, [4]120, [5]120, [6]90]	690
	Sprachwissenschaft [420]	Beschreibende Grammatik [[1]60, [2]30, [3]30]	120
		Sprachlabor [[1]30]	30
		Sprachlabor – Phonetik [[2]30]	30
		Kontrastive Grammatik [[4]30]	30
		Wirtschaftsdeutsch [[2]30]	30
		Multimodale Diskursanalyse [[2]30]	30
		Textarbeit [[3]30, [4]30]	60
		Deutsch in den Medien [[3]30, [4]30]	60

---

44 https://informator.us.edu.pl/kierunki/W1-S1FG19.2020/5_3584 [letzter Zugang 20.08.2022].

(Fortsetzung)

Curriculum	Art der Lehrveranstaltung [Stundenanzahl]	Name der Lehrveranstaltung [^{Semester}Stundenanzahl]	insge-samt
		Kommunikation im politischen Diskurs [^{5}30]	30
	Literaturwissen-schaft [225]	Literatur der DACH-Länder [^{1}60, ^{2}45, ^{3}45, ^{4}45]	195
		Literarische Komparatistik [^{5}30]	30
	Kulturwissenschaft [180]	Geschichte, Gesellschaft und Kultur der DACH-Länder [^{1}45, ^{2}45]	90
		Deutsch-polnische Beziehungen [^{3}30]	30
		Ausgewählte Aspekte der deutschen Kultur [^{3}30, ^{4}30]	60
	Übersetzungen [60]	Translatorium [^{4}30, ^{5}30]	60
	Didaktik [0]	- - - - - -	- - -
	Andere Fremd-sprache [120]	Fremdsprache [^{1}30, ^{2}30, ^{3}30, ^{4}30]	120
	Wahlpflichtfächer [60]	Wahlmodul [^{5}30] – sprachwissenschaftliche Forschungs-methodologie – literaturwissenschaftliche Forschungs-methodologie – Forschungsmethodologie – Kultur und Religion	30
		Wahlmodul [^{6}30] – sprachwissenschaftliche Forschungs-methodologie – literaturwissenschaftliche Forschungs-methodologie – Deutsches Schrifttum in Schlesien / Kultur der Regionen	30
	Abschlussarbeit [60]	Diplomseminar [^{5}30, ^{6}30]	60
	Sonstige [120]	Sport [^{1}30, ^{2}30]	60
		Monografisches Seminar [^{6}30]	30
		Allgemeinuniversitäres Modul [^{6}30]	30

Schlesische Universität Katowice	Studienfachrichtung: Germanische Philologie (ohne Vorkenntnisse)	
	Stufe: I (BA)	Studienform: Direktstudium
		Gilt ab: 2020/2021

Curriculum	Art der Lehrveranstaltung [Stundenanzahl]	Name der Lehrveranstaltung [^SemesterStundenanzahl]	insgesamt
Pflichtfächer	Sprachpraktische Fächer [870]	Praxis der deutschen Sprache [¹180, ²180, ³150, ⁴150, ⁵120, ⁶90]	870
	Sprachwissenschaft [330]	Geschichte der germanischen Sprachen [²30]	30
		Allgemeine Sprachwissenschaft [¹30]	30
		Beschreibende Grammatik [³45, ⁴45]	90
		Kontrastive Grammatik [⁵30]	30
		Wirtschaftsdeutsch [³30, ⁴30, ⁵30]	90
		Deutsch in den Medien [³30, ⁴30]	60
	Literaturwissenschaft [135]	Literatur der DACH-Länder [³45, ⁴45, ⁵45]	135
	Kulturwissenschaft [225]	Interkulturelle Kommunikation [¹30]	30
		Landeskunde der DACH-Länder [¹60, ²60]	120
		Kulturelle Standards [²30]	30
		Geschichte, Gesellschaft und Kultur der DACH-Länder [³45]	45
	Übersetzungen [0]	- - - - - -	- - -
	Didaktik [0]	- - - - - -	- - -
	Andere Fremdsprache [120]	Fremdsprache [¹30, ²30, ³30, ⁴30]	120
	Wahlpflichtfächer [60]	Wahlmodul [⁵30] – sprachwissenschaftliche Forschungsmethodologie – literaturwissenschaftliche Forschungsmethodologie – Forschungsmethodologie – Kultur und Religion Wahlmodul [⁶30] – sprachwissenschaftliche Forschungsmethodologie – literaturwissenschaftliche Forschungsmethodologie – Forschungsmethodologie – Kultur und Religion – Deutsches Schrifttum in Schlesien / Kultur der Regionen	60
	Abschlussarbeit [60]	Diplomseminar [⁵30, ⁶30]	60

(Fortsetzung)

Curriculum	Art der Lehrveranstaltung [Stundenanzahl]	Name der Lehrveranstaltung [[Semester]Stundenanzahl]	insgesamt
	Sonstige [150]	Sport [[1]30, [2]30]	60
		Workshops mit Geschäftsleuten [[5]30]	30
		Monografisches Seminar [[6]30]	30
		Allgemeinuniversitäres Modul [[6]30]	30

Schlesische Universität Katowice	Studienfachrichtung: Germanische Philologie mit Schwedisch	
	Stufe: I (BA)	Studienform: Direktstudium
		Gilt ab: 2020/2021

Curriculum	Art der Lehrveranstaltung [Stundenanzahl]	Name der Lehrveranstaltung [[Semester]Stundenanzahl]	insgesamt
Pflichtfächer	Sprachpraktische Fächer [1050]	Praxis der schwedischen Sprache [[1]180, [2]180, [3]150, [4]150, [5]120, [6]90]	870
		Praxis der deutschen Sprache [[2]60, [3]60, [4]60]	180
	Sprachwissenschaft [240]	Sprachlabor (Phonetik) [[1]30]	30
		Allgemeine schwedische Sprachwissenschaft [[1]30]	30
		Geschichte der germanistischen Sprachen [[2]30]	30
		Beschreibende Grammatik der Schwedischen Sprache [[3]45, [4]45]	90
		Schwedisch in den Medien [[3]30]	30
		Schwedisch in der Wirtschaft [[5]30]	30
	Literaturwissenschaft [90]	Schwedische Literatur [[3]45, [4]45]	90
	Kulturwissenschaft [210]	Interkulturelle Kommunikation [[1]30]	30
		Skandinavien: Geschichte, Gesellschaft, Kultur [[1]45, [2]45]	90
		Landeskunde der DACH-Länder [[4]30]	30
		Geschichte Schwedens [[4]30]	30
		Ausgewählte Aspekte der schwedischen Kultur [[5]30]	30
	Übersetzungen [90]	Translatorium [[3]30, [4]30, [5]30]	90
	Didaktik [0]	- - - - - -	- - -
	Andere Fremdsprache [0]	- - - - - -	- - -

(Fortsetzung)

Curriculum	Art der Lehrveranstaltung [Stundenanzahl]	Name der Lehrveranstaltung [[Semester]Stundenanzahl]	insgesamt
	Wahlpflichtfächer [60]	Wahlmodul [[5]30] – sprachwissenschaftliche Forschungs-methodologie – literaturwissenschaftliche Forschungs-methodologie – Forschungsmethodologie – Kultur und Religion	30
		Wahlmodul [[6]30] – sprachwissenschaftliche Forschungs-methodologie – literaturwissenschaftliche Forschungs-methodologie – Forschungsmethodologie – Kultur und Religion	30
	Abschlussarbeit [60]	Diplomseminar [[5]30, [6]30]	60
	Sonstige [120]	Sport [[1]30, [2]30] Monografisches Seminar [[6]30] Allgemeinuniversitäres Modul [[6]30]	60 30 30

Schlesische Universität Katowice	Studienfachrichtung: Germanische Philologie: Lehramt	
	Stufe: I (BA)	Studienform: Direktstudium
		Gilt ab: 2020/2021

Curriculum	Art der Lehrveranstaltung [Stundenanzahl]	Name der Lehrveranstaltung [[Semester]Stundenanzahl]	insgesamt
Pflichtfächer	Sprachpraktische Fächer [690]	Praxis der deutschen Sprache [[1]120, [2]120, [3]120, [4]120, [5]120, [6]90]	690
	Sprachwissenschaft [270]	Beschreibende Grammatik der deutschen Sprache [[1]60, [2]45, [3]45] Sprachlabor [[1]30] Sprachlabor (Phonetik) [[2]30] Kontrastive Grammatik [[4]30] Wirtschaftsdeutsch/ Deutsch in den Medien [[4]30]	150 30 30 30 30
	Literaturwissenschaft [195]	Literatur der DACH-Länder [[1]60, [2]45, [3]45, [4]45]	195
	Kulturwissenschaft [75]	Geschichte, Gesellschaft und Kultur der DACH-Länder [[2]45, [2]30]	75

(Fortsetzung)

Curriculum	Art der Lehrveranstaltung [Stundenanzahl]	Name der Lehrveranstaltung [^{Semester}Stundenanzahl]	insgesamt
	Übersetzungen [30]	Translatorium [^{5}30, ^{6}30]	60
	Didaktik [495]	Pädagogik [^{2}45] Psychologie [^{2}45] Sprachtraining [^{3}15] Pädagogik – Workshops [^{3}30, ^{4}30] Grundlagen der Didaktik [^{3}60] Psychologie – Workshops [^{3}30] Deutschdidaktik [^{5}60] Ausgewählte Aspekte der Didaktik [^{5}30] Berufspraktikum [150] – Psychologisch-pädagogisches Praktikum [^{3}30] – Didaktisches [^{4}60, ^{5}60]	45 45 15 60 60 30 60 30 150
	Andere Fremdsprache [120]	Fremdsprache [^{1}30, ^{2}30, ^{3}30, ^{4}30]	120
	Wahlpflichtfächer [60]	Wahlmodul [^{5}30] – sprachwissenschaftliche Forschungsmethodologie – literaturwissenschaftliche Forschungsmethodologie – Forschungsmethodologie – Kultur und Religion – Deutsches Schrifttum in Schlesien / Kultur der Regionen Wahlmodul [^{5}30] – sprachwissenschaftliche Forschungsmethodologie – literaturwissenschaftliche Forschungsmethodologie – Deutsches Schrifttum in Schlesien / Kultur der Regionen	30 30
	Abschlussarbeit [60]	Diplomseminar [^{5}30, ^{6}30]	60
	Sonstige [90]	Sport [^{1}30, ^{2}30] Monografisches Seminar [^{6}30]	60 30

Schlesische Universität Katowice	Studienfachrichtung: Germanische Philologie: Ausbildung zum Fachübersetzer	
	Stufe: I (BA)	Studienform: Direktstudium
		Gilt ab: 2020/2021

Curriculum	Art der Lehrveranstaltung [Stundenanzahl]	Name der Lehrveranstaltung [Semester Stundenanzahl]	insgesamt
Pflichtfächer	Sprachpraktische Fächer [690]	Praxis der deutschen Sprache [^{1}120, ^{2}120, ^{3}120, ^{4}120, ^{5}120, ^{6}90]	690
	Sprachwissenschaft [435]	Beschreibende Grammatik der deutschen Sprache [^{1}60, ^{2}45, ^{3}45, ^{4}45]	195
		Sprachlabor [^{1}30]	30
		Sprachlabor (Phonetik) [^{2}30]	30
		Kontrastive Grammatik [^{4}30]	30
		Einführung in die Fachsprachen [^{2}30]	30
		Wirtschaftsdeutsch/ Deutsch in den Medien (mit Elementen der Sozialwissenschaften) [^{3}30]	30
		Fachsprache (mit Elementen der BWL) [^{3}30]	30
		Fachsprache (Technik, Medizin) [^{4}30]	30
		Fachsprache (Recht) [^{5}30]	30
	Literaturwissenschaft [195]	Literatur der DACH-Länder [^{1}60, ^{2}45, ^{3}45, ^{4}45]	195
	Kulturwissenschaft [90]	Geschichte, Gesellschaft und Kultur der DACH-Länder [^{1}45, ^{2}45]	90
	Übersetzungen [300]	Grundlagen der Übersetzerwerkstatt [^{2}30]	30
		Konsekutivdolmetschen und Vom-Blatt-Dolmetschen [^{3}30, ^{4}30, ^{5}60, ^{6}30]	150
		Übersetzungen [^{3}30, ^{4}30, ^{5}30, ^{6}30]	120
	Didaktik [0]	- - - - - -	- - -
	Andere Fremdsprache [120]	Fremdsprache [^{1}30, ^{2}30, ^{3}30, ^{4}30]	120
	Wahlpflichtfächer [30]	Wahlmodul [^{5}30] – sprachwissenschaftliche Forschungsmethodologie – literaturwissenschaftliche Forschungsmethodologie – Theorie und Praxis der Übersetzung	30
	Abschlussarbeit [60]	Diplomseminar [^{5}30, ^{6}30]	60
	Sonstige [90]	Sport [^{1}30, ^{2}30]	60
		Monografisches Seminar [^{6}30]	30

Allgemeine Anmerkungen

Die Schlesische Universität Katowice bietet im Rahmen der Germanischen Philologie fünf getrennte Ausbildungswege an: Germanische Philologie: Interkulturelle Deutschstudien, Germanische Philologie (ohne Vorkenntnisse), Germanische Philologie mit Schwedisch, Germanistische Philologie: Lehramt, sowie Germanische Philologie: Ausbildung zum Fachübersetzer. Aufgrund einiger weniger Gemeinsamkeiten wurde in der vorliegenden Arbeit jedes Curriculum getrennt erörtert. In diesem Fall gibt es keine Wahlmodule, in denen sich die Studierenden spezialisieren können. Die Auswahl erfolgt zu Beginn des Studiums aus den aufgeführten Studiengängen. In Bezug auf die Ausbildung von künftigen fachspezifischen DaF-Lehrenden sollte den zwei letztgenannten Curricula besondere Aufmerksamkeit geschenkt werden. Germanische Philologie: Lehramt bietet eine sprachwissenschaftliche sowie eine didaktische Vorbereitung. An dieser Stelle ist die überwiegende Stundenanzahl den sprachwissenschaftlichen Veranstaltungen zuzuordnen. Demgegenüber wird in Bezug auf die fachsprachliche Bildung die Germanische Philologie: Ausbildung zum Fachübersetzer betrachtet. Ähnlich wie im vorigen Beispiel dominieren auch in diesem Programm Fächer aus der sprachwissenschaftlichen Disziplin.

Ausbildung im Bereich Fachsprachen

Die fachsprachliche Ausbildung wird durch die Wahl der Germanische Philologie: Ausbildung zum Fachübersetzer ermöglicht. Aus dem Programm geht hervor, dass die Fachsprachen den Studierenden sowohl im theoretischen als auch im praktischen Umfang beigebracht werden. Daher werden der Einführung in die Fachsprachen, sowie ausgewählten Aspekten von Wirtschaft, Technik, Medizin und Recht insgesamt 150 Unterrichtsstunden gewidmet.

Ausbildung im Bereich Didaktik

Didaktische Inhalte können nur im Rahmen der Germanische Philologie: Lehramt realisiert werden. Das Modul konzentriert sich auf die Sprachvermittlung auf der schulischen Bildungsstufe. Das Programm sieht keine Veranstaltungen im Bereich der Erwachsenenbildung sowie Fachsprachendidaktik vor.

Schlussbemerkung

Zusammenfassend lässt sich feststellen, dass aus der Sicht des angehenden fachspezifischen DaF-Lehrenden die Verbindung der zwei oben näher beschriebenen Curricula relevant sein könnte. Die explizite Benennung der besprochenen Fachsprachen gibt eine klare Übersicht und kann bei der Wahl des Studiengangs entscheidend sein. Eine Ausweitung der Inhalte auf die Fachsprachendidaktik sowie Erwachsenenbildung würde das Curriculum zweifelsohne bereichern.

4.   Universität Warschau – 243 Studierende[45]

Universität Warschau	Studienfachrichtung: Germa-nische Philologie	
	Stufe: I (BA)	Studienform: Direktstudium
		Gilt ab: 2018/2019

Curriculum	Art der Lehrveranstaltung [Stundenanzahl]	Name der Lehrveranstaltung [^{Semester}Stundenanzahl]	insge-samt
Pflichtfächer	Sprachpraktische Fächer [780]	Praxis der deutschen Sprache [^{1}150, ^{2}150, ^{3}120, ^{4}120, ^{5}120, ^{6}120]	780
	Sprachwissen-schaft [240]	Phonetik [^{4}30]	30
		Beschreibende Grammatik [^{1}30, ^{2}30]	60
		Einführung in die Sprachwissenschaft [^{1}30]	30
		Analyse der Syntax [^{3}60]	60
		Lexikologische Analyse der Sprache [^{5}30]	30
		Forschungsmethoden historischer Texte [^{6}30]	30
	Literaturwissen-schaft [240]	Literaturgeschichte des deutschsprachigen Kulturraumes [^{1}30, ^{2}30]	60
		Deutschsprachige Literatur [^{3}30, ^{4}30]	60
		Literaturtheorie [^{4}30]	30
		Monografisches Seminar zur deutschen Literatur [^{5}30, ^{6}30]	60
		Theorie und Methodologie der Literatur-forschung [^{5}30]	30
	Kulturwissenschaft [270]	Landeskunde des deutschsprachigen Kul-turraumes [^{1}30, ^{2}30]	60
		Geschichte Deutschlands [^{3}30, ^{4}30]	60
		Kultur und Kunst des deutschsprachigen Kulturraumes [^{3}60, ^{4}60]	120
		Kulturwissenschaftliche Komparatistik [^{5}30]	30
	Übersetzungen [0]	------	---
	Didaktik [150]	Psychopädagogik [^{1}30, ^{2}30]	60
		Grundlagen der Didaktik [^{3}30]	30
		Glottodidaktik [^{4}30]	30
		Moderne Trends beim Sprachenlernen [^{5}30]	30
	Andere Fremd-sprache [300]	Fremdsprache [^{3}60, ^{4}60, ^{5}60, ^{6}60]	240
		Klassische Sprache [^{1}30, ^{2}30]	60
	Wahlpflichtfächer [150]	Wahlkurs [^{1}30, ^{2}30, ^{3}30, ^{5}30, ^{6}30][46]	150

---

45 https://www.germanistyka.uw.edu.pl/studia-i-stopnia/ [letzter Zugang 20.08.2022].
46 Die Studierenden wählen einen Kurs aus den vom Institut angebotenen Wahlfächern wäh-rend des Studiums.

(Fortsetzung)

Curriculum	Art der Lehrveranstaltung [Stundenanzahl]	Name der Lehrveranstaltung [^{Semester}Stundenanzahl]	insgesamt
		Studiengangsfremde Fächer [^{3}XX, ^{4}XX, ^{5}XX]	
	Abschlussarbeit [60]	Diplomseminar [^{5}30, ^{6}30]	60
	Sonstige [158]	Philosophie [^{2}30] Sport [^{2}30, ^{3}30, ^{4}30] Informationstechnologie [^{5}30] Arbeitsschutzschulung [^{1}4] Schutz des intellektuellen Eigentums [^{1}4]	30 90 30 4 4
Wahlmodule	Lehramt [300]	Psychopädagogik [^{1}30] (als Wahlkurs) Psychopädagogik I Bildungsstufe [^{2}30] Psychopädagogik II Bildungsstufe [^{2}30] Glottodidaktik [^{3}30, ^{4}30] Berufspraktikum [$^{2\text{-}6}$150] – Psychologisch-pädagogisches: erste und zweite Ausbildungsstufe [^{2}30] – Einleitendes didaktisches Praktikum: erste und zweite Ausbildungsstufe [$^{3\text{-}4}$60] – Grundlegendes didaktisches Praktikum: erste und zweite Ausbildungsstufe [$^{5\text{-}6}$60]	30 30 30 60 150

Allgemeine Anmerkungen

Sprachpraktische Fächer werden im Curriculum der Universität Warschau unter »Praxis der deutschen Sprache« zusammengefasst. »Phonetik« gehört nicht zu dieser Gruppe und wird als eigenständiges Fach betrachtet. Die Universität bietet eine Ausbildung in den Kerndisziplinen: Sprachwissenschaft, Literaturwissenschaft und Kulturwissenschaft an. In Bezug auf die Stundenanzahl wird das Programm von literatur- und kulturwissenschaftlichen Inhalten dominiert. Im Rahmen der Pflichtfächer belegen die Studierenden Vorlesungen in Didaktik. Lehramt wird darüber hinaus als ein zusätzliches Modul vorgesehen.

Ausbildung im Bereich Fachsprachen

Im Curriculum werden den Fachsprachen keine Veranstaltungen gewidmet. Eine Erweiterung des Angebotes in diesem Bereich wäre von Vorteil.

Ausbildung im Bereich Didaktik
Im obligatorischen Teil des Curriculums befinden sich vier didaktische Fächer. Um die Lehrbefähigung zu erlangen, müssen die Studierenden fakultative Veranstaltungen aus dem Lehramt-Modul belegen. Das genannte Modul konzentriert sich jedoch auf die erste und zweite Bildungsstufe und bietet keine Veranstaltungen zur Erwachsenenbildung sowie Fachsprachendidaktik an.

Schlussbemerkung
Mit dem beschriebenen Curriculum wird eher eine allgemeine philologische Ausbildung angeboten. Im Programm fehlen zusätzliche Module, in denen Studierende Fachkenntnisse erwerben könnten. Sowohl die obligatorischen als auch die fakultativen Vorlesungen zu Didaktik orientieren sich an der Vorbereitung auf die schulische Ausübung des Lehrerberufes. Personen, die sich mit dem Unterrichten von Fachsprachen beschäftigen möchten, sollen mit dem Selbststudium, insbesondere im Bereich der Fachsprachen, rechnen. Daher wäre eine Bereicherung des Programms um fachsprachliche Inhalte wünschenswert.

5.   Universität Gdańsk – 154 Studierende[47]

Universität Gdańsk	Studienfachrichtung: Germanistik	
	Stufe: I (BA)	Studienform: Direktstudium
		Gilt ab: 2021/2022

Curriculum	Art der Lehrveranstaltung [Stundenanzahl]	Name der Lehrveranstaltung [^{Semester}Stundenanzahl]	insgesamt
Pflichtfächer	Sprachpraktische Fächer [720]	Praxis der deutschen Sprache:	
		– Lehrbuchkurs [^{1}120]	120
		– Fonetik [^{1}30, ^{2}30]	60
		– Praktische Grammatik [^{1}30, ^{2}30, ^{3}30, ^{4}30, ^{5}30, ^{6}30]	180
		– Konversationen [^{2}60, ^{4}30, ^{5}30, ^{6}30]	150
		– Lexik [^{3}30, ^{4}30]	60
		– Schreiben und Konversationen [^{3}60]	60
		– Schreiben [^{4}15]	15
		– Werbesprache [^{4}15]	15
		– Themenbezogene Lexik und Schreiben [^{5}30, ^{6}30]	60
	Sprachwissenschaft [165]	Beschreibende Grammatik [^{2}60, ^{3}45]	105
		Einführung in die Sprachwissenschaft [^{1}30]	30

---

47 https://fil.ug.edu.pl/studenci_8/plany_studiow_i_zajec/filologia_germanska/plan_studiow [letzter Zugang 20.08.2022].

(Fortsetzung)

Curriculum	Art der Lehrveranstaltung [Stundenanzahl]	Name der Lehrveranstaltung [[Semester]Stundenanzahl]	insgesamt
		Kontrastive Grammatik [[5]30]	30
	Literaturwissenschaft [240]	Deutsche Literatur [[2]45, [3]45, [4]60, [5]45]	195
		Einführung in die Literaturwissenschaft [[1]30]	30
		Literatur Gdansks und der Region [[6]15]	15
	Kulturwissenschaft [120]	Einführung in die Geschichte der deutschen Sprache [[6]15]	15
		Geschichte der DACH-Länder [[1]15]	15
		Landeskunde [[3]30, [4]60]	90
	Übersetzungen [15]	Übersetzung von literarischen Texten [[5]15]	15
	Didaktik [0]	- - - - - -	- - -
	Andere Fremdsprache [10]	Latein [[1]10]	10
	Wahlpflichtfächer [0]	- - - - - -	- - -
	Abschlussarbeit [60]	Diplomseminar [[5]30, [6]30]	60
	Sonstige [120]	Geschichte der Philosophie [[1]30]	30
		Sport [[2]30, [3]30]	60
		Allgemeinakademische Vorlesung [[3]30]	30
Wahlmodule	Geschäft und Wirtschaft [650]	Fremdsprachenkurs [[2]60, [3]60]	120
		Business English [[5]30, [6]30]	60
		Grundlagen der Ökonomie [[2]30]	30
		Kommunikation im Unternehmen [[2]30, [3]30]	60
		Verhandlungstechniken und zwischenmenschliche Kommunikation [[5]30]	30
		Psychologie im Geschäftsleben [[2]30]	30
		Wirtschafts- und Handelsübersetzung [[4]30]	30
		Arbeit mit Excel-Tabellenkalkulation [[4]30]	30
		Wirtschaftsdeutsch [[5]30, [6]30]	60
		Wirtschaft der DACH-Länder [[3]20, [4]30]	50
		Praktische Workshops: Geschäftswissen [[5]30]	30
		Grundlagen des Rechnungswesens [[2]30]	30
		Berufspraktikum [[5/6]90]	90
	Lehramt (Deutsch + Englisch) [1100]	Grundlagen der Psychologie [[2]30]	30
		Psychologie für Lehrkräfte [[2]30]	30
		Vorbereitung auf das Berufspraktikum – psychologischer Teil [[2]30]	30
		Grundlagen der Pädagogik und Bildung [[2]30]	30

(Fortsetzung)

Curriculum	Art der Lehrveranstaltung [Stundenanzahl]	Name der Lehrveranstaltung [Semester Stundenanzahl]	insgesamt
		Schule und Lehrkraft [²30]	30
		Vorbereitung auf das Berufspraktikum – pädagogischer Teil [²30]	30
		Psychologisch-pädagogisches Berufspraktikum [³30]	30
		Besprechung des Berufspraktikums – pädagogischer Teil [³10]	10
		Besprechung des Berufspraktikums – psychologischer Teil [³10]	10
		Grundlagen der Didaktik [³30]	30
		Bewertung, pädagogische Diagnostik und Evaluation in der didaktischen Arbeit von Lehrkräften [³15]	15
		Stimmtraining [³15]	15
		Deutschdidaktik [³30, ⁴60]	90
		Psycholinguistik [³15]	15
		Informationstechnologie in der Didaktik [⁴15]	15
		Projekte im Bildungswesen [⁴15]	15
		Methodische Workshops [⁶15]	15
		Sprachpraxis: Englisch [²60, ³60, ⁴60, ⁵90, ⁶60]	320
		Beschreibende Grammatik des Englischen [⁴30, ⁵60]	90
		Englischdidaktik [⁴30, ⁵30]	60
		Didaktisches Berufspraktikum [⁶180] – Deutsch [⁶120] – Englisch [⁶60]	180
	Translatorik [620]	Fremdsprachenkurs [²60, ³60]	120
		Übersetzungstheorie [²30, ³30]	60
		Übersetzung von Gebrauchstexten [⁴30]	30
		Allgemeine Übersetzung [²30, ³30]	60
		Sozio-ökonomische Fachübersetzung [⁵30, ⁶30]	60
		Allgemeines Dolmetschen [³30, ⁴30, ⁵30]	90
		Fachdolmetschen [⁵30]	30
		Psycholinguistik [⁵20]	20
		Informationstechnologien in der Arbeit des Übersetzers [⁵30]	30
		Berufspraktikum [⁵/⁶60]	60
		Interkulturalität in Literatur und Kultur oder Interkulturalität in Sprache und Kommunikation [⁴30]	30
		Wahlkurs: Deutsch-polnischer Literaturkomparatismus oder Linguistische Pragmatik [⁴30]	30

Allgemeine Anmerkungen

Im Curriculum der Universität Gdańsk werden sprachpraktische Fächer explizit aufgelistet, wodurch eine klare Übersicht über alle erlernbaren Sprachfertigkeiten gegeben wird. Das Pflichtprogramm wird von literaturwissenschaftlichen Inhalten dominiert. Im Rahmen der obligatorischen Fächer werden weder Vorlesungen zu Didaktik noch zu Fachsprachen angeboten. Die Studierenden können Kenntnisse im Rahmen der folgenden Wahlmodule erwerben: »Geschäft und Wirtschaft«, »Lehramt« (Deutsch + Englisch) oder »Translatorik«.

Ausbildung im Bereich Fachsprachen

Die Fachsprachenausbildung erfolgt nur im Rahmen der Wahlmodule. Das Modul »Geschäft und Wirtschaft« ermöglicht den Studierenden Kenntnisse in den Bereichen Verhandlungstechniken, Wirtschaft, Ökonomie oder Rechnungswesen zu erwerben. Darüber hinaus bietet die Universität Veranstaltungen in »Business English« sowie »Wirtschafts- und Handelsübersetzung« an. Erwähnenswert ist, dass jedes Fach auf die Entwicklung von arbeitsmarktorientierten Kompetenzen ausgerichtet ist. Das zweite Modul, nämlich »Translatorik«, konzentriert sich zwar mehr auf die Übersetzungsarbeit, schlägt aber einige Veranstaltungen im Bereich Fachsprachen vor, wie »sozio-ökonomische Fachübersetzung« oder »Fachdolmetschen«. Allerdings ist die der Fachsprache gewidmete Stundenanzahl deutlich geringer als im ersten beschriebenen Modul.

Ausbildung im Bereich Didaktik

Der Didaktik gewidmete Fächer werden ausschließlich im Rahmen des Wahlmoduls angeboten. Das Modul bereitet auf die Ausübung des Lehrerberufes der deutschen und englischen Sprache vor, was die Berufsperspektiven der angehenden Lehrkräfte erweitert. Im Curriculum befinden sich jedoch keine Veranstaltungen zur Erwachsenenbildung oder Fachsprachendidaktik.

Schlussbemerkung

Das analysierte Curriculum stellt in seinem obligatorischen Teil eine allgemeine sprach-, literatur- sowie kulturwissenschaftliche Ausbildung dar. Die Wahlmodule zeichnen sich durch ein marktorientiertes Lernangebot aus, welches den Studierenden den Erwerb von Fachkenntnissen ermöglicht. Das Wahlmodul »Geschäft und Wirtschaft« führt praktisches Wissen ein, welches eine gute Grundlage für alle an einer mit Wirtschaft verbundenen Arbeit interessierten, ist. Besonders hervorzuheben ist das didaktische Modul, welches die Vorbereitung auf die Vermittlung von zwei Fremdsprachen umfasst. Im Hinblick auf künftige fachspezifische DaF-Lehrende wäre es sinnvoll, das Angebot auf die Erwachsenenbildung und die Fachsprachendidaktik auszuweiten.

6.   Universität Szczecin – 142 Studierende[48]

Universität Szczecin	Studienfachrichtung: Germanische Philologie	
	Stufe: I (BA)	Studienform: Direktstudium
		Gilt ab: 2021/2022

Curriculum	Art der Lehrveranstaltung [Stundenanzahl]	Name der Lehrveranstaltung [^SemesterStundenanzahl]	insgesamt
Pflichtfächer	Sprachpraktische Fächer [585]	Praxis der deutschen Sprache: – Lexik und Konversationen [^{1}30, ^{2}30] – Praktische Grammatik [^{1}60, ^{2}30, ^{3}30,^{4}15] – Grundkurs [^{1}90, ^{2}90, ^{3}45, ^{4}45] – Phonetik und Orthografie [^{2}30] – Schreiben [^{5}30, ^{6}15] – Konversationen und Argumentationsformen [^{5}30, ^{6}15]	60 135 270 30 45 45
	Sprachwissenschaft [255]	Beschreibende Grammatik [^{2}30, ^{3}60] Einführung in die Sprachwissenschaft [^{2}30] Kontrastive Grammatik [^{4}30] Geschichte der deutschen Sprache [^{5}30] Workshop zum Verfassen wissenschaftlicher Arbeiten [^{5}15] Forschungs-Workshops [^{4}30]	90 30 30 30 15 30
	Literaturwissenschaft [255]	Geschichte der deutschsprachigen Literatur [^{2}60, ^{3}60, ^{4}60] Einführung in die Literaturwissenschaft [^{2}30] Workshop zum Verfassen wissenschaftlicher Arbeiten [^{5}15] Forschungs-Workshops [^{4}30]	180 30 15 30
	Kulturwissenschaft [45]	Geschichte und Kultur des deutschsprachigen Kulturraumes [^{1}45]	45
	Übersetzungen [0]	- - - - - -	- - -
	Didaktik [30]	Einführung in die Problematik des Spracherwerbs [^{3}30]	30
	Andere Fremdsprache [147]	Fremdsprache [^{3}30, ^{4}30, ^{5}30, ^{6}30] Latein [^{1}27]	120 27
	Wahlpflichtfächer [210]	Landeskunde des deutschen Sprachraumes in praktischen Texten [^{6}30] Argumentationsformen [^{6}30] Wahlpflichtvorlesung [^{3}15, ^{4}15, ^{5}60, ^{6}60]	30 30 150
	Abschlussarbeit [15]	Diplomseminar [^{6}15]	15

48 https://hum.usz.edu.pl/ksztalcenie/plany-studiow-i-kursow-sylabusy/plany-studiow-i–i-ii-s topnia/ [letzter Zugang: 20.08.2022].

(Fortsetzung)

Curriculum	Art der Lehrveranstaltung [Stundenanzahl]	Name der Lehrveranstaltung [^{Semester}Stundenanzahl]	insge-samt
	Sonstige [124]	Geschichte der Philosophie [^{1}25]	25
		Schutz des intellektuellen Eigentums [^{1}8]	8
		Informationstechnologie [^{1}15]	15
		Arbeitsschutzschulung [^{1}5]	5
		Einführung in die Bibliotheksnutzung [^{1}1]	1
		Sport [^{3}30, ^{4}30]	60
		Grundlagen der Unternehmenslehre [^{6}10]	10
Wahlmodule	Wirtschaftsdeutsch [270]	Wirtschaftsdeutsch [^{3}60, ^{4}60]	120
		Grundlagen der Wirtschaft und des Managements [^{3}30]	30
		Fachübersetzungen [^{5}30, ^{6}30]	60
		Interkulturelle Kommunikation [^{6}30]	30
		Handelskorrespondenz [^{6}30]	30
	Lehramt [380]	Allgemeine Pädagogik [^{3}45]	45
		Allgemeine Psychologie [^{3}45]	45
		Stimmtraining [^{3}20]	20
		Grundlagen der Didaktik [^{4}30]	30
		Grundschulpädagogik [^{4}30]	30
		Grundschulpsychologie [^{4}30]	30
		Fachdidaktik in der Grundschule [^{5}45,^{6}45]	90
		Berufspraktikum [^{4}30, ^{6}60]	90
		– Psychologisch-pädagogisches [^{4}30]	
		– Didaktisches [^{6}60]	
	Translatorik [270]	Übersetzungstheorie [^{3}30, ^{4}30]	60
		Übersetzungen [^{3}30, ^{4}30, ^{5}30, ^{6}30]	150
		Sprachlich-kulturelle Aspekte der Übersetzung [^{4}30]	30
		Dolmetschen [^{6}30]	30

Universität Szczecin	Studienfachrichtung: Germanische Philologie mit anderer Fremdsprache	
	Stufe: I (BA)	Studienform: Direktstudium
		Gilt ab: 2021/2022

Curriculum	Art der Lehrveranstaltung [Stundenanzahl]	Name der Lehrveranstaltung [^{Semester}Stundenanzahl]	insge-samt
Pflichtfächer	Sprachpraktische Fächer [795]	Praxis der deutschen Sprache: – Grundkurs [^{1}225, ^{2}210, ^{3}90, ^{4}90, ^{5}90, ^{6}90]	795

(Fortsetzung)

Curriculum	Art der Lehrveranstaltung [Stundenanzahl]	Name der Lehrveranstaltung [[Semester]Stundenanzahl]	insgesamt
	Sprachwissen-schaft [105]	Einführung in die Sprachwissenschaft [[2]15]	15
		Beschreibende Grammatik der deutschen Sprache mit kontrastiven Elementen [[3]30]	30
		Lexikologie und Lexikografie [[3]30]	30
		Geschichte der deutschen Sprache [[5]15]	15
		Workshop zum Verfassen wissenschaftlicher Arbeiten [[5]15]	15
	Literaturwissen-schaft [164]	Literatur der DACH-Länder [[2]44, [3]45, [4]45]	134
		Einführung in die Literaturwissenschaft [[2]15]	15
		Workshop zum Verfassen wissenschaftlicher Arbeiten [[5]15]	15
	Kulturwissenschaft [20]	Geschichte und Kultur des deutschsprachigen Kulturraumes [[1]20]	20
	Übersetzungen [0]	------	---
	Didaktik [28]	Fremdsprachenerwerb [[1]28]	28
	Andere Fremd-sprache [0]	------	---
	Wahlpflichtfächer [315]	Landeskunde des deutschen Sprachraumes in praktischen Texten [[4]60]	60
		Gesamtuniversitäre Vorlesung [[3]15, [4]15]	30
		Konversations-lexikalische Übungen [[1]30]	30
		Praktische Grammatik [[1]30, [2]30]	60
		Textarbeit [[2]30]	30
		Semantische Interpretationen [[3]30]	30
		Übersetzungen [[3]30]	30
		Sprachwissenschaftliches Wahlfach [[2]15, [3]15, [4]15]	45
	Abschlussarbeit [15]	Diplomseminar (Sprach- oder Literaturwissenschaft) [[6]15]	15
	Sonstige [114]	Geschichte der Philosophie [[1]25]	25
		Schutz des intellektuellen Eigentums [[1]8]	8
		Informationstechnologie [[1]15]	15
		Arbeitsschutzschulung [[1]5]	5
		Einführung in die Bibliotheksnutzung [[1]1]	1
		Sport [[3]30, [4]30]	60
Wahlmodule	Spanisch und Landeskunde Spaniens [300]	Praxis der spanischen Sprache [[2]30, [3]60, [4]60, [5]60, [6]60]	270
		Kultur und Geschichte Spaniens [[4]30]	30
	Russisch und Landeskunde Russlands [300]	Praxis der russischen Sprache [[2]30, [3]60, [4]60, [5]60, [6]60]	270
		Kultur und Geschichte Russlands [[4]30]	30

(Fortsetzung)

Curriculum	Art der Lehrveranstaltung [Stundenanzahl]	Name der Lehrveranstaltung [^{Semester}Stundenanzahl]	insgesamt
	Schwedisch und Landeskunde Schwedens [300]	Praxis der schwedischen Sprache [^{2}30, ^{3}60, ^{4}60, ^{5}60, ^{6}60]	270
		Kultur und Geschichte Schwedens [^{4}30]	30
	Italienisch und Landeskunde Italiens [300]	Praxis der italienischen Sprache [^{2}30, ^{3}60, ^{4}60, ^{5}60, ^{6}60]	270
		Kultur und Geschichte Italiens [^{4}30]	30
	Englisch und Landeskunde der englischsprachigen Länder [300]	Praxis der englischen Sprache [^{2}30, ^{3}60, ^{4}60, ^{5}60, ^{6}60]	270
		Kultur und Geschichte der englischsprachigen Länder [^{4}30]	30
	Chinesisch und Landeskunde Chinas [300]	Praxis der chinesischen Sprache [^{2}30, ^{3}60, ^{4}60, ^{5}60, ^{6}60]	270
		Kultur und Geschichte Chinas [^{4}30]	30
	Französisch und Landeskunde Frankreichs [300]	Praxis der französischen Sprache [^{2}30, ^{3}60, ^{4}60, ^{5}60, ^{6}60]	270
		Kultur und Geschichte Frankreichs [^{4}30]	30

Allgemeine Anmerkungen

Die Universität Szczecin bietet im Rahmen der Germanischen Philologie zwei Studiengänge an. Im Curriculum der klassischen Germanischen Philologie werden alle sprachpraktischen Fächer explizit aufgeführt, wodurch eine Übersicht über die unterrichteten Sprachfertigkeiten sowie die ihnen gewidmete Stundenanzahl erzeugt wird. »Phonetik« wird der »Praxis der deutschen Sprache« zugeordnet. Der Schwerpunkt der Pflichtfächer liegt in den Sprach- und Literaturwissenschaften. Den Studierenden werden drei Wahlmodule angeboten, d.h. »Wirtschaftsdeutsch«, »Lehramt« sowie »Translatorik«. Der zweite Studiengang legt den Schwerpunkt auf den Erwerb einer zweiten Fremdsprache (Spanisch, Russisch, Schwedisch, Italienisch, Englisch, Chinesisch oder Französisch). In diesem Fall wird auch auf die Wahlmodule im Bereich der deutschen Sprache verzichtet, sodass keine fachsprachlichen Veranstaltungen eingeführt werden. Die didaktische Vorbereitung umfasst ein Fach zum Fremdsprachenerwerb. Im Weiteren beschriebene Schlussfolgerungen beziehen sich auf das Curriculum der klassischen Germanistischen Philologie.

Ausbildung im Bereich Fachsprachen

Das Modul »Wirtschaftsdeutsch« entspricht am ehesten der fachsprachlichen Ausbildung. Es bietet eine arbeitsmarktorientierte Vorbereitung auf den breit gefassten Wirtschaftsbereich an. Das Curriculum umfasst Elemente des Fachwissens, der Fachübersetzung sowie der Handelskorrespondenz.

Ausbildung im Bereich Didaktik
Im obligatorischen Teil des Studienprogramms wird ein Fach zur Didaktik angeboten, nämlich die »Problematik des Spracherwerbs«. Darüber hinaus beziehen sich die im Lehramt-Modul behandelten Inhalte hauptsächlich auf den Deutschunterricht in der Grundschule. Es gibt keine Veranstaltungen zu Erwachsenenbildung sowie Fachsprachendidaktik.

Schlussbemerkung
Die Germanische Philologie bietet in ihrem obligatorischen Teil eine allgemeine sprach- sowie literaturwissenschaftliche Ausbildung mit einer geringen landeskundlichen Komponente an. Durch die Wahl der Module können die Studierenden Fachwissen in einem bestimmten Bereich erwerben. Da die Wahlmodule vom Stundenumfang her nicht sehr umfangreich sind, könnten im Rahmen des Moduls »Wirtschafsdeutsch« weitere Fachsprachenkurse angeboten werden. Das Modul Deutschdidaktik beschäftigt sich vor allem mit der Vorbereitung auf den Lehrerberuf in der staatlichen Grundschule. Die Anreicherung der Inhalte mit Erwachsenenbildung und Fachsprachendidaktik wüde den Studierenden die Möglichkeit geben, ihren Horizont zu erweitern und Kompetenzen in zusätzlichen Bereichen zu erwerben.

7.   Jagiellonen-Universität Krakau – 131 Studierende[49]

Jagiellonen-Universität Krakau	Studienfachrichtung: Germanische Philologie	
	Stufe: I (BA)	Studienform: Direktstudium
		Gilt ab: 2021/2022

Curriculum	Art der Lehrveranstaltung [Stundenanzahl]	Name der Lehrveranstaltung [^{Semester}Stundenanzahl]	insgesamt
Pflichtfächer	Sprachpraktische Fächer [600]	Praxis der deutschen Sprache [^{1}120, ^{2}120, ^{3}90, ^{4}90, ^{5}90, ^{6}90]	600
	Sprachwissenschaft [270]	Beschreibende Grammatik [^{1}60, ^{2}60]	120
		Einführung in die Sprachwissenschaft [^{1}30]	30
		Einführung in Beschreibung der Strukturen der deutschen Sprache [^{1}30]	30
		Sprachwissenschaftliche Textanalyse [^{2}30]	30
		Einführung in die Geschichte der deutschen Sprache [^{3}30]	30
		Komparatistische Analyse deutscher und polnischer Sprache [^{4}30]	30

49 https://ifg.filg.uj.edu.pl/programy-studiow [letzter Zugang 20.08.2022].

(Fortsetzung)

Curriculum	Art der Lehrveranstaltung [Stundenanzahl]	Name der Lehrveranstaltung [[Semester]Stundenanzahl]	insgesamt
	Literaturwissenschaft [300]	Einführung in die Literaturwissenschaft [[2]30]	30
		Geschichte der deutschen Literatur [[3]60, [4]60, [5]60, [6]60]	240
		Literaturwissenschaftliche Textanalyse [[3]30]	30
	Kulturwissenschaft [90]	Entwicklung der DACH- Länder [[1]30]	30
		Kultur der DACH- Länder [[1]30]	30
		Landeskunde des deutschen Sprachraumes [[4]30]	30
	Übersetzungen [0]	- - - - - -	- - -
	Didaktik [0]	- - - - - -	- - -
	Andere Fremdsprache [180]	Fremdsprache [[3]30, [4]30, [5]30, [6]30]	120
		Latein [[1]30, [2]30]	60
	Wahlpflichtfächer [0]	- - - - - -	- - -
	Abschlussarbeit [60]	Diplomseminar [[5]30, [6]30]	60
	Sonstige [100]	Arbeitsschutzschulung [[1]4]	4
		Schutz des intellektuellen Eigentums [[2]6]	6
		Philosophie [[3]30]	30
		Sport [[3]30, [4]30]	60
Wahlmodule	Literaturwissenschaft [180]	Wahlkurse [[2]30, [3]30, [4]30, [5]30, [6]30][50]	150
		Methodologie zur Erstellung akademischer Texte [[6]30]	30
	Sprachwissenschaft [180]	Wahlkurse [[2]30, [3]30, [4]30, [5]30, [6]30][51]	150
		Methodologie zur Erstellung akademischer Texte [[6]30]	30
	Lehramt [360] (gilt ab 2019/2020)	Psychologie für Lehrkräfte [[1]30, [2]30, [3]30]	90
		Pädagogik für Lehrkräfte [[1]30, [2]30, [3]30]	90
		Stimmtraining [[4]15]	15
		Grundlagen der Didaktik [[4]45]	45
		Deutschdidaktik [[4]30, [5]30, [6]30]	90
		Allgemeines pädagogisches Berufspraktikum [[3]30]	30

---

50 Die Studierenden müssen Kurse im Umfang von insgesamt 8 ECTS-Punkten auswählen. Es kann ein literaturwissenschaftliches und ein sprachwissenschaftliches Fach oder zwei literaturwissenschaftliche oder zwei sprachwissenschaftliche Fächer aus dem Angebot des Instituts gewählt werden. Nach der Absprache mit dem Lehrleiter können auch die außerhalb des Instituts angebotenen geisteswissenschaftlichen Kurse ausgesucht werden.

51 Wie oben erwähnt.

Jagiellonen-Universität Krakau	Studienfachrichtung: Germanische Philologie mit Englisch	
	Stufe: I (BA)	Studienform: Direktstudium
		Gilt ab: 2021/2022

Curriculum	Art der Lehrveranstaltung [Stundenanzahl]	Name der Lehrveranstaltung [[Semester]Stundenanzahl]	insgesamt
Pflichtfächer	Sprachpraktische Fächer [1200]	Praxis der deutschen Sprache [[1]120, [2]120, [3]90, [4]90, [5]90, [6]90]	600
		Praxis der englischen Sprache [[1]120, [2]120, [3]90, [4]90, [5]90, [6]90]	600
	Sprachwissenschaft [240]	Beschreibende Grammatik der deutschen Sprache [[1]60, [2]60]	120
		Sprachwissenschaftliche Textanalyse [[2]30]	30
		Einführung in die Geschichte der deutschen Sprache [[3]30]	30
		Beschreibende Grammatik der englischen Sprache [[3]30]	30
		Geschichte und Varietäten der englischen Sprache [[5]30]	30
	Literaturwissenschaft [270]	Geschichte der deutschsprachigen Literatur [[3]30, [4]30, [5]60, [6]60]	180
		Englische Literatur [[4]30]	30
		Literaturwissenschaftliche Textanalyse [[3]30]	30
		Amerikanische Literatur [[6]30]	30
	Kulturwissenschaft [120]	Entwicklung der DACH- Länder [[1]30]	30
		Kultur der DACH- Länder [[1]30]	30
		Zivilisation der englischsprachigen Länder [[1]30]	30
		Kultur der englischsprachigen Länder [[2]30]	30
	Übersetzungen [0]	------	---
	Didaktik [0]	------	---
	Andere Fremdsprache [0]	------	---
	Wahlpflichtfächer [270]	Landeskundlicher Wahlkurs [[1]30, [2]30, [3]30]	90
		Landeskundliches Projekt [[2]30, [3]30, [4]30, [5]30]	120
		Literaturwissenschaftlicher Wahlkurs [[4]30]	30
		Sprachwissenschaftlicher Wahlkurs [[4]30]	30
	Abschlussarbeit [60]	Diplomseminar [[5]30, [6]30]	60
	Sonstige [100]	Sport [[3]30, [4]30]	60

---

52 Im Curriculum wurde das Fach keinem bestimmten Wahlmodul zugeordnet, wie es bei dem zuerst beschriebenen Curriculum von Jagiellonen-Universität der Fall ist.

(Fortsetzung)

Curriculum	Art der Lehrveranstaltung [Stundenanzahl]	Name der Lehrveranstaltung [[Semester]Stundenanzahl]	insgesamt
		Arbeitsschutzschulung [[1]4]	4
		Schutz des intellektuellen Eigentums [[2]6]	6
		Methodologie zur Erstellung akademischer Texte [[6]30][52]	30
Wahlmodul	Lehramt Deutsch [360] (gilt ab 2019/2020)	Psychologie für Lehrkräfte [[1]30, [2]30, [3]30]	90
		Pädagogik für Lehrkräfte [[1]30, [2]30, [3]30]	90
		Stimmtraining [[4]15]	15
		Grundlagen der Didaktik [[4]45]	45
		Deutschdidaktik [[4]30, [5]30, [6]30]	90
		Allgemeines pädagogisches Berufspraktikum [[3]30]	30
	Lehramt Englisch [105] (gilt ab 2019/2020)	Englischdidaktik für Grundschule [[4]60]	60
		Berufspraktikum in der Grundschule [[5]45]	45

Allgemeine Anmerkungen

Im Angebot der Jagiellonen-Universität finden sich zwei Studiengänge, welche im Rahmen der germanistischen Ausbildung angeboten werden: »Germanische Philologie« sowie »Germanische Philologie mit Englisch«. Die sprachpraktischen Fächer werden unter »Praxis der deutschen Sprache« zusammengefasst. Eine solche Zusammenfassung macht es unmöglich, einen Einblick in die einzelnen Fertigkeiten zu gewinnen und zu analysieren, wie viele Stunden für bestimmte Sprachfertigkeiten aufgewendet werden. Darüber hinaus ist »Phonetik« nicht als eigenständiges Fach im Curriculum enthalten und es ist zugleich nicht klar, ob sie als Teil der sprachpraktischen Fächer umgesetzt wird. Die Studierenden wählen zwischen literatur- und sprachwissenschaftlichen Schwerpunkten. Im Rahmen der Wahlpflichtfächer können die Studierenden das »Lehramt-Modul« absolvieren. Für Studierende der Germanischen Philologie mit Englisch besteht die Möglichkeit, ein zusätzliches Lehramt-Modul in englischer Sprache zu absolvieren. Alle restlichen ECTS Punkte müssen in anderen Wahlfächern erworben werden.

Ausbildung im Bereich Fachsprachen

Weder im obligatorischen noch im fakultativen Teil des Curriculums werden Veranstaltungen zu Fachsprachen angeboten.

Ausbildung im Bereich Didaktik
Das vorgegebene Lehramt-Modul fokussiert sich auf die Vorbereitung auf den Lehrerberuf in der Schule. In den Lehrinhalten dominieren klassische psychologische und pädagogische Aspekte sowie Grundlagen der Didaktik und der Deutschdidaktik. Darüber hinaus können alle, die Germanische Philologie mit Englisch studieren, eine Lehrbefähigung für Deutsch als erstes Fach und zusätzlich für Englisch als zweites, weiteres Fach erwerben. Das Modul sieht keine Lehrveranstaltungen im Bereich der Erwachsenenbildung sowie der Fachsprachen vor.

Schlussbemerkung
Die Germanische Philologie der Jagiellonen-Universität bietet eine allgemeine sprach- sowie literaturwissenschaftliche Ausbildung mit kulturwissenschaftlichen Elementen an. Das Curriculum stellt sich als wenig auf den sich wandelnden Arbeitsmarkt ausgerichtet dar. Als Nachteil kann der Mangel an fachsprachlichen Veranstaltungen oder anderen an den Bedürfnissen des Arbeitsmarktes orientierten Inhalten angesehen werden. Es wäre daher angebracht, das Curriculum mit entsprechenden Bildungsinhalten anzureichern. Aus der Perspektive der angehenden fachspezifischen DaF-Lehrende wäre es auch von Vorteil das Deutschdidaktikmodul um einige Lehrveranstaltungen zur Erwachsenenbildung und zur Fachsprachendidaktik zu erweitern. Darüber hinaus könnte die Ausbildung in diesem Bereich im Rahmen der Wahlfächer erfolgen, was den Studierenden eine zusätzliche berufliche Alternative geben würde.

8.   Pädagogische Universität Krakau – 131 Studierende[53]

Pädagogische Universität Krakau	Studienfachrichtung: Germanische Philologie	
	Stufe: I (BA)	Studienform: Direktstudium
		Gilt ab: 2021/2022

Curriculum	Art der Lehrveranstaltung [Stundenanzahl]	Name der Lehrveranstaltung [^{Semester}Stundenanzahl]	insgesamt
Pflichtfächer	Sprachpraktische Fächer [Anfänger 660] [Fortgeschrittene 570]	Praxis der deutschen Sprache (Anfänger) – Lehrbuch [^{1}180, ^{2}210]	390
		Praxis der deutschen Sprache (Fortgeschrittene)	300
		– Hör- und Leseverstehen [^{1}60, ^{2}30]	90
		– Lehrbuch [^{1}60, ^{2}60]	120
		– Konversationen [^{1}30, ^{2}30]	60

---

53 https://fg.up.krakow.pl/studia-stacjonarne-i-stopnia/ [letzter Zugang 20.08.2022].

(Fortsetzung)

Curriculum	Art der Lehrveranstaltung [Stundenanzahl]	Name der Lehrveranstaltung [[Semester]Stundenanzahl]	insgesamt
		– Schreiben [[2]30]	30
		Praxis der deutschen Sprache (alle)	270
		– Lehrbuch [[3]30, [4]30]	60
		– Leseverstehen und Konversationen [[3]30, [4]30]	60
		– Schreiben [[3]30]	30
		– Integrierte Sprachfertigkeiten [[5]60, [6]60]	120
	Sprachwissenschaft [310]	Praktische Grammatik [[1]30, [2]30, [3]30, [4]30]	120
		Phonetik [[1]15, [2]45]	60
		Einführung in die Sprachwissenschaft [[1]30]	30
		Beschreibende Grammatik der deutschen Sprache [[2]30, [3]30]	60
		Geschichte der deutschen Sprache [[5]10]	10
		Kontrastive Grammatik [[6]30]	30
	Literaturwissenschaft [190]	Einführung in die Literaturwissenschaft [[2]30]	30
		Geschichte der deutschsprachigen Literatur [[3]30, [4]30, [5]50, [6]30]	140
		Deutschsprachige Kinder- und Jugendliteratur [[5]20]	20
	Kulturwissenschaft [170]	Landeskunde der DACH-Länder [[1]30]	30
		Ausgewählte kulturelle Aspekte der DACH-Länder [[2]30, [3]30]	60
		Geschichte der DACH-Länder [[4]30, [5]30]	60
		Kultur der deutschen und polnischen Sprache [[6]20]	20
	Übersetzungen [0]	- - - - - -	- - -
	Didaktik [0]	- - - - - -	- - -
	Andere Fremdsprache [110]	Fremdsprache [[2]40, [3]40, [4]30]	110
	Wahlpflichtfächer [60]	Wahlkurs [[1]30]: – Einführung in die Geschichte der Philosophie – Einführung in die Kunstgeschichte – Grundlagen des Rechts	30
		Wahlkurs [[2]30]: – Allgemeine Literatur – Romanische Literatur – Russischsprachige Literatur – Englischsprachige Literatur	30
	Abschlussarbeit [45]	Diplomarbeit [[5]15, [6]30]	45
	Sonstige [116]	Schutz des intellektuellen Eigentums [[1]15]	15
		Grundlagen der Unternehmenslehre [[1]15]	15

(Fortsetzung)

Curriculum	Art der Lehrveranstaltung [Stundenanzahl]	Name der Lehrveranstaltung [^{Semester}Stundenanzahl]	insgesamt
		Arbeitsschutzschulung [^{1}4]	4
		Einführung in die Bibliotheksnutzung [^{1}2]	2
		Sport [^{3}30, ^{4}30]	60
		Forschungswerkstatt [^{4}10]	10
		Informationstechnologie im Bildungswesen [^{5}10]	10
Wahlmodule	Lehramt [518]	Einführung in die Psychologie [^{3}30]	30
		Einführung in die Pädagogik [^{3}30]	30
		Sprachtraining [^{3}15]	15
		Aktuelle Texte [^{3}45, ^{4}45]	90
		Grundlagen der Entwicklungspsychologie für Lehrkräfte [^{4}30]	30
		Grundlagen der klinischen Psychologie für Lehrkräfte [^{4}30]	30
		Organisation der schulischen Arbeit mit Elementen des Bildungsrechts [^{4}30]	30
		Allgemeine Didaktik [^{4}45]	45
		Bildungsdiagnose [^{5}15]	15
		Erste Hilfe [^{5}8]	8
		Deutschdidaktik [^{5}40, ^{6}30]	70
		Theorie und Praxis der Fachtexte [^{5}45]	45
		Interkulturelle Kommunikation [^{6}20]	20
		Berufspraktikum [^{6}60]	60
		– Psychologisch-pädagogisches [^{6}30]	
		– Didaktisches [^{6}30]	
	Lehramt mit Wirtschaftsmodul [548]	Einführung in die Psychologie [^{3}30]	30
		Einführung in die Pädagogik [^{3}30]	30
		Sprachtraining [^{3}15]	15
		Wirtschaftsdeutsch [^{3}15, ^{4}30]	45
		Wirtschaftsrecht [^{3}20]	20
		Praxis der Übersetzung von Fachtexten [^{3}30]	30
		Grundlagen der Entwicklungspsychologie für Lehrkräfte [^{4}30]	30
		Grundlagen der klinischen Psychologie für Lehrkräfte [^{4}30]	30
		Organisation der schulischen Arbeit mit Elementen des Bildungsrechts [^{4}30]	30
		Allgemeine Didaktik [^{4}45]	45
		Wirtschaftsübersetzungen [^{4}15, ^{5}30]	45
		Bildungsdiagnose [^{5}15]	15
		Erste Hilfe [^{5}8]	8
		Deutschdidaktik [^{5}40, ^{6}30]	70
		Rechtssprache [^{5}15]	15
		Praktische Übersetzung [^{6}30]	30
		Berufspraktikum [^{6}60]	60

(Fortsetzung)

Curriculum	Art der Lehrveranstaltung [Stundenanzahl]	Name der Lehrveranstaltung [^{Semester}Stundenanzahl]	insgesamt
		– Psychologisch-pädagogisches [^{6}30] – Didaktisches [^{6}30]	
	Deutsch in der Wirtschaft [470]	Wirtschaftsdeutsch [^{3}15, ^{4}30]	45
		Wirtschaftsrecht [^{3}20]	20
		Praxis der Übersetzung von Fachtexten [^{3}30]	30
		Aktuelle Texte [^{3}45, ^{4}45]	90
		Wirtschaftsübersetzungen [^{4}15, ^{5}30]	45
		Marketing-Sprache [^{4}15]	15
		Sprache des Tourismus [^{4}15]	15
		Rechtssprache [^{5}15]	15
		Theorie und Praxis der Fachtexte [^{5}45]	45
		Praktische Übersetzung [^{6}30]	30
		Handelskorrespondenz [^{6}30]	30
		Interkulturelle Kommunikation [^{6}20]	20
		Berufspraktikum [^{5}30, ^{6}40]	70

Allgemeine Anmerkungen

Die Pädagogische Universität Krakau bietet zwei Bildungswege für Studierende mit grundlegenden und fortgeschrittenen Deutschkenntnissen an, welche im Curriculum als »Bildungsweg A« für Anfänger und »Bildungsweg B« für Fortgeschrittene bezeichnet werden. Unterschiede in der Stundenzahl betreffen die Praxis der deutschen Sprache, die anderen Veranstaltungen bleiben unverändert, daher wurden beide Wege in einer Tabelle zusammengefasst. Die explizite Auflistung der sprachpraktischen Fächer liefert einen Überblick über die unterrichteten Sprachfertigkeiten und die Anzahl der für jede Fertigkeit vorgesehenen Stunden. Darüber hinaus wird Phonetik im Rahmen der sprachwissenschaftlichen Disziplin unterrichtet, deren Dominanz im obligatorischen Teil des Curriculums zu bemerken ist. Eine allgemeine sprach- und literaturwissenschaftliche sowie landeskundliche Ausbildung wird zusätzlich um ein anspruchsvolles Angebot aus drei Wahlmodulen, nämlich »Lehramt«, »Lehramt mit Wirtschaftselementen« sowie »Deutsch in der Wirtschaft«, bereichert.

Ausbildung im Bereich Fachsprachen

Im Rahmen der obligatorischen Veranstaltungen werden den Fachsprachen keine Fächer gewidmet. Der fachsprachlichen Ausbildung entsprechen am ehesten »Lehramt mit Wirtschaftselementen« und »Deutsch in der Wirtschaft«, welche u. a. Veranstaltungen zu Fachsprachen (»Wirtschaftsdeutsch«, »Rechtssprache«), aber

auch zur »Übersetzung von Fachtexten« und »Wirtschaftsübersetzungen« umfassen.

Ausbildung im Bereich Didaktik
Die didaktische Vorbereitung wird ausschließlich als Wahlmodul angeboten.
Alle an der Fremdsprachenvermittlung interessierten Studierenden können
Kenntnisse im Rahmen der zwei Wahlmodule, d.h. »Lehramt« oder »Lehramt
mit Wirtschaftselementen« erwerben. Obwohl das erste Modul auch solche
Veranstaltungen wie »Theorie und Praxis der Fachtexte« oder »Interkulturelle
Kommunikation« beinhaltet, eignet es sich vor allem für Personen, die als
Lehrkräfte an der Schule tätig sein wollen. Im Vergleich dazu stellt das zweit-
genannte Modul eine didaktische Vorbereitung in Verbindung mit wirtschaftlichen Aspekten dar. Dies ermöglicht es den Studierenden, zusätzliche Fähigkeiten zu erwerben, eine breitere Bildungsperspektive einzunehmen und ihre
Beschäftigungschancen zu verbessern. Im Curriculum fehlen jedoch Veranstaltungen zur Erwachsenenbildung sowie Fachsprachendidaktik.

Schlussbemerkung
Die Pädagogische Universität Krakau bietet eine interessante Alternative für alle
Studierenden an, die einerseits eine didaktische Ausbildung anstreben und andererseits auch eine fachsprachliche Vorbereitung erwerben möchten. Die angegebenen Lehrveranstaltungen können eine gute Grundlage für ein weiteres
Selbststudium in diesem Bereich sein. Darüber hinaus erhöht eine solche Zu-
sammensetzung die Karrierechancen für künftige Absolventen und kann zusätzliche Karrierewege für diejenigen aufzeigen, die zwar eine pädagogische
Laufbahn beabsichtigen, aber nicht unbedingt in der Grundschulbildung arbeiten wollen. Für angehende fachspezifische DaF-Lehrende kann das beschriebene
Curriculum attraktiv sein. Eine Ausweitung der Bildungsinhalte auf die Erwachsenenbildung und die Fachsprachendidaktik würde dieses bereits interessante Bildungsangebot zweifelsohne bereichern.

9.   Maria-Curie-Skłodowska-Universität in Lublin – 114 Studierende[54]

Maria-Curie-Skłodowska-Universität in Lublin	Studienfachrichtung: Germanistik	
	Stufe: I (BA)	Studienform: Direktstudium
		Gilt ab: 2019/2020

Curriculum	Art der Lehrveranstaltung [Stundenanzahl]	Name der Lehrveranstaltung [^{Semester}Stundenanzahl]	insgesamt
Pflichtfächer	Sprachpraktische Fächer [750]	Praxis der deutschen Sprache:	
		– Rezeptive Übungen [^{1}30, ^{2}30, ^{3}30, ^{4}30, ^{5}30, ^{6}30]	180
		– Kompositionsübungen [^{1}30, ^{2}30, ^{3}30, ^{4}30, ^{5}30, ^{6}30]	180
		– Diskursive Übungen [^{1}30, ^{2}30, ^{3}30, ^{4}30, ^{5}30, ^{6}30]	180
		– Phonetische Übungen [^{1}30, ^{2}30]	60
		– Praktische Grammatik [^{1}30, ^{2}30, ^{3}30, ^{4}30, ^{5}30]	150
	Sprachwissenschaft [120]	Beschreibende Grammatik – Morphologie [^{1}30]	30
		Beschreibende Grammatik – Syntax [^{2}30]	30
		Psycholinguistik [^{5}30]	30
		Einführung in die Sprachwissenschaft [^{2}30]	30
	Literaturwissenschaft [240]	Geschichte der deutschen Literatur [^{3}30, ^{4}30]	60
		Rezeption literarischer Texte [^{1}30, ^{2}30, ^{4}30, ^{5}30, ^{6}30]	150
		Einführung in die Literaturwissenschaft [^{2}30]	30
	Kulturwissenschaft [120]	Landeskunde des deutschsprachigen Kulturraumes [^{1}30, ^{2}30, ^{3}30]	90
		Einführung in die Kulturwissenschaft [^{2}30]	30
	Übersetzungen [0]	- - - - - -	- - -
	Didaktik [0]	- - - - - -	- - -
	Andere Fremdsprache [120]	Fremdsprache [^{3}30, ^{4}30, ^{5}30, ^{6}30]	120
	Wahlpflichtfächer [60]	Workshops aus gewählter Disziplin (Literatur-, Sprach- oder Kulturwissenschaft) [^{3}30, ^{4}30]	60
	Abschlussarbeit [60]	Diplomseminar [^{5}30, ^{6}30]	60
	Sonstige [150]	Sport [^{3}30, ^{4}30]	60
		Informationstechnologie [^{1}30]	30

---

54 https://www.umcs.pl/pl/program-studiow,18123.htm [letzter Zugang 20.08.2022].

(Fortsetzung)

Curriculum	Art der Lehrveranstaltung [Stundenanzahl]	Name der Lehrveranstaltung [Semester Stundenanzahl]	insge- samt
		Methodologie in den Geistes- und Sozial- wissenschaften [^{2}15]	15
		Philosophie [^{1}30]	30
		Schutz des intellektuellen Eigentums [^{1}15]	15
Wahlmodule	Fachsprache Deutsch [1140]	Wirtschaftsdeutsch – Einführung [^{1}30,^{2}30]	60
		Branchenspezifisches Deutsch [^{2}30, ^{3}60, ^{4}30, ^{5}60]	180
		Sprachliche Berufsworkshops [^{3}30, ^{4}30, ^{5}30, ^{6}30]	120
		Berufspraktikum [$^{3-6}$720]	720
	Lehramt [510]	Allgemeine psychologische Vorbereitung [^{1}45]	45
		Psychologische Vorbereitung auf die Arbeit in der Schule [^{1}15]	15
		Allgemeine pädagogische Vorbereitung [^{2}45]	45
		Pädagogische Vorbereitung auf die Arbeit in der Schule [^{2}30, ^{3}15]	45
		Grundlagen der Didaktik [^{2}30]	30
		Glottodidaktik [^{3}30]	30
		Deutschdidaktik [^{3}30, ^{4}30, ^{5}30, ^{6}30]	120
		Stimmtraining [^{6}30]	30
		Berufspraktikum [$^{3-6}$150]	150

Allgemeine Anmerkungen

Die sprachpraktischen Fächer werden im Curriculum der UMCS ausführlich angegeben. Dadurch können die gelehrten Sprachfertigkeiten und die Anzahl der dafür aufgewendeten Stunden analysiert werden. »Phonetik« wird der »Praxis der deutschen Sprache« zugeordnet. In Bezug auf die Stundenanzahl im obligatorischen Teil dominieren die literaturwissenschaftlichen Veranstaltungen. Des Weiteren können die Studierenden zwischen zwei Modulen wählen, d.h. »Fachsprache Deutsch« und »Lehramt«.

Ausbildung im Bereich Fachsprachen

Das ganze Modul »Fachsprache Deutsch« ist dem Erlernen von Fachsprachen gewidmet. An dieser Stelle orientiert sich das Curriculum eindeutig an den Bedürfnissen des Arbeitsmarktes. Von den Fachsprachen wird konkret nur Wirtschaftsdeutsch genannt. Es gibt keine detaillierte Auflistung der anderen im Studium behandelten Fachsprachen, welche unter dem eher allgemeinen Begriff »Branchenspezifisches Deutsch« zusammengefasst sind. Diese allgemeine Bezeichnung lässt unklar, in welchem Fachgebiet sich die Studierenden entwickeln können. Eine genaue Angabe der besprochenen Fachsprachen wäre von Vorteil.

Ausbildung im Bereich Didaktik
Unter den Pflichtfächern werden keine didaktischen Veranstaltungen angeboten. Nur im Rahmen des Lehramt-Moduls können die Studierenden Qualifikationen für den Lehrerberuf in der Grundschule erwerben. Dies spiegelt sich auch in den angebotenen Lerninhalten wider, welche sich hauptsächlich auf diese Ausbildungsstufe konzentrieren. Im Curriculum sind keine Fächer zur Erwachsenenbildung sowie Fachsprachendidaktik zu finden.

Schlussbemerkung
Das analysierte Curriculum stellt in seinem obligatorischen Teil eine allgemeine philologische Ausbildung dar. Die Wahl des Moduls »Fachsprache Deutsch« ermöglicht den Erwerb von Fachkenntnissen, welche eine gute Basis für ein weiteres Selbststudium bilden können. Um den Studierenden eine zusätzliche Laufbahn zu ermöglichen, wäre eine Ausweitung des Studienangebots auf die Erwachsenenbildung und die Fachsprachendidaktik wünschenswert.

10. Universität Opole – 92 Studierende[55]

Universität Opole	Studienfachrichtung: Germanistik	
	Stufe: I (BA)	Studienform: Direktstudium
		Gilt ab: 2021/2022

Curriculum	Art der Lehrveranstaltung [Stundenanzahl]	Name der Lehrveranstaltung [^{Semester}Stundenanzahl]	insgesamt
Pflichtfächer	Sprachpraktische Fächer [435]	Praktische Grammatik [^{1}30, ^{2}30]	60
		Mündliche Kommunikation [^{1}15, ^{2}15, ^{3}30, ^{4}30]	90
		Phonetik des Deutschen [^{1}30, ^{2}30]	60
		Produktion von Gebrauchstexten [^{1}30, ^{2}30]	60
		Rezeption von Pressetexten [^{1}15, ^{2}15]	30
		Rezeption wissenschaftlicher Texte [^{3}30]	30
		Kreatives Schreiben [^{3}30, ^{4}30]	60
		Textproduktion [^{5}30, ^{6}15]	45
	Sprachwissenschaft [390]	Einführung in die Sprachwissenschaft [^{1}30]	30
		Deskriptive Grammatik [^{1}30, ^{2}30, ^{3}45, ^{4}45]	150
		Kontrastive Grammatik [^{5}45]	45
		Psycholinguistik [^{5}15, ^{6}15]	30

---

55 http://ger.wfil.uni.opole.pl/harmonogramy-studiow/ [letzter Zugang 20/08.2022].

(Fortsetzung)

Curriculum	Art der Lehrveranstaltung [Stundenanzahl]	Name der Lehrveranstaltung [[Semester]Stundenanzahl]	insgesamt
		Geschichte der deutschen Sprache [[6]45]	45
		Wirtschaftskommunikation [[5]30, [6]30]	60
		Einführung in die Kommunikationstheorien [[5]15, [6]15]	30
	Literaturwissenschaft [240]	Literaturgeschichte des deutschsprachigen Kulturraumes [[1]30, [2]30, [3]45, [4]45, [5]45 [6]45]	240
	Kulturwissenschaft [75]	Grundbegriffe der Kulturwissenschaft des deutschen Sprachraumes [[5]30, [6]15]	45
		Schlesienbezogene Forschung [[4]30]	30
	Übersetzung [30]	Übersetzen allgemeiner Texte [[3]30]	30
	Didaktik [30]	Fremdsprachenerwerb [[1]30]	30
	Andere Fremdsprache [165]	Fremdsprachenkurs [[4]60, [5]60]	120
		Kurs in modernen Fremdsprachen [[6]30]	30
		Latein [[1]15]	15
	Wahlpflichtfächer [0]	- - - - - -	- - -
	Abschlussarbeit [60]	Diplomproseminar [[5]30]	30
		Diplomseminar [[6]30]	30
	Sonstige [218]	Arbeitsschutzschulung [[1]4]	4
		Einführung in die Bibliotheksnutzung [[1]2]	2
		Informationstechnologie [[1]30]	30
		Sport [[2]30, [3]30]	60
		Wechselkurs [[2]15, [3]15, [4]15, [5]15, [6]15]	75
		Schutz des intellektuellen und industriellen Eigentums [[5]2]	2
		Einführung in die wissenschaftliche Forschung [[4]45]	45
Wahlmodule	Deutsch in Recht und Wirtschaft [420]	Grundlagen der Mikroökonomie [[2]15]	15
		Deutsch in der Mikroökonomie [[2]15]	15
		Grundlagen der Makroökonomie [[2]15]	15
		Deutsch in der Makroökonomie [[2]15]	15
		Ausgewählte Aspekte der Landeskunde des deutschsprachigen Kulturraumes [[2]30]	30
		Deutschsprachige Handelskorrespondenz [[3]30]	30
		Übersetzen von operativen Texten [[3]30]	30
		Unternehmenslehre [[2]30]	30
		Übersetzen von Fachtexten [[4]45]	45
		Einführung in das Handelsrecht [[5]30]	30
		Europäische Union [[4]30]	30
		Einführung in das Verwaltungsrecht [[6]15]	15
		Einführung in das Rechnungswesen [[6]30]	30
		Berufspraktikum [[4]90]	90

(Fortsetzung)

Curriculum	Art der Lehrveranstaltung [Stundenanzahl]	Name der Lehrveranstaltung [[Semester]Stundenanzahl]	insgesamt
	Translatorik [420]	Einführung in die Translationstheorie und ihre praktische Anwendung [[2]60]	60
		Ausgewählte Aspekte der Landeskunde des deutschsprachigen Kulturraumes [[2]30]	30
		Translationsrelevante Textanalyse [[3]30]	30
		Stegreifübersetzen [[4]30]	30
		Übersetzen ins Polnische [[2]30]	30
		Übersetzen ins Deutsche [[3]30]	30
		Literarische Übersetzung [[4]30]	30
		Konferenzdolmetschen allgemeiner Texte [[4]15, [5]15]	30
		Übersetzen von Fachtexten [[5]15, [6]15]	30
		Konferenzdolmetschen von Fachtexten [[6]30]	30
		Berufspraktikum [[4]90]	90
	Lehramt [480]	Ausgewählte Aspekte der Landeskunde des deutschsprachigen Kulturraumes [[2]30]	30
		Moderne Informationstechnologien in der Sprachausbildung [[2]30]	30
		Sprachfertigkeiten im Fremdsprachenunterricht [[2]30]	30
		Motivation im DaF-Unterricht [[2]30]	30
		Lernstrategien im Fremdsprachenunterricht [[3]30]	30
		Narratologie im Fremdsprachenunterricht [[3]30]	30
		Didaktisierung authentischischer Texte [[4]30]	30
		Vorbereitung landes- und raumkundlicher Exkursionen [[4]15]	15
		Phraseologie und Phraseodidaktik [[4]30]	30
		Deutsch als Minderheitensprache in Ostmitteleuropa [[5]30]	30
		Psycholinguistische Aspekte des Erst- und Zweitsprachenerwerbs [[6]15]	15
		Berufspraktikum [[4]90]	90
		Translationsübungen in der Fremdsprachendidaktik [[6]30]	30
	Germanistik mit erweitertem Englischunterricht [420]	Mündliche Kommunikation [[2]15]	15
		Phonetik des Englischen [[2]30]	30
		Schreiben mit Elementen der Grammatik [[2]45, [3]45]	90
		Argumentationsfähigkeit [[4]30]	30
		Diskussionsfähigkeit [[2]15]	15
		Integrierte Fertigkeiten [[2]30, [4]30, [6]45]	105
		Geschichte Englands und der USA [[4]15]	15

(Fortsetzung)

Curriculum	Art der Lehrveranstaltung [Stundenanzahl]	Name der Lehrveranstaltung [Semester Stundenanzahl]	insgesamt
		Englische und amerikanische Kultur [³15]	15
		Abriss der englischen und amerikanischen Literatur [³15]	15
		Berufspraktikum [⁴90]	90

Allgemeine Anmerkungen

Im Curriculum der Universität Opole werden die sprachpraktischen Fächer detailliert aufgelistet. Dies ermöglicht einen Überblick über die den einzelnen Fertigkeiten gewidmete Stundenanzahl. Im Rahmen der Pflichtfächer sind keine Veranstaltungen zu Didaktik sowie Fachsprachen zu finden. Daraus folgt, dass die obligatorischen Fächer eine eher allgemeine Ausbildung gewährleisten und die zusätzlichen Kenntnisse ausschließlich durch die Wahl eines Moduls vertieft werden können. Daher können Studierende zwischen vier Wahlmodulen entscheiden: »Deutsch in Recht und Wirtschaft«, »Translatorik«, »Lehramt« sowie »Germanistik mit erweitertem Englischunterricht«.

Ausbildung im Bereich Fachsprachen

Die Fachsprachenausbildung entspricht am ehesten dem Wahlmodul »Deutsch in Recht und Wirtschaft«, welches verschiedene Veranstaltungen mit Schwerpunkt auf Fachsprachen anbietet. Die Studierenden können Kenntnisse in den Fachsprachen der folgenden Bereiche erwerben: Recht, Verwaltung, Handelsrecht, Makro- und Mikroökonomie, Rechnungswesen sowie Europäische Union. Außerdem können sie am Kurs »Übersetzen von Fachtexten« teilnehmen. Das breite Spektrum an Themen kann eine gute Grundlage für das eigene Weiterlernen in der Zukunft bilden.

Ausbildung im Bereich Didaktik

Im Curriculum sind typische didaktische und kulturwissenschaftliche Fächer zu finden, aber auch andere, welche bei der Ausübung des Lehrerberufes behilflich sein können, wie z. B. die »Vorbereitung von Exkursionen«. Die Universität Opole kommt auch den besonderen Bedürfnissen der Region nach und bietet den Studierenden einen Kurs zum Thema »Deutsch als Minderheitensprache in Ostmitteleuropa« an. Im Curriculum befinden sich jedoch keine Fächer zur Fachsprachendidaktik und zur Erwachsenenbildung. Daher eignet sich das Modul vor allem für diejenigen, die eine berufliche Zukunft als Lehrkräfte in der Grundschule anstreben.

Schlussbemerkung

Das beschriebene Curriculum kann aus der Perspektive angehender fachspezifischer DaF-Lehrende attraktiv wirken. Zweifelsohne werden die Studierenden nach dem Abschluss des Wahlmoduls »Deutsch in Recht und Wirtschaft« mit verschiedenen Fachsprachen vertraut sein, was den Einstieg ins Berufsleben erleichtern kann. Obwohl das Modul »Lehramt« sich eher auf die Ausübung des Lehrerberufes in der Grundschule konzentriert, könnte die Kombination beider Module eine gute Basis für fachspezifische DaF-Lehrende bilden. Eine Erweiterung um Inhalte im Zusammenhang mit der Erwachsenenbildung und der Vermittlung von Fachsprachen würde das ohnehin schon attraktive Angebot der Universität Opole bereichern.

11. Universität Łódź – 91 Studierende[56]

Universität Łódź	Studienfachrichtung: Germanistik	
	Stufe: I (BA)	Studienform: Direktstudium
		Gilt ab: 2021/2022

Curriculum	Art der Lehrveranstaltung [Stundenanzahl]	Name der Lehrveranstaltung [[Semester]Stundenanzahl]	insgesamt
Pflichtfächer	Sprachpraktische Fächer [684]	Praxis der deutschen Sprache [[1]78, [2]84, [3]84, [4]56, [5]78, [6]45]	425
		Phonetik [[1]28, [2]28, [3]28, [4]28]	112
		Praktische Grammatik [[1]28, [2]28, [3]28, [4]28]	112
		Verfassen von Gebrauchstexten [[1]15, [2]20]	35
	Sprachwissenschaft [229]	Beschreibende Grammatik [[1]48, [2]48, [3]35, [4]35]	166
		Einführung in die Sprachwissenschaft [[1]35]	35
		Rhetorik [[6]28]	28
	Literaturwissenschaft [379]	Literaturgeschichte der DACH-Länder [[1]48, [2]48, [3]48, [4]48, [5]48, [6]48]	288
		Einführung in die Literaturwissenschaft [[2]35]	35
		Textanalyse [[4]28]	28
		Stilistik [[5]28]	28
	Kulturwissenschaft [185]	Einführung in die Landeskunde der DACH-Länder [[1]15]	15
		Geschichte der DACH-Länder [[1]28, [2]28]	56
		Kultur der DACH-Länder [[2]28]	28
		Gedenkstätten der DACH-Länder [[2]28]	28

---

56 http://germanistyka.uni.lodz.pl/programy-ksztalcenia/ [letzter Zugang: 20.08.2022].

(Fortsetzung)

Curriculum	Art der Lehrveranstaltung [Stundenanzahl]	Name der Lehrveranstaltung [^{Semester}Stundenanzahl]	insgesamt
		Gegenwärtige Kultur der DACH-Länder [^{3}15]	15
		Interkulturelles Training: Einführung [^{3}15]	15
		Deutsches Kino im Überblick [^{5}28]	28
	Übersetzungen [76]	Übersetzungen [^{5}48, ^{6}28]	76
	Didaktik [0]	- - - - - -	- - -
	Andere Fremdsprache [120]	Fremdsprache [^{1}60, ^{2}60]	120
	Wahlpflichtfächer [30]	Allgemeinakademisches Wahlfach (C) [^{4}30]	30
	Abschlussarbeit [82]	Diplomseminar: Einführung [^{4}28]	28
		Diplomseminar [^{5}28, ^{6}26]	54
	Sonstige [79]	Tutorium [^{1}9]	9
		Mentoring [^{1}10]	10
		Sport [$^{1-4}$60]	60
		Arbeitsschutzschulung [^{1}Online]	e-lern.
		Einführung in die Bibliotheksnutzung [^{1}Online]	e-lern.
		Schutz des intellektuellen Eigentums [^{1}Online]	e-lern.
Wahlmodule	Sprach- und Kulturwissenschaft [454]	Kultur und Literatur der DACH-Länder (B)[57] [^{3,4}28]	28
		Medien der DACH-Länder (B) [^{3,4}28]	28
		Geschichte und Kultur der Deutschen und Juden in Lodz (B) [^{3,4}28]	28
		Kontrastive Grammatik [^{3,4}28]	28
		Interkulturelles Training [^{3,4}28]	28
		Latein [^{4}28]	28
		Überblick über aktuelle gesellschaftliche und politische Ereignisse [^{5}28]	28
		Geschäftskommunikation [^{5}28]	28
		Fachsprachen (B) [^{5}28]	28
		Semantik und Pragmatik (B) [^{6}28]	28
		Medienlinguistik (B) [^{6}28]	28
		Spezialisierungskurse [^{5}28, ^{6}28]	56
		Berufspraktikum [^{6}90]	90
	Französisch, Spanisch, Italienisch	Sprachpraxis [^{3}90, ^{4}90, ^{5}90, ^{6}90]	360
		Spezialisationskurse [^{4}30, ^{5}30]	60
		Spezialisierungskurse [^{5}28, ^{6}28]	56

---

57 Fächer (B): Aus jedem im Titel des Faches B angegebenen Themenbereich werden spezifische Veranstaltungen zur Auswahl angeboten. Die Spezialisierungskurse werden von den Studenten je nach dem Thema des Diplomseminars gewählt.

(Fortsetzung)

Curriculum	Art der Lehrveranstaltung [Stundenanzahl]	Name der Lehrveranstaltung [^{Semester}Stundenanzahl]	insgesamt
	(für Anfänger) [566]	Berufspraktikum [^{6}90]	90
	Englische Sprache (für Fortgeschrittene) [611]	Sprachpraxis [^{3}60, ^{4}60, ^{5}60, ^{6}60]	240
		Elemente der Literaturgeschichte des zweiten Sprachraums [^{3}30, ^{4}30]	60
		Beschreibende Grammatik des zweiten Sprachraums [^{5}30, ^{6}30]	60
		Elemente der Geschichte und Kultur des zweiten Sprachraums [^{4}30]	30
		Wahlfach (zweite Fremdsprache) [^{5}15]	15
		Spezialisationskurse [^{4}30, ^{5}30]	60
		Spezialisierungskurse [^{5}28, ^{6}28]	56
		Berufspraktikum [^{6}90]	90

Universität Łódź	Studienfachrichtung: Germanistik für Anfänger	
	Stufe: I (BA)	Studienform: Direktstudium
		Gilt ab: 2021/2022

Curriculum	Art der Lehrveranstaltung [Stundenanzahl]	Name der Lehrveranstaltung [^{Semester}Stundenanzahl]	insgesamt
Pflichtfächer	Sprachpraktische Fächer [792]	Praxis der deutschen Sprache [^{1}142, ^{2}144, ^{3}112, ^{4}84, ^{5}56, ^{6}56]	594
		Phonetik [^{2}15, ^{3}28, ^{4}15]	58
		Praktische Grammatik [^{2}28, ^{3}28, ^{4}28, ^{5}28]	112
		Verfassen von Gebrauchstexten [^{4}28]	28
	Sprachwissenschaft [138]	Beschreibende Grammatik [^{3}28, ^{4}28, ^{5}28]	84
		Einführung in die Sprachwissenschaft [^{1}28]	28
		Rhetorik [^{6}26]	26
	Literaturwissenschaft [280]	Literaturgeschichte der DACH-Länder [^{1}28, ^{2}28, ^{3}35, ^{4}35, ^{5}35, ^{6}35]	196
		Textanalyse [^{1}28]	28
		Einführung in die Literaturwissenschaft [^{2}28]	28
		Stilistik [^{5}28]	28
	Kulturwissenschaft [252]	Einführung in die Landeskunde der DACH-Länder [^{1}28]	28
		Geschichte der DACH-Länder [^{1}28, ^{2}28]	56
		Kultur der DACH-Länder [^{1}28, ^{2}28]	56
		Gedenkstätten der DACH-Länder [^{2}28]	28

(Fortsetzung)

Curriculum	Art der Lehrveranstaltung [Stundenanzahl]	Name der Lehrveranstaltung [^{Semester}Stundenanzahl]	insgesamt
		Gegenwärtige Kultur der DACH-Länder [^{3}28]	28
		Interkulturelles Training: Einführung [^{3}28]	28
		Deutsches Kino im Überblick [^{5}28]	28
	Übersetzungen [41]	Übersetzungen [^{5}15, ^{6}26]	41
	Didaktik [0]	- - - - - -	- - -
	Andere Fremdsprache [120]	Fremdsprache [^{1}60, ^{2}60]	120
	Wahlpflichtfächer [30]	Allgemeinakademisches Wahlfach (C) [^{4}30]	30
	Abschlussarbeit [82]	Diplomseminar: Einführung [^{4}28]	28
		Diplomseminar [^{5}28, ^{6}26]	54
	Sonstige [79]	Tutorium [^{1}9]	9
		Mentoring [^{1}10]	10
		Sport [$^{1\text{-}4}$60]	60
		Arbeitsschutzschulung [^{1}Online]	e-lern.
		Einführung in die Bibliotheksnutzung [^{1}Online]	e-lern.
		Schutz des intellektuellen Eigentums [^{1}Online]	e-lern.
Wahlmodule	Sprach- und Kulturwissenschaft [454]	Kultur und Literatur der DACH-Länder (B)[58] [^{3,4}28]	28
		Medien der DACH-Länder (B) [^{3,4}28]	28
		Geschichte und Kultur der Deutschen und Juden in Lodz (B) [^{3,4}28]	28
		Kontrastive Grammatik [^{3,4}28]	28
		Interkulturelles Training [^{3,4}28]	28
		Latein [^{4}28]	28
		Überblick über aktuelle gesellschaftliche und politische Ereignisse [^{5}28]	28
		Geschäftskommunikation [^{5}28]	28
		Fachsprachen (B) [^{5}28]	28
		Semantik und Pragmatik (B) [^{6}28]	28
		Medienlinguistik (B) [^{6}28]	28
		Spezialisierungskurse [^{5}28, ^{6}28]	56
		Berufspraktikum [^{6}90]	90
	Französisch, Spanisch, Italienisch	Sprachpraxis [^{3}90, ^{4}90, ^{5}90, ^{6}90]	360
		Spezialisationskurse [^{4}30, ^{5}30]	60
		Spezialisierungskurse [^{5}28, ^{6}28]	56

---

58 Fächer (B): Aus jedem im Titel des Faches B angegebenen Themenbereich werden spezifische Veranstaltungen zur Auswahl angeboten. Die Spezialisierungskurse werden von den Studenten je nach dem Thema des Diplomseminars gewählt.

(Fortsetzung)

Curriculum	Art der Lehrveranstaltung [Stundenanzahl]	Name der Lehrveranstaltung [^{Semester}Stundenanzahl]	insgesamt
	(für Anfänger) [566]	Berufspraktikum [^{6}90]	90
	Englische Sprache (für Fortgeschrittene) [611]	Sprachpraxis [^{3}60, ^{4}60, ^{5}60, ^{6}60]	240
		Elemente der Literaturgeschichte des zweiten Sprachraums [^{3}30, ^{4}30]	60
		Beschreibende Grammatik des zweiten Sprachraums [^{5}30, ^{6}30]	60
		Elemente der Geschichte und Kultur des zweiten Sprachraums [^{4}30]	30
		Wahlfach (zweite Fremdsprache) [^{5}15]	15
		Spezialisationskurse [^{4}30, ^{5}30]	60
		Spezialisierungskurse [^{5}28, ^{6}28]	56
		Berufspraktikum [^{6}90]	90

Allgemeine Anmerkungen

Das Angebot der Universität Lodz umfasst zwei Studiengänge im Rahmen der germanistischen Ausbildung, einen für Personen mit fortgeschrittenen Deutschkenntnissen und einen weiteren für Anfänger. Die sprachpraktischen Fächer werden unter »Praxis der deutschen Sprache« zusammengefasst. An dieser Stellte ist es schwierig zu analysieren, wie viele Stunden für die einzelnen Fertigkeiten aufgewendet werden. Getrennt betrachtet werden aber »Phonetik«, »praktische Grammatik« sowie das »Verfassen von Gebrauchstexten«. Im Rahmen der Pflichtfächer sind keine Veranstaltungen zu Didaktik sowie Fachsprachen zu finden. Hervorgehoben werden sollte jedoch die Dominanz der literatur- und kulturwissenschaftlichen Fächer. Die Studierenden können Kenntnisse im Rahmen der drei Wahlmodule erwerben, nämlich: »Sprach- und Kulturwissenschaft«, »andere Fremdsprache: Französisch, Spanisch oder Italienisch« (für Anfänger) oder »Englische Sprache« (für Fortgeschrittene).

Ausbildung im Bereich Fachsprachen

Das Modul »Sprach- und Kulturwissenschaft« bietet ausschließlich zwei Fächer an, die im Zusammenhang mit Fachsprachenausbildung stehen, d. h. »Geschäftskommunikation« und »Fachsprachen«. Die zweite Veranstaltung wird aber nicht näher beschrieben, daher ist es schwierig festzustellen, welche Fachsprachen sie betrifft sowie in welcher Hinsicht (theoretisch oder praktisch) sie unterrichtet werden. Dem Fach werden aber lediglich 28 Unterrichtsstunden gewidmet, so dass der Inhaltsumfang relativ eng und eher allgemein scheint.

Ausbildung im Bereich Didaktik
Im Curriculum werden keine Kurse im Bereich der Didaktik angeboten, weder innerhalb von Pflichtfächern noch des Wahlmoduls. Darüber hinaus gibt es auch keine Vorlesungen im Bereich der Fachsprachendidaktik sowie der Erwachsenenbildung.

Schlussbemerkungen
Die BA-Stufe der Universität Łódź bietet eine allgemeine, kaum marktorientierte Ausbildung. Den Studierenden wird eine geringe Vorbereitung auf die Arbeit als Fachsprachenlehrende angeboten. Die niedrige Stundenanzahl von Fachsprachen sowie der Mangel an Vorlesungen zu Didaktik bedeuten, für die an diese Laufbahn interessierten einen großen Zeit- sowie Kostenaufwand für die individuelle Weiterbildung.

12. Universität Rzeszów – 91 Studierende[59]

Universität Rzeszów	Studienfachrichtung: Germanistik	
	Stufe: I (BA)	Studienform: Direktstudium
		Gilt ab: 2021/2022

Curriculum	Art der Lehrveranstaltung [Stundenanzahl]	Name der Lehrveranstaltung [^{Semester}Stundenanzahl]	insgesamt
Pflichtfächer	Sprachpraktische Fächer [630]	Praxis der deutschen Sprache [^{1}150, ^{2}150, ^{3}120, ^{4}90, ^{5}60, ^{6}60]	630
	Sprachwissenschaft [360]	Praktische Grammatik [^{1}30, ^{2}30, ^{3}30, ^{4}30]	120
		Phonetik und Phonologie [^{1}30, ^{2}30]	60
		Beschreibende Grammatik [^{2}30, ^{3}30]	60
		Praktische Stilistik [^{4}30, ^{5}30]	60
		Geschichte der deutschen Sprache [^{5}30]	30
		Einführung in die Sprachwissenschaft [^{3}30]	30
	Literaturwissenschaft [135]	Einführung in die Literaturwissenschaft [^{3}15]	15
		Geschichte der deutschsprachigen Literatur [^{3}30, ^{4}45, ^{5}45]	120
	Kulturwissenschaft [45]	Geschichte der DACH-Länder [^{1}15]	15
		Landeskunde der DACH-Länder [^{2}30]	30
	Übersetzungen [0]	------	---

---

59 https://www.ur.edu.pl/kolegia/kolegium-nauk-humanistycznych/student/kierunki-studiow-sylabusy-harmonogramy-/filologia-germanska/harmonogramy-studiow-plany-studiow [letzter Zugang 20.08.2022].

(Fortsetzung)

Curriculum	Art der Lehrveranstaltung [Stundenanzahl]	Name der Lehrveranstaltung [[Semester]Stundenanzahl]	insge-samt
	Didaktik [0]	------	---
	Andere Fremd-sprache [150]	Fremdsprache [[1]15, [2]15, [3]30, [4]30, [5]30]	120
		Latein/ Altkirchenslawisch [[1]30]	30
	Wahlpflichtfächer [105]	Wahlpflichtfach [[4]30]	30
		– Methodologie der Sprachwissenschaft	
		– Methodologie der Literaturwissenschaft	
		Monografische Vorlesung [[4]15, [5]15, [6]15]	45
		Gesamtuniversitäres Wahlfach [[6]30]	30
	Abschlussarbeit [90]	Einführung in das Verfassen einer Ab-schlussarbeit [[4]15]	15
		Diplomseminar [[5]30, [6]45]	75
	Sonstige [100]	Sport [[1]30, [2]30]	60
		Informationstechnologie/ Präsentationen [[3]15]	15
		Grundlagen der Unternehmenslehre [[1]15]	15
		Schutz des intellektuellen Eigentums [[6]10]	10
Wahlmodule	Translatorik [525]	Übersetzungen [[2]15, [3]30, [4]30, [5]30]	105
		Übersetzungsbezogene Textanalyse [[5]30]	30
		Dolmetschen [[3]30, [4]30, [5]30, [6]15]	105
		Übersetzung literarischer Texte [[6]15]	15
		Fachsprachen [[3]30, [4]30]	60
		Übersetzungstheorien [[2]15]	15
		Handelskorrespondenz [[6]30]	30
		Interkulturelle Kommunikation [[4]15]	15
		Translatorisches Praktikum [[5]100, [6]50]	150
	Lehramt [465]	Psychologie [[2]60, [3]30]	90
		Pädagogik [[3]60, [4]30]	90
		Grundlagen der Didaktik [[4]30]	30
		Stimmtraining [[2]30]	30
		Fachdidaktik [[4]45, [5]45, [6]45]	135
		Berufspraktikum [[5]30, [6]60]	90

Universität Rzeszów	Studienfachrichtung: Germanistik für Anfänger	
	Stufe: I (BA)	Studienform: Direktstudium
		Gilt ab: 2021/2022

Curriculum	Art der Lehrveranstaltung [Stundenanzahl]	Name der Lehrveranstaltung [[Semester]Stundenanzahl]	insgesamt
Pflichtfächer	Sprachpraktische Fächer [690]	Praxis der deutschen Sprache [[1]210, [2]150, [3]120, [4]90, [5]60, [6]60]	690
	Sprachwissenschaft [360]	Praktische Grammatik [[1]45, [2]45, [3]30, [4]30, [5]15]	165
		Phonetik und Phonologie [[1]30, [2]45]	75
		Beschreibende Grammatik [[3]30, [4]30]	60
		Einführung in die Sprachwissenschaft [[3]30]	30
		Geschichte der deutschen Sprache [[5]30]	30
	Literaturwissenschaft [135]	Einführung in die Literaturwissenschaft [[3]15]	15
		Geschichte der deutschsprachigen Literatur [[3]30, [4]45, [5]45]	120
	Kulturwissenschaft [45]	Geschichte der DACH-Länder [[1]15]	15
		Landeskunde der DACH-Länder [[2]30]	30
	Übersetzungen [0]	- - - - - -	- - -
	Didaktik [0]	- - - - - -	- - -
	Andere Fremdsprache [150]	Fremdsprache [[1]15, [2]15, [3]30, [4]30, [5]30]	120
		Latein/ Altkirchenslawisch [[1]30]	30
	Wahlpflichtfächer [105]	Wahlpflichtfach [[4]30] – Methodologie der Sprachwissenschaft – Methodologie der Literaturwissenschaft	30
		Monografische Vorlesung [[4]15, [5]15, [6]15]	45
		Gesamtuniversitäres Wahlfach [[6]30]	30
	Abschlussarbeit [90]	Einführung in das Verfassen einer Abschlussarbeit [[4]15]	15
		Diplomseminar [[5]30, [6]45]	75
	Sonstige [100]	Sport [[1]30, [2]30]	60
		Informationstechnologie/ Präsentationen [[3]15]	15
		Grundlagen der Unternehmenslehre [[1]15]	15
		Schutz des intellektuellen Eigentums [[6]10]	10
Wahlmodule	Translatorik [525]	Übersetzungen [[2]15, [3]30, [4]30, [5]30]	105
		Übersetzungsbezogene Textanalyse [[5]30]	30
		Dolmetschen [[3]30, [4]30, [5]30, [6]15]	105
		Übersetzung literarischer Texte [[6]15]	15
		Fachsprachen [[3]30, [4]30]	60
		Übersetzungstheorien [[2]15]	15
		Handelskorrespondenz [[6]30]	30
		Interkulturelle Kommunikation [[4]15]	15

(Fortsetzung)

Curriculum	Art der Lehrveranstaltung [Stundenanzahl]	Name der Lehrveranstaltung [^{Semester}Stundenanzahl]	insge-samt
		Translatorisches Praktikum [^{5}100, ^{6}50]	150
	Lehramt [465]	Psychologie [^{2}60, ^{3}30]	90
		Pädagogik [^{3}60, ^{4}30]	90
		Grundlagen der Didaktik [^{4}30]	30
		Stimmtraining [^{2}30]	30
		Fachdidaktik [^{4}45, ^{5}45, ^{6}45]	135
		Berufspraktikum [^{5}30, ^{6}60]	90

Allgemeine Anmerkungen

Die Universität Rzeszów bietet zwei Studiengänge an, einen für Studierende mit fortgeschrittenen Deutschkenntnissen und einen für Anfänger. Der Hauptunterschied zwischen den beiden Curricula liegt in der Stundenzahl für den praktischen Deutschunterricht, Phonetik und praktische Grammatik. Alle sprachpraktischen Fächer werden im Rahmen der »Praxis der deutschen Sprache« realisiert. Daher ist es unmöglich, die Stundenanzahl, welche den einzelnen Sprachfertigkeiten zugewiesen wurde zu analysieren. »Phonetik und Phonologie« sowie »praktische Grammatik« werden zusätzlich getrennt angegeben und dem Bereich »Sprache und Kommunikation« zugeschrieben. Sichtbar ist darüber hinaus ein deutliches Übergewicht der sprachwissenschaftlichen Veranstaltungen. Unter obligatorischen Fächern befinden sich keine zu Fachsprachen sowie Didaktik. Zur Wahl werden zwei Wahlmodule gestellt, nämlich »Translatorik« und »Lehramt«.

Ausbildung im Bereich Fachsprachen

Der fachsprachlichen Ausbildung kann das Wahlmodul »Translatorik« entsprechen, welches sich zwar auf die Vorbereitung auf den Übersetzerberuf konzentriert, aber auch einige Fächer zu Fachsprachen beinhaltet. Im Curriculum gibt es aber keine explizite Angabe der besprochenen Fachsprachen oder Informationen dazu, unter welchem Aspekt diese den Studierenden beigebracht werden. Rein fachsprachlichen Inhalten samt der Handelskorrespondenz werden 90 Unterrichtsstunden gewidmet.

Ausbildung im Bereich Didaktik

Das Wahlmodul »Lehramt« enthält typische didaktische Veranstaltungen, welche auf die Fremdsprachenvermittlung in der Schule vorbereiten. Es werden keine Fächer aus dem Bereich Erwachsenenbildung sowie Fachsprachendidaktik vorgeschlagen.

Schlussfolgerungen

In Bezug auf die angehängten Curricula lässt sich feststellen, dass aus der Sicht der Fachsprachenlehrer die Wahl des Wahlmoduls »Translatorik« erörtert werden kann. Das Modul wäre attraktiver, wenn es eine zusätzliche Beschreibung, bzw. Bezeichnung der unterrichteten Fachsprachen beinhalten würde. Vorteilhaft wäre die Erweiterung der Lehrinhalte im Lehramt-Modul um Elemente der Erwachsenenbildung und des Fachsprachenunterrichts.

13.   Katholische Universität Lublin – 79 Studierende[60]

Katholische Universität Lublin	Studienfachrichtung: Germanistik	
	Stufe: I (BA)	Studienform: Direktstudium
		Gilt ab: 2020/2021

Curriculum	Art der Lehrveranstaltung [Stundenanzahl]	Name der Lehrveranstaltung [[Semester]Stundenanzahl]	insgesamt
Pflichtfächer	Sprachpraktische Fächer [720]	Praxis der deutschen Sprache: – Phonetik [[1]30] – Wortarten – Analyse, Übungen [[1]60, [2]60, [3]60, [4]60] – Hörverstehen [[1]30, [2]30] – Sprechen, themenspezifischer Wortschatz [[1]30, [2]30, [3]30, [4]30, [5]30, [6]30] – Schreiben/Synonymie und Wortbildung [[3]30, [4]30] – der deutsche Satz [[3]30, [4]30] – audiovisuelle Übungen [[3]30, [4]30] – Konversation/Argumentation [[6]30]	30 240 60 180 60 60 60 30
	Sprachwissenschaft [90]	Sprachliche Textanalyse [[5]30, [6]30] Kontrastive Grammatik [[6]30]	60 30
	Literaturwissenschaft [240]	Arbeit mit literarischen Texten [[3]30, [4]30, [5]30, [6]30] Althochdeutsche Literatur und Kultur [[3]30] Deutschsprachige Literatur [[4]30, [5]30, [6]30]	120 30 90
	Kulturwissenschaft [60]	Kulturwissenschaft: Deutschland [[5]30] Kulturwissenschaft: Schweiz, Österreich und Liechtenstein [[6]30]	30 30
	Übersetzungen [60]	Übersetzungsübungen [[3]30, [4]30]	60
	Didaktik [0]	- - - - - -	- - -
	Andere Fremdsprache [0]	- - - - - -	- - -

60 https://www.kul.pl/program-studiow-i-stopnia,art_29579.html [letzter Zugang 20.08.2022].

(Fortsetzung)

Curriculum	Art der Lehrveranstaltung [Stundenanzahl]	Name der Lehrveranstaltung [^{Semester}Stundenanzahl]	insgesamt
	Wahlpflichtfächer [540]	Komplexes Deutsch (Anfänger) [^{1}150, ^{2}120]	270
		Komplexes Deutsch (Fortgeschrittene) [^{1}150, ^{2}120]	270
	Abschlussarbeit [60]	Diplomseminar [^{5}30, ^{6}30][61]	60
	Sonstige [165]	Sport [^{1}30, ^{2}30]	60
		Logik [^{1}30]	30
		Geschichte der Philosophie [^{3}45]	45
		Ethik [^{5}30]	30
		Rechte und Pflichten des Studenten [^{1}XX]	
		Ethos und studentische Kultur [^{1}XX]	
		Arbeitsschutzschulung [^{1}XX]	
Wahlmodule	Fachsprachen [270]	Fachsprachen: Naturwissenschaften und Mathematik [^{3}30]	30
		Polen auf Deutsch [^{3}30]	30
		Fachsprachen: Deutsch im Büro [^{3}30, ^{4}30]	60
		Fachsprachen: Deutsch in den touristischen Dienstleistungen [^{4}30]	30
		Fachsprachen: Informationstechnologie, Wissenschaftstechnik [^{4}30]	30
		Wirtschaftsdeutsch [^{5}30]	30
		Markenzeichen der deutschen Kultur [^{5}30]	30
		Rechtssprache [^{6}30]	30
	Kommunikative Sprachkompetenz: Englisch [270]	Praxis der englischen Sprache [^{3}60, ^{4}60]	120
		Praktische Grammatik – Englisch [^{3}30, ^{4}30]	60
		Praxis der englischen Sprache: Sprechen/ Thematischer Wortschatz [^{5}60]	60
		Englisch in der beruflichen Kommunikation [^{6}30]	30

Allgemeine Anmerkungen

Im Curriculum der Germanistik der Universität KUL werden sprachpraktische Fächer ausführlich aufgelistet, wodurch ein guter Überblick über die unterrichteten Sprachfertigkeiten sowie die ihnen gewidmete Stundenanzahl erzeugt wird. Im Rahmen der sprachpraktischen Fächer wird ebenso »Phonetik« gelehrt. Die Literaturwissenschaft ist unter den Lehrveranstaltungen überrepräsentiert. Als Wahlpflichtfächer können die Studierenden ihre Sprachkompetenzen im Rahmen des zusätzlichen Fachs »Komplexes Deutsch« verbessern. Die Zuweisung zu einer bestimmten Gruppe erfolgt auf Grundlage des Sprachniveaus. Daraus folgt

---

61 Die Studierenden wählen zwischen literatur-, kultur- oder sprachwissenschaftlichem Diplomseminar.

jedoch nicht, dass es zwei verschiedene Bildungswege für Anfänger und Fort-geschrittene gibt. Den Studierenden werden zwei Wahlmodule angeboten, wobei sich das eine mit der fachsprachlichen Ausbildung befasst und das zweite sich auf dem Erwerb von Englischkenntnissen konzentriert.

Ausbildung im Bereich Fachsprachen
Im Rahmen des Wahlmoduls »Fachsprachen« werden den Studierenden fach-sprachliche Inhalte beigebracht. Angeboten werden unterschiedliche Fachspra-chen, wie z. B. »Wirtschaftsdeutsch« und »Rechtssprache«, aber auch »Deutsch im Tourismus« oder »Deutsch im Büro«. Die breite Palette von Veranstaltungen aus diesem Bereich ermöglicht den Studierenden verschiedene Karrierewege. Auf diese Art und Weise bekommen sie ein gutes Basiswissen, welches individuell für spätere berufliche Zwecke vertieft werden kann.

Ausbildung im Bereich Didaktik
Weder im obligatorischen noch im fakultativen Teil des Curriculums sind der Didaktik gewidmete Veranstaltungen zu finden.

Schlussbemerkung
Die Universität KUL bietet eine gute Vorbereitung im Bereich der allgemeinen philologischen, aber auch fachsprachlichen Ausbildung an. Bei der Wahl des Fachsprachenmoduls werden die Studierenden in eine Vielzahl von Fachspra-chen eingeführt. Dadurch erhalten sie Grundkenntnisse in einer Reihe von Disziplinen, die bei Bedarf eigenständig weiterentwickelt werden können. Im Curriculum finden sich jedoch keine didaktischen Veranstaltungen. Für ange-hende fachspezifische DaF-Lehrende wäre es von Vorteil, das Angebot um Di-daktik mit besonderer Berücksichtigung der Erwachsenenbildung sowie Fach-sprachendidaktik zu erweitern.

14. Universität Zielona Góra – 66 Studierende[62]

Universität Zielona Góra	Studienfachrichtung: Germanistik		
	Stufe: I (BA)		Studienform: Direktstudium
			Gilt ab: 2021/2022

Curriculum	Art der Lehrveranstaltung [Stundenanzahl]	Name der Lehrveranstaltung [^{Semester}Stundenanzahl]	insgesamt
Pflichtfächer	Sprachpraktische Fächer [720]	Phonetische Übungen [^{1}30, ^{2}30]	60
		Lexikalische Übungen [^{1}30]	30
		Mündliche Sprachinteraktion [^{1}30, ^{2}30]	60
		Schriftliche Sprachinteraktion [^{1}30]	30
		Praktische Grammatik [^{1}30, ^{2}30, ^{3}30, ^{4}30]	120
		Hör- und Leseverstehen [^{1}30, ^{2}30]	60
		Konversationen [^{3}30, ^{4}30, ^{5}30, ^{6}30]	120
		Textarbeit [^{4}30, ^{5}30]	60
		Schreiben [^{3}30, ^{4}30, ^{5}30, ^{6}30]	120
		Integrierte Sprachfertigkeiten [^{5}30, ^{6}30]	60
	Sprachwissenschaft [300]	Beschreibende Grammatik [^{3}60, ^{4}60]	120
		Einführung in die Sprachwissenschaft [^{1}30]	30
		Lexikologie [^{5}60]	60
		Ausgewählte Aspekte der Phonologie der deutschen Sprache [^{5}30]	30
		Geschichte der deutschen Sprache [^{6}60]	60
	Literaturwissenschaft [270]	Einführung in die Literaturwissenschaft [^{1}30]	30
		Analyse literarischer Texte [^{2}30]	30
		Deutsche Literatur für Kinder und Jugendliche [^{2}30]	30
		Geschichte der deutschen Literatur [^{3}60, ^{4}60, ^{5}60]	180
	Kulturwissenschaft [30]	Landeskunde der DACH-Länder [^{1}30]	30
	Übersetzungen [0]	- - - - - -	- - -
	Didaktik [0]	- - - - - -	- - -
	Andere Fremdsprache [150]	Fremdsprache [^{3}30, ^{4}30, ^{5}30, ^{6}30]	120
		Latein [^{1}30]	30
	Wahlpflichtfächer [270]	Sozialwissenschaftliches Fach [^{1}30]	30
		Wahlpflichtfach A [^{2}60]	60
		– Deutsche Orthografie [^{2}30]	
		– Wörterbuchübungen [^{2}30]	
		– Theorie des Spracherwerbs [^{2}30]	

---

62 http://www.wh.uz.zgora.pl/index.php/studia-i-studenci/programy-studiow-ects/plany-kierunkow/1450-2021-2022 [letzter Zugang 20.08.2022].

(Fortsetzung)

Curriculum	Art der Lehrveranstaltung [Stundenanzahl]	Name der Lehrveranstaltung [^{Semester}Stundenanzahl]	insgesamt
		– Einführung in die Geschichte und Kultur Schlesien [^{2}30] Wahlpflichtfach B [^{3}30] – Konversations-lexikalische Übungen [^{3}30]	30
		– Integrierte Sprachfertigkeiten [^{3}30] Wahlpflichtfach C [^{3}30] – Deutsch-polnische kontrastive Grammatik [^{3}30]	30
		– Ausgewählte Schwerpunkte der deutschen Philosophie [^{3}30] Wahlpflichtfach D [^{4}30] – Lexikografie [^{4}30]	30
		– Literaturdidaktik [^{4}30] – Regionales Konzept in Sprache, Kultur und sozialer Praxis [^{4}30] Wahlpflichtfach E [^{5}30]	30
		– Weltsprachen: universelle und besondere Merkmale [^{5}30] – Film in einem soziokulturellen Kontext [^{5}30] Wahlpflichtfach F [^{6}30]	30
		– Dialekte des Deutschen [^{6}30] – Literatur als Form des kulturellen Diskurses [^{6}30] Wahlpflichtfach G [^{6}30]	30
		– Soziolinguistik [^{6}30] – Frau und Weiblichkeit im wissenschaftlichen Diskurs [^{6}30] – Schlesien als Kulturregion [^{6}30]	
	Abschlussarbeit [60]	Diplomseminar [^{5}30, ^{6}30]	60
	Sonstige [90]	Sport [^{1}30, ^{2}30]	60
		Informations- und Digitalkompetenzen in der Arbeit von Germanisten [^{5}30]	30
Wahlmodule	Wahlmodul I [300]	Kommunikationstheorie und Pragmatik der deutschen Sprache [^{2}30]	30
		Einführung in die Translationswissenschaft [^{2}30]	30
		Theorie und Praxis der Übersetzung [^{2}30]	30
		Übersetzungen [^{3}30, ^{4}30]	60
		Dolmetschen [^{5}30]	30
		Wirtschaftskommunikation [^{3}30]	30
		Stilistik der deutschen Sprache [^{4}30]	30
		Literaturübersetzung [^{5}30]	30

(Fortsetzung)

Curriculum	Art der Lehrveranstaltung [Stundenanzahl]	Name der Lehrveranstaltung [^{Semester}Stundenanzahl]	insgesamt
		Wahlfach [^{5}30]	30
		– Übersetzung von publizistischen Texten [^{5}30]	
		– Übersetzung von Rechtstexten [^{5}30]	
	Wahlmodul II [300]	Wirtschaftsdeutsch [^{2}30, ^{3}30, ^{4}30, ^{5}30]	120
		Sprache der deutschen Medien [^{2}30]	30
		Grundlagen der sprachlichen Kommunikation [^{2}30]	30
		Geschäfts- und Handelskorrespondenz [^{3}30, ^{4}30]	60
		Übersetzung von Gebrauchstexten [^{5}30]	30
		Wahlfach [^{5}30]	30
		– Fachsprache: Recht [^{5}30]	
		– Fachsprache: Medizin [^{5}30]	
	Wahlmodul III [420]	Einführung in die Psychologie [^{2}60]	60
		Einführung in die Pädagogik [^{2}60]	60
		Psychologischer Workshop, integriert mit dem Berufspraktikum [^{3}30]	30
		Pädagogischer Workshop, integriert mit dem Berufspraktikum [^{3}30]	30
		Allgemeine Didaktik [^{4}30]	30
		Deutschdidaktik [^{4}60]	60
		Stimmtraining und Sprachkultur [^{5}30]	30
		Didaktischer Workshop, integriert mit dem Berufspraktikum [^{5}30]	30
		Berufspraktikum [90]:	90
		– Pädagogisches [^{3}30]	
		– Didaktisches in der Grundschule [^{5}60]	

Allgemeine Anmerkungen

Im Curriculum der Universität Zielona Góra wird eine Zusammenstellung der im Rahmen der sprachpraktischen Fächer gelehrten Sprachfertigkeiten aufgeführt. Diese Strukturierung ermöglicht eine weitere Analyse der behandelten Inhalte und der dafür vorgesehenen Stundenanzahl. Dieser Teil beinhaltet auch phonetische Übungen. Das gesamte Programm ist durch eine leichte Dominanz von Fächern aus dem Bereich der Sprachwissenschaften gekennzeichnet. Besonders hervorzuheben ist das breite Angebot an Wahlfächern, unter denen u. a. einige an Didaktik orientierte Inhalte wie »Theorie des Spracherwerbs« oder »Literaturdidaktik« zu finden sind. Den Studierenden werden drei Wahlmodule vorgeschlagen, welche im Curriculum keine genaue Bezeichnung erhalten. Das erste befasst sich mit Translationswissenschaft, das zweite ermöglicht den Erwerb von

Fachsprachen und arbeitsmarktorientierten Kenntnissen und das dritte bietet eine didaktische Ausbildung.

Ausbildung im Bereich Fachsprachen
Der fachsprachlichen Ausbildung entspricht am ehesten das zweite Wahlmodul. Die Studierenden werden mit verschiedenen Fachsprachen vertraut gemacht (Recht, Medizin, Wirtschaft), welche eine Grundlage für weiteres Selbststudium bilden können. Besprochen werden auch arbeitsmarktorientierte Inhalte wie »Geschäfts- und Handelskorrespondenz«.

Ausbildung im Bereich Didaktik
Die didaktische Ausbildung wird im Rahmen des dritten Wahlmoduls realisiert, welches sich hauptsächlich auf die Vorbereitung auf eine Ausübung des Lehrerberufes in der Grundschule konzentriert. Das Curriculum umfasst keine Veranstaltungen zu Erwachsenenbildung sowie Fachsprachendidaktik.

Schlussbemerkung
Das beschriebene Curriculum der Universität Zielona Góra stellt in seinem obligatorischen Teil eine allgemeine philologische Ausbildung dar, welche im Rahmen der Wahlmodule spezialisiert werden kann. Ein breites Angebot an Wahlfächern unterstützt die umfassende Entfaltung der Interessen der Studierenden. Aus der Sicht der künftigen Fachsprachenlehrenden ist das Modul mit Schwerpunkt auf Fachsprachen von Belang. Für eine genauere Anpassung des Programms an die Bedürfnisse des Berufes wäre es empfehlenswert, über die Einführung von Erwachsenenbildung sowie Fachsprachendidaktik nachzudenken.

15. Nikolaus-Kopernikus-Universität Toruń – 50 Studierende[63]

Nikolaus-Kopernikus-Universität Toruń	Studienfachrichtung: Germanistische Philologie	
	Stufe: I (BA)	Studienform: Direktstudium
		Gilt ab: 2021/2022

Curriculum	Art der Lehrveranstaltung [Stundenanzahl]	Name der Lehrveranstaltung [^{Semester}Stundenanzahl]	insgesamt
Pflichtfächer	Sprachpraktische Fächer [840]	Praxis der deutschen Sprache [^{1}180, ^{2}180, ^{3}150, ^{4}120, ^{5}120, ^{6}90]	840
	Sprachwissenschaft [240]	Beschreibende Grammatik [^{1}60, ^{2}60]	120
		Kontrastive Grammatik mit Elementen des Spracherwerbs [^{5}30]	30
		Sprachwissenschaftlicher Vortrag [^{5}30]	30
		Proseminar: Sprachwissenschaft [^{6}30]	30
		Sprachgeschichte mit Elementen der historischen Grammatik [^{6}30]	30
	Literaturwissenschaft [60]	Literaturgeschichte der DACH-Länder [^{1}15, ^{2}15, ^{3}30]	60
	Kulturwissenschaft [180]	Geschichte Deutschlands [^{1}30, ^{2}30]	60
		Landeskunde der DACH-Länder [^{3}30, ^{4}30]	60
		Proseminar: Kulturwissenschaft [^{4}30, ^{5}30]	60
	Übersetzungen [0]	------	---
	Didaktik [0]	------	---
	Andere Fremdsprache [120]	Fremdsprache [^{4}60, ^{5}60]	120
	Wahlpflichtfächer [30]	Sozialwissenschaftliches Fach [^{4}30]	30
	Abschlussarbeit [60]	Diplomseminar [^{5}30, ^{6}30]	60
	Sonstige [105]	Latein [^{1}30]	30
		Ökonomie und Unternehmenslehre [^{6}15]	15
		Sport [^{3}30, ^{4}30]	60
		Arbeitsschutzschulung [^{1}XX]	
		Einführung in die Bibliotheksnutzung [^{1}XX]	
Wahlmodule	Modul I [360]	Proseminar Lektüre [^{1}30, ^{2}30, ^{3}30]	90
		Einführung in die Literaturwissenschaft [^{1}30]	30
		Einführung in die Sprachwissenschaft [^{2}30]	30
		Proseminar: Literaturwissenschaft [^{3}30, ^{4}30, ^{5}30]	90

---

63 https://www.human.umk.pl/student-programy-studiow-studia-stacjonarne-i-stopnia-filolo
gia-germanska/ [letzter Zugang 20.08.2022].

(Fortsetzung)

Curriculum	Art der Lehrveranstaltung [Stundenanzahl]	Name der Lehrveranstaltung [^{Semester}Stundenanzahl]	insge-samt
		Literatur- oder kulturwissenschaftlicher Vortrag [^{4}30, ^{6}30]	60
		Berufspraktikum [^{5}60]	60
	Modul II [330]	Proseminar Lektüre [^{1}30]	30
		Pädagogik [^{1}30, ^{2}30, ^{3}30]	90
		Psychologie [^{1}30, ^{2}30, ^{3}30]	90
		Grundlagen der Didaktik [^{4}30]	30
		Sprachtraining [^{4}30]	30
		Pädagogisches Praktikum [^{5}30]	30
		Literatur- oder kulturwissenschaftlicher Vortrag [^{6}30]	30

Allgemeine Anmerkungen

Im Curriculum der Germanistischen Philologie an der UMK Toruń werden alle sprachpraktischen Fächer unter »Praxis der deutschen Sprache« zusammengefasst. »Phonetik« wird nicht als ein eigenständiges Fach aufgeführt, und es gibt auch keine Informationen darüber, ob »Phonetik« als Teil des praktischen Deutschunterrichts beigebracht wird. Im Pflichtbereich ist eine Dominanz sprachwissenschaftlicher Veranstaltungen sichtbar. Die Studierenden können zusätzliche Kenntnisse in zwei Wahlmodulen erwerben. Keines dieser Module hat eine offizielle Bezeichnung, aber ihr Schwerpunkt lässt sich aus der Analyse der umgesetzten Inhalte ableiten. So konzentriert sich das erste Modul auf die Vertiefung des allgemeinen philologischen, d. h. literatur-, sprach- sowie kulturwissenschaftlichen Wissens, während das zweite sich mit Didaktik befasst.

Ausbildung im Bereich Fachsprachen

Den Fachsprachen werden weder im Rahmen des obligatorischen noch im Rahmen des fakultativen Curriculums Veranstaltungen gewidmet.

Ausbildung im Bereich Didaktik

Die didaktische Vorbereitung wird ausschließlich als Wahlmodul angeboten. Die Veranstaltungen konzentrieren sich auf die Ausübung des Lehrerberufes in der Grundschule. Es werden keine Fächer zur Erwachsenenbildung sowie Fachsprachendidaktik angeboten.

Schlussbemerkung

Das erörterte Curriculum bietet den Studierenden eine eher rein allgemeine philologische und kaum arbeitsmarktorientierte Ausbildung. Weder unter den Pflichtfächern noch unter den Wahlmodulen finden sich Veranstaltungen mit Bezug zu den Bedürfnissen des Arbeitsmarktes bzw. der Fachsprachenvermittlung. Eine Anreicherung durch Inhalte mit solcher Thematik sowie eine Diversifizierung des didaktischen Moduls durch das Hinzufügen von Erwachsenenbildung und Fachsprachendidaktik wäre aus der Sicht der Studierenden von Vorteil und könnte sich in erweiterten Beschäftigungsmöglichkeiten niederschlagen.

16. Kazimierz-Wielki-Universität in Bydgoszcz – 46 Studierende[64]

Kazimierz-Wielki-Universität in Bydgoszcz	Studienfachrichtung: Germanische Philologie für Anfänger	
	Stufe: I (BA)	Studienform: Direktstudium
	Gilt ab: 2019/2020	

Curriculum	Art der Lehrveranstaltung [Stundenanzahl]	Name der Lehrveranstaltung [Semester Stundenanzahl]	insgesamt
Pflichtfächer	Sprachpraktische Fächer [930]	Praxis der deutschen Sprache – Grundkurs [$^{1-6}$450]	450
		Praxis der deutschen Sprache [$^{1-6}$480]	480
	Sprachwissenschaft [165]	Einführung in die Sprachwissenschaft [^{2}30]	30
		Phonetik und Phonologie [^{2}15]	15
		Morphologie und Syntax [^{2}45]	45
		Kontrastive Linguistik [^{4}30]	30
		Medienlinguistik [^{5}30]	30
		Interkulturelle Kommunikation [^{5}15]	15
	Literaturwissenschaft [285]	Einführung in die Literaturwissenschaft [^{2}30]	30
		Deutschsprachige Literatur [$^{2-6}$225]	225
		Ausgewählte Aspekte der Literaturwissenschaft [^{4}30]	30
	Kulturwissenschaft [180]	Einführung in die Kulturwissenschaft [^{3}30]	30
		Landeskunde [^{3}30]	30
		Kultur in Deutschland, Österreich und der Schweiz [$^{3-4}$90]	90
		Ausgewählte Aspekte der Kulturwissenschaft [^{5}30]	30
	Übersetzungen [30]	Einführung in die Theorie und Praxis der Übersetzung [^{5}30]	30

64 https://jezykoznawstwo.ukw.edu.pl/jednostka/wydzial_jezykoznawstwa/germanistyka [letzter Zugang 20.08.2022].

(Fortsetzung)

Curriculum	Art der Lehrveranstaltung [Stundenanzahl]	Name der Lehrveranstaltung [^{Semester}Stundenanzahl]	insgesamt
	Didaktik [0]	- - - - - -	- - -
	Andere Fremdsprache [120]	Fremdsprache [$^{1-4}$120]	120
	Wahlpflichtfächer [30]	Zwischenmenschliche Kommunikation [^{1}30]	30
	Abschlussarbeit [45]	Diplomseminar [$^{5-6}$45]	45
	Sonstige [120]	Sport [$^{5-6}$60] Philosophie und Ethik [^{1}30] Wissenschaftliches Schreiben [^{4}30]	60 30 30
Wahlmodule	Sprache in der Fachkommunikation [285]	Einführung in die Theorie der Fachsprachen [^{3}30] Lexikologie [^{3}30] Deutsch in Wirtschaft und Ökonomie [^{4}30] Deutsch in Recht und Verwaltung [^{4}30] Deutsch im Hotel- und Gaststättengewerbe [^{5}30] Deutsch in Technik und Informatik [^{5}30] Informations- und Kommunikationstechnologien in der germanistischen Arbeit [$^{5-6}$45] Spezialisierungsvorlesung [$^{4-5}$60]	30 30 30 30 30 30 45 60
	Textübersetzung [285]	Textlinguistik [^{3}30] Linguistische Pragmatik [^{3}30] Übersetzung von Geschäfts- und Wirtschaftstexten [^{4}30, ^{5}30] Übersetzung von Rechts- und Verwaltungstexten [^{4}30, ^{5}30] Kommunikationstechnologien in der germanistischen Arbeit [$^{5-6}$45] Spezialisierungsvorlesung [$^{4-5}$60]	30 30 60 60 45 60

Kazimierz-Wielki-Universität in Bydgoszcz	Studienfachrichtung: Germanische Philologie für Fortgeschrittene	
	Stufe: I (BA)	Studienform: Direktstudium
		Gilt ab: 2019/2020

Curriculum	Art der Lehrveranstaltung [Stundenanzahl]	Name der Lehrveranstaltung [^{Semester}Stundenanzahl]	insgesamt
Pflichtfächer	Sprachpraktische Fächer [780]	Praxis der deutschen Sprache [$^{1-6}$780]	780
	Sprachwissenschaft [165]	Einführung in die Sprachwissenschaft [^{1}30]	30
		Phonetik und Phonologie [^{1}15]	15
		Morphologie und Syntax [^{2}45]	45
		Kontrastive Linguistik [^{4}30]	30
		Medienlinguistik [^{5}30]	30
		Interkulturelle Kommunikation [^{5}15]	15
	Literaturwissenschaft [285]	Einführung in die Literaturwissenschaft [^{2}30]	30
		Deutschsprachige Literatur [$^{2-6}$225]	225
		Ausgewählte Aspekte der Literaturwissenschaft [^{4}30]	30
	Kulturwissenschaft [180]	Einführung in die Kulturwissenschaft [^{2}30]	30
		Landeskunde [^{3}30]	30
		Kultur in Deutschland, Österreich und der Schweiz [$^{3-4}$90]	90
		Ausgewählte Aspekte der Kulturwissenschaft [^{5}30]	30
	Übersetzungen [30]	Einführung in die Theorie und Praxis der Übersetzung [^{3}30]	30
	Didaktik [0]	------	---
	Andere Fremdsprache [120]	Fremdsprache [$^{1-4}$120]	120
	Wahlpflichtfächer [30]	Zwischenmenschliche Kommunikation [^{1}30]	30
	Abschlussarbeit [45]	Diplomseminar [$^{5-6}$45]	45
	Sonstige [120]	Sport [$^{4-5}$60]	60
		Philosophie und Ethik [^{1}30]	30
		Wissenschaftliches Schreiben [^{4}30]	30
Wahlmodule	Sprache in der Fachkommunikation [285]	Einführung in die Theorie der Fachsprachen [^{3}30]	30
		Lexikologie [^{3}30]	30
		Deutsch in Wirtschaft und Ökonomie [^{4}30]	30
		Deutsch in Recht und Verwaltung [^{4}30]	30
		Deutsch im Hotel- und Gaststättengewerbe [^{5}30]	30

(Fortsetzung)

Curriculum	Art der Lehrveranstaltung [Stundenanzahl]	Name der Lehrveranstaltung [^{Semester}Stundenanzahl]	insgesamt
		Deutsch in Technik und Informatik [^{5}30]	30
		Informations- und Kommunikationstechnologien in der germanistischen Arbeit [$^{5\text{-}6}$45]	45
		Spezialisierungsvorlesung [$^{4\text{-}5}$60]	60
	Textübersetzung [285]	Textlinguistik [^{3}30]	30
		Linguistische Pragmatik [^{3}30]	30
		Übersetzung von Geschäfts- und Wirtschaftstexten [^{4}30, ^{5}30]	60
		Übersetzung von Rechts- und Verwaltungstexten [^{4}30, ^{5}30]	60
		Kommunikationstechnologien in der germanistischen Arbeit [$^{5\text{-}6}$45]	45
		Spezialisierungsvorlesung [$^{4\text{-}5}$60]	60

Allgemeine Anmerkungen

Die Universität Bydgoszcz bietet zwei Studiengänge im Bereich der Germanischen Philologie an, von denen sich der eine an Anfänger und der zweite an Fortgeschrittene richtet. Der einzige Unterschied zwischen den Curricula ist die Stundenanzahl für den praktischen Deutschunterricht, welche für Anfänger um zusätzliche Stunden erhöht wird. Die sprachpraktischen Fächer werden unter »Praxis der deutschen Sprache« zusammengefasst. Die zu vermittelnden Sprachfertigkeiten sowie die jeweilige Stundenanzahl pro Semester werden im Curriculum nicht aufgeführt. Es wird nur die Gesamtzahl der Stunden für den gesamten Studiengang angegeben. Phonetik wird im Rahmen der sprachwissenschaftlichen Disziplin unterrichtet. Im obligatorischen Teil dominieren literaturwissenschaftliche Veranstaltungen. Den Studierenden werden zwei Wahlmodule angeboten, nämlich »Sprache in der Fachkommunikation« und »Textübersetzung«.

Ausbildung im Bereich Fachsprachen

Im Hinblick auf die Fachsprachenausbildung ist es erforderlich, den Inhalt des Wahlmoduls »Sprache in der Fachkommunikation« zu analysieren. An dieser Stelle sei darauf hingewiesen, dass die Fachsprachen im Curriculum sowohl unter theoretischen als auch unter praktischen Gesichtspunkten unterrichtet werden. Den theoretischen Inhalten wird daher die Veranstaltung unter dem Titel »Einführung in die Theorie der Fachsprachen« gewidmet, während dem praktischen Aspekt verschiedene Fächer zu Fachsprachen wie u. a. Wirtschaft, Ökonomie, Recht, Verwaltung, usw. entsprechen. Das abwechslungsreiche Angebot an Fachsprachen bietet den Studierenden eine breite Palette an Entwicklungsmöglichkeiten.

Ausbildung im Bereich Didaktik
Weder im obligatorischen noch im fakultativen Teil des Curriculums werden Veranstaltungen mit Schwerpunkt auf Didaktik angeboten.

Schlussbemerkung
Der obligatorische Teil des dargestellten Curriculums konzentriert sich auf eine allgemeine philologische Ausbildung, wobei das Wahlmodul »Sprache in der Fachkommunikation« eher arbeitsmarktorientierte Inhalte bietet. Die eingeführten Fachsprachen können einem breiten Spektrum von Studierendeninteressen gerecht werden und bilden zugleich eine Grundlage für weitere eigenständige Entwicklung in diesem Bereich. Zweifelsohne wäre eine Einbeziehung von Bildungsinhalten aus dem Bereich der Erwachsenenbildung sowie der Fachsprachendidaktik von Vorteil, insbesondere angesichts der mangelnden Präsenz didaktischer Fächer im Curriculum.

17. Jan-Kochanowski-Universität in Kielce – 30 Studierende[65]

Jan-Kochanowski-Universität in Kielce	Studienfachrichtung: Germanistik	
	Stufe: I (BA)	Studienform: Direktstudium
		Gilt ab: 2019/2020

Curriculum	Art der Lehrveranstaltung [Stundenanzahl]	Name der Lehrveranstaltung [^{Semester}Stundenanzahl]	insgesamt
Pflichtfächer	Sprachpraktische Fächer [705]	Praxis der deutschen Sprache:	
		– Phonetik [^{1}30, ^{2}15]	45
		– Grammatische Übungen [^{1}30, ^{2}30, ^{3}30, ^{4}30, ^{5}30, ^{6}30]	180
		– Stilistisch-kompositorische Übungen [^{1}30, ^{2}30, ^{3}30, ^{4}30, ^{5}30, ^{6}30]	180
		– Rezeptiv-diskursive Übungen [^{1}30, ^{2}30, ^{3}30, ^{4}30, ^{5}30]	150
		– Rezeptiv-lexikalische Übungen [^{1}30, ^{2}30, ^{3}30, ^{4}30, ^{6}30]	150
	Sprachwissenschaft [215]	Einführung in die Sprachwissenschaft [^{1}30]	30
		Beschreibende Grammatik [^{1}35, ^{2}45, ^{3}45]	125
		Ausgewählte Aspekte der kontrastiven Grammatik [^{4}30]	30

65 https://ilij.ujk.edu.pl/plan-studiow-filologia-germanska/ [letzter Zugang 20.08.2022].

(Fortsetzung)

Curriculum	Art der Lehrveranstaltung [Stundenanzahl]	Name der Lehrveranstaltung [^{Semester}Stundenanzahl]	insgesamt
		Geschichte der deutschen Sprache [^{5}30]	30
	Literaturwissenschaft [180]	Einführung in die Literaturwissenschaft [^{1}30]	30
		Geschichte der deutschen Literatur [^{2}30, ^{3}30, ^{4}30, ^{5}30]	120
		Deutsch-polnische Literaturkontakte [^{6}30]	30
	Kulturwissenschaft [245]	Interkulturelle deutsche Gesellschaft [^{1}30, ^{2}15]	45
		Gegenwärtige deutsche Gesellschaft [^{4}30]	30
		Landeskunde der DACH-Länder mit Elementen der Geschichte [^{2}35, ^{3}35, ^{4}35]	105
		Kultur der DACH-Länder [^{3}30, ^{4}35]	65
	Übersetzungen [45]	Übersetzungstheorie und -analyse [^{3}45]	45
	Didaktik [0]	- - - - - -	- - -
	Andere Fremdsprache [180]	Fremdsprache [^{2}30, ^{3}30, ^{4}30, ^{5}30]	120
		Latein [^{1}30, ^{2}30]	60
	Wahlpflichtfächer [0]	- - - - - -	- - -
	Abschlussarbeit [120]	Proseminar [^{4}30]	30
		Diplomseminar [^{5}45, ^{6}45]	90
	Sonstige [186]	Arbeitsschutzschulung [^{1}4]	4
		Einführung in die Bibliotheksnutzung [^{1}2]	2
		Sport [^{2}30, ^{3}30]	60
		Informations- und Kommunikationstechnologie [^{2}30]	30
		Philosophie [^{2}30]	30
		Unterstützung des studentischen Lernens [^{1}15, ^{2}15]	30
		Schutz des industriellen Eigentums und des Urheberrechts [^{1}15]	15
		Unternehmenslehre [^{1}15]	15
Wahlmodule	Deutschkunde und Tourismus [430]	Ausgewählte Leistungen der deutschen Wissenschaft und Kultur [^{3}30]	30
		Touristische Attraktionen in den DACH-Ländern [^{4}35, ^{5}30, ^{6}30]	95
		Gegenwärtiges deutsches Kino [^{6}30]	30
		Sprachliches Tourismusprojekt [^{4}30, ^{5}15]	45
		Die Rolle der DACH-Länder in Europa und in der Welt [^{3}30, ^{4}30]	60
		Ausgewählte Aspekte des Lebens in den DACH-Ländern und der deutsch-polnischen Partnerschaft [^{4}30, ^{5}30, ^{6}30]	90
		Berufspraktikum [^{6}80]	80

(Fortsetzung)

Curriculum	Art der Lehrveranstaltung [Stundenanzahl]	Name der Lehrveranstaltung [[Semester]Stundenanzahl]	insgesamt
	Deutsch in der Wirtschaft [435]	Einführung in die sprachliche Geschäftsbedienung [[3]30, [4]30]	60
		Volkswirtschaften der DACH-Länder [[3]35, [4]20]	55
		Übersetzung und Analyse von Geschäftstexten [[5]15, [6]30]	45
		Geschäftliche Analyse und Korrespondenzführung [[5]30, [6]15]	45
		Geschäftliche Verhandlungsführung [[5]30, [6]30]	60
		Arbeit mit Medientexten [[4]30, [5]30]	60
		Sprachliches Geschäftsprojekt [[6]30]	30
		Berufspraktikum [[6]80]	80
	Lehramt [560]	Allgemeine Psychologie [[3]30]	30
		Entwicklungspsychologie [[3]30]	30
		Grundlagen der erzieherischen, betreuenden und präventiven Arbeit der Lehrkraft [[3]30]	30
		Lehrerdiagnose und Arbeit mit Schülern mit sonderpädagogischem Förderbedarf [[3]30]	30
		Kontinuierliche psychologische und pädagogische Berufspraxis (Grundschule) [[3]30]	30
		Allgemeine Didaktik [[3]25]	25
		Sozio-pädagogische Psychologie [[4]30]	30
		Rechtliche und organisatorische Grundlagen des Bildungssystems [[4]10]	10
		Pedeutologie [[4]15]	15
		Sprachtraining [[4]15]	15
		Sprache im Bildungsprozess [[4]20]	20
		Bildungs- und Berufsberatung [[4]15]	15
		Spiele im Deutschunterricht [[5]30]	30
		Ausgewählte Aspekte der Glottodidaktik [[5]30]	30
		Deutschdidaktik [[5]60, [6]40]	100
		Didaktisches Berufspraktikum (Grundschule) [[6]120]	120

Allgemeine Anmerkungen

Die Analyse des oben dargestellten Curriculums der Jan-Kochanowski-Universität in Kielce zeigt eine klare Aufteilung der Sprachfertigkeiten, die innerhalb der »Praxis der deutschen Sprache« realisiert werden. Darüber hinaus wird auch die »Phonetik« den sprachpraktischen Fächern zugeschrieben. Sprach- und kulturwissenschaftliche Fächer dominieren im obligatorischen Bereich. Die

Studierenden können zwischen drei Wahlmodulen entscheiden: »Deutschkunde und Tourismus«, »Deutsch in der Wirtschaft« sowie »Lehramt«.

Ausbildung im Bereich Fachsprachen
Im Curriculum gibt es keine Veranstaltungen, deren Bezeichnungen auf eine rein fachsprachliche Ausbildung hinweisen würden. Das Wahlmodul »Deutsch in der Wirtschaft« nähert sich inhaltlich den Bedürfnissen des Arbeitsmarktes, was sich insbesondere in Lehrveranstaltungen wie z. B. »Geschäftliche Verhandlungs-führung«, »Sprachliches Geschäftsprojekt«, usw. widerspiegelt. Daher ist das Angebot des Wahlmoduls stark an geschäftlichen Aspekten orientiert. Allerdings fehlen im Vorlesungsverzeichnis diejenigen Veranstaltungen, Welche sich spe-ziell auf Fachsprachen konzentrieren.

Ausbildung im Bereich Didaktik
Die didaktische Ausbildung erfolgt im Rahmen des Wahlmoduls »Lehramt«. Das vorgestellte Curriculum ist vom Stundenumfang her relativ umfangreich und bezieht sich auf die Vorbereitung auf die Ausübung des Lehrerberufes in der Grundschule. Das Modul bietet keine Veranstaltungen zur Erwachsenenbildung sowie Fachsprachendidaktik.

Schlussbemerkung
Für alle an der Tätigkeit als Fachsprachenlehrenden interessierten können die im Wahlmodul »Deutsch in der Wirtschaft« vorgeschlagenen Inhalte von Belang sein. Das Modul bietet zwar keine typisch fachsprachlichen Veranstaltungen an, aber die starke geschäftliche Orientierung erhöht die Entwicklungsmöglichkei-ten und bildet eine Grundlage für das spätere Selbststudium. Eine Erweiterung der Inhalte auf die Erwachsenenbildung sowie Fachsprachendidaktik wäre unter diesem Gesichtspunkt ebenfalls sinnvoll.

18. Ermland-Masuren-Universität in Olsztyn – 15 Studierende[66]

Ermland-Masuren-Universität in Olsztyn	Studienfachrichtung: Germanistik	
	Stufe: I (BA)	Studienform: Direktstudium
		Gilt ab: 2021/2022

Curriculum	Art der Lehrveranstaltung [Stundenanzahl]	Name der Lehrveranstaltung [^{Semester}Stundenanzahl]	insgesamt
Pflichtfächer	Sprachpraktische Fächer [900]	Praxis der deutschen Sprache:	
		– Rezeptiv-diskursive Übungen [^{1}30, ^{2}30, ^{3}30]	90
		– Praktische Grammatische [^{1}60, ^{2}30, ^{3}30, ^{4}60, ^{5}30]	210
		– Schreiben [^{1}30, ^{2}30, ^{3}30, ^{4}30]	120
		– Konversationen und Lexik [^{1}60, ^{2}60, ^{3}30, ^{4}60]	210
		– Phonetik [^{2}30, ^{3}30]	60
		– Wissenschaftliches Schreiben [^{5}30]	30
		– Textgrammatik [^{6}60]	60
		– Integrierte Sprachfertigkeiten [^{5}60, ^{6}60]	120
	Sprachwissenschaft [210]	Einführung in die Sprachwissenschaft [^{2}30]	30
		Beschreibende Grammatik der deutschen Sprache [^{2}45, ^{3}45]	90
		Ausgewählte Aspekte der Sprachwissenschaft [^{4}30]	30
		Geschichte der deutschen Sprache [^{5}30]	30
		Kontrastive Grammatik [^{6}30]	30
	Literaturwissenschaft [240]	Einführung in die Literaturwissenschaft [^{1}30]	30
		Literaturgeschichte der deutschsprachigen Länder [^{2}30, ^{3}30, ^{4}30]	90
		Ausgewählte Aspekte der Literatur [^{4}30, ^{5}30, ^{6}30]	90
		Interkulturelle Beziehungen in der Literatur [^{5}30]	30
	Kulturwissenschaft [180]	Kultur der polnischen Sprache [^{1}30]	30
		Landeskunde der deutschsprachigen Länder [^{1}30]	30
		Geschichte Deutschlands, Österreichs und der Schweiz [^{2}30, ^{3}30]	60
		Ausgewählte Aspekte der Kulturwissenschaft [^{4}30]	30

---

66 http://uwm.edu.pl/germanistyka/index.php?option=com_content&view=article&id=937&Itemid=205 [letzter Zugang 20.08.2022].

(Fortsetzung)

Curriculum	Art der Lehrveranstaltung [Stundenanzahl]	Name der Lehrveranstaltung [^{Semester}Stundenanzahl]	insgesamt
		Sozialkunde der deutschsprachigen Länder [^{6}30]	30
	Übersetzungen [210]	Einführung in die Übersetzungstheorie [^{2}30]	30
		Übersetzungsworkshop – Tourismus [^{3}30]	30
		Übersetzungen [^{3}30]	30
		Übersetzungsworkshop – Medizin [^{4}30]	30
		Dolmetschen [^{4}30]	30
		Übersetzungsworkshop – soziale Kommunikation und Medien [^{5}30]	30
		Übersetzungsworkshop – Wirtschaft [^{6}30]	30
	Didaktik [30]	Erwerb und Erlernen von Sprachen [^{1}30]	30
	Andere Fremdsprache [150]	Fremdsprache [^{1}30, ^{2}30, ^{3}30, ^{4}30]	120
		Latein [^{1}30]	30
	Wahlpflichtfächer [0]	- - - - - -	- - -
	Abschlussarbeit [120]	Diplomseminar [^{5}30, ^{6}30]	60
		Proseminar [^{3}30, ^{4}30]	60
	Sonstige [392]	Sport [^{2}30, ^{3}30]	60
		Informationstechnologien in den Geisteswissenschaften [^{1}30]	30
		Gesamtuniversitäres Fach [^{1}30, ^{2}30, ^{3}30]	90
		Arbeitsschutzschulung [^{1}4]	4
		Fakultätsvorlesung [^{2}30]	30
		Geschichte der Philosophie [^{3}30]	30
		Schutz des intellektuellen Eigentums [^{3}2]	2
		Ergonomie [^{3}2]	2
		Etikette [^{3}4]	4
		Monografische Vorlesung [^{5}30, ^{6}30]	60
		Berufspraktikum [^{6}80]	80
Wahlmodule	x [0]	x	- - -

Allgemeine Anmerkungen

Im Curriculum der Germanistik UWM Olsztyn werden die sprachpraktischen Fächer detailliert aufgelistet, wodurch ein klarer Überblick über alle unterrichteten Sprachfertigkeiten erzeugt wird. In diesem Fall werden auch phonetische Übungen als Teil der »Praxis der deutschen Sprache« realisiert. Im Verzeichnis kann eine leichte Dominanz der literaturwissenschaftlichen Veranstaltungen beobachtet werden. Darüber hinaus konzentriert sich die Ausbildung auf die grundlegenden philologischen Disziplinen wie Sprach-, Literatur- und Kultur-

wissenschaft. Auffallend ist aber die bedeutende Präsenz der übersetzungsbe-
zogenen Inhalte. Den Studierenden werden keine Wahlmodule angeboten.

Ausbildung im Bereich Fachsprachen
Die Fachsprachen betreffenden Inhalte werden im Rahmen der Übersetzungs-
fächer vermittelt. An dieser Stelle können solche Fachbereiche wie »Tourismus«,
»Medizin«, »soziale Kommunikation und Medien« sowie »Wirtschaft« benannt
werden. Die Kombination von Fachsprachen und Übersetzungen kann den
Studierenden einen breiteren Lernkontext bieten und entwickelt sie in zweifa-
cher Hinsicht weiter, da zum einen eine Übersetzungsausbildung stattfindet und
die Studierenden zum anderen mit verschiedenen Fachsprachen vertraut gemacht werden.

Ausbildung im Bereich Didaktik
Den didaktischen Inhalten wird ausschließlich eine Veranstaltung aus dem obligatorischen Teil des Curriculums, nämlich »Erwerb und Erlernen von Sprachen«, gewidmet. Die Studierenden können im Rahmen der fakultativen Ausbildung keine zusätzlichen Kompetenzen in diesem Bereich erwerben.

Schlussbemerkung
Die Universität bietet mit ihrem Curriculum eine allgemeinphilologische Ausbildung an. Einer auf Fachsprachen ausgerichteten sowie an den Bedürfnissen
des Arbeitsmarktes orientierten Ausbildung entsprechen am deutlichsten die der
Übersetzung gewidmeten Inhalte. Die Zusammenstellung dieser beiden Bereiche
ebnet auch denjenigen Studenten den Weg, die eine Karriere als Übersetzer
anstreben. Ausgewählte Fächer können die Grundlage für weitere Schritte in
diesem Beruf bilden. Im Hinblick auf die Vorbereitung auf die Tätigkeit der
fachspezifischen DaF-Lehrenden fehlen jedoch sowohl Veranstaltungen zur Erwachsenenbildung als auch zur Fachsprachendidaktik.

Zwischenfazit Bachelor-Studiengänge

Die oben dargestellte Analyse der BA-Studiengänge für das Fach Germanistik an
Universitäten in ganz Polen lässt einige Tendenzen erkennen, welche die Gestaltung der Studiengänge beeinflusst haben. Nach der Zuordnung der Fächer zu
den entsprechenden Kategorien der Lehrveranstaltungen kann geschlossen
werden, dass in jedem Curriculum die Aufteilung der Fächer in die drei großen
akademischen Disziplinen Sprach-, Literatur- und Kulturwissenschaft deutlich
ablesbar ist. Im Fall von sprachpraktischen Übungen geben einige Universitäten
(Wrocław, Gdańsk, Szczecin, Kraków, UMCS, Opole, KUL, Zielona Góra, Kielce,

Olsztyn) genau an, welche Sprachfertigkeiten in welchem Umfang im Rahmen der Praxis der deutschen Sprache vermittelt werden. Diese Angaben erlauben einen detaillierten Überblick über die einzelnen Studiengänge, liefern zusätzliche Informationen für Studierende und Studieninteressierte sowie ermöglichen eine Strukturierung der Lerninhalte. An anderen Universitäten werden alle gelehrten Sprachfertigkeiten unter dem Oberbegriff »Praxis der deutschen Sprache« zusammengefasst. An dieser Stelle sollte auch auf Lehrveranstaltungen im Bereich der Phonetik eingegangen werden, die in den Programmen eher uneinheitlich eingeordnet werden. Die »Phonetik« wird mal als Teil der »Praxis der deutschen Sprache« (z. B. Opole) und mal als ein klassisches, auch wenn praxisorientiertes sprachwissenschaftliches Fach behandelt (z. B. Łódź). Daraus folgt, dass bei der Aufrechnung der einem Modul zugewiesenen Unterrichtsstunden in einigen Fällen Abweichungen aufgrund einer unterschiedlichen Zuordnung des Faches auftreten können. Bemerkenswert ist auch die Uneinheitlichkeit bei der Benennung der vorgegebenen Studienfachrichtungen, denn hier zeigt sich eine gewisse Beliebigkeit und je nach Universität kann es sich um Germanistik, Germanistische Philologie oder Germanische Philologie handeln.

Im Einklang mit dem im theoretischen Teil beschriebenen Phänomen der Aufnahme von Studierenden ohne Deutschkenntnisse bieten viele Universitäten einen zusätzlichen Ausbildungsweg für diese Personen an (Poznań, Wrocław, Katowice, Kraków, Łódź, Rzeszów, Bydgoszcz). Die Einführung dieser Lösung in fast der Hälfte der analysierten Universitäten zeugt von der Fortsetzung dieses Trends und der Öffnung für eine andere Zielgruppe als bisher. Des Weiteren ist die Germanistik in Kombination mit weiteren Fremdsprachen eine Alternative zur klassischen germanischen Philologie, z. B. Germanische Philologie mit Schwedisch (Katowice), Germanische Philologie mit einer anderen Fremdsprache: Spanisch, Russisch, Schwedisch, Italienisch, Englisch, Chinesisch, Französisch (Szczecin), Germanische Philologie mit Englisch (Kraków), Germanistik mit Französisch, Spanisch oder Italienisch (Łódź) sowie Germanistik mit Englisch (Łódź). Das Anbieten einer zusätzlichen Fremdsprache kann als eine Vorgehensweise verstanden werden, um den dynamischen Veränderungen auf dem Arbeitsmarkt gerecht zu werden und somit zusätzliche Karrieremöglichkeiten für die Studierenden nach ihrem Abschluss zu schaffen. Die Orientierung an den Bedürfnissen des Arbeitsmarktes zeigt sich auch bei der Auswahl der Bildungsinhalte in Bezug auf die Präsenz von Fachsprachen in den Curricula. Die in diesem Bereich angebotenen Lehrveranstaltungen tragen verschiedene Bezeichnungen und geben manchmal nicht an, welche Fachsprachen vermittelt werden (z. B. Łódź, Rzeszów). Darüber hinaus treten sie manchmal allein auf, wie z. B. die »Fachsprache Recht/Verwaltung« (Poznań), oder sie werden, wie in den meisten Fällen, mit der Entwicklung der Übersetzungskompetenz kombiniert (»Übersetzung von Fachtexten«). Die Anwendung solcher Kombinationen kann bedeuten, dass der parallele Erwerb beider Kompetenzen die Leistungsfähigkeit der Studierenden beeinflusst. In einigen Programmen (z. B. Bydgoszcz, Rzeszów) wird ebenfalls die Entwicklung der interkulturellen Kompetenz berücksichtigt, welche auf dem heutigen globalisierten Arbeitsmarkt von Belang ist. Nach wie vor sind jedoch in einigen Studiengängen klassische philologische Ausbildungswege zu finden, welche auf der Vermittlung allgemeiner sprachlicher, literarischer und kultureller Kompetenzen der Studierenden basieren. Daher versucht ein Teil der analysierten Universitäten den Erwartungen des Arbeitsmarktes entgegenzukommen, während dies für die anderen ein Bereich ist, in dem noch Entwicklungsmöglichkeiten bestehen. Im Bereich der Wahlmodule werden am häufigsten jene mit dem Schwerpunkt auf Didaktik (13 Universitäten), Translatorik (7 Universitäten), Wirtschaftsdeutsch (6 Universitäten), sowie die Verbindung von Fachsprachen und Translatorik (5 Universitäten) angeboten. Das Lehramt-Modul konzentriert sich in den meisten Fällen auf psychologische und pädagogische Inhalte sowie auf die Didaktik des Deutschen. Keines der analysierten Curricula enthält Lehrveranstaltungen zur Erwachsenenbildung oder zur Fachsprachendidaktik. Daraus kann gefolgert werden, dass alle angebotenen Veranstaltungen hauptsächlich darauf abzielen, angehende Lehrkräfte auf die Arbeit mit Kindern in der Schule vorzubereiten. Der überwiegende Teil der Vorbereitung auf den Lehrerberuf wird als Wahlmodul angeboten, da im Rahmen der Pflichtfächer Didaktik nur an fünf Universitäten gelehrt wird. Aus der Perspektive der künftigen fachspezifischen DaF-Lehrenden könnte das an der Pädagogischen Universität Krakau beschriebene Wahlmodul »Lehramt mit Wirtschaftselementen« relevant sein, weil im Vergleich zu anderen Universitäten die dort ausgewählten Inhalte das Wesen dieser Tätigkeit am besten widerspiegeln. Zu erwähnen ist auch das von der Universität Opole entwickelte Bildungsangebot, welches ein umfangreiches und abwechslungsreiches Angebot an Fachsprachen und didaktischer Ausbildung umfasst. Die Kombination dieser beiden Bereiche könnte eine attraktive Alternative für alle sein, die sich für die Vermittlung von Deutsch als Fremd- und Fachsprache für berufliche Zwecke interessieren. Um den Bedürfnissen der fachspezifischen DaF-Lehrenden besser entgegenzukommen, sollten die bestehenden Angebote beider Universitäten um die Erwachsenenbildung und die Fachsprachendidaktik erweitert werden.

6.1.2　Analyse der Masterstudiengänge

1.　Universität Wrocław – 161 Studierende[67]

Universität Wrocław	Studienfachrichtung: Germanische Philologie	
	Stufe: II (MA)	Studienform: Direktstudium
	Gilt ab: 2019/2020	

Curriculum	Art der Lehrveranstaltung [Stundenanzahl]	Name der Lehrveranstaltung [^{Semester}Stundenanzahl]	insgesamt
Pflichtfächer	Sprachpraktische Fächer [300]	Interkulturelle Kommunikation [^{1}30, ^{2}30, ^{3}30, ^{4}30]	120
		Praxis der deutschen Sprache [^{1}60]	60
		Praxis der deutschen Sprache: Deutsch in Integration und Mediation [^{2}60]	60
		Wissenschaftliches Schreiben [^{1}30, ^{2}30]	60
	Sprachwissenschaft [0]	- - - - - -	- - -
	Literaturwissenschaft [0]	- - - - - -	- - -
	Kulturwissenschaft [0]	- - - - - -	- - -
	Übersetzungen [0]	- - - - - -	- - -
	Didaktik [0]	- - - - - -	- - -
	Andere Fremdsprache [60]	Fremdsprache [^{1}60]	60
	Wahlpflichtfächer [0]	- - - - -	- - -
	Abschlussarbeit [120]	Diplomseminar [^{1}30, ^{2}30, ^{3}30, ^{4}30]	120
	Sonstige [49]	Informationsstrategien in der Arbeit eines Germanisten [^{2}30]	30
		Unternehmenslehre: Arbeit, Geschäft, Karriere [^{2}15]	15
		Arbeitsschutzschulung [^{1}4]	4
Wahlmodule	Deutsch in der Fachkommunikation [360]	Technische und wissenschaftliche Sprache in der Fachkommunikation [^{2}30]	30
		Rechtssprache in der Fachkommunikation [^{3}30]	30
		Fachsprache in ausgewählten Bereichen der Unternehmenstätigkeit [^{3}30]	30

67　http://www.ifg.uni.wroc.pl/dydaktyka/studia-stacjonarne-ii-stopnia/plany-studiow-2/ [letzter Zugang 20.08.2022].

(Fortsetzung)

Curriculum	Art der Lehrveranstaltung [Stundenanzahl]	Name der Lehrveranstaltung [^SemesterStundenanzahl]	insgesamt
		Kommunikation in der Logistik [³30]	30
		Kommunikation im Bereich des Gesundheitswesens [⁴30]	30
		Kommunikation in Online-Marketing [⁴30]	30
		Fachkommunikation aus einer anthropozentrischen Perspektive [⁴30]	30
		Forschungsterminologie [¹30]	30
		Monografische Vorlesung [¹30, ²30]	60
		Wahlpflichtfach [³30, ⁴30]	60
	Sprachen und Kulturen in Skandinavien [330]	Kontrastive Phonetik [¹30]	30
		Sprachkompetenzen [²30, ³60, ⁴30]	120
		Textarbeit [³30]	30
		Übersetzung (dänisch) [³30]	30
		Landeskunde: Dänemark [⁴30]	30
		Forschungsterminologie [¹30]	30
		Monografische Vorlesung [¹30, ²30]	60
	Translatorik [270]	Stilistik der polnischen Sprache [²30]	30
		Gerichtsdolmetschen [³30]	30
		Konsekutivdolmetschen und Vom-Blatt-Dolmetschen [³30]	30
		Übersetzung von Fachtexten [³30]	30
		Übersetzung von Gebrauchstexten [³30]	30
		Praxis der beeidigten Übersetzung [³30]	30
		Verbesserung der Dolmetscherwerkstatt [⁴30]	30
		Kooperatives Dolmetschen [⁴30]	30
		Praktikum in einem Übersetzungsbüro [⁴30]	30
	Sprachwissenschaft mit Elementen der Wirtschaftskommunikation [360]	Unternehmenskommunikation [²30]	30
		Lexik und Fachwissen im Finanzbereich [³30]	30
		Forschungsterminologie [¹30]	30
		Monografische Vorlesung [¹30, ²30]	60
		Wahlpflichtfach [³90, ⁴90]	180
		Berufspraktikum [⁴30]	30
	Deutsche Sprachwissenschaft, Literaturwissenschaft, Kultur der DACH-Länder und Schlesiens [360]	Forschungsterminologie [¹30]	30
		Monografische Vorlesung [¹30, ²30]	60
		Wahlpflichtfach [²30, ³120, ⁴120]	270
	Lehramt [135]	Stimmtraining [¹15]	15
		Glottodidaktik [¹30]	30
		Deutschdidaktik und neue Technologien [¹30]	30

(Fortsetzung)

Curriculum	Art der Lehrveranstaltung [Stundenanzahl]	Name der Lehrveranstaltung [^{Semester}Stundenanzahl]	insgesamt
		Deutschdidaktik in der Oberschule [^{2}30]	30
		Berufspraktikum [^{2}30]	30

Allgemeine Anmerkungen

Im Curriculum werden innerhalb der obligatorischen Lehrveranstaltungen vor allem sprachpraktische Fächer gelehrt. Die Studierenden können sich im Rahmen der sechs Wahlmodule spezialisieren, und zwar in »Deutsch in der Fachkommunikation«, »Sprachen und Kulturen in Skandinavien«, »Translatorik«, »Sprachwissenschaft mit Elementen der Wirtschaftskommunikation«, »deutsche Sprachwissenschaft«, »Literaturwissenschaft«, »Kultur der DACH- Länder und Schlesiens« sowie »Lehramt«.

Ausbildung im Bereich Fachsprachen

Das Modul »Deutsch in der Fachkommunikation« bietet eine umfangreiche Vorbereitung in Bezug auf Fachsprachen an. Eingeführt werden Inhalte, welche sich mit der Fachkommunikation in verschiedenen Bereichen wie z.B. Technik, Wissenschaft, Recht, Logistik, Gesundheitswesen, usw. befassen. Das vielfältige Angebot an Lehrveranstaltungen bietet den Studierenden ein breites Spektrum an Entwicklungsmöglichkeiten und ermöglicht ihnen den Erwerb von arbeitsmarktrelevanten Kompetenzen.

Ausbildung im Bereich Didaktik

Das Lehramt-Modul wird ab dem zweiten Semester des BA-Studiums fortlaufend unterrichtet. Im MA-Studium kann das Modul nicht begonnen, sondern nur fortgesetzt werden. Aus den eingeführten Veranstaltungen geht hervor, dass sich das Modul auf die Vorbereitung auf eine Lehrtätigkeit in der Schule konzentriert. Es sind keine Fächer zu Erwachsenenbildung sowie Fachsprachendidaktik vorgesehen.

Schlussbemerkung

Das Wahlmodul »Deutsch in der Fachkommunikation« entspricht am ehesten der fachsprachlichen Ausbildung. Hier werden abwechslungsreiche und auf die Bedürfnisse des aktuellen Arbeitsmarktes abgestimmte Lehrveranstaltungen angeboten. Das beschriebene Curriculum kann auch auf jene attraktiv wirken, die eine Karriere in der Fachsprachenvermittlung anstreben. Unter diesem Gesichtspunkt wäre es von Vorteil, das Angebot durch die Einführung von Fächern aus dem Bereich der Erwachsenenbildung und der Fachsprachendidaktik zu bereichern.

2.   Universität Warschau – 144 Studierende[68]

Universität Warschau	Studienfachrichtung: Germanische Philologie	
	Stufe: II (MA)	Studienform: Direktstudium
		Gilt ab: 2019/2020

Curriculum	Art der Lehrveranstaltung [Stundenanzahl]	Name der Lehrveranstaltung [Semester Stundenanzahl]	insgesamt
Pflichtfächer	Sprachpraktische Fächer [210]	Praxis der deutschen Sprache – Synonymie, Stilistik, Wirtschaftsvokabular [^{1}60, ^{1}60] Praxis der deutschen Sprache [^{3}60, ^{4}30]	120 90
	Sprachwissenschaft [60]	Neue Trends in der Sprach-, Kultur-, Literaturwissenschaft und Glottodidaktik [^{1}30, ^{2}30]	60
	Literaturwissenschaft [60]	Neue Trends in der Sprach-, Kultur-, Literaturwissenschaft und Glottodidaktik [^{1}30, ^{2}30]	60
	Kulturwissenschaft [60]	Neue Trends in der Sprach-, Kultur-, Literaturwissenschaft und Glottodidaktik [^{1}30, ^{2}30]	60
	Übersetzungen [0]	- - - - - -	- - -
	Didaktik [60]	Neue Trends in der Sprach-, Kultur-, Literaturwissenschaft und Glottodidaktik [^{1}30, ^{2}30]	60
	Andere Fremdsprache [0]	- - - - - -	- - -
	Wahlpflichtfächer [30]	Studiengangsfremde Fächer [$^{1-2, 4}$30][69] Wahlpflichtfach [$^{1-2}$20 ECTS, $^{3-4}$20 ECTS][70]	30
	Abschlussarbeit [120]	Diplomseminar [^{1}30, ^{2}30, ^{3}30, ^{4}30][71]	120
	Sonstige [90]	Spezialisierungsfächer [^{1}30, ^{2}30, ^{3}30]	90

68 https://www.germanistyka.uw.edu.pl/studia-ii-stopnia/ [letzter Zugang 20.08.2022].

69 Die Studierenden absolvieren während des Studiums eine Lehrveranstaltung (30 Unterrichtsstunden), welche außer fachlicher Leistung auch Sprachlernergebnisse auf dem Niveau B2+ nach GER in einer anderen Fremdsprache als Deutsch aufweisen.

70 Die Studierenden sind verpflichtet, sowohl im ersten als auch im zweiten Studienjahr 20 ECTS-Credits aus den in den Wahlmodulen vorgeschlagenen Lehrveranstaltungen zu absolvieren.

71 Die Studierenden können an Seminaren in Literaturwissenschaft, Sprachwissenschaft, Kulturwissenschaft, Glottodidaktik oder an interdisziplinären Seminaren teilnehmen.

(Fortsetzung)

Curriculum	Art der Lehrveranstaltung [Stundenanzahl]	Name der Lehrveranstaltung [[Semester]Stundenanzahl]	insgesamt
Wahlmodule	Kulturgeschichte und Kulturkomparatismus [300]	Kulturgeschichte der DACH-Länder [[1]30, [2]30, [3]30, [4]30]	120
		Künstler der DACH-Länder und ihre Beziehungen zu Polen [[1]30]	30
		Kunstkorrespondenz [[1]30, [2]30]	60
		Sitten und Bräuche der DACH-Länder [[2]30]	30
		Subkulturen und Gegenkulturen in den DACH-Ländern und in Polen [[3]30]	30
		Tendenzen in der Gegenwartskunst der DACH-Länder [[4]30]	30
	Interkulturelle Kommunikation [300]	Europa der Gegenwart – Kultur, Sprachen, Bräuche [[1]30]	30
		Kulturelle Unterschiede zwischen Deutschen und Polen [[1]30, [2]30]	60
		Monografische Vorlesung [[1]30, [2]30]	60
		Dokumentenübersetzung [[2]30, [3]30]	60
		Geschichte der DACH-Länder [[3]30, [4]30]	60
		Deutsch-polnische Beziehungen [[4]30]	30
	Lehramt [360]	Psychologisch-pädagogische Anwendungen in der Glottodidaktik – dritte Ausbildungsstufe [[1]60]	60
		Psychologisch-pädagogisches Forschungsprojekt in der Glottodidaktik [[2]30]	30
		Glottodidaktische Kompetenzen der Lehrkräfte – dritte Ausbildungsstufe [[3]30, [4]60]	90
		Grundlegende Kontexte der Fremdsprachenvermittlung [[3]30]	30
		Berufspraktikum [[1-4]150] – Psychologisch-pädagogisches – dritte Ausbildungsstufe [[1-2]30] – Einleitendes didaktisches Praktikum – dritte Ausbildungsstufe [[3-4]60] – Grundlegendes didaktisches Praktikum – dritte Ausbildungsstufe [[3-4]60]	150
	Sprachwissenschaft mit Elementen der Übersetzung [300]	Kontrastive Grammatik [[1]30]	30
		Einführung in die Translatorik [[1]30]	30
		Stilistik [[1]30]	30
		Übersetzung von Gebrauchstexten [[2]30]	30
		Sprachetikette [[2]30]	30
		Soziolinguistik [[2]30]	30
		Übersetzung von Pressetexten [[3]30]	30
		Sprache in den Medien [[3]30]	30
		Übersetzung von Fachtexten [[4]30]	30
		Edition alter Texte [[4]30]	30

(Fortsetzung)

Curriculum	Art der Lehrveranstaltung [Stundenanzahl]	Name der Lehrveranstaltung [^{Semester}Stundenanzahl]	insgesamt
	Literaturgeschichte, Literaturkritik und literarische Übersetzung [300]	Tendenzen in der DACH-Länder Literatur des 20. und 21. Jahrhunderts [^{1}30]	30
		Theorie und Praxis der literarischen Übersetzung [^{1}30, ^{2}30]	60
		Literatur als Form des kulturellen Diskurses [^{1}30, ^{4}30]	60
		Geschichte und Theorie der Literaturkritik [^{2}30]	30
		Neue Ausgaben antiker Literatur aus deutschsprachigen Ländern [^{2}30]	30
		Literaturkritik in der Praxis [^{3}30]	30
		Deutsch-polnische Literaturbeziehungen [^{3}30]	30
		Angewandte Literaturwissenschaft (Projekte, Workshops) [^{3}30]	30
	Deutsch-polnische transkulturelle Studien [370][72]	Theorie und Praxis der literarischen Übersetzung [^{1}30]	30
		Literatur als Form des kulturellen Diskurses [^{1}30]	30
		Studiengangsfremde Fächer [^{1}30]	
		Geschichte und Theorie der Literaturkritik [^{3}30]	30
		Literaturkritik in der Praxis [^{3}30]	30
		Deutsch-polnische Literaturbeziehungen [^{3}30]	30
		Polonistik [^{4}30]	30
		Angewandte Literaturwissenschaft [^{4}160]	30
			160
	Geschäftskommunikation [270][73]	Multimediale und Online-Kommunikation [^{1}30]	30
		Werbesprache [^{1}60]	60
		Sitten und Bräuche in den DACH-Ländern [^{2}30]	30
		Sprachetikette [^{2}30]	30
		Pressesprache [^{3}30]	30
		Dokumentenübersetzung [^{3}30]	30

---

72 Die Lehrveranstaltungen werden in der Zusammenarbeit mit der Fakultät für Polonistik der Universität Warschau und der Fakultät für Slawistik und Germanistik der Universität Tübingen realisiert. Im zweiten Semester folgen die Studierenden dem von der Partneruniversität angebotenen Programm. Die von den Studierenden erreichte Gesamtzahl der Punkte betrifft nur die an der Universität Warschau absolvierten Lehrveranstaltungen. Das zweite Semester an der Partneruniversität wird ausgeschlossen.

73 Im Rahmen der Pflichtfächer realisieren die Studierenden die Praxis der deutschen Sprache in der Gruppe »Business und Management«.

(Fortsetzung)

Curriculum	Art der Lehrveranstaltung [Stundenanzahl]	Name der Lehrveranstaltung [^{Semester}Stundenanzahl]	insge-samt
		E-Commerce [^{4}30] Geschäftskorrespondenz [^{4}30]	30 30

Allgemeine Anmerkungen
Im Rahmen der obligatorischen Fächer werden an der Universität Warschau vor
allem sprachpraktische, aber auch klassische philologische Lehrveranstaltungen
aus den Bereichen Sprach-, Literatur-, sowie Kulturwissenschaft angeboten.
Durch die Wahl eines der sieben Module können die Studierenden zusätzliche
Kompetenzen in folgenden Gebieten gewinnen: »Kulturgeschichte und Kultur-
komparatismus«, »Interkulturelle Kommunikation«, »Lehramt«, »Sprachwissenschaft mit Elementen der Übersetzung«, »Literaturgeschichte, Literaturkritik
und literarische Übersetzung«, sowie »Deutsch-polnische transkulturelle Studi-
en« und »Geschäftskommunikation«.

Ausbildung im Bereich Fachsprachen
Die den Fachsprachen gewidmeten Fächer werden auf mehrere Wahlmodule des
Studiengangs verteilt. Die Lehrveranstaltung »Dokumentenübersetzung« wird
sowohl im Rahmen des Moduls »Interkulturelle Kommunikation« als auch des
Moduls »Geschäftskommunikation« angeboten. Im ersten Fall handelt es sich
um 60 und im zweiten um 30 Unterrichtsstunden. Des Weiteren wird im Rahmen
des Wahlmoduls »Sprachwissenschaft mit Elementen der Übersetzung« das Fach
»Übersetzung von Fachexten« und innerhalb des Moduls »Geschäftskommunikation« eine Lehrveranstaltung »Geschäftskorrespondenz« gelehrt.

Ausbildung im Bereich Didaktik
Die im Lehramt-Modul angebotenen Veranstaltungen legen den Fokus auf
klassische psychologisch-pädagogische Inhalte. Darüber hinaus werden die
Studierenden mit grundlegenden Kontexten der Fremdsprachenvermittlung
vertraut gemacht. Der Erwachsenenbildung sowie Fachsprachendidaktik werden
keine Fächer gewidmet.

Schlussbemerkung
Das beschriebene Curriculum stellt eine allgemeine philologische Ausbildung
dar. Das Lehramt-Modul konzentriert sich auf solche Lerninhalte, die die zukünftigen Lehrkräfte auf ihre Arbeit in der Schule vorbereiten. Trotz des recht
großen Stundenumfangs behandelt das Modul ein eher enges Themenspektrum.

Um den Studierenden zusätzliche Karrieremöglichkeiten zu erschließen, wäre es vorteilhaft, das Angebot auf die Erwachsenenbildung und Fachsprachendidaktik auszuweiten. Im Bereich der Fachsprachenausbildung bietet die Universität kein Modul an, welches ausschließlich diesem Thema gewidmet ist. Die ausgewählten Fächer sind lediglich als eines von vielen Elementen der Ausbildung auf verschiedene Module verteilt. Für eine bessere Vereinheitlichung sollte die Idee der Zusammenfassung aller dem gleichen Bereich entsprechenden Lehrveranstaltungen in einem Wahlmodul erwogen werden.

3.   Adam-Mickiewicz-Universität Poznań – 92 Studierende[74]

Adam-Mickiewicz-Universität Poznań	Studienfachrichtung: Germanistik	
	Stufe: II (MA)	Studienform: Direktstudium
		Gilt ab: 2020/2021

Curriculum	Art der Lehrveranstaltung [Stundenanzahl]	Name der Lehrveranstaltung [^{Semester}Stundenanzahl]	insgesamt
Pflichtfächer	Sprachpraktische Fächer [330]	Praxis der deutschen Sprache [^{1}90, ^{2}90] Praxis der deutschen Sprache Ausgewählte Fachsprache [^{3}60, ^{4}60] Interkulturelle Kommunikation [^{1}30]	180 120 30
	Sprachwissenschaft [0]	- - - - - -	- - -
	Literaturwissenschaft [30]	Konservatorium zu zeitgenössischer Literatur [^{3}30]	30
	Kulturwissenschaft [0]	- - - - - -	- - -
	Übersetzungen [120]	Fachübersetzung [^{1}30, ^{2}30, ^{3}30, ^{4}30]	120
	Didaktik [0]	- - - - - -	- - -
	Andere Fremdsprache [90]	Fremdsprache Englisch oder Spanisch [^{1}30, ^{2}30, ^{3}30]	90
	Wahlpflichtfächer [0]	- - - - -	- - -
	Abschlussarbeit [240]	Diplomseminar [^{1}30, ^{2}30, ^{3}30, ^{4}30] Fachseminar [^{1}30, ^{3}30, ^{4}30] Spezialisierungsvorlesung [^{1}30] – Literaturtheorie – Kulturtheorie	120 90 30

---

74 http://germanistyka.amu.edu.pl/pl/index.php/studia/studia-stacjonarne-mainmenu-30/ma/ 1773-program-studiow-ma [letzter Zugang 20.08.2022].

(Fortsetzung)

Curriculum	Art der Lehrveranstaltung [Stundenanzahl]	Name der Lehrveranstaltung [^{Semester}Stundenanzahl]	insge-samt
		– Theorie und Praxis der Übersetzung – Allgemeine Sprachwissenschaft	
	Sonstige [110]	Philosophie/ Soziologie [^{2}30] Informationstechnologie [^{2}20] Monografische Vorlesung [^{2}30, ^{4}30]	30 20 60
Wahlmodul	Lehramt [205]	Deutschdidaktik [^{1}15, ^{2}45] Grundlagen der Psychologie für Lehrkräfte [^{2}15] Grundlagen der Pädagogik für Lehrkräfte [^{2}15] Pädagogisches Labor: Vorbereitung auf das Praktikum in der Oberschule [^{2}10] Psychologisches Labor: Vorbereitung auf das Praktikum in der Oberschule [^{2}10] Berufspraktikum in der Oberschule [^{2}70] Psychologisch-pädagogisches Berufsprak-tikum in der Oberschule [^{2}15] Psychologisches Evaluierungslabor: Evalu-ierung des Berufspraktikums in der Ober-schule [^{3}10]	60 15 15 10 10 70 15 10

Adam-Mickiewicz-Universität Poznań	Studienfachrichtung: Deutsche Sprache und Geschäftskom-munikation	
	Stufe: II (MA)	Studienform: Direktstudium
	Gilt ab: 2018/2019	

Curriculum	Art der Lehrveranstaltung [Stundenanzahl]	Name der Lehrveranstaltung [^{Semester}Stundenanzahl]	insge-samt
Pflichtfächer	Sprachpraktische Fächer [210]	Praxis der deutschen Sprache [^{1}60, ^{2}60, ^{3}60, ^{4}30][75]	210
	Sprachwissen-schaft [210]	Handels-/Geschäftskorrespondenz [^{1}30] Fachsprache: [$^{2-4}$90] – Handel und Ökonomie [^{2}30] – Recht und Verwaltung [^{3}30] – Technik/Medizin [^{4}30]	30 90

---

75 Die Studierenden können zwischen folgenden Bereichen wie z. B. Werbung, Medien, Ver-packungsindustrie, chemische, pharmazeutische und parapharmazeutische Industrie, usw. wählen.

(Fortsetzung)

Curriculum	Art der Lehrveranstaltung [Stundenanzahl]	Name der Lehrveranstaltung [[Semester]Stundenanzahl]	insgesamt
		Interkulturelle Kommunikation im Geschäft [[2]30]	30
		Interpersonelle Kommunikation und Diplomatie im Geschäft [[3]30]	30
		Interkulturelle Verhandlungen im Geschäft [[4]30]	30
	Literaturwissenschaft [30]	Konservatorium zu zeitgenössischer Literatur [[3]30]	30
	Kulturwissenschaft [0]	- - - - - -	- - -
	Übersetzungen [120]	Computergestützte Übersetzung (CAT) [[1]30]	30
		Ethik im Beruf des Übersetzers [[1]30]	30
		Beglaubigte Übersetzungen [[3]30]	30
	Didaktik [0]	- - - - -	- - -
	Andere Fremdsprache [90]	Wirtschaftsenglisch [[1]30, [2]30, [3]30, [4]30]	120
	Wahlpflichtfächer [0]	- - - - - -	- - -
	Abschlussarbeit [120]	Diplomseminar [[1]30, [2]30, [3]30, [4]30][76]	120
	Sonstige [240]	IT-Werkzeuge [[2]30]	30
		Berufspraktikum [[4]210]	210

Allgemeine Anmerkungen

Die Adam-Mickiewicz-Universität Poznań bietet im Rahmen der germanistischen Ausbildung zwei Studiengänge an, nämlich: »Germanistik« sowie »Deutsche Sprache und Geschäftskommunikation«. Der obligatorische Teil des Curriculums der Germanistik umfasst hauptsächlich sprachpraktische Übungen, Fachübersetzung, ein Fach zur Literaturwissenschaft sowie Lehrveranstaltungen, die beim Verfassen der Abschlussarbeit behilflich sein können. Darüber hinaus konzentriert sich das zusätzliche Wahlmodul auf die Vorbereitung auf den Lehrerberuf. Das Programm des Studienganges »Deutsche Sprache und Geschäftskommunikation« beinhaltet zwar auch sprachpraktische Übungen, legt aber den Scherpunkt auf sprachwissenschaftliche und an Übersetzung orientierte Inhalte.

---

76 Die Studierenden können zwischen dem sprachwissenschaftlichen, translatorischen und kulturwissenschaftlichen Diplomseminar auswählen.

Ausbildung im Bereich Fachsprachen

Die fachsprachliche Vorbereitung erfolgt sowohl innerhalb der »Germanistik« als auch des Studienganges »Deutsche Sprache und Geschäftskommunikation«. »Germanistik« bietet das Fach »Ausgewählte Fachsprache« als Teil von »Praxis der deutschen Sprache« an. Darüber hinaus ist im Curriculum noch »Fachübersetzung« zu finden. In beiden Fällen wird nicht explizit genannt, welche Fachsprachen unterrichtet werden. Der zweite Studiengang gibt hingegen eine ausführliche Auflistung der gelehrten Fachsprachen, d. h.: Handel und Ökonomie, Recht und Verwaltung sowie Technik und Medizin.

Ausbildung im Bereich Didaktik

Das Lehramt-Modul bietet eine klassische psychologisch-pädagogische Vorbereitung mit Elementen der Deutschdidaktik an. Die dargestellten Inhalte beziehen sich vor allem auf die Ausübung des Lehrerberufes in der Oberschule. Das Modul kann ausschließlich als Teils der Germanistischen Philologie absolviert werden. Angeboten werden keine Lehrveranstaltungen zur Erwachsenenbildung oder zur Fachsprachendidaktik.

Schlussbemerkung

Obwohl die beiden Studiengänge im Rahmen der germanistischen Ausbildung angeboten werden, legen sie den Schwerpunkt auf andere Kompetenzen. »Germanistik« stellt eine eher allgemeinphilologische Vorbereitung dar, welche durch fachsprachliche Inhalte angereichert wird und weitere Möglichkeit vorsieht, das Lehramt-Modul abzuschließen. In diesem Fall wäre es von Vorteil, die unterrichteten Fachsprachen zu spezifizieren und das Wahlmodul um Inhalte zur Erwachsenenbildung und Fachsprachendidaktik zu erweitern. Das Curriculum des Studienganges »Deutsche Sprache und Geschäftskommunikation« konzentriert sich vor allem auf den Erwerb der fachsprachlichen Kompetenz sowie auf die Entwicklung der Kommunikationskompetenz im Geschäftsleben. Aus der Sicht der angehenden Fachsprachenlehrenden wäre es angebracht, eine zusätzliche didaktische Komponente hinzuzufügen.

4. Jagiellonen-Universität Krakau – 124 Studierende[77]

Jagiellonen-Universität Krakau	Studienfachrichtung: Germanische Philologie	
	Stufe: II (MA)	Studienform: Direktstudium
		Gilt ab: 2021/2022

Curriculum	Art der Lehrveranstaltung [Stundenanzahl]	Name der Lehrveranstaltung [[Semester]Stundenanzahl]	insgesamt
Pflichtfächer	Sprachpraktische Fächer [300]	Praxis der deutschen Sprache [[1]90, [2]90, [3]60, [4]60]	300
	Sprachwissenschaft [30]	Ausgewählte Schwerpunkte der deutschen Sprachwissenschaft [[1]30]	30
	Literaturwissenschaft [30]	Ausgewählte Schwerpunkte der deutschen Literaturwissenschaft [[1]30]	30
	Kulturwissenschaft [30]	Ausgewählte Schwerpunkt der Kultur- und Sprachgeschichte der DACH-Länder [[1]30]	30
	Übersetzungen [0]	- - - - -	- - -
	Didaktik [0]	- - - - - -	- - -
	Andere Fremdsprache [180]	Germanische Sprache [[1]60, [2]60, [3]30, [4]30][78]	180
	Wahlpflichtfächer [0]	- - - - - -	- - -
	Abschlussarbeit [120]	Diplomseminar [[1]30, [2]30, [3]30, [4]30][79]	120
	Sonstige [10]	Arbeitsschutzschulung [[1]4]	4
		Schutz des intellektuellen Eigentums [[4]6]	6
Wahlmodule	Angewandte Sprachwissenschaft [240]	Textlinguistik [[1]30, [2]30]	60
		Wahlkurs [[1]30, [3]60]	90
		Methodologie sprachwissenschaftlicher Forschung [[2]30]	30
		Ausgewählte Schwerpunkte der angewandten Sprachwissenschaft [[3]30, [4]30]	60
	Literaturwissenschaft und Übersetzung von literarischen Texten [240]	Gegenwärtige deutsche Literatur [[1]30, [2]30]	60
		Wahlkurs [[1]30, [3]60]	90
		Literaturtheorie [[2]30]	30
		Gegenwärtige österreichische und schweizerische Literatur [[3]30, [4]30]	60
	Translatorik [360][80]	Übersetzungsanalyse [[1]30]	30

77 https://ifg.filg.uj.edu.pl/studia-stacjonarne-ii-stopnia [letzter Zugang 20.08.2022].
78 Zweite germanische Sprache wird nach zwei Jahren mit einer Prüfung abgeschlossen.
79 Die Studierenden können zwischen dem sprachwissenschaftlichen, translatorischen und kulturwissenschaftlichen Diplomseminar auswählen.
80 Translatorik ist ein zusätzliches fakultatives Modul.

(Fortsetzung)

Curriculum	Art der Lehrveranstaltung [Stundenanzahl]	Name der Lehrveranstaltung [^{Semester}Stundenanzahl]	insgesamt
		Stilistik [^{1}30]	30
		Übersetzung von nichtliterarischen Texten [^{1}30, ^{2}30]	60
		Übersetzungstheorie [^{1}30]	30
		Übersetzerwerkstatt [^{2}60]	60
		Übersetzung von Rechts- und Verwaltungstexten [^{2}30]	30
		Übersetzung von literarischen Texten [^{3}30, ^{4}30]	60
		Dolmetschen [^{3}30, ^{4}30]	60
	Lehramt [225] (gilt ab 2019/2020)	Stimmtraining [^{1}15]	15
		Fremdsprachendidaktik (Deutsch) [^{1}30]	30
		Deutschdidaktik (Jugendliche, Erwachsene) [^{1}30, ^{2}30]	60
		Psychologie in der Oberschule [^{2}30]	30
		Pädagogik in der Oberschule [^{2}30]	30
		Pädagogisches Berufspraktikum [^{3}60]	60

Jagiellonen-Universität Krakau	Studienfachrichtung: Germanische Philologie mit Englisch	
	Stufe: II (MA)	Studienform: Direktstudium
	Gilt ab: 2021/2022	

Curriculum	Art der Lehrveranstaltung [Stundenanzahl]	Name der Lehrveranstaltung [^{Semester}Stundenanzahl]	insgesamt
Pflichtfächer	Sprachpraktische Fächer [480]	Praxis der deutschen Sprache [^{1}90, ^{2}90, ^{3}60, ^{4}60]	300
		Praxis der englischen Sprache [^{1}60, ^{2}60, ^{3}30, ^{4}30]	180
	Sprachwissenschaft [30]	Ausgewählte Schwerpunkte der deutschen Sprachwissenschaft [^{1}30]	30
	Literaturwissenschaft [30]	Ausgewählte Schwerpunkte der deutschen Literaturwissenschaft [^{1}30]	30
	Kulturwissenschaft [30]	Ausgewählte Schwerpunkt der Kultur- und Sprachgeschichte der DACH-Länder [^{1}30]	30
	Übersetzungen [0]	------	---
	Didaktik [0]	------	---
	Andere Fremdsprache [0]	------	---

(Fortsetzung)

Curriculum	Art der Lehrveranstaltung [Stundenanzahl]	Name der Lehrveranstaltung [^{Semester}Stundenanzahl]	insgesamt
	Wahlpflichtfächer [0]	------	---
	Abschlussarbeit [120]	Diplomseminar [^{1}30, ^{2}30, ^{3}30, ^{4}30][81]	120
	Sonstige [10]	Arbeitsschutzschulung [^{1}4]	4
		Schutz des intellektuellen Eigentums [^{4}6]	6
Wahlmodule	Angewandte Sprachwissenschaft [180]	Textlinguistik [^{1}30, ^{2}30]	60
		Methodologie sprachwissenschaftlicher Forschung [^{2}30]	30
		Ausgewählte Schwerpunkte der angewandten Sprachwissenschaft [^{3}30, ^{4}30]	60
		Wahlkurs: Sprachwissenschaft [^{3}30]	30
	Literaturwissenschaft und Übersetzung von literarischen Texten [180]	Gegenwärtige deutsche Literatur [^{1}30, ^{2}30]	60
		Literaturtheorie [^{2}30]	30
		Gegenwärtige österreichische und schweizerische Literatur [^{3}30, ^{4}30]	60
		Wahlkurs: Literaturwissenschaft [^{3}30]	30
	Lehramt Deutsch [225] (gilt ab 2019/ 2020)	Stimmtraining [^{1}15]	15
		Fremdsprachendidaktik (Deutsch) [^{1}30]	30
		Deutschdidaktik (Jugendliche, Erwachsene) [^{1}30, ^{2}30]	60
		Psychologie in der Oberschule [^{2}30]	30
		Pädagogik in der Oberschule [^{2}30]	30
		Pädagogisches Berufspraktikum [^{3}60]	60
	Lehramt Englisch [75] (gilt ab 2019/ 2020)	Englischdidaktik für Oberschule [^{2}30]	30
		Berufspraktikum in der Oberschule [^{3}45]	45

---

81 Die Studierenden können zwischen dem sprachwissenschaftlichen, translatorischen und kulturwissenschaftlichen Diplomseminar auswählen.

Jagiellonen-Universität Krakau	Studienfachrichtung: Literarische Übersetzung – Deutsche Sprache	
	Stufe: II (MA)	Studienform: Direktstudium
		Gilt ab: 2021/2022

Curriculum	Art der Lehrveranstaltung [Stundenanzahl]	Name der Lehrveranstaltung [[Semester]Stundenanzahl]	insgesamt
Pflichtfächer	Sprachpraktische Fächer [300]	Praxis der deutschen Sprache [[1]90, [2]90, [3]60, [4]60]	300
	Sprachwissenschaft [30]	Ausgewählte Schwerpunkte der deutschen Sprachwissenschaft [[1]30]	30
	Literaturwissenschaft [150]	Gegenwärtige deutsche Literatur [[1]30, [2]30] Literaturtheorie [[2]30] Gegenwärtige österreichische und schweizerische Literatur [[3]30, [4]30]	60 30 60
	Kulturwissenschaft [30]	Ausgewählte Schwerpunkt der Kultur- und Sprachgeschichte der DACH-Länder [[1]30]	30
	Übersetzungen [60]	Übersetzung literarischer Texte [[1]30, [2]30]	60
	Didaktik [0]	- - - - - -	- - -
	Andere Fremdsprache [60]	Fremdsprache [[1]30, [2]30]	60
	Wahlpflichtfächer [0]	Mindestens 20 ECTS-Credits pro Jahr[82]	- - -
	Abschlussarbeit [120]	Diplomseminar [[1]30, [2]30, [3]30, [4]30]	120
	Sonstige [10]	Arbeitsschutzschulung [[1]4] Schutz des intellektuellen Eigentums [[4]6]	4 6
Wahlmodule	x	- - - - - -	- - -

Allgemeine Anmerkungen

Die Jagiellonen-Universität Krakau bietet im Rahmen der germanischen Ausbildung drei Studiengänge an: »Germanische Philologie«, »Germanische Philologie mit Englisch« sowie »Literarische Übersetzung – Deutsche Sprache«. Zu den Pflichtfächern gehört die allgemeine philologische Ausbildung, welche innerhalb der Wahlmodule in einem spezifischen Bereich vertieft werden kann. Unterschiedliche Wahlmodule werden den Studierenden je nach gewähltem Studien-

---

82 Während des Jahres müssen mindestens 20 ECTS-Punkte müssen absolviert werden. Die Fächer werden in Absprache mit dem Tutor aus dem Lehrangebot der Polnischen Philologie mit dem Schwerpunkt auf literatur- und kulturwissenschaftliche Übersetzung ausgewählt. Gewählt werden sollen Lehrveranstaltungen, welche alle im Studiengang enthaltenen Lernergebnisse erfüllen und nicht im IFG implementiert sind.

gang zur Verfügung gestellt. Im Fall der »Germanischen Philologie« werden solche zusätzlichen Fachgebiete wie »Angewandte Sprachwissenschaft«, »Literaturwissenschaft und Übersetzung von literarischen Texten«, »Translatorik« sowie »Lehramt« behandelt. Die zwei erstgenannten wiederholen sich an der »Germanischen Philologie mit Englisch«, bieten aber noch außer »Lehramt Deutsch« ein getrenntes Modul »Lehramt Englisch« an.

Ausbildung im Bereich Fachsprachen
Die angebotene fachsprachliche Vorbereitung beinhaltet ausschließlich eine Lehrveranstaltung unter dem Titel »Übersetzung von Rechts- und Verwaltungstexten«, welche an der Germanischen Philologie im Wahlmodul »Translatorik« realisiert wird.

Ausbildung im Bereich Didaktik
Insgesamt können zwei »Lehramt-Module« unterschieden werden. Sowohl für Studierende der Germanischen Philologie als auch der Germanischen Philologie mit Englisch wird ein didaktisches Modul angeboten, welches auf den Deutschunterricht als Erstfach vorbereitet. Darüber hinaus können Studierende der Germanischen Philologie mit Englisch durch die Wahl eines zweiten Unterrichtsmoduls die Befähigung erwerben, Englisch als zweites Fach zu unterrichten. In beiden Fällen betrifft diese Vorbereitung die psychologischen und pädagogischen Aspekte der Lehrtätigkeit in der Oberschule. Bemerkenswert ist das Fach »Deutschdidaktik«, im Rahmen dessen die Jugendlichen- und Erwachsenenbildung realisiert wird. Im Curriculum sind jedoch keine Lehrveranstaltungen zur Fachsprachendidaktik zu finden.

Schlussbemerkung
Die an der Jagiellonen-Universität Krakau angebotenen Studiengänge stellen eine eher allgemeine philologische Ausbildung dar. Im Rahmen der Wahlmodule gelehrte Inhalte orientieren sich an sprach- und literaturwissenschaftlichen Lehrveranstaltungen. Die Analyse der vorgestellten Programme lässt den Schluss zu, dass es von Vorteil wäre, das Angebot um fachsprachliche Elemente zu erweitern, welche in bestehenden Curricula im begrenzten Umfang präsent sind. Des Weiteren sollten Erwägungen zur Aktualisierung des Angebots an Lehramt-Modulen und zur Einführung der Fachsprachendidaktik angestellt werden.

5.   Universität Rzeszów – 78 Studierende[83]

Universität Rzeszów	Studienfachrichtung: Germanistik	
	Stufe: II (MA)	Studienform: Direktstudium
		Gilt ab: 2020/2021

Curriculum	Art der Lehrveranstaltung [Stundenanzahl]	Name der Lehrveranstaltung [^{Semester}Stundenanzahl]	insgesamt
Pflichtfächer	Sprachpraktische Fächer [250]	Praxis der deutschen Sprache [^{1}60, ^{2}45, ^{3}30]	135
		Praktische Grammatik [^{1}30, ^{2}30, ^{3}30, ^{4}25]	115
	Sprachwissenschaft [75]	Ausgewählte Schwerpunkte der Sprachwissenschaft [^{1}30, ^{2}25]	55
		Kontrastive Linguistik [^{1}20]	20
	Literaturwissenschaft [55]	Ausgewählte Schwerpunkte der deutschen Literatur [^{1}30, ^{2}25]	55
	Kulturwissenschaft [0]	- - - - - -	- - -
	Übersetzungen [0]	- - - - - -	- - -
	Didaktik [0]	- - - - -	- - -
	Andere Fremdsprache [60]	Fremdsprache [^{1}30, ^{2}30]	60
	Wahlpflichtfächer [30]	Wahlkurs [^{4}30]	30
	Abschlussarbeit [120]	Diplomseminar [^{1}30, ^{2}30, ^{3}30, ^{4}30]	120
	Sonstige [150]	Grundlagen der Unternehmenslehre [^{1}15]	15
		Monografische Vorlesung [^{2}15]	15
		Spezialisierungskurse [^{1}30, ^{2}30, ^{3}30, ^{4}30]	120
Wahlmodule	Translatorik [245]	Übersetzung von Wirtschaftstexten / literarischen Texten [^{1}30, ^{2}25]	55
		Übersetzung von juristischen / populärwissenschaftlichen Texten [^{2}25, ^{3}30]	55
		Dolmetschen [^{1}15]	15
		Übersetzungstheorie [^{1}10]	10
		Monografische Vorlesung: interkulturelle Kommunikation [^{1}30]	30
		Berufspraktikum [^{3}80]	80
	Lehramt [220]	Psychologie [^{1}30]	30
		Pädagogik [^{1}30]	30
		Deutschdidaktik [^{2}45, ^{3}55]	100

---

83 https://www.ur.edu.pl/kolegia/kolegium-nauk-humanistycznych/student/kierunki-studiow-
    sylabusy-harmonogramy-/filologia-germanska/harmonogramy-studiow-plany-studiow
    [letzter Zugang 20. 08. 2022].

(Fortsetzung)

Curriculum	Art der Lehrveranstaltung [Stundenanzahl]	Name der Lehrveranstaltung [Semester Stundenanzahl]	insgesamt
		Berufspraktikum in der Oberschule [²30, ³30]	60

Allgemeine Anmerkungen
Im Curriculum werden die Pflichtfächer auf »Praxis der deutschen Sprache« sowie auf Elemente der Sprach- und Literaturwissenschaft in einer geringen Stundenzahl beschränkt. Die Studierenden können zusätzliche Kompetenzen im Rahmen der zwei Wahlmodule, d. h. »Translatorik« und »Lehramt« erwerben.

Ausbildung im Bereich Fachsprachen
Im ersten Modul werden die Studierenden in begrenztem Umfang in die Fachsprachen eingeführt, weil sich die Fächer vor allem auf die Entwicklung von Übersetzungskompetenzen ausrichten. Einige fachsprachliche Fähigkeiten können sie im Rahmen der Lehrveranstaltungen zur Übersetzung von Wirtschafts-, bzw. literarischen sowie juristischen bzw. populärwissenschaftlichen Texten erlernen. Im Curriculum fehlt es jedoch an klassischen fachsprachlichen Inhalten.

Ausbildung im Bereich Didaktik
Die Vorbereitung im didaktischen Bereich erfolgt im Rahmen des zweiten Wahlmoduls. Die Lehrveranstaltungen konzentrieren sich auf die im Lehrerberuf in der Oberschule notwendigen Inhalte. Es werden keine Fächer zur Erwachsenenbildung sowie zur Fachsprachendidaktik angeboten.

Schlussbemerkung
Das Programm der Universität Rzeszów bietet in seinem obligatorischen Teil eher eine allgemeinphilologische Ausbildung an. Die Wahl eines der beiden Module ermöglicht es den Studierenden, sich weitere Fähigkeiten im Bereich der Übersetzung oder der Didaktik anzueignen. Die Bereicherung des Curriculums um fachsprachliche Elemente sowie Fachsprachendidaktik und Erwachsenenbildung wäre aus der Sicht eines Fachsprachenlehrenden von Vorteil.

6.   Schlesische Universität Katowice – 78 Studierende[84]

Schlesische Universität Katowice	Studienfachrichtung: Germanische Philologie: Lehramt	
	Stufe: II (MA)	Studienform: Direktstudium
		Gilt ab: 2021/2022

Curriculum	Art der Lehrveranstaltung [Stundenanzahl]	Name der Lehrveranstaltung [^{Semester}Stundenanzahl]	insgesamt
Pflichtfächer	Sprachpraktische Fächer [210]	Praxis der deutschen Sprache [^{1}60, ^{2}60, ^{3}30, ^{4}30]	180
		Textarbeit [^{1}30]	30
	Sprachwissenschaft [0]	- - - - - -	- - -
	Literaturwissenschaft [0]	- - - - - -	- - -
	Kulturwissenschaft [0]	- - - - - -	- - -
	Übersetzungen [60]	Übersetzung von Gebrauchs- und literarischen Texten [^{1}30, ^{3}30]	60
	Didaktik [330]	Deutschdidaktik [^{1}60, ^{2}60]	120
		Pädagogik – Workshops [^{1}45]	45
		Psychologie – Workshops [^{1}45]	45
		Pädagogik [^{2}15]	15
		Psychologie [^{2}15]	15
		Berufspraktikum [90]	90
		– Didaktisches [^{1}30, ^{3}30]	
		– Psychologisch-pädagogisches [^{2}30]	
	Andere Fremdsprache [0]	- - - - - -	- - -
	Wahlpflichtfächer [30]	Ausgewählte Aspekte der [$^{1-3}$30] – Sprachwissenschaft – Literaturwissenschaft – Kultur und Religion	30
	Abschlussarbeit [270]	Diplomseminar [^{1}30, ^{2}30, ^{3}30, ^{4}30]	120
		Spezialisierungsseminar [^{1}30, ^{2}30, ^{3}30]	90
		Monografiekonservatorium [^{3}30, ^{4}30]	60
	Sonstige [35]	Erste Hilfe [^{4}5]	5
		Allgemeinakademisches Modul [^{4}30]	30

---

84 https://informator.us.edu.pl/kierunki/W1-S2FG19.2021/5_3830 [letzter Zugang 20.08.2022].

Schlesische Universität Katowice	Studienfachrichtung: Germanische Philologie: Interkulturelle Studien mit der schwedischen oder deutschen Sprache	
	Stufe: II (MA)	Studienform: Direktstudium
		Gilt ab: 2021/2022

Curriculum	Art der Lehrveranstaltung [Stundenanzahl]	Name der Lehrveranstaltung [^{Semester}Stundenanzahl]	insgesamt
Pflichtfächer	Sprachpraktische Fächer [210]	Praxis der deutschen/ schwedischen Sprache [^{1}60, ^{2}60, ^{3}30, ^{4}30]	180
		Textarbeit [^{1}30]	30
	Sprachwissenschaft [0]	- - - - - -	- - -
	Literaturwissenschaft [0]	- - - - - -	- - -
	Kulturwissenschaft [255]	Kultur der Regionen [^{1}45]	45
		Kulturtheorien [^{1}30]	30
		Film/ Theater in den DACH-Ländern/ skandinavischen Ländern [^{2}45, ^{3}45]	90
		DACH-Länder/ skandinavische Länder in den Medien [^{2}30]	30
		Ausgewählte Aspekte der Medientheorie [^{2}30]	30
		Kulturtransfer in Europa [^{3}30]	30
	Übersetzungen [30]	Übersetzung von literarischen, wissenschaftlichen und Pressetexten [^{1}30]	30
	Didaktik [0]	- - - - - -	- - -
	Andere Fremdsprache [0]	- - - - - -	—
	Wahlpflichtfächer [30]	Ausgewählte Aspekte der [$^{1-3}$30] - Sprachwissenschaft - Literaturwissenschaft - Kultur und Religion	30
	Abschlussarbeit [270]	Diplomseminar [^{1}30, ^{2}30, ^{3}30, ^{4}30]	120
		Spezialisierungsseminar [^{1}30, ^{2}30, ^{3}30]	90
		Monografiekonservatorium [^{3}30, ^{4}30]	60
	Sonstige [30]	Allgemeinakademisches Modul [^{4}30]	30

Schlesische Universität Katowice	Studienfachrichtung: Germanische Philologie: juristische und wirtschaftliche Übersetzungen	
	Stufe: II (MA)	Studienform: Direktstudium
		Gilt ab: 2021/2022

Curriculum	Art der Lehrveranstaltung [Stundenanzahl]	Name der Lehrveranstaltung [Semester Stundenanzahl]	insgesamt
Pflichtfächer	Sprachpraktische Fächer [210]	Praxis der deutschen/ schwedischen Sprache [¹60, ²60, ³30, ⁴30]	180
		Textarbeit [¹30]	30
	Sprachwissenschaft [0]	- - - - - -	- - -
	Literaturwissenschaft [0]	- - - - - -	- - -
	Kulturwissenschaft [0]	- - - - - -	- - -
	Übersetzungen [300]	Informationstechniken in der Übersetzung [¹30]	30
		Terminologie in der Makro- und Mikroökonomie [¹30]	30
		Konsekutiv- und Vom-Blatt-Dolmetschen [¹30, ²30]	60
		Übersetzung juristischer und wirtschaftlicher Texte [¹30, ²30, ³30]	90
		Simultandolmetschen [³30]	30
		Ausgewählte Aspekte der polnischen und deutschen Zivil- und Strafverfahren [¹30]	30
		Terminologie des polnischen und deutschen Handels- und Wirtschaftsrechts [²30]	30
	Didaktik [0]	- - - - - -	- - -
	Andere Fremdsprache [0]	- - - - - -	- - -
	Wahlpflichtfächer [30]	Ausgewählte Aspekte der [¹⁻³30] – Sprachwissenschaft – Literaturwissenschaft – Kultur und Religion	30
	Abschlussarbeit [270]	Diplomseminar [¹30, ²30, ³30, ⁴30]	120
		Spezialisierungsseminar [¹30, ²30, ³30]	90
		Monografiekonservatorium [³30, ⁴30]	60
	Sonstige [30]	Allgemeinakademisches Modul [⁴30]	30

Schlesische Universität Katowice	Studienfachrichtung: Germanische Philologie: internationale lexikografische Studien (EMLex)	
	Stufe: II (MA)	Studienform: Direktstudium
		Gilt ab: 2021/2022

Curriculum	Art der Lehrveranstaltung [Stundenanzahl]	Name der Lehrveranstaltung [^{Semester}Stundenanzahl]	insgesamt
Pflichtfächer	Sprachpraktische Fächer [210]	Sprachpraxis/ Informationstechnologie [^{1}180][85] – Praxis der englischen Sprache [90] – Praxis der deutschen Sprache [90] – Praxis der fremden Sprache [90] – Informationstechnologie [90]	180
	Sprachwissenschaft [372]	Grundlagen der Lexikografie [^{1}60]	60
		Ausgewählte Aspekte der Lexikografie [^{1}60]	60
		Lexikografie – Arbeit mit wissenschaftlichen Texten [^{3}12]	12
		Ausgewählte Aspekte der Sprachwissenschaft und Lexikografie [^{3}60]	60
		Theorie und Praxis der Lexikografie [^{2}180][86] – Metalexikologie [30] – Pädagogische Lexikografie [30] – Geschichte der Lexikografie [30] – Gestaltung und Präsentation von Daten in der digitalen Lexikografie [30] – Forschung zur Verwendung von Wörterbüchern [30] – Fachspezifische Lexikografie und Terminologie [30] – Computergestützte Lexikografie [30] – Wörterbücher in der Übersetzung [30] – Lexikografie und Lexikologie [30] – Lexikografischer Workshop [30]	180
	Literaturwissenschaft [0]	- - - - - -	- - -
	Kulturwissenschaft [0]	- - - - - -	- - -
	Übersetzungen [0]	- - - - - -	- - -
	Didaktik [0]	- - - - - -	- - -

---

85 Obligatorisch sind zwei ausgewählte Lehrveranstaltungen.
86 Obligatorisch sind sechs ausgewählte Lehrveranstaltungen.

(Fortsetzung)

Curriculum	Art der Lehrveranstaltung [Stundenanzahl]	Name der Lehrveranstaltung [^{Semester}Stundenanzahl]	insgesamt
	Andere Fremdsprache [0]	- - - - - -	- - -
	Wahlpflichtfächer [0]	- - - - - -	- - -
	Abschlussarbeit [120]	Diplomseminar [^{4}60] Spezialisierungsseminar [^{4}60]	60 60
	Sonstige [190]	Berufspraktikum [^{3}160] Sozialwissenschaftliches/ Allgemeinuniversitäres Modul [^{4}30]	160 30

Allgemeine Anmerkungen
Die Schlesische Universität Katowice bietet im Rahmen der Germanischen Philologie vier getrennte Ausbildungswege an: »Germanische Philologie: Lehramt«, »Germanische Philologie: interkulturelle Studien mit der schwedischen oder deutschen Sprache«, »Germanische Philologie: juristische und wirtschaftliche Übersetzungen«, sowie »Germanische Philologie: internationale lexikografische Studien (EMLex)« an. Analog zum BA-Studium an der Schlesischen Universität Katowice werden die Curricula aufgrund weniger Gemeinsamkeiten und zur besseren Veranschaulichung in getrennten Tabellen erfasst.

Ausbildung im Bereich Fachsprachen
Die Fachsprachen werden ausschließlich innerhalb des Moduls »juristische und wirtschaftliche Übersetzungen« vermittelt. Gelegt wird der Fokus zwar auf die Übersetzung, aber das Programm führt auch gleichzeitig fachsprachlich orientierte Inhalte wie makro- und mikroökonomische Terminologie, Elemente des Zivil- und Strafverfahrens sowie Kenntnisse aus dem Handels- und Wirtschaftsrecht ein.

Ausbildung im Bereich Didaktik
Der didaktischen Ausbildung entsprechen am ehesten die Lehrveranstaltungen aus der Lehramt-Spezialisierung, welche sich auf Psychologie, Pädagogik sowie Deutschdidaktik konzentrieren. Die gelehrten Fächer werden klassischen schulischen Inhalten gewidmet. Darüber hinaus kommen keine Veranstaltungen zur Erwachsenenbildung und Fachsprachendidaktik vor.

Schlussbemerkung

In Bezug auf die Ausbildung von angehenden fachspezifischen DaF-Lehrenden sollte den Curricula »Germanischen Philologie: Lehramt« sowie »Germanische Philologie: juristische und wirtschaftliche Übersetzungen« besondere Aufmerksamkeit geschenkt werden. In diesem Fall könnte eine Verbindung von den zwei genannten Ausbildungswegen von Belang sein. Die Einführung von Erwachsenenbildung und Fachsprachendidaktik könnte zur Erhöhung der Attraktivität des Angebots beitragen.

7. Pädagogische Universität Krakau – 49 Studierende[87]

Pädagogische Universität Krakau	Studienfachrichtung: Germanische Philologie	
	Stufe: II (MA)	Studienform: Direktstudium
		Gilt ab: 2021/2022

Curriculum	Art der Lehrveranstaltung [Stundenanzahl]	Name der Lehrveranstaltung [^SemesterStundenanzahl]	insgesamt
Pflichtfächer	Sprachpraktische Fächer [300]	Praxis der deutschen Sprache [^{1}120, ^{2}60, ^{3}60, ^{4}60]	300
	Sprachwissenschaft [105]	Textlinguistik [^{1}30]	30
		Nationale Varietäten und Dialekte der deutschen Sprache [^{2}15]	15
		Ausgewählte Schwerpunkte der gegenwärtigen Sprachwissenschaft [^{2}30]	30
		Ausgewählte Schwerpunkte der kontrastiven Grammatik [^{3}30]	30
	Literaturwissenschaft [150]	Neue Tendenzen in der Literaturwissenschaft [^{1}30]	30
		Literatur des Holocausts [^{1}30]	30
		Fantastische Literatur [^{2}30]	30
		Literatur der Avantgarde und Grenzgebiete [^{3}30]	30
		Deutsche Ein- und Auswanderungsliteratur im 19. und 20. Jahrhundert [^{4}30]	30
	Kulturwissenschaft [60]	Multikulturelle multiethnische Aspekte in Deutschland und Österreich [^{2}30]	30
		Deutsch-Polnische und Österreichisch-Polnische kulturelle und historische Verbindungen [^{3}30]	30
	Übersetzungen [30]	Einführung in die Translationswissenschaft [^{1}30]	30

---

87 https://fg.up.krakow.pl/studia-stacjonarne-ii-stopnia/ [letzter Zugang 20.08.2022].

(Fortsetzung)

Curriculum	Art der Lehrveranstaltung [Stundenanzahl]	Name der Lehrveranstaltung [^{Semester}Stundenanzahl]	insgesamt
	Didaktik [0]	- - - - - -	- - -
	Andere Fremdsprache [110]	Fremdsprache [^{2}40, ^{3}40, ^{4}30]	110
	Wahlpflichtfächer [30]	Monografische Vorlesung [^{4}30]	30
	Abschlussarbeit [60]	Diplomarbeit [^{1}15, ^{2}15, ^{3}15, ^{4}15]	60
	Sonstige [6]	Arbeitsschutzschulung [^{1}4] Einführung in die Bibliotheksnutzung [^{1}2]	4 2
Wahlmodule	Lehramt [288]	Zwischenmenschliche Kommunikation und Stressbewältigung im Lehrerberuf [^{2}30] Grundlagen der Glottodidaktik [^{2}30] Erste Hilfe [^{2}8] Aktuelle Texte [^{2}45, ^{3}45] Deutschdidaktik [^{3}30] Sprachtraining [^{3}15] Berufspraktikum [^{3}40] Schüler mit sonderpädagogischem Förderbedarf [^{4}15] Digitale Technologien im Deutschunterricht [^{4}30]	30 30 8 90 30 15 40 15 30
	Lehramt mit Wirtschaftselementen [348]	Zwischenmenschliche Kommunikation und Stressbewältigung im Lehrerberuf [^{2}30] Grundlagen der Glottodidaktik [^{2}30] Erste Hilfe [^{2}8] Übersetzung von Fachtexten [^{2}30, ^{3}15] Prinzipien der beglaubigten Übersetzung und Übersetzerwerkstatt [^{2}15] Deutschdidaktik [^{3}30] Sprachtraining [^{3}15] Dolmetschen [^{3}30] Schulisches Berufspraktikum [^{3}40] Schüler mit sonderpädagogischem Förderbedarf [^{4}15] Digitale Technologien im Deutschunterricht [^{4}30] Übersetzungspraktikum [^{4}60]	30 30 8 45 15 30 15 30 40 15 30 60
	Deutsch in der Wirtschaft [290]	Übersetzung von Verwaltungstexten [^{2}15] Übersetzung von Fachtexten [^{2}30, ^{3}30] Prinzipien der beglaubigten Übersetzung und Übersetzerwerkstatt [^{2}15] Aktuelle Texte [^{2}45, ^{3}45]	15 60 15 90

(Fortsetzung)

Curriculum	Art der Lehrveranstaltung [Stundenanzahl]	Name der Lehrveranstaltung [^{Semester}Stundenanzahl]	insgesamt
		Dolmetschen [^{3}30]	30
		Berufspraktikum [^{4}80]	80

Allgemeine Anmerkungen

Die Pädagogische Universität Krakau bietet den Studierenden innerhalb der Pflichtfächer grundsätzlich sprachpraktische, aber auch sprach-, literatur- sowie kulturwissenschaftliche Inhalte an. Darüber hinaus zeichnen sich die literaturwissenschaftlichen Lehrveranstaltungen durch eine Dominanz im Vergleich zu anderen Lehrveranstaltungen aus. Weitere Kompetenzen können durch die Wahl von einem der drei Module, d. h. »Lehramt«, »Lehramt mit Wirtschaftselementen« oder »Deutsch in der Wirtschaft« erworben werden.

Ausbildung im Bereich Fachsprachen

Die Fachsprachenvermittlung erfolgt im Modul »Lehramt mit Wirtschaftselementen« und »Deutsch in der Wirtschaft«. Angeboten werden jedoch keine Fächer, welche ausschließlich den Fachsprachen gewidmet werden, sondern sie werden in Verbindung mit Übersetzungsübungen kombiniert. Des Weiteren fehlt im Programm eine explizite Auflistung der gelehrten Fachsprachen.

Ausbildung im Bereich Didaktik

Die didaktische Ausbildung kann sowohl im Rahmen des Moduls »Lehramt« als auch des Moduls »Lehramt mit Wirtschaftselementen« realisiert werden. Ersteres konzentriert sich auf Fachdidaktik, digitalen Kompetenzen sowie klassischen psychologisch-pädagogischen Fächern. Die Aufmerksamkeit wird dabei auf die Lehrkraft selbst gelenkt, da auch die Problematik der Kommunikation und der Stressbewältigung bei der Ausübung des Lehrerberufes thematisiert wird. Das zweite Modul ergänzt die Inhalte des ersten um Lehrveranstaltungen aus dem Bereich Dolmetschen und Übersetzen im wirtschaftlichen Kontext. Im Angebot sind jedoch keine Fächer zur Fachsprachenvermittlung und Erwachsenenbildung zu finden.

Schlussbemerkung

Aus der Sicht der künftigen Fachsprachenlehrenden kann das Modul »Lehramt mit Wirtschaftselementen« relevant sein. Wenn die Studierenden es wählen, erhalten sie grundlegende Kenntnisse aus dem didaktischen und wirtschaftlichen Bereich vermittelt, welche eine gute Basis für ein weiteres Selbststudium bilden können. Darüber hinaus könnte bei der Wahl des Studiums eine explizite Benennung der gelehrten Fachsprachen entscheidend sein. Eine Erweiterung des Curriculums um Erwachsenenbildung sowie Fachsprachendidaktik wäre an dieser Stelle von Vorteil.

8.   Maria-Curie-Skłodowska-Universität in Lublin – 44 Studierende[88]

Maria-Curie-Skłodowska-Universität in Lublin	Studienfachrichtung: Germanistik	
	Stufe: II (MA)	Studienform: Direktstudium
	Gilt ab: 2019/2020	

Curriculum	Art der Lehrveranstaltung [Stundenanzahl]	Name der Lehrveranstaltung [^{Semester}Stundenanzahl]	insgesamt
Pflichtfächer	Sprachpraktische Fächer [210]	Diskursiv-rezeptive Übungen [^{1}30, ^{2}30, ^{3}30, ^{4}30]	120
		Kompositionsübungen [^{1}30, ^{2}30, ^{3}30]	90
	Sprachwissenschaft [120]	Ausgewählte Schwerpunkte der Sprachwissenschaft [^{1}30, ^{2}30, ^{3}30]	90
		Psycholinguistik [^{4}30]	30
	Literaturwissenschaft [90]	Ausgewählte Schwerpunkte der Literaturwissenschaft [^{1}30, ^{2}30, ^{3}30]	90
	Kulturwissenschaft [90]	Ausgewählte Schwerpunkte der Kulturwissenschaft [^{1}30, ^{2}30, ^{3}30]	90
	Übersetzungen [0]	- - - - - -	- - -
	Didaktik [0]	- - - - - -	- - -
	Andere Fremdsprache [60]	Fremdsprache [^{1}30, ^{2}30]	60
	Wahlpflichtfächer [0]	- - - - - -	- - -
	Abschlussarbeit [120]	Diplomseminar [^{1}30, ^{2}30, ^{3}30, ^{4}30]	120
	Sonstige [0]	- - - - - -	- - -
Wahlmodule	Fachsprachen [210]	Fachsprachen – Theorie [^{1}30]	30
		Fachsprachen – Workshops [^{1}30, ^{2}30, ^{3}30, ^{4}30]	120
		Textologie-Workshops [^{3}30, ^{4}30]	60
	Lehramt [375]	Psychologische Vorbereitung auf die Arbeit in der Oberschule [^{1}30]	30

88 https://www.umcs.pl/pl/program-studiow,18123.htm [letzter Zugang 20.08.2022].

(Fortsetzung)

Curriculum	Art der Lehrveranstaltung [Stundenanzahl]	Name der Lehrveranstaltung [[Semester]Stundenanzahl]	insgesamt
		Pädagogische Vorbereitung auf die Arbeit in der Oberschule [[1]45]	45
		Erwerbstheorien [[3]30]	30
		Deutschdidaktik [[1]30, [2]30, [3]30, [4]30]	120
		Berufspraktikum [[1-4]150]	150

Allgemeine Anmerkungen

Der obligatorische Teil des Curriculums bietet allgemeine philologische Lehrveranstaltungen an, unter denen die sprachwissenschaftlichen Fächer eine leichte Dominanz aufweisen. Zusätzliche Kenntnisse können von den Studierenden im Rahmen der zwei Wahlmodule: »Fachsprachen« sowie »Lehramt« erworben werden. Von der Stundenanzahl ist das Curriculum nicht umfangreich.

Ausbildung im Bereich Fachsprachen

Die fachsprachliche Ausbildung erfolgt sowohl in theoretischer als auch in praktischer Hinsicht. Im Programm wird jedoch nicht explizit angegeben, welche Fachsprachen unterrichtet werden. Eine solche undeutliche Bezeichnung kann für künftige Studierende bei der Wahl des Studiums entscheidend sein.

Ausbildung im Bereich Didaktik

Die didaktische Vorbereitung umfasst klassische psychologisch-pädagogische sowie fachdidaktische Lehrveranstaltungen, welche für die in der Oberschule tätigen Lehrkräfte eine gute Grundlage bilden können. Das Programm enthält jedoch keine Fächer zur Erwachsenenbildung sowie zur Fachsprachendidaktik.

Schlussbemerkung

In Anbetracht der für die Wahlmodule und insbesondere für das Modul der Fachsprachen vorgesehene Stundenanzahl wäre es vorteilhaft, das Lehrangebot in diesem Bereich zu erweitern. Darüber hinaus sollten für einen besseren Überblick die gelehrten Fachsprachen genau benannt werden. Für angehende fachspezifische DaF-Lehrende könnte eine Bereicherung des Angebotes um Erwachsenenbildung sowie Fachsprachendidaktik attraktiv sein.

9.   Universität Szczecin – 42 Studierende[89]

Universität Szczecin	Studienfachrichtung: Germanische Philologie	
	Stufe: II (MA)	Studienform: Direktstudium
		Gilt ab: 2021/2022

Curriculum	Art der Lehrveranstaltung [Stundenanzahl]	Name der Lehrveranstaltung [^Semester Stundenanzahl]	insgesamt
Pflichtfächer	Sprachpraktische Fächer [240]	Praxis der deutschen Sprache [^{1}60, ^{2}75, ^{3}105]	240
	Sprachwissenschaft [75]	Gegenwärtige sprachwissenschaftliche Tendenzen [^{1}30]	30
		Ausgewählte Schwerpunkte der Sprachwissenschaft [^{2}15]	15
		Methodologie sprachwissenschaftlicher Forschung [^{1}30]	30
	Literaturwissenschaft [75]	Gegenwärtige Tendenzen in der deutschen Literatur [^{1}30]	30
		Ausgewählte Schwerpunkte der Literaturwissenschaft [^{2}15]	15
		Methodologie literaturwissenschaftlicher Forschung [^{1}30]	30
	Kulturwissenschaft [0]	- - - - - -	- - -
	Übersetzungen [0]	- - - - - -	- - -
	Didaktik [0]	- - - - -	- - -
	Andere Fremdsprache [90]	Fremdsprache [^{4}30]	30
	Wahlpflichtfächer [310]	Präsentation und Verhandlungen in der deutschen Sprache [^{4}50]	50
		Integrierte Übersetzung [^{4}50]	50
		Gesamtuniversitäre Wahlvorlesung [^{4}15]	15
		Forschungs-Workshops [30][90]	90
		– Literaturwissenschaft [^{1}30, ^{2}30, ^{3}30]	
		– Sprachwissenschaft [^{1}30, ^{2}30, ^{3}30]	
		Monografische Vorlesung [75]	75
		– Literaturwissenschaft [^{2}15, ^{4}60]	
		– Sprachwissenschaft [^{2}15, ^{4}60]	
		Lehrveranstaltungen zur Spezialisierung [30]:	30
		– Literaturwissenschaft [^{2}30]	
		– Sprachwissenschaft [^{2}30]	

---

89 https://hum.usz.edu.pl/ksztalcenie/plany-studiow-i-kursow-sylabusy/plany-studiow-i–i-ii-s
    topnia/ [letzter Zugang 20. 08. 2022].
90 Die Studierenden wählen zwischen Literatur-und Sprachwissenschaft.

(Fortsetzung)

Curriculum	Art der Lehrveranstaltung [Stundenanzahl]	Name der Lehrveranstaltung [^{Semester}Stundenanzahl]	insgesamt
	Abschlussarbeit [90]	Diplomseminar [^{1}15, ^{2}15, ^{3}30, ^{4}30]	90
	Sonstige [16]	Arbeitsschutzschulung [^{1}5]	5
		Einführung in die Bibliotheksnutzung [^{1}1]	1
		Unternehmenslehre [^{4}10]	10
Wahlmodul	Deutsch in der Wirtschaft [150]	Wirtschaftsdeutsch [^{1}30, ^{2}30]	60
		Grundlagen des Wirtschaftsrechts [^{1}30]	30
		Fachübersetzung [^{2}15, ^{3}45]	60
	Lehramt [250][91]	Pädagogik in der Oberschule [^{1}30]	30
		Psychologie in der Oberschule [^{1}30]	30
		Fachdidaktik [^{2}45, ^{3}45]	90
		Stimmtraining [^{2}10]	10
		Berufspraktikum in der Oberschule [90]	90
		– Psychologisch-pädagogisches [^{1}30]	
		– Didaktisches [^{3}60]	
	Translatorik [165]	Übersetzungen [^{1}30, ^{2}15]	45
		Dolmetschen [^{1}30, ^{2}30, ^{3}60]	120

Allgemeine Anmerkungen

Im Rahmen der Pflichtfächer bietet die Universität Szczecin klassische philologische Lehrveranstaltungen an, welche sich an Vermittlung sprachpraktischen sowie sprach- und literaturwissenschaftlichen Inhalten orientieren. Der obligatorische Teil des Programms enthält weder didaktische noch fachsprachliche Komponente. Zusätzliche Kompetenzen können sich die Studierenden durch die Wahl eines der drei Module aneignen, d.h. Deutsch in der Wirtschaft, Lehramt oder Translatorik.

Ausbildung im Bereich Fachsprachen

Für die fachsprachliche Ausbildung ist das Modul Deutsch in der Wirtschaft relevant. Wie die Bezeichnung vermuten lässt, wird der Scherpunkt dieses Moduls auf Wirtschaftssprache gelegt. Darüber hinaus befinden sich unter den gelehrten Fächern auch Elemente des Wirtschaftsrechts sowie der Fachübersetzung.

---

91 Das Lehramt wird nur als weiterführendes Modul für Absolventen dieses Modules im BA-Studium angeboten.

Ausbildung im Bereich Didaktik
Das didaktische Modul richtet sich an der Vorbereitung auf die Ausübung des
Lehrerberufes in der Oberschule aus. Die gelehrten Inhalte befassen sich maßgeblich mit Psychologie, Pädagogik und Fachdidaktik. Im Curriculum werden
jedoch keine Lehrveranstaltungen zur Erwachsenenbildung und zur Fachsprachendidaktik angeboten. Somit werden auch die Berufsperspektiven der Studierenden auf die Tätigkeit in dem staatlichen Schulwesen verengt.

Schlussbemerkung
Sowohl der obligatorische Teil des Curriculums als auch die Wahlmodule sind in
Bezug auf Stundenanzahl nicht übermäßig ausgebaut. Daher wäre es von Vorteil
das Programm um Komponente der Erwachsenenbildung sowie Fachsprachendidaktik zu ergänzen. Dies könnte den Studierenden eine breitere Perspektive
auf die Fremdsprachenvermittlung für eine solche Altersgruppe wie Erwachsene
und auf die Fachsprachendidakik selbst eröffnen.

10.   Universität Łódź – 36 Studierende[92]

Universität Łódź	Studienfachrichtung: Germanistik	
	Stufe: II (MA)	Studienform: Direktstudium
	Gilt ab: 2021/2022	

Curriculum	Art der Lehrveranstaltung [Stundenanzahl]	Name der Lehrveranstaltung [^{Semester}Stundenanzahl]	insge-samt
Pflichtfächer	Sprachpraktische Fächer [224]	Praxis der deutschen Sprache [^{1}28, ^{2}28, ^{3}56, ^{4}28] Praktische Grammatik [^{1}28] Konversationen [^{1}28, ^{2}28]	140 28 56
	Sprachwissen-schaft [28]	Wissenschaftliches Schreiben [^{1}28]	28
	Literaturwissen-schaft [73]	Kreatives Schreiben [^{1}28, ^{3}45]	73
	Kulturwissenschaft [28]	Interkulturelles Training [^{1}28]	28
	Übersetzungen [112]	Übersetzen und Dolmetschen [^{1}56, ^{2}28, ^{3}28]	112
	Didaktik [0]	------	---

---

92 http://germanistyka.uni.lodz.pl/programy-ksztalcenia/ [letzter Zugang: 20.08.2022].

(Fortsetzung)

Curriculum	Art der Lehrveranstaltung [Stundenanzahl]	Name der Lehrveranstaltung [^{Semester}Stundenanzahl]	insgesamt
	Andere Fremdsprache [0]	- - - - - -	- - -
	Wahlpflichtfächer [86]	Wahlkurse [^{1}56, ^{3}15, ^{4}15]	86
	Abschlussarbeit [196]	Diplomproseminar [^{1}28, ^{2}28, ^{3}28] Diplomseminar: Einführung [^{1}28] Diplomseminar [^{1}28, ^{2}28, ^{3}28]	84 28 84
	Sonstige [online]	Arbeitsschutzschulung [^{1}online] Einführung in die Bibliotheksnutzung [^{1}online] Schutz des intellektuellen Eigentums [^{1}online]	e-learning
Wahlmodule	Literatur- und Kulturwissenschaft [112]	Deutsche gegenwärtige Literatur [$^{1/3}$28] Mediävistik [$^{1/3}$28] Literaturtheorie [$^{2/4}$28] Landeskunde der DACH-Länder [$^{2/4}$28]	28 28 28 28
	Linguistik [112]	Deutsche Sprachwissenschaft [$^{1/3}$28] Sprachbeschreibungsmodelle [$^{1/3}$28] Übersetzung von Fachtexten [$^{2/4}$28] Angewandte Sprachwissenschaft [$^{2/4}$28]	28 28 28 28
	Translatorik [338]	Einführung in die Übersetzungstheorie [^{2}28] Übersetzerwerkstatt [^{2}28] Wirtschaftliche und juristische Übersetzungen [^{2}28, ^{3}28] Kunst des Schreibens [^{2}28] Einführung in die literarische Übersetzung [^{2}28] Sprachliche Interferenz [^{3}28] Dolmetschen in Verhandlungen [^{3}28, ^{4}28] Literarische Übersetzung – Workshops [^{3}28] Übersetzung literarischer Texte [^{4}28] Filmübersetzung – Workshops [^{4}28] Berufspraktikum [$^{3/4}$30]	28 28 56 28 28 28 56 28 28 28 30
	Lehramt [480]	Grundlagen der Psychologie [^{2}30] Kommunikation in der Bildung [^{2}30] Psychologie für Lehrkräfte [^{3}30] Grundlagen der Pädagogik [^{2}30] Organisation der Schularbeit [^{2}30] Besondere Bildungsbedürfnisse [^{4}30] Grundlagen der Didaktik [^{2}30] Fachdidaktik [^{2}60, ^{3}30, ^{4}30]	30 30 30 30 30 30 30 120

(Fortsetzung)

Curriculum	Art der Lehrveranstaltung [Stundenanzahl]	Name der Lehrveranstaltung [^{Semester}Stundenanzahl]	insgesamt
		Informationstechnologie im Lehrerberuf [^{3}30]	30
		Psychologisch-pädagogisches Berufspraktikum [^{2}30]	30
		Pädagogisches Berufspraktikum – Grundschule [^{2}30]	30
		Pädagogisches Berufspraktikum – Oberschule [^{3}30]	30
		Pädagogisches Berufspraktikum [^{6}30]	30

Allgemeine Anmerkungen

Der obligatorische Teil des Curriculums an der Universität Łódź umfasst außer typischen rein philologischen und sich in fast jedem Programm wiederholenden Lehrveranstaltungen auch eine Vorbereitung in Hinsicht auf Übersetzen und Dolmetschen. Des Weiteren können die Studierenden zwischen zwei Spezialisationsmodulen wählen, d. h. »Literatur- und Kulturwissenschaft«, »Linguistik«, sowie zwei Spezialisierungsmodulen »Translatorik« sowie »Lehramt«. Die zwei letzten sind von der Stundenanzahl her viel komplexer als die zwei ersten und bilden somit eine gute Grundlage für die Vorbereitung auf den Übersetzer-, Dolmetscher- oder Lehrerberuf.

Ausbildung im Bereich Fachsprachen

Keines der vorgestellten Module bietet eine klassische fachsprachliche Ausbildung. Einzelne mit diesem Thema zusammenhängende Fächer finden sich im Modul »Linguistik« und im Modul »Translatorik«. Das Modul »Linguistik« bietet eine Lehrveranstaltung unter dem Titel »Übersetzung von Fachtexten« an, wobei nicht genau bestimmt wird, welche Fachsprachen behandelt werden. In ähnlicher Weise werden im zweiten Modul die Fachsprachen inhaltlich mit den Übersetzungsübungen verwoben. An dieser Stelle können Fächer wie »Wirtschaftliche und juristische Übersetzungen« und »Dolmetschen in Verhandlungen« hervorgehoben werden.

Ausbildung im Bereich Didaktik

Das Lehramt-Modul konzentriert sich auf den Erwerb von typischen pädagogisch-psychologischen sowie fachdidaktischen Kompetenzen, welche sowohl für die Lehrkräfte in der Grund- als auch in der Oberschule von Belang sein können. Darüber hinaus befinden sich im Programm auch Lehrveranstaltungen zur Kommunikation, Organisation der Schularbeit sowie Informationstechnologie.

Die angebotenen Inhalte bilden eine Grundlage für alle an der Ausübung des Lehrerberufes in der Schule interessierten. Der Erwachsenenbildung oder der Fachsprachendidaktik werden keine Fächer gewidmet.

Schlussbemerkung
Die Universität Lodz bietet ihren Studierenden im Rahmen von Wahlmodulen eine breite Palette von Fächern im Bereich der Übersetzung an. Das umfangreiche Spektrum der vermittelten Inhalte ermöglicht es, verschiedene Bereiche der Übersetzertätigkeit kennenzulernen und mögliche Entwicklungswege aufzuzeigen, was insbesondere für noch unentschlossene Studierende hilfreich sein kann. Darüber hinaus könnte im Fall von »Übersetzung von Fachtexten« eine genaue Benennung der gelehrten Fachsprachen zur besseren Programmtransparenz beitragen. Innerhalb der didaktischen Inhalte bekommen die Studierenden eine allgemeine und für die Arbeit in der Grund- und Oberschule nötige Vorbereitung. Eine Erweiterung des Programms um Erwachsenenbildung sowie Fachsprachendidaktik könnte die Attraktivität des Studienganges erhöhen.

11. Katholische Universität in Lublin – 23 Studierende[93]

Katholische Universität Lublin	Studienfachrichtung: Germanistik	
	Stufe: II (MA)	Studienform: Direktstudium
		Gilt ab: 2020/2021

Curriculum	Art der Lehrveranstaltung [Stundenanzahl]	Name der Lehrveranstaltung [^{Semester}Stundenanzahl]	insgesamt
Pflichtfächer	Sprachpraktische Fächer [420]	Praxis der deutschen Sprache:	
		– Schreiben/ stilistische Übungen [^{1}30]	30
		– Interkulturelle Kommunikation [^{1}30, ^{2}30]	60
		– Praktische Grammatik [^{1}30, ^{2}30, ^{3}30, ^{4}30]	120
		– Praktische idiomatische Übungen [^{1}30, ^{2}30]	60
		– Publizistische Texte – Analyse/ Diskussion [^{1}30, ^{2}30, ^{3}30, ^{4}30]	120
		– audiovisuelle Übungen [^{2}30]	30
	Sprachwissenschaft [0]	- - - - - -	- - -
	Literaturwissenschaft [90]	Literarische Epochen [^{1}30, ^{2}30]	60

---

93 https://www.kul.pl/program-studiow-ii-stopnia,art_29580.html [letzter Zugang].

(Fortsetzung)

Curriculum	Art der Lehrveranstaltung [Stundenanzahl]	Name der Lehrveranstaltung [[Semester]Stundenanzahl]	insgesamt
		Die Bibel – Wesen und Rolle in der Kultur [[1]30]	30
	Kulturwissenschaft [60]	Aktuelle politische und gesellschaftliche Fragen der DACH-Länder [[1]30, [2]30]	60
	Übersetzungen [0]	- - - - - -	- - -
	Didaktik [0]	- - - - - -	- - -
	Andere Fremdsprache [0]	- - - - - -	- - -
	Wahlpflichtfächer [30]	Fremdsprachiges Fach [[2]30]	30
	Abschlussarbeit [120]	Diplomseminar [[1]30, [2]30, [3]30, [4]30][94]	120
	Sonstige [30]	Die katholische Soziallehre und soziales Denken von Johannes Paul II [[3]30]	30
Wahlmodule	Lehramt [585]	Grundbegriffe der Psychologie [[1]15]	15
		Entwicklungs-, Erziehungs- und Lernpsychologie [[1]30]	30
		Schulpädagogik mit Elementen des Bildungsrechts [[1]30]	30
		Ausgewählte Erziehungsprobleme von Kindern und Jugendlichen [[1]30]	30
		Grundlagen der Didaktik [[1]30]	30
		Deutschdidaktik [[1]30, [2]45, [3]45, [4]30]	150
		Sozial- und Kommunikationspsychologie [[2]30]	30
		Psychologie der Kommunikation und der persönlichen Entwicklung [[2]30]	30
		Stimmtraining [[2]30]	30
		Berufliche Entwicklung und die Arbeit von Klassenlehrern [[2]30]	30
		Berufspraktikum [150]	150
		– Psychologisch-pädagogisches [[2]30]	
		– Didaktisches [[3]120]	
	Translatorik mit der englischen Sprache [300]	Werkstatt des beglaubigten Übersetzers [[1]30]	30
		Englisch in der beruflichen Kommunikation	90
		– Integrierte Sprachfertigkeiten [[1]30]	
		– Mündlicher Ausdruck [[2]30]	
		– Konversationen/Übersetzung [[3]30]	

---

94 Die Studierenden wählen zwischen literatur-, kultur- oder sprachwissenschaftlichem Diplomseminar.

(Fortsetzung)

Curriculum	Art der Lehrveranstaltung [Stundenanzahl]	Name der Lehrveranstaltung [^{Semester}Stundenanzahl]	insgesamt
		– Schriftlicher Ausdruck [^{3}30]	
		Rechts- und Wirtschaftsübersetzung [^{2}30]	30
		Literaturübersetzung mit Elementen der Übersetzungstheorie [^{2}30]	30
		Simultan- und Konsekutivdolmetschen [^{3}30]	30
		Berufspraktikum [^{3}60]	60
		Wissenschaftlich-technische Übersetzungen [^{4}30]	30

Allgemeine Anmerkungen

Der Großteil der Pflichtfächer an der Katholischen Universität Lublin umfasst sprachpraktische Übungen sowie klassische literatur- und kulturwissenschaftliche Lehrveranstaltungen. In Bezug auf die Stundenanzahl zeigt die Literaturwissenschaft eine Dominanz im Vergleich zu anderen Disziplinen. Es werden keine sprachwissenschaftlichen Fächer angeboten. Die Studierenden können zusätzliche Kompetenzen im Rahmen der zwei Wahlmodule, d.h. »Lehramt« und »Translatorik mit der englischen Sprache« erwerben.

Ausbildung im Bereich Fachsprachen

Im obligatorischen Teil des Curriculums sind keine Fächer mit Schwerpunkt auf Fachsprachen zu finden. Das Wahlmodul »Translatorik mit der englischen Sprache« bietet in Bezug auf die Fachsprachenvermittlung ausschließlich zwei Lehrveranstaltungen an, welche mit Übersetzungsübungen verknüpft werden. Die Studierenden können ihre fachsprachlichen Kompetenzen im Rahmen der »Rechts- und Wirtschaftsübersetzung« sowie der »Wissenschaftlich-technischen Übersetzungen« ausbauen.

Ausbildung im Bereich Didaktik

Das Lehramt-Modul stellt in Hinblick auf die Stundenanzahl sowie Vielfalt der gelehrten Fächer ein umfangreiches Angebot dar. Vermittelt werden typische pädagogisch-psychologische, didaktische sowie andere bei der Ausübung des Lehrerberufes erforderliche Inhalte. Im Curriculum fehlt es jedoch an Lehrveranstaltungen zur Erwachsenenbildung und Fachsprachendidaktik. Somit eignet sich das beschriebene Modul vor allem für diejenigen, die mit der Lehrtätigkeit für Kinder und Jugendliche befasst sind.

Schlussbemerkung

Die Germanistik an der Katholischen Universität in Lublin bietet in ihrem Programm keine sprachwissenschaftlichen Lehrveranstaltungen an. Darüber hinaus werden die fachsprachlichen Inhalte nur im Rahmen der Übersetzungsübungen realisiert. Daher wäre es von Vorteil, das Angebot um klassische sprachwissenschaftliche sowie fachsprachliche Fächer zu erweitern. Das präsentierte Lehramt-Modul kann für alle künftigen Lehrkräfte eine gute Basis bilden. Die Einführung der Erwachsenenbildung sowie Fachsprachendidaktik könnte aus der Sicht der Studierenden von Belang sein, da sie auf diese Art und Weise ein breiteres Spektrum an Berufsmöglichkeiten erhalten würden.

12. Jan-Kochanowski-Universität in Kielce – 28 Studierende[95]

Jan-Kochanowski-Universität in Kielce	Studienfachrichtung: Germanistik	
	Stufe: II (MA)	Studienform: Direktstudium
	Gilt ab: 2019/2020	

Curriculum	Art der Lehrveranstaltung [Stundenanzahl]	Name der Lehrveranstaltung [^{Semester}Stundenanzahl]	insgesamt
Pflichtfächer	Sprachpraktische Fächer [360]	Praxis der deutschen Sprache [360] – Integrierte Sprachfertigkeiten [^{1}30, ^{2}30, ^{3}30, ^{4}30] – Kompositionsübungen [^{1}30, ^{2}30, ^{3}30, ^{4}30] – Grammatik und Paraphrase [^{1}30, ^{2}30, ^{3}30, ^{4}30]	120 120 120
	Sprachwissenschaft [200]	Kognitive Sprachwissenschaft [^{1}30] Lexikalische Semantik [^{4}35] Textlinguistik [^{1}30] Linguistische Textanalyse [^{2}30] Vergleichende Linguistik [^{2}40] Regionale Varianten der deutschen Sprache [^{4}35]	30 35 30 30 40 35
	Literaturwissenschaft [35]	Denkmäler deutscher Literatur [^{2}35]	35
	Kulturwissenschaft [30]	Veränderungen in den Gesellschaften der DACH-Länder [^{3}30]	30
	Übersetzungen [200]	Übersetzungstheorie [^{1}30] Allgemeine Gebrauchsübersetzungen [^{1}35, ^{2}35]	30 70

---

95 https://ilij.ujk.edu.pl/plan-studiow-filologia-germanska/ [letzter Zugang 20.08.2022].

(Fortsetzung)

Curriculum	Art der Lehrveranstaltung [Stundenanzahl]	Name der Lehrveranstaltung [^{Semester}Stundenanzahl]	insgesamt
		Analyse und Übersetzung von Kulturtexten [^{3}30]	30
		Übersetzung und Analyse von Wirtschafts- und Rechtstexten [^{3}35]	35
		Übersetzung und Analyse gesellschaftspolitischer Texte [^{3}35]	35
	Didaktik [0]	------	---
	Andere Fremdsprache [0]	------	---
	Wahlpflichtfächer [0]	------	---
	Abschlussarbeit [90]	Diplomseminar [^{1}45, ^{2}45, ^{3}45, ^{4}45]	180
	Sonstige [0]	------	---
Wahlmodule	Kultur und Übersetzung [365]	Vom-Blatt-Dolmetschen [^{3}30]	30
		Konsekutivdolmetschen [^{3}30]	30
		Öffentliche Auftritte in der deutschen Sprache [^{3}30]	30
		Analyse und Bearbeitung von deutschsprachigen publizistischen Texten [^{2}30]	30
		Landeskunde der DACH-Länder [^{2}50]	50
		Interkulturelle Schwierigkeiten bei Geschäftskontakten [^{2}50]	50
		Gegenwärtige Schwerpunkte der österreichischen und schweizerischen Kultur [^{1}35]	35
		Sprachliche Begleitung des Reiseführer Projekts [^{1}30]	30
		Berufspraktikum [^{4}80]	80
	Lehramt [360]	Psychologische Grundlagen der Lehrertätigkeit in der Oberschule [^{2}15]	15
		Pädagogische Grundlagen der Lehrertätigkeit in der Oberschule [^{2}15]	15
		Bildungs- und Berufsberatung [^{2}15]	15
		Rechtliche und organisatorische Grundlagen des Bildungssystems [^{2}10]	10
		Sprache im Bildungsprozess [^{2}20]	20
		Neue Medien in der Deutschdidaktik [^{4}30]	30
		Interkulturelle Kompetenz im Deutschunterricht [^{4}30]	30
		Deutschdidaktik (Oberschule) [^{2}45, ^{3}30, ^{4}15]	90
		Berufspraktikum in der Oberschule [135]	135
		– Psychologisch-pädagogisches [^{2}15]	
		– Didaktisches [^{4}120]	

Allgemeine Anmerkungen
Die Germanistik an der Jan-Kochanowski-Universität in Kielce umfasst im obligatorischen Teil des Curriculums sprachpraktische sowie sprach-, literatur- und kulturwissenschaftliche Fächer. In Bezug auf die Stundenanzahl dominieren im Programm sprachwissenschaftliche Lehrveranstaltungen. Darüber hinaus bietet die Universität 200 Unterrichtsstunden aus dem Bereich Übersetzungen an. Die Studierenden können sich für eines von zwei Wahlmodulen entscheiden, d. h. »Kultur und Übersetzung« oder »Lehramt«.

Ausbildung im Bereich Fachsprachen
Im Curriculum wird keine klassische fachsprachliche Ausbildung angeboten. Die Inhalte in Bezug auf Fachsprachen können im Rahmen der »Übersetzung und Analyse von Wirtschafts- und Rechtstexten« und »Übersetzung und Analyse gesellschaftspolitischer Texte« realisiert werden.

Ausbildung im Bereich Didaktik
Das Modul »Lehramt« stellt eine umfangreiche und abwechslungsreiche Vorbereitung der künftigen Lehrkräfte in solchen Grundbereichen wie Psychologie, Pädagogik sowie Deutschdidaktik in der Oberschule dar. Das Angebot wird auch um Lehrveranstaltungen zur Bildungs- und Berufsberatung, interkulturellen Kompetenz im Deutschunterricht oder rechtlichen Aspekten des Bildungssystems ergänzt. Der Erwachsenenbildung sowie Fachsprachendidaktik werden jedoch keine Fächer gewidmet.

Schlussbemerkung
Das analysierte Curriculum bietet eine allgemeine philologische Ausbildung mit Schwerpunkt auf Sprachwissenschaft und Übersetzung an. Der Umfang der fachsprachlichen Inhalte ist relativ begrenzt und wird nur in Verbindung mit Übersetzungsübungen präsentiert. Darauf aufbauend könnten zusätzliche Lehrveranstaltungen zu Fachsprachen die Attraktivität des Studienganges erhöhen. Darüber hinaus liefert das Lehramt-Modul grundlegende Kompetenzen, welche vor allem für Lehrkräfte in der Oberschule von Belang sind. Daher wäre eine Erweiterung der Inhalte um Fachsprachendidaktik und Erwachsenenbildung besonders aus der Perspektive der angehenden Fachsprachenlehrer von Vorteil.

13.   Universität Opole – 27 Studierende[96]

Universität Opole	Studienfachrichtung: Germanistik	
	Stufe: II (MA)	Studienform: Direktstudium
		Gilt ab: 2021/2022

Curriculum	Art der Lehrveranstaltung [Stundenanzahl]	Name der Lehrveranstaltung [^Semester^Stundenanzahl]	insgesamt
Pflichtfächer	Sprachpraktische Fächer [210]	Akademisches Schreiben [^{1}30, ^{2}30, ^{3}30, ^{4}30]	120
		Fachsprachen der Gesellschaftswissenschaften [^{1}30, ^{2}30]	60
		Fachsprachenkurs Deutsch [^{3}30]	30
	Sprachwissenschaft [150]	Ausgewählte Fragen der kontrastiven Grammatik [^{1}60, ^{2}30]	90
		Sprachkommunikation [^{3}30]	30
		Sprache in Medien [^{1}30]	30
	Literaturwissenschaft [90]	Geisteswissenschaftlicher Kurs: Neueste Literatur des deutschen Sprachraumes [^{2}45, ^{3}45]	90
	Kulturwissenschaft [30]	Kulturelle Aspekte des Spracherwerbs [^{1}30]	30
	Übersetzungen [0]	- - - - - -	- - -
	Didaktik [0]	- - - - - -	- - -
	Andere Fremdsprache [45]	Kurs in modernen Fremdsprachen [^{4}15]	15
		Fremdsprachenkurs [^{2}30]	30
	Wahlpflichtfächer [45]	Wechselkurs [^{2}15, ^{3}15, ^{4}15]	45
	Abschlussarbeit [60]	Magisterproseminar [^{3}30]	30
		Magisterseminar [^{4}30]	30
	Sonstige [81]	Arbeitsschutzschulung [^{1}4]	4
		Einführung in die Bibliotheksnutzung [^{1}2]	2
		Methodologie wissenschaftlicher Forschung [^{2}30]	30
		Fachseminar [^{2}45]	45
Wahlmodule	Linguistik, Translatorik, Interkulturelle Kommunikation [150]	Ausgewählte Fragen der Sprachwissenschaft und Interkulturalität [^{1}15, ^{2}15]	30
		Ausgewählte Aspekte der translatorischen Theorie und Praxi [^{1}15, ^{2}15]	30
		Soziolinguistik [^{3}30]	30
		Konferenzdolmetschen [^{3}30]	30
		Sprachwandel [^{3}15]	15
		Aspekte der angewandten Sprachwissenschaft [^{4}15]	15

96 http://ger.wfil.uni.opole.pl/harmonogramy-studiow/ [letzter Zugang 20/08.2022].

(Fortsetzung)

Curriculum	Art der Lehrveranstaltung [Stundenanzahl]	Name der Lehrveranstaltung [[Semester]Stundenanzahl]	insgesamt
	Fachsprachen, Medien, Kommunikation [150]	Mediendiskurs [[1]15, [2]15]	30
		Fachkommunikation [[1]15, [2]15]	30
		Mehrsprachigkeit in Europa [[3]30]	30
		Fachübersetzung [[3]30]	30
		Werbesprache und persuasive Kommunikation [[3]15]	15
		Management und Führung von Kulturprojekten [[4]15]	15
	Lehramt [540] Gilt seit: 2019/2020	Allgemeine Psychologie [[1]30]	30
		Theoretische Grundlagen der Kindererziehung [[1]60]	60
		Allgemeine Didaktik [[1]30]	30
		Personalisierung der Lehrerausbildung mit Elementen des Tutorsystems [[3]15]	15
		Psychologisch-pädagogisches Praktikum [[1]30]	30
		Entwicklungspsychologie und Pädagogik [[2]45]	45
		Schulpädagogik [[2]30]	30
		Deutschdidaktik (Grundschule) [[2]75]	75
		Mitteljährliches Berufspraktikum (Grundschule) [[2]30]	30
		Studienbegleitendes Berufspraktikum (Grundschule) [[2]30]	30
		Stimmtraining [[3]30]	30
		Deutschdidaktik (Oberschule) [[3]75]	75
		Mitteljährliches Berufspraktikum (Grundschule) [[3]30]	30
		Studienbegleitendes Berufspraktikum (Oberschule) [[3]30]	30

Allgemeine Anmerkungen

Die Universität Opole bietet in ihrem Programm sprachpraktische Übungen an, welche in großem Umfang der fachsprachlichen Ausbildung gewidmet werden. Des Weiteren werden während des Studiums noch klassische sprach-, literatur- und kulturwissenschaftliche Fächer gelehrt, wobei an dieser Stelle eine leichte Dominanz der sprachwissenschaftlichen Inhalte zu verzeichnen ist. Die Studierenden können zwischen drei Wahlmodulen wählen, d. h. »Linguistik, Translatorik, Interkulturelle Kommunikation« sowie »Fachsprachen, Medien, Kommunikation« oder »Lehramt«.

Ausbildung im Bereich Fachsprachen
Die fachsprachlichen Lehrveranstaltungen werden sowohl im obligatorischen
Teil des Curriculums als auch in den Wahlmodulen angeboten. Innerhalb der
sprachpraktischen Pflichtfächer werden solche Elemente der Fachsprachen
wie »Fachsprachen der Gesellschaftswissenschaften« und »Fachsprachenkurs
Deutsch« vermittelt, was 90 Unterrichtsstunden entspricht. Darüber hinaus
befinden sich im Wahlmodul »Fachsprachen, Medien, Kommunikation« einige
Veranstaltungen zur Fachkommunikation sowie zur Fachübersetzung, welche
insgesamt 60 Unterrichtsstunden betragen.

Ausbildung im Bereich Didaktik
Die didaktische Vorbereitung erfolgt ausschließlich im Rahmen des Wahlmoduls
»Lehramt«. Von der Universität werden psychologisch-pädagogische Inhalte,
allgemeine sowie Deutschdidaktik oder Grundlagen der Kindererziehung angeboten, welche bei der Ausübung des Lehrerberufes in der Grund- und Oberschule erforderlich sein können. Es werden jedoch im Programm keine Lehrveranstaltungen zur Erwachsenenbildung sowie zur Fachsprachendidaktik angeboten.

Schlussbemerkung
Die Universität Opole stellt in ihrem Curriculum sowohl eine allgemeine philologische als auch eine grundlegende Vorbereitung in Fachsprachen und Didaktik
dar. In Bezug auf Fachsprachen könnte eine genauere Angabe der gelehrten
Fachsprachen von Vorteil sein. Gleichzeitig ist zu betonen, dass die Universität
Opole eine der wenigen Universitäten ist, die eine Ausbildung in Fachsprachen
als Teil der Pflichtfächer anbietet. Um den Anforderungen der angehenden
Fachsprachenlehrenden entgegenzukommen, könnte das vorliegende Angebot
um zusätzliche Lehrveranstaltungen mit Schwerpunkt auf Erwachsenenbildung
sowie Fachsprachendidaktik bereichert werden.

14. Nikolaus-Kopernikus-Universität Toruń – 25 Studierende[97]

Nikolaus-Kopernikus-Universität Toruń	Studienfachrichtung: Germanische Philologie	
	Stufe: II (MA)	Studienform: Direktstudium
		Gilt ab: 2021/2022

Curriculum	Art der Lehrveranstaltung [Stundenanzahl]	Name der Lehrveranstaltung [^{Semester}Stundenanzahl]	insgesamt
Pflichtfächer	Sprachpraktische Fächer [180]	Praxis der deutschen Sprache [^{1}60, ^{2}60, ^{3}60]	180
	Sprachwissenschaft [45]	Fachsprachen [^{4}45][98]	45
	Literaturwissenschaft [30]	Literatur- und kulturwissenschaftliche monographische Vorlesung [^{4}30]	30
	Kulturwissenschaft [60]	Interkulturelle Kommunikation [^{1}30] Medien der DACH-Länder [^{4}30]	30 30
	Übersetzungen [165]	Einführung in die praktische Translatorik [^{1}15] Translatorik [60] – populäre Texte [^{1}30] – Fachsprache Deutsch [^{2}30] Dolmetschen [^{3}30]	15 60 30
	Didaktik [0]	------	---
	Andere Fremdsprache [0]	------	---
	Wahlpflichtfächer [0]	------	---
	Abschlussarbeit [120]	Diplomseminar [^{1}30, ^{2}30, ^{3}30, ^{4}30]	120
	Sonstige [90]	Arbeitsschutzschulung [e-lern] Fachseminar [$^{1-4}$30, $^{1-4}$30, $^{1-4}$30][99]	e-lern 90
Wahlmodule	Allgemeine Spezialisation [180]	Fachseminar [$^{1-4}$30, $^{1-4}$30, $^{1-4}$30][100] Translatorik [60] – literarische Texte [^{2}30]	90 60

---

97 https://www.human.umk.pl/student-programy-studiow-studia-stacjonarne-ii-stopnia-filologia-germanska/ [letzter Zugang 20.08.2022].

98 Die Studierenden wählen drei 15-stündige Übungen im Bereich der Fachsprachen.

99 Bis zum Ende des 2. Semesters müssen die Studierenden der allgemeinen Spezialisation drei Fachseminare (je 30 Stunden) absolvieren. Zwei davon sollten dem Profil des Diplomseminars entsprechen. Die Seminare sind nicht an ein bestimmtes Semester gebunden.

100 Bis zum Ende des 4. Semesters müssen zwei Fachseminare (je 30 Stunden) entsprechend des Profils des Diplomseminars absolviert werden. Darüber hinaus sollte separat ein literatur- und kulturwissenschaftliches Fachseminar absolviert werden. Die Seminare sind nicht an ein bestimmtes Semester gebunden.

(Fortsetzung)

Curriculum	Art der Lehrveranstaltung [Stundenanzahl]	Name der Lehrveranstaltung [^{Semester}Stundenanzahl]	insgesamt
		– Fachsprache Deutsch [^{3}30] Dolmetschen [^{4}30]	30
	Lehramt [270]	Deutschdidaktik [^{1}60, ^{2}60, ^{3}30]	150
		Methodisches Berufspraktikum [$^{1-4}$120]	120

Allgemeine Anmerkungen

Die Nikolaus-Kopernikus-Universität Toruń stellt im Angebot der Germanischen Philologie klassische allgemeinphilologische Vorbereitung dar. Es enthält sprachpraktische Übungen sowie Veranstaltungen aus dem Bereich der Sprach-, Literatur- und Kulturwissenschaft. Die Studierenden können zwischen zwei Wahlmodulen entscheiden, d. h. »Allgemeine Spezialisation« und »Lehramt«.

Ausbildung im Bereich Fachsprachen

Im obligatorischen Teil des Curriculums befindet sich ein Fach mit Schwerpunkt auf Fachsprachen. Aus dem Programm geht jedoch nicht hervor, welche Fachsprachen unterrichtet werden. Da die Studierenden drei 15-stündige Übungen im Bereich der Fachsprachen absolvieren sollten, kann die gelehrte Fachsprache jeweils geändert werden. Darüber hinaus bietet das Wahlmodul »Allgemeine Spezialisation« eine Lehrveranstaltung »Fachsprache Deutsch« an. An dieser Stelle wird jedoch auch nicht explizit geäußert, welche Fachsprache gemeint wird.

Ausbildung im Bereich Didaktik

Die Ausbildung im Rahmen des Lehramt-Moduls ist sowohl von der Stundenzahl als auch von den angebotenen Inhalten her deutlich eingeschränkt. Sie basiert ausschließlich auf dem Fach »Deutschdidaktik«. Die Universität bietet keine Lehrveranstaltungen zur Erwachsenenbildung sowie zur Fachsprachendidaktik.

Schlussbemerkung

Das Curriculum der Nikolaus-Kopernikus-Universität bietet sowohl innerhalb des obligatorischen als auch des fakultativen Curriculums eine allgemeine philologische Ausbildung an. Um den Inhalt des Programms zu präzisieren, wäre es notwendig, die vermittelten Fachsprachen explizit zu bezeichnen. Aufgrund der geringen Stundenanzahl im gesamten Ausbildungsprogramm könnte auch die Erweiterung der Lehrinhalte um Erwachsenenbildung sowie Fachsprachendidaktik vorteilhaft sein.

15.   Universität Gdańsk – 16 Studierende[101]

Universität Gdańsk	Studienfachrichtung: Germanistik	
	Stufe: II (MA)	Studienform: Direktstudium
		Gilt ab: 2021/2022

Curriculum	Art der Lehrveranstaltung [Stundenanzahl]	Name der Lehrveranstaltung [^{Semester}Stundenanzahl]	insgesamt
Pflichtfächer	Sprachpraktische Fächer [240]	Praxis der deutschen Sprache [^{1}90, ^{2}60, ^{3}60, ^{4}30]	240
	Sprachwissenschaft [60]	Kontrastive Lexikologie [^{3}30] Fachtexte [^{1}30]	30 30
	Literaturwissenschaft [30]	Ausgewählte Schwerpunkte der deutschen Literatur [^{1}30]	30
	Kulturwissenschaft [30]	Deutsch-Polnische Beziehungen [^{1}30]	30
	Übersetzungen [0]	- - - - - -	- - -
	Didaktik [0]	- - - - - -	- - -
	Andere Fremdsprache [0]	- - - - - -	- - -
	Wahlpflichtfächer [0]	- - - - - -	- - -
	Abschlussarbeit [120]	Diplomseminar [^{1}30, ^{2}30, ^{3}30, ^{4}30]	120
	Sonstige [30]	Fakultätsvorlesung [^{4}30]	30
Wahlmodule	Translatorik [330]	Übersetzerwerkstatt [^{2}30] Verwaltungsjuristische Übersetzung [^{3}30, ^{4}30] Wirtschafts- und Handelsübersetzung [^{2}30, ^{3}30] Konferenzdolmetschen [^{3}45, ^{4}30] Übersetzungstheorie [^{2}30] Sprache der gegenwärtigen Medien [^{2}30] Künstlerische Übersetzung [^{3}15] Berufspraktikum [$^{3/4}$30]	30 60 60 75 30 30 15 30
	Lehramt [590]	Grundlagen der Psychologie [^{2}30] Psychologie für Lehrkräfte [^{2}30] Vorbereitung auf das Berufspraktikum – psychologischer Teil [^{2}30] Grundlagen der Pädagogik und der Bildung [^{2}30] Schule und Lehrkräfte [^{2}30]	30 30 30 30 30

---

101 https://fil.ug.edu.pl/studenci_8/plany_studiow_i_zajec/filologia_germanska/plan_studiow [letzter Zugang 20.08.2022].

(Fortsetzung)

Curriculum	Art der Lehrveranstaltung [Stundenanzahl]	Name der Lehrveranstaltung [^{Semester}Stundenanzahl]	insgesamt
		Vorbereitung auf das Berufspraktikum – pädagogischer Teil [^{2}30]	30
		Psychologisches und pädagogisches Berufspraktikum [^{3}30]	30
		Evaluierung des Berufspraktikums [^{3}20]	20
		Grundlagen der Didaktik [^{3}30]	30
		Bewertung, pädagogische Diagnostik und Evaluation in der Arbeit [^{3}15]	15
		Stimmtraining [^{3}15]	15
		Deutschdidaktik [^{3}30, ^{4}60]	90
		Psycholinguistik [^{3}15]	15
		Informationstechnologie in der Didaktik [^{3}15]	15
		Bildungsprojekte [^{3}15]	15
		Methodische Workshops [^{4}15]	15
		Berufspraktikum Deutsch [^{4}120]	120

Allgemeine Anmerkungen

An der Universität Gdańsk ist das Lehrangebot an Pflichtfächern gemessen am Stundenumfang gering. Sprachpraktische sowie der Sprachwissenschaft gewidmete Lehrveranstaltungen bilden die Mehrheit im obligatorischen Teil des Programms. Der Kern der Ausbildung besteht aus Wahlmodulen, die von der Stundenzahl her umfangreich sind. Daher können zwei Wahlmodule benannt werden: »Translatorik« und »Lehramt«.

Ausbildung im Bereich Fachsprachen

Im begrenzten Umfang werden Fachsprachen im Rahmen des Pflichtfachs »Fachtexte« vermittelt. Darüber hinaus werden einige Lehrveranstaltungen aus dem Modul »Translatorik« der fachsprachlichen Vorbereitung gewidmet. Die angebotenen Fächer legen den Schwerpunkt vor allem auf die Übersetzungskompetenz. In Bezug auf Fachsprachen sind »Verwaltungsjuristische Übersetzungen« sowie »Wirtschafts- und Handelsübersetzungen« besonders beachtenswert, welche von jeweils 60 Unterrichtsstunden realisiert werden.

Ausbildung im Bereich Didaktik

Das Lehramt-Modul stellt von der Stundenzahl her ein sehr umfangreiches Ausbildungsangebot für angehende Lehrkräfte dar. Bei der Analyse des Moduls hinsichtlich seines thematischen Umfangs ist jedoch festzustellen, dass es eng gefasst ist und um dieselben Schwerpunkte oszilliert, nämlich Psychologie, Pädagogik und Fachdidaktik in der Schule. Hervorgehoben werden können solche Veranstaltungen wie »Methodische Workshops«, »Bildungsprojekte« sowie »Bewertung, pädagogische Diagnostik und Evaluation in der Arbeit«, welche eine Grundlage für alle Lehrkräfte bilden, unabhängig von der unterrichteten Altersgruppe. Im Programm werden keine Lehrveranstaltungen zur Erwachsenenbildung oder Fachsprachendidaktik berücksichtigt.

Schlussbemerkung
Das vorgestellte Programm bietet eine gute Grundlage für die didaktische Vorbereitung zukünftiger Lehrkräfte sowie für die Vermittlung von Übersetzungskompetenzen für diejenigen, die sich für den Übersetzerberuf interessieren. Bei der Betrachtung dieses Curriculums im Hinblick auf seine Angemessenheit für angehende Fachsprachenlehrende wäre es angebracht, das vorgeschlagene Themenspektrum im Lehramt-Modul auch angesichts seines Stundenumfangs zu analysieren. In diesem Fall würde die Berücksichtigung von Schwerpunkten wie Erwachsenenbildung und Fachsprachendidaktik das bestehende Bildungsangebot ergänzen. Die fachsprachliche Vorbereitung findet nur in Verbindung mit Übersetzungsübungen statt. Das Modul »Translatorik« entspricht fast der Hälfte des Stundenumfangs des Lehramt-Moduls. Daher könnte überlegt werden, ob dieses Angebot z. B. um zusätzliche Lehrveranstaltungen zu Fachsprachen erweitert werden kann.

16.   Universität Zielona Góra – 15 Studierende[102]

Universität Zielona Góra	Studienfachrichtung: Germanistik	
	Stufe: II (MA)	Studienform: Direktstudium
		Gilt ab: 2021/2022

Curriculum	Art der Lehrveranstaltung [Stundenanzahl]	Name der Lehrveranstaltung [[Semester]Stundenanzahl]	insgesamt
Pflichtfächer	Sprachpraktische Fächer [240]	Praxis der deutschen Sprache – Konversationen [[1]30, [2]30, [3]30, [4]30] – Textarbeit [[1]30, [2]30, [3]30] – Kreatives Schreiben [[1]30]	240 120 90 30
	Sprachwissenschaft [90]	Fachsprache [[1]30, [2]30]	60

102 http://www.wh.uz.zgora.pl/index.php/studia-i-studenci/programy-studiow-ects/plany-kier unkow/1450-2021-2022 [letzter Zugang 20.08.2022].
103 Die Studierenden wählen zwischen dem sprachwissenschaftlichen Lernweg A und literaturwissenschaftlichen Lernweg B.

(Fortsetzung)

Curriculum	Art der Lehrveranstaltung [Stundenanzahl]	Name der Lehrveranstaltung [^{Semester}Stundenanzahl]	insgesamt
	Lernweg A [90]	Ausgewählte Schwerpunkte der sprachwissenschaftlichen Pragmatik [^{4}30] Lernweg A [90][103] – Allgemeine Sprachwissenschaft [^{1}30] – Methodologie sprachwissenschaftlicher Forschung [^{2}30] – Textlinguistik [^{3}30]	30 90
	Literaturwissenschaft [60] Lernweg B [90]	Geschichte der deutschen Literatur [^{1}60] Lernweg B [90] – Literaturtheorie [^{1}30] – Methodologie literaturwissenschaftlicher Forschung [^{2}30] – Diskursanalyse [^{3}30]	60 90
	Kulturwissenschaft [30]	Gegenwärtige Kultur der DACH-Länder [^{3}30]	30
	Übersetzungen [0]	- - - - - -	- - -
	Didaktik [0]	- - - - - -	- - -
	Andere Fremdsprache [0]	- - - - - -	- - -
	Wahlpflichtfächer [120]	Sozialwissenschaftliches Fach [^{4}30] Wahlkurs Lernweg A und B [30] – Ausgewählte Schwerpunkte der österreichischen und schweizerischen Literatur [^{2}30] – Wortbildung in der deutschen Sprache [^{2}30] – Schlesien früher und heute [^{2}30] Wahlkurs Lernweg A und B [^{3}60] – Theorien des Sprachwandels [^{3}30] – Geschlecht im soziologischen und kulturwissenschaftlichen Diskurs [^{3}30] – Wissenschaftliche Essayistik [^{3}30] – Ausgewählte Schwerpunkte der neuesten deutschsprachigen Literatur [^{3}30]	30 30 60
	Abschlussarbeit [120]	Diplomseminar [^{1}30, ^{2}30, ^{3}30, ^{4}30]	120
	Sonstige [0]	- - - - - -	- - -
Wahlmodule	Translatorik [180]	Theorie und Praxis der Übersetzung [^{2}30] Übersetzungen [^{2}30, ^{3}60] Fachübersetzung [^{4}30] Dolmetschen [^{4}30]	30 90 30 30
	Kultur und Medien [180]	Theaterwissenschaft [^{2}30] Interkulturelle Kommunikation [^{2}30]	30 30

(Fortsetzung)

Curriculum	Art der Lehrveranstaltung [Stundenanzahl]	Name der Lehrveranstaltung [Semester Stundenanzahl]	insgesamt
		Medienordnung- und Kultur in den DACH-Ländern [^{3}30]	30
		Grundlagen der Narratologie [^{3}30]	30
		Film im soziokulturellen Kontext [^{4}30]	30
		Ausgewählte Schwerpunkte der gegenwärtigen Literatur [^{4}30]	30
	Lehramt [330]	Erziehungspsychologie [^{2}30]	30
		Schulpädagogik [^{2}30]	30
		Praktische Tätigkeiten der Klassenlehrer [^{3}30]	30
		Deutschdidaktik [^{3}30, ^{4}60]	90
		Berufspraktikum [150]:	150
		– Pädagogisches [^{2}30]	
		– Didaktisches in der Oberschule [^{3}60, ^{4}60]	

Allgemeine Anmerkungen

Die Pflichtfächer an der Universität Zielona Góra umfassen sprachpraktische Übungen sowie sprach- und literatur- und kulturwissenschaftliche Lehrveranstaltungen. Der obligatorische Teil ermöglicht es auch den Studierenden je nach Interesse zwischen zwei Lernwegen zu wählen, in denen sie ihre Kompetenzen ausbauen können, d.h. Sprach- oder Literaturwissenschaft. Darüber hinaus können die Studierenden eines von drei Wahlmodulen belegen: »Translatorik«, »Kultur und Medien« oder »Lehramt«.

Ausbildung im Bereich Fachsprachen

In dem vorgelegten Curriculum gibt es zwei Fächer, die den Fachsprachen zugeteilt werden können. Das erste Fach mit der Bezeichnung »Fachsprache« gehört zum obligatorischen Teil des Programms. Das zweite mit dem Titel »Fachübersetzung« wird im Rahmen des Wahlpflichtmoduls »Translatorik« angeboten.

Ausbildung im Bereich Didaktik

Der Schwerpunkt des didaktischen Moduls liegt auf den psychologischen und pädagogischen Inhalten. In das Programm wurden auch die Deutschdidaktik und ein Fach zur Unterstützung der angehenden Lehrkräfte in ihrer Rolle als Klassenlehrer aufgenommen. Daher kann sich das vorgestellte Programm am besten für diejenigen eignen, die im Lehrerberuf in den Oberschulen arbeiten möchten. Angeboten werden keine Lehrveranstaltungen zur Erwachsenenbildung sowie zur Fachsprachendidaktik.

Schlussbemerkung
Die Universität Zielona Góra bietet in ihrem obligatorischen Teil des Programms eine klassische philologische Ausbildung. Bei der Analyse des Curriculums in Bezug auf fachsprachliche Vorbereitung sind zwei wichtige Aspekte zu beachten. Erstens ist die den Fachsprachen gewidmete Stundenanzahl mit nur 90 Stunden relativ gering. Des Weiteren geht aus der vagen Bezeichnung der Fächer nicht hervor, welche Fachsprachen unterrichtet werden. Für bessere Übersichtlichkeit sollte erwogen werden, die Fachbezeichnungen zu präzisieren, damit sie den Inhalt deutlicher erkennen lassen. In didaktischer Hinsicht wäre es vorteilhaft, den künftigen Lehrkräften mehr Ausbildungsmöglichkeiten als nur die Vorbereitung auf die Schule zu verschaffen. Unter diesem Gesichtspunkt wäre es eine mögliche Lösung, das Angebot um Erwachsenenbildung sowie Fachsprachendidaktik zu bereichern.

17. Kazimierz-Wielki-Universität in Bydgoszcz – 10 Studierende[104]

Kazimierz-Wielki-Universität in Bydgoszcz	Studienfachrichtung: Germanische Philologie	
	Stufe: II (MA)	Studienform: Direktstudium
		Gilt ab: 2019/2020

Curriculum	Art der Lehrveranstaltung [Stundenanzahl]	Name der Lehrveranstaltung [^{Semester}Stundenanzahl]	insgesamt
Pflichtfächer	Sprachpraktische Fächer [180]	Praxis der deutschen Sprache [$^{1-3}$ 180]	180
	Sprachwissenschaft [60]	Ausgewählte Aspekte der Sprachwissenschaft [^{1}30]	30
		Stilistik der polnischen Sprache in der Arbeit eines Germanisten [^{1}30]	30
	Literaturwissenschaft [30]	Ausgewählte Aspekte der Literaturwissenschaft [^{1}30]	30
	Kulturwissenschaft [30]	Ausgewählte Aspekte der Kulturwissenschaft [^{1}30]	30
	Übersetzungen [0]	------	---
	Didaktik [0]	------	---
	Andere Fremdsprache [30]	Fremdsprache [^{2}30]	30
	Wahlpflichtfächer [0]	------	---

---

104 https://jezykoznawstwo.ukw.edu.pl/jednostka/wydzial_jezykoznawstwa/germanistyka [letzter Zugang 20.08.2022].

(Fortsetzung)

Curriculum	Art der Lehrveranstaltung [Stundenanzahl]	Name der Lehrveranstaltung [^{Semester}Stundenanzahl]	insgesamt
	Abschlussarbeit [90]	Diplomseminar [$^{1\text{-}4}$90]	90
	Sonstige [75]	Spezialisierungsvorlesung [^{1}30]	30
		Multimediales Projekt [^{2}30]	30
		Kultursoziologie [^{3}15]	15
Wahlmodule	Kulturmodul [90]	Rhetorik [$^{2/3/4}$30]	30
		Text und Bild [$^{2/3/4}$30]	30
		Kulturtransfer [$^{2/3/4}$30]	30
	Übersetzungsmodul [90]	Übersetzungstheorie [$^{2/3/4}$30]	30
		CAT-Tools in der Arbeit eines Übersetzers [$^{2/3/4}$30]	30
		Übersetzung von Fachtexten [$^{2/3/4}$30]	30
	Soziolinguistisches Modul [90]	Sprache in den Medien [$^{2/3/4}$30]	30
		Soziolinguistik [$^{2/3/4}$30]	30
		Fachsprachen [$^{2/3/4}$30]	30
	Literarisches Modul [90]	Interpretation literarischer Texte [$^{2/3/4}$30]	30
		Übersetzung literarischer Texte [$^{2/3/4}$30]	30
		Intersemiotische Übersetzung [$^{2/3/4}$30]	30

Allgemeine Anmerkungen

Kazimierz-Wielki-Universität in Bydgoszcz bietet im Pflichtprogramm klassische sprachpraktische Übungen, sowie sprach-, literatur- und kulturwissenschaftliche Lehrveranstaltungen an. Im Fall von »Praxis der deutschen Sprache« wird nicht angegeben, wie viele Unterrichtsstunden pro Semester abgeleistet werden. Daher gilt der genannte Umfang für alle in der Tabelle angegebenen Semester. Die Studierenden können sich für eines von vier Wahlmodulen entscheiden, d. h. »Kulturmodul«, »Übersetzungsmodul«, »Soziolinguistisches Modul« und »Literarisches Modul«. Bei Fächern in den Wahlmodulen bedeutet die Angabe von Semesterzahlen nach dem Schrägstrich, dass die Studierenden wählen können, in welchem Semester sie das bestimmte Fach absolvieren.

Ausbildung im Bereich Fachsprachen

Die Fachsprachenkompetenzen können von Studierenden im Rahmen der zwei Fächer erworben werden, welche sich in unterschiedlichen Wahlmodulen befinden. Das erste Fach mit der Bezeichnung »Übersetzung von Fachtexten« gehört zum Übersetzungsmoduls. Im Programm wird nicht präzisiert, auf welche Texte und welche Fachsprachen sich die benannte Lehrveranstaltung bezieht. Das weitere Fach heißt »Fachsprachen« und wird innerhalb des soziolinguistischen Moduls realisiert. Auch in diesem Fall wird nicht explizit angegeben, auf welche

Fachsprachen sich die angegebene Lehrveranstaltung konzentriert. Insgesamt werden dem Bereich Fachsprachen 60 Unterrichtsstunden gewidmet.

Ausbildung im Bereich Didaktik
Das Curriculum beinhaltet keine Lehrveranstaltungen zur Didaktik, weder im Pflichtteil noch im Rahmen der Wahlmodule.

Schlussbemerkung
In dem beschriebenen Programm ist auf den relativ geringen Stundenumfang hinzuweisen, der sowohl für den Pflichtteil als auch für die Wahlmodule gilt. Dies schafft Raum für die Erweiterung bestehender Inhalte oder die Ergänzung durch völlig neue. Ein Beispiel für eine Erweiterung könnte die Einführung zusätzlicher fachsprachlich orientierter Lehrveranstaltungen sein, während im Zusammenhang mit neuen Inhalten über eine Ergänzung des Curriculums durch Didaktik mit Berücksichtigung der aktuellen Trends auf dem Arbeitsmarkt nachgedacht werden könnte. Einfacher umzusetzen wäre zunächst eine genaue Festlegung des Umfangs und der Art der Inhalte, welche im Bereich der Fachsprachen vermittelt werden.

18.   Ermland-Masuren-Universität in Olsztyn – 5 Studierende[105]

Ermland-Masuren-Universität in Olsztyn	Studienfachrichtung: Germanistik	
	Stufe: II (MA)	Studienform: Direktstudium
		Gilt ab: 2021/2022

Curriculum	Art der Lehrveranstaltung [Stundenanzahl]	Name der Lehrveranstaltung [^{Semester}Stundenanzahl]	insgesamt
Pflichtfächer	Sprachpraktische Fächer [480]	Praxis der deutschen Sprache: – Integrierte Sprachfertigkeiten [^{1}60, ^{2}60, ^{3}60]	180
		Praktische Grammatische [^{1}60, ^{2}60, ^{3}30]	150
		Schreiben und Stilistik [^{1}30, ^{2}30]	60
		Konversationen [^{3}30]	30
		Rezeptiv-diskursive Übungen [^{4}60]	60
	Sprachwissenschaft [240]	Deutsch im Tourismus [^{1}30]	30
		Methodologie sprachwissenschaftlicher Forschung [^{1}30]	30
		Deutsch in der Medizin [^{2}30]	30
		Neue Tendenzen in der Sprachwissenschaft [^{3}30]	30

---

105 http://uwm.edu.pl/germanistyka/index.php?option=com_content&view=article&id=937&Itemid=205 [letzter Zugang 20.08.2022].

(Fortsetzung)

Curriculum	Art der Lehrveranstaltung [Stundenanzahl]	Name der Lehrveranstaltung [^{Semester}Stundenanzahl]	insgesamt
		Wirtschaftsdeutsch [^{3}30, ^{4}30]	60
		Spezialisierungsfach in der Sprachwissenschaft [^{3}30, ^{4}30]	60
	Literaturwissenschaft [120]	Ausgewählte Theorien und Methoden der Literatur- und Kulturwissenschaft [^{1}30]	30
		Gegenwärtige literarische Tendenzen [^{2}30]	30
		Spezialisierungsfach in der Literaturwissenschaft [^{3}30, ^{4}30]	60
	Kulturwissenschaft [120]	Spezialisierungsfach in der Kulturwissenschaft [^{1}30]	30
		Deutsch-polnische Beziehungen [^{2}30]	30
		Interkulturelle Kommunikation [^{2}30]	30
		Aktuelle Schwierigkeiten Probleme der DACH-Länder [^{4}30]	30
	Übersetzungen [210]	Übersetzung von Gebrauchstexten [^{1}30]	30
		Übersetzung amtlicher Texte [^{1}30]	30
		Übersetzung literarischer Texte [^{2}30]	30
		Übersetzung wissenschaftlicher Texte [^{2}30]	30
		Techniken des Dolmetschens [^{3}30]	30
		Übersetzung von Rechtstexten [^{3}30]	30
		Übersetzung von Texten aus dem Bereich Kultur und Nationalerbe [^{4}30]	30
	Didaktik [0]	- - - - - -	- - -
	Andere Fremdsprache [0]	- - - - - -	- - -
	Wahlpflichtfächer [30]	Wahlkurs [^{1}30]	30
	Abschlussarbeit [120]	Diplomseminar [^{1}30, ^{2}30, ^{3}30, ^{4}30]	120
	Sonstige [322]	Informationstechnologien in den Geisteswissenschaften [^{1}30]	30
		Arbeitsschutzschulung [^{1}4]	30
			4
		Schutz des intellektuellen Eigentums [^{1}2]	2
		Ergonomie [^{1}2]	2
		Etikette [^{1}4]	4
		Öffentlicher Auftritt [^{1}30]	30
		Monografische Vorlesung [^{2}30, ^{3}30]	60
		Berufspraktikum [^{4}160]	160
Wahlmodule	x [0]	x	- - -

Allgemeine Anmerkungen

Die in dem Curriculum der Ermland-Masuren-Universität in Olsztyn dargestellte Ausbildung erfolgt ausschließlich im Rahmen der Pflichtfächer. Für die Studierenden werden keine zusätzlichen Wahlmodule angeboten. Die philologische Vorbereitung umfasst klassische sprachpraktische Übungen, sprach-, literatur- und kulturwissenschaftliche Lehrveranstaltungen sowie Fächer mit Schwerpunkt auf Übersetzungen.

Ausbildung im Bereich Fachsprachen

Die Vorbereitung in Bezug auf Fachsprachen wird weitgehend mit der Entwicklung von Übersetzungskompetenz verknüpft. Daher basiert das Angebot vor allem auf »Übersetzung von Rechtstexten«, »Übersetzung amtlicher Texte«, sowie »Übersetzung wissenschaftlicher Texte«. Des Weiteren wird im Rahmen der sprachwissenschaftlichen Fächer noch eine Lehrveranstaltung zu Wirtschaftsdeutsch angeboten. Insgesamt werden dem Bereich Fachsprachenvermittlung 150 Unterrichtsstunden gewidmet.

Ausbildung im Bereich Didaktik

Das Curriculum beinhaltet keine Lehrveranstaltungen zur Didaktik.

Schlussbemerkung

Das vorgestellte Programm der Ermland-Masuren-Universität in Olsztyn bietet eine allgemeinphilologische Ausbildung in drei Kerndisziplinen mit einem zusätzlichen Schwerpunkt auf Übersetzungskompetenz. Die Transparenz des Curriculums wird u. a. durch die explizite Benennung der vermittelten Fachsprachen erreicht. Der gesamte Bildungsprozess findet im Rahmen der Pflichtfächer statt, da das Angebot der Universität keine ergänzenden Wahlpflichtmodule vorsieht. Darüber hinaus wäre es sinnvoll, das Programm um didaktische Inhalte zu erweitern und eine zusätzliche Vorbereitung im Bereich der Fachsprachenvermittlung zu erwägen.

Zwischenfazit Master-Studiengänge

Die Erweiterung der Analyse der Germanistik-Studiengänge auf Bachelor-Ebene um die Studiengänge auf Master-Ebene ermöglicht es, das Thema umfassend zu behandeln und weitere wichtige Trends zu beobachten. Zunächst ist die geringere Anzahl von Studierenden in Masterstudiengängen im Vergleich zu Bachelorstudiengängen hervorzuheben. Bei den Bachelor-Studiengängen beträgt die Gesamtzahl der Studierenden 2421, bei den Master-Studiengängen 977. Das bedeutet, dass sich sogar weniger als die Hälfte der Studierenden, die ein Bachelorstudium absolvieren, für eine Fortsetzung ihres Studiums auf Master-Ebene entscheiden. Obwohl die Ausbildungswege auch hier neben den sprach-praktischen Fächern durch die drei Hauptdisziplinen: Sprach-, Literatur- und Kulturwissenschaften abgegrenzt sind, enthält das Programm weniger allge-meinphilologische Inhalte. Daher kann an dieser Stelle eine mögliche Ausrich-tung des Curriculums auf eher fachsprachliche Schwerpunkte vermutet werden. Die den sprachpraktischen Lehrveranstaltungen gewidmete Stundenanzahl ist deutlich zurückgegangen, was aus der Annahme der Perfektionierung der im Bachelorstudium erworbenen Sprachkompetenzen folgen kann. Darüber hinaus ist die generell geringere Stundenzahl auch auf den kürzeren, 4-semestrigen Studiengang zurückzuführen.

Im Vergleich zum Bachelorstudium werden wesentlich weniger Fächer im Pflichtteil angeboten, da der überwiegende Teil der Ausbildung im Rahmen der Wahlmodule stattfindet. Dies könnte auf eine Tendenz hinweisen, den Studie-renden die Möglichkeit zu eröffnen, sich in einem von ihnen gewählten Bereich zu spezialisieren. Einige Universitäten bieten im Rahmen der germanistischen Ausbildung zusätzliche Studiengänge an, wie z. B. Adam-Mickiewicz-Universität Poznań – »Deutsche Sprache und Geschäftskommunikation« oder die Jagiello-nen-Universität Krakau – »Germanische Philologie mit Englisch«. Die benannten Studiengänge zeichnen sich durch ein höheres Maß an Spezialisierung, eine auf die Pflichtfächer konzentrierte Ausbildung und somit einen Mangel an Wahl-modulen aus.

Alle analysierten Programme umfassen Lehrveranstaltungen im Bereich der Fachsprachen (z. B. »Rechtssprache in der Fachkommunikation« an der Uni-versität Wrocław oder »Fachsprache: Handel und Ökonomie, Recht und Ver-waltung sowie Technik und Medizin« an der Adam-Mickiewicz-Universität in Poznań. Analog zu den BA-Studiengängen wird nicht in allen MA-Studiengän-gen angegeben, welche Fachsprachen vermittelt werden (z. B. »Fachsprachen« an der Kazimierz-Wielki-Universität in Bydgoszcz oder »Fachsprachen – Work-shops« an der Maria-Curie-Skłodowska-Universität in Lublin). Übersetzung und Fachsprachen sind ebenfalls eine häufige Kombination, was wiederum die Ef-fektivität des parallelen Erwerbs von Übersetzungs- und Fachsprachenkompe-tenz unterstreichen kann (z. B. »Übersetzung von Fachtexten« an der Universität Warschau, »Fachübersetzung« an der Adam-Mickiewicz-Universität in Poznań, »Übersetzung von juristischen Texten« an der Universität Rzeszów oder »Wis-senschaftlich-technische Übersetzung« an der Katholischen Universität Lublin). Darüber hinaus ist eine Zunahme der Lehrinhalte im Bereich der Fachsprachen im Vergleich zum Bachelorstudium festzustellen. Auf dieser Grundlage kann der Schluss gezogen werden, dass die Vermittlung dieser Inhalte in größerem Um-fang auf einem fortgeschrittenen Sprachniveau vorzuziehen ist.

Im Bereich der Wahlmodule kann unter den am häufigsten vorkommenden diese mit dem Schwerpunkt auf Didaktik (14 Universitäten) und Translatorik (12 Universitäten) genannt werden. Das Lehramt-Modul konzentriert sich vor allem auf psychologische und pädagogische Inhalte sowie auf die Deutschdidaktik. Keines der analysierten Curricula enthält Lehrveranstaltungen zur Erwachsenenbildung oder zur Fachsprachendidaktik. Daher bereiten die didaktischen Wahlmodule hauptsächlich auf die Ausübung des Lehrerberufes im staatlichen Schulsystem an Grund- und Oberschule vor. Im Rahmen der Pflichtfächer werden didaktische Inhalte nur an einer Universität vermittelt (Universität Warschau). Im Hinblick auf die analysierten Programme kristallisieren sich darüber hinaus zwei Hauptrichtungen der Ausbildung heraus, nämlich die didaktische und die translatorische. Aus der Sicht der angehenden Fachsprachenlehrenden sollte erneut das an der Pädagogischen Universität Krakau angebotene Wahlmodul »Lehramt mit Wirtschaftselementen« hervorgehoben werden, welcher im Vergleich zu anderen Universitäten den Bedürfnissen dieses Berufes am besten entspricht. Zur gezielten Vorbereitung auf die Ausübung dieser Tätigkeit sollte erwogen werden, das bestehende Curriculum um die Erwachsenenbildung und die Fachsprachendidaktik zu ergänzen.

6.2   Analyse der Fragebögen

Bei der Reflexion über die philologische und didaktische Vorbereitung der Fachsprachenlehrenden lohnt es sich, die Besonderheiten der Tätigkeit durch das Prisma ihrer Ansichten zu diesem Thema zu vertiefen. Im Folgenden werden die Ergebnisse einer Befragung dargestellt, welche unter tätigen fachspezifischen DaF-Lehrenden durchgeführt werden. Zunächst werden die gestellten Fragen einem quantitativen Überblick (der Übersichtlichkeit halber in Diagrammform) sowie anschließend einer tiefgreifenden Analyse unterzogen[106].

Die erste Frage des Fragebogens bezog sich auf die Dauer der Lehrtätigkeit Deutsch als Fremdsprache für berufliche Zwecke. Die kürzeste Arbeitserfahrung beträgt 4 Jahre und die längste 25 Jahre. Den Antworten zufolge unterrichten vier Personen bereits seit vier bis sieben Jahren Deutsch als Fremdsprache für berufliche Zwecke. Vier weitere Lehrkräfte beschäftigen sich mit dieser Thematik von 10 bis 12 Jahren. Die letzten vier gehören der Gruppe mit der größten Berufserfahrung, welche zwischen 18 und 25 Jahren liegt.

In einem nächsten Schritt wurde analysiert, wie lange sich die Probanden mit der Vermittlung Deutsch als Fachsprache für berufliche Zwecke befassen. Die meisten von ihnen (7 Personen) haben zwischen 2,5 und 6 Jahren Erfahrung in

---

106   Für ein detailliertes methodologisches Vorgehen siehe Kapitel 1.3 Untersuchungsmethoden.

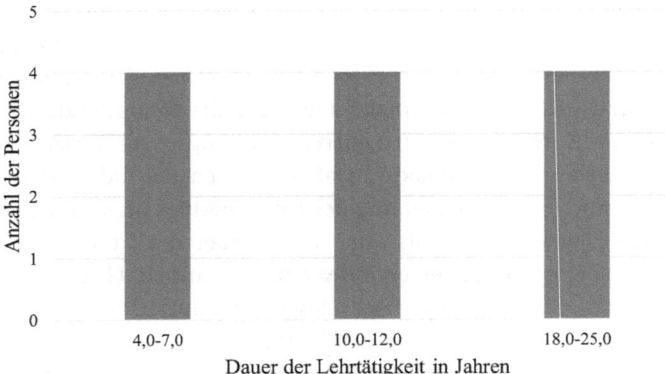

Abb. 3: Dauer der Lehrtätigkeit Deutsch als Fremdsprache für berufliche Zwecke

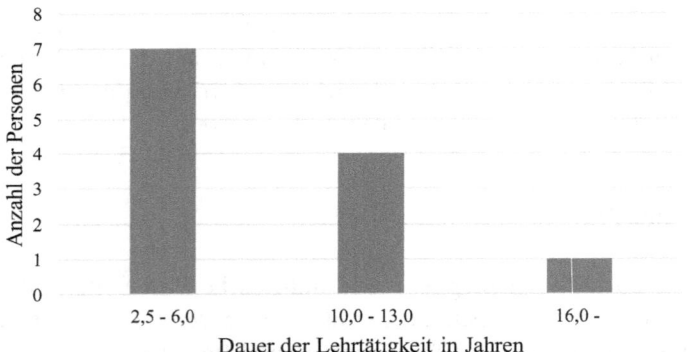

Abb. 4: Dauer der Lehrtätigkeit Deutsch als Fachsprache für berufliche Zwecke

diesem Bereich. Vier weitere Befragten üben den Beruf seit 10 bis 13 Jahren aus. Eine Person gab an, dass sie bereits seit 16 Jahren Deutsch als Fachsprache für berufliche Zwecke unterrichtet.

In der dritten Frage wurden die Lehrkräfte gebeten, die meisten Schwierigkeiten in der Anfangsphase der Vermittlung der deutschen Fremd- und Fachsprache für berufliche Zwecke zu nennen. Die Mehrheit der Antworten verwies auf einen Mangel an entsprechenden fachbezogenen Lernmaterialien und Lehrbüchern sowie an Fachwissen sogar in ihrer Muttersprache. Dabei wurden auch unzureichende Fachkompetenzen und Fähigkeiten im Bereich der Entwicklung eigener Materialien sowie der Planung und Organisation des Sprachkurses, aber auch Unfähigkeit, die vom Unternehmen erhaltenen Dokumente zu verarbeiten und darauf basierend Lernmaterial zu erstellen, thematisiert. Des Weiteren wurde noch mangelnde Erfahrung im Umgang mit Erwachsenen Lernenden in höheren Positionen innerhalb der Unternehmensstruktur, Problematik der Durchführung einer Bedarfsanalyse und zugleich Anpassung der Inhalte an die unterschiedlichen Anforderungen, Motivationen und Kapazitäten der Lernenden genannt. Darüber hinaus wurde auf das Erfordernis einer langen Vorbereitungszeit und auf die Notwendigkeit der autodidaktischen Weiterbildung hingewiesen.

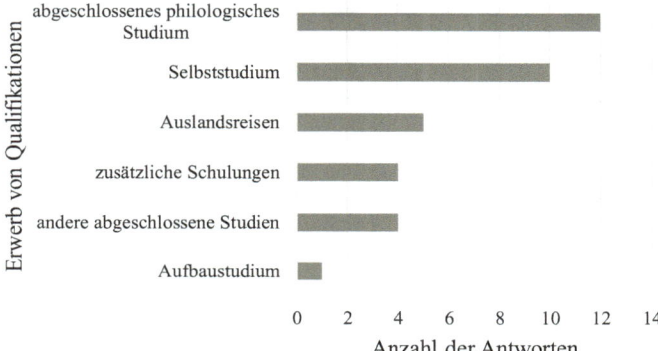

Abb. 5: Erwerb von Qualifikationen zum Unterrichten der deutschen Fremd- und Fachsprache für berufliche Zwecke

Die Probanden wurden auch gefragt, wie sie die erforderlichen Qualifikationen zum Unterrichten der deutschen Fremd- und Fachsprache für berufliche Zwecke erworben haben. Ein für alle gemeinsames Element ist ein abgeschlossenes Philologiestudium. Darüber hinaus entschieden sich 10 Personen für ein Selbststudium und fünf reisten ins Ausland, um dort berufliche Kompetenzen zu entwickeln. Vier Personen haben zusätzliche Schulungen in diesem Bereich absolviert und vier weitere haben ein anderes Studium abgeschlossen. Ein Aufbaustudium hat nur ein Proband gewählt.

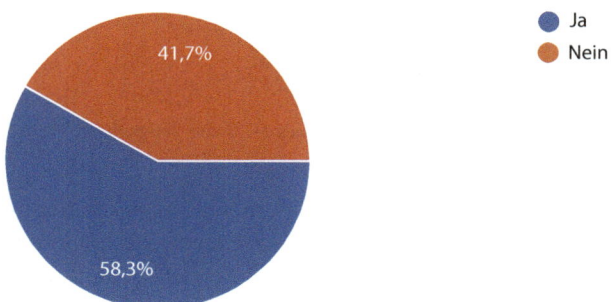

Abb. 6: Abschluss der offiziellen glottodidaktischen Spezialisierung zur Lehrerausbildung

Die Mehrheit der Befragten bejahte die Frage nach dem Abschluss einer offizi-
ellen glottodidaktischen Spezialisierung zur Lehrerausbildung während des
Studiums. In Bezug auf die Stichprobe, die aus Lehrkräften der deutschen
Fremd- und Fachsprache für berufliche Zwecke besteht, hat über 40 % der
Antwortenden trotzdem keine solche Spezialisierung absolviert.

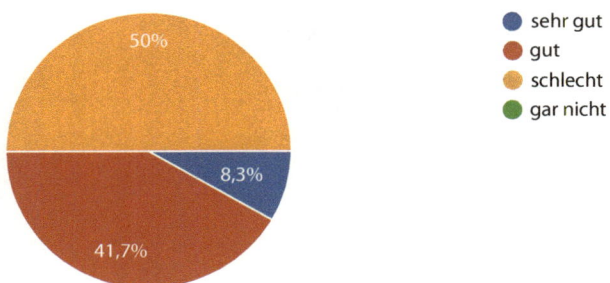

Abb. 7: Fachliche bzw. sachliche Vorbereitung während des Studiums auf die berufliche Tätigkeit
der Fremd- und Fachsprachenvermittlung für berufliche Zwecke

Die Hälfte der Befragten bewertete die fachliche bzw. sachliche Vorbereitung
während des Studiums (z. B. Fachwissen, Didaktik der Fremd- und Fachsprache,
Kultur) auf ihre berufliche Tätigkeit der Fremd- und Fachsprachenvermittlung
für berufliche Zwecke negativ. Etwas mehr als 40 % der Befragten bewerteten sie
als gut, während nur 8 % sie als sehr gut bezeichneten.

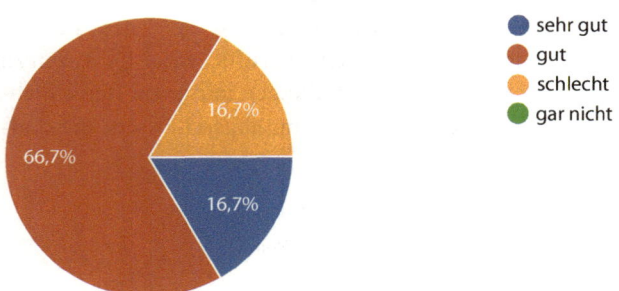

Abb. 8: Sprachliche Vorbereitung während des Studiums auf die berufliche Tätigkeit der Fremd-
und Fachsprachenvermittlung für berufliche Zwecke

Die Antworten auf die Frage nach der sprachlichen Vorbereitung des Studiums
stellen sich unterschiedlich vor, da sie von 16 % der Probanden als sehr gut und
von 66 % als gut beurteilt wurde. Weitere 16 % der Befragten bewertete die
Vorbereitung jedoch negativ.

Im weiteren Teil des Fragebogens wurden die Interviewten gebeten, mögliche
zusätzliche Lehrangebote seitens der Hochschule zu wählen oder vorzuschlagen,

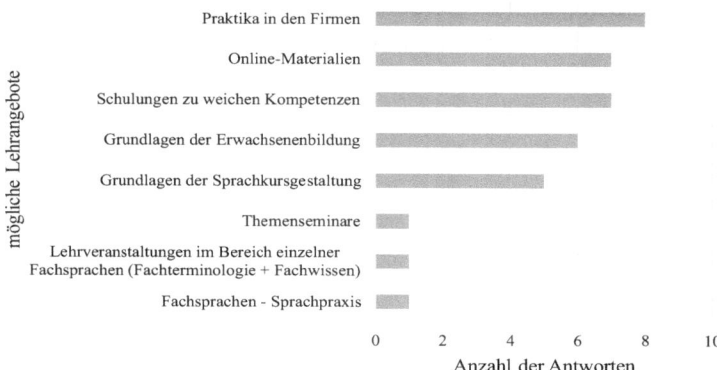

Abb. 9: Mögliches zusätzliches Lehrangebot seitens der Hochschule

welche bei der späteren Vermittlung von Deutsch als Fremd- und Fachsprache für berufliche Zwecke behilflich sein könnten. Die meisten Antworten konzentrieren sich auf Praktikumsmöglichkeiten in den Firmen, die Bereitstellung von Online-Materialien und die Schulungen zu weichen Kompetenzen. Sechs Personen markierten den notwendigen Erwerb von Grundlagen der Erwachsenenbildung und fünf von Grundlagen der Sprachkursgestaltung. Einige Antworten weisen auch auf Themenseminare, Lehrveranstaltungen im Bereich einzelner Fachsprachen, welche sowohl Fachterminologie als auch Fachwissen berücksichtigen würden sowie auf fachorientierte Sprachpraxis hin.

Abb. 10: Die durchschnittliche Vorbereitungszeit auf einen 90-minutigen Unterricht

Die Gruppe beantwortete auch die Frage nach der durchschnittlichen Vorbereitungszeit auf einen 90-minutigen Unterricht. Die im Fragebogen angegebene Zeitspanne ist relativ breit, da die kürzeste Vorbereitung 15 Minuten und die längste 180 Minuten beträgt. Unter Berücksichtigung aller angegebenen Werte beträgt die durchschnittliche Vorbereitungszeit für die Untersuchungsgruppe 76 Minuten.

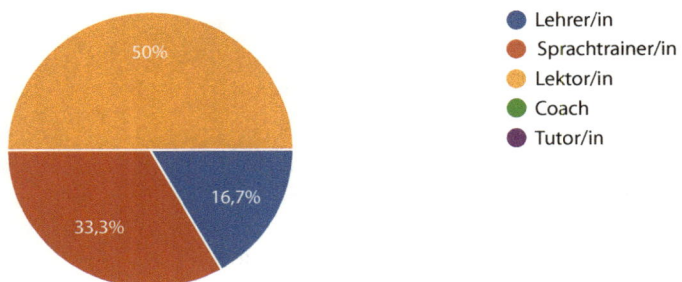

Abb. 11: Bezeichnung der Lehrtätigkeit

Die Befragten waren sich jedoch nicht einig, wie sie sich selbst und ihre Tätigkeit definieren würden. Den Angaben zufolge identifizierte sich die Hälfte mit der Bezeichnung »Lektor/in«, gefolgt von »Sprachtrainer/in«. Für nur 16 % ist die Bezeichnung »Lehrer/in« zutreffend.

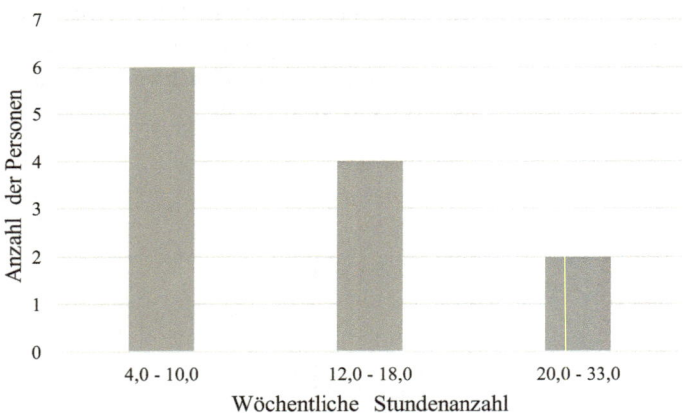

Abb. 12: Wöchentliche Anzahl der Unterrichtsstunden von Deutsch als Fremd- und Fachsprache für berufliche Zwecke

Die Interviewten gaben ebenfalls an, wie viele Stunden pro Woche sie Deutsch als Fremd- und Fachsprache für berufliche Zwecke unterrichten. Sechs Personen unterrichten zwischen 4 und 10 Stunden pro Woche. Bei vier weiteren liegt die Anzahl der Unterrichtsstunden zwischen 12 und 18. Im stündlichen Umfang zwischen 20 und 33 arbeiten zwei Personen.

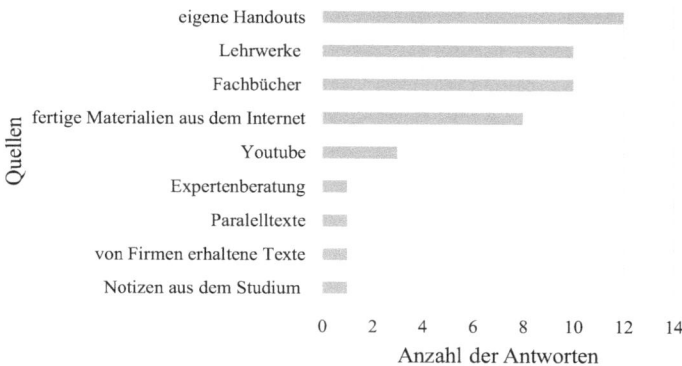

Abb. 13: Quellen für die Vorbereitung der Materialien

Um Materialien für die Arbeit vorzubereiten, nutzen die Lehrkräfte verschiedene Quellen. Den Antworten zufolge erstellen alle von ihnen ihre eigenen Handouts. Die meisten benutzen auch Lehrwerke und Fachbücher oder basieren auf fertigen Materialien aus dem Internet. Einige suchen notwendige Informationen auf Youtube, lassen sich von Experten beraten, bearbeiten von Firmen erhaltene Texte oder nutzen Paralleltexte und Notizen aus dem Studium.

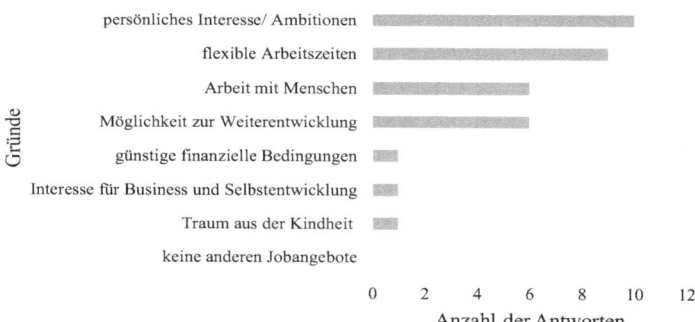

Abb. 14: Motivation zur Ausübung der Tätigkeit

Um die Motivation der Interviewten zu erforschen, wurden die Frage gestellt, warum sie sich für die Ausübung dieser Tätigkeit entschieden haben. Die meisten verwiesen auf ihre eigenen Interessen und Ambitionen sowie auf flexible Arbeitszeiten. für sechs Personen ist die Arbeit mit Menschen sowie Möglichkeit zur Weiterentwicklung von Belang. Keiner der Befragten äußerte einen Mangel an anderen Arbeitsangeboten.

Abb. 15: Absicht zur Fortsetzung der Arbeit

Das Ziel der letzten Frage war herauszufinden, ob die Befragten beabsichtigen, die von ihnen ausgeübte Tätigkeit fortzusetzen. Darin stimmen alle überein, dass sie keine Pläne für einen Arbeitsplatzwechsel haben.

Zwischenfazit – Fragebogenanalyse

Bei der Auswertung der Fragebögen lassen sich bestimmte Tendenzen erkennen, welche sich auf Kernaspekte wie die Berufserfahrung, aufgetretene Schwierigkeiten, den Umfang der Vorbereitung während des Studiums, verbesserungswürdige Bereiche oder die Motivation der Lehrenden beziehen. Aus den vorgelegten Ergebnissen geht hervor, dass die Berufserfahrung im Unterrichten von Deutsch als Fremdsprache für berufliche Zwecke im Durchschnitt länger als im Unterrichten von Deutsch als Fachsprache für berufliche Zwecke ist. Die zahlreichste Gruppe beschäftigt sich mit dem Deutsch als Fachsprache für berufliche Zwecke zwischen 2,5 und 6 Jahren. Eines der möglichen Szenarien ist der Beginn der beruflichen Laufbahn in der allgemeinen Sprachvermittlung und die Entwicklung weiterer Kompetenzen schrittweise auf die Vermittlung von Fachsprachen. Diese Reihenfolge kann auch ein Zeichen von Veränderungen auf dem Arbeitsmarkt und den damit verbundenen Weiterbildungsbedarf sein.

Die von den Befragten angegebenen Schwierigkeiten in der Anfangsphase der Vermittlung von Deutsch als Fremd- und Fachsprache für berufliche Zwecke hängen hauptsächlich mit dem Mangel an Fachwissen, geeigneten Materialien und dem begrenzten Zugang zu Lehr- und Fachbüchern zusammen. Hervorgehoben wurden ebenfalls Probleme wie die Unfähigkeit, eine Bedarfsanalyse durchzuführen, einen Sprachkurs zu planen oder von Unternehmen erhaltene Dokumente anzupassen und daraus Lernmaterial zu erstellen. Darüber hinaus werden fehlende Erfahrungen im Umgang mit Erwachsenen Lernenden in höheren Positionen innerhalb der Unternehmensstruktur sowie die Notwendigkeit, unterschiedliche Erwartungen, Motivationen und Lernmöglichkeiten zu berücksichtigen, als Hindernisse angesehen. Eine so ausführliche Beschreibung zeigt einen großen Vorbereitungsbedarf, der den Einstieg der Lehrenden in den Arbeitsmarkt wesentlich erleichtern und beschleunigen könnte. Der Bedarf an eigenständiger Weiterbildung wird durch Selbststudium, zusätzliche Schulungen oder Auslandsreisen betont. Da ein gemeinsamer Punkt für alle Interviewten ein abgeschlossenes Philologiestudium ist, besteht an dieser Stelle die Möglichkeit, in die Studiengänge zusätzliche Kurse zu integrieren, welche sich auf eine vertiefte Vorbereitung auf die Vermittlung von Deutsch als Fremd- und Fachsprache für berufliche Zwecke konzentrieren. Die Notwendigkeit von Veränderungen wird auch durch die Tatsache unterstrichen, dass etwas mehr als die Hälfte der Befragten eine offizielle glottodidaktische Spezialisierung zur Lehrerausbildung absolviert hat. Aufgrund der inhaltlichen Konzentration einzig und allein auf den Unterricht im staatlichen Schulwesen zog der Rest der Probanden keine glottodidaktische Spezialisierung in Betracht. Somit kann das Angebot in diesem Bereich als nicht genug attraktiv betrachtet werden und der Wunsch, einen anderen beruflichen Weg einzuschlagen ist mit viel zusätzlichem Aufwand verbunden. Dies weist auf einen Bereich hin, welcher u. a. auf der Grundlage der aktuellen Arbeitsmarkttrends aktualisiert werden sollte. Dabei ist ferner die negativ bewertete fachlich-sachliche Vorbereitung während des Studiums (z. B. Fachwissen, Didaktik der Fremd- und Fachsprache, Kultur) bemerkenswert, was erneut darauf hinweisen sollte, mögliche Änderungen bzw. Aktualisierungen zu erwägen und umzusetzen. Angesichts der vorgelegten Ergebnisse gilt dieses Phänomen allerdings nicht für die reine sprachliche Vorbereitung.

Um den Studierenden ein attraktiveres Lernangebot zu verschaffen, sollten zusätzliche Maßnahmen wie Praktika in Unternehmen, die Erstellung von Online-Materialien, die Entwicklung von Soft Skills und die Berücksichtigung von Erwachsenen als Lerngruppe in Betracht gezogen werden. Die genannten Vorschläge können neue Perspektiven für universitäre Curricula aufzeigen. In diesem Zusammenhang ist auf die relativ lange durchschnittliche Vorbereitungszeit für eine 90-minütige Unterrichtseinheit hinzuweisen. Für manche kann dies demotivierend wirken und aus ökonomischer Sicht nicht rentabel scheinen. Daher könnte die Einführung eventueller Verbesserungen zu effizienteren und kürzeren Vorbereitungszeiten führen. Die Studie zeigt die Aktualität der sich bereits im theoretischen Teil abzeichnenden Diskussion über eine angemessene Bezeichnung der ausgeübten Tätigkeit. Der Befragung zufolge besteht keine Einstimmigkeit bei den Antworten. Zu bemerken ist eine auffällige Tendenz, den Begriff »Lektor/in« oder »Sprachtrainer/in« anstelle von »Lehrer/in« zu verwenden. Dies kann auf eine typisch schulische Wahrnehmung der Bezeichnung »Lehrer/in« zurückzuführen sein und die Aufmerksamkeit auf eine andere Rolle im Bildungsprozess lenken. Auch bei der Zahl der wöchentlichen Arbeitsstunden

können gewisse Tendenzen aufgezeigt werden. Einerseits kann darauf hingewiesen werden, dass sich die Tätigkeit in einem Entwicklungsstadium befindet
und entsprechend der Nachfrage zunehmen wird. Andererseits kann auf eine Art
von zusätzlicher Beschäftigung hingedeutet werden, die außerhalb des Haupt-
arbeitsplatzes ausgeübt wird. Für eine bessere Interpretation dieser Frage sollte
allerdings auch der Stundenlohn oder die Form der angebotenen Einstellung
berücksichtigt werden.

Die unterschiedlichen Schwierigkeiten bei der Vermittlung von Deutsch als
Fremd- und Fachsprache für berufliche Zwecke, die in der Befragung angegeben
wurden, erklären auch die große Bandbreite der von ihnen verwendeten Quellen.
Die Erforschung dieser Quellen kann ein wichtiger Schritt bei der Entwicklung
von Curricula sein, da sie auf neue spezifische Bedürfnisse der Lehrkräfte hin-
deutet, deren Umsetzung im Rahmen einer glottodidaktischen Spezialisierung
erfolgen könnte. Darüber hinaus wird dadurch die Notwendigkeit unterstrichen,
verschiedene Materialien zu kombinieren und die Hilfsmittel, die die Arbeit
unterstützen, effizient zu nutzen, anstatt wie bisher nur ein Lehrbuch zu verwenden. Schließlich lohnt es sich, über die Motivationen und Gründe der Personen nachzudenken, die Deutsch als Fremd- und Fachsprache für berufliche
Zwecke unterrichten. Die Interviewten hoben die Möglichkeit hervor, Interessen
und Ambitionen zu entwickeln, sowie den Kontakt mit Menschen und flexible
Arbeitszeiten. Eine wichtige Information ist, dass keine dieser Personen die
Antwort »keine anderen Jobangebote« wählte. Dies könnte die Befragten als eine
gut ausgebildete und spezialisierte Berufsgruppe zeigen, welche sich trotz anderer Karrieremöglichkeiten in ihrem gewählten Bereich weiterentwickeln will.
Ergänzend und bestätigend zu den Schlussfolgerungen dieser Frage ist die ein-
stimmige Erklärung aller Befragten, den eingeschlagenen Karriereweg fortzusetzen, was auf ein hohes Niveau der Arbeitszufriedenheit hindeuten könnte. Für
die Universitäten hingegen ist dies ein weiteres Zeichen für das Potenzial des
Sektors sowie ein relevantes Indiz, um diesen Trend auch in den Curricula
hervorzuheben.

Schlussbemerkungen

Die vorliegende Studie setzt sich mit dem Thema der Vermittlung sowie des Erwerbs deutscher Fremd- und Fachsprache für berufliche Zwecke auseinander. Darüber hinaus wird parallel die Ausbildung fachspezifischer DaF-Lehrenden thematisiert. Die Arbeit versteht sich als Teil des aktuellen Diskurses über Fachsprachendidaktik, Arbeitsmarktorientierung, Beschäftigungsfähigkeit sowie Perspektiven der Germanischen Philologie und erfüllt damit eine sehr große Forschungslücke. Für die Analyse der Programme wurde ein Werkzeug auf der Grundlage von Veranstaltungskategorien entwickelt. Untersucht wurden alle Germanistikstudiengänge an allen staatlichen Universitäten in Polen. Die vorgenommene Analyse ermöglicht die Beantwortung der im ersten Kapitel gestellten Forschungsfragen.

Das Ziel der ersten Forschungsfrage war es, herauszufinden, ob die Curricula für das Fach Germanistik in ihrer derzeitigen Form sprachlich auf die Vermittlung der deutschen Fremd- und Fachsprache für berufliche Zwecke vorbereiten. Zur Beantwortung dieser Frage wird hauptsächlich die Stundenzahl der sprachpraktischen Lehrveranstaltungen sowie alle den Fachsprachen im weitesten Sinne gewidmeten Fächer auf Bachelor- und Master-Ebene analysiert. Zweifelsohne wirken sich alle angebotenen Kurse auf die endgültige sprachliche Vorbereitung am Ende des Studiums aus. Für diese Begründung werden jedoch insbesondere alle unter dem Begriff »Praxis der deutschen Sprache« gefassten Aktivitäten berücksichtigt, da sie den Aufbau dieser Kompetenz grundlegend beeinflussen. Innerhalb der Pflichtfächer und im Vergleich zu der für andere Fächer vorgesehenen Stundenzahl bilden die Lehrveranstaltungen zum Erwerb praktischer Sprachkenntnisse den Kern des Programms. Einige Curricula enthalten zusätzlich eine Aufschlüsselung der Stunden für die einzelnen Fertigkeiten, was eine genauere Auswertung dieses Bereiches ermöglicht. Darüber hinaus entspricht dieser Stundenumfang den grundlegenden Zielen einer sprachlichen Vorbereitung, der Angleichung des Sprachniveaus unter den Studierenden, der Vorbereitung auf ein Studium auf Master-Stufe oder einem erfolgreichen Bestehen der Abschlussprüfung auf einem bestimmten Sprachniveau. All dies bezieht sich auf die Grund- und zugleich Schlüsselkompetenz der Philologie-Absolventen, welche eine gute oder sehr gute Sprachkompetenz ist. Im Bachelor-Studium wird in Bezug auf fachsprachliche Ausbildung darauf hinzuweisen, dass es unter den einbezogenen Universitäten einige gibt, die überhaupt keine derartigen Kurse anbieten (z. B. Nikolaus-Kopernikus-Universität Toruń). Dies kann ein Hinweis auf eine unzureichende fachsprachlich orientierte Vorbereitung im Bachelor-Studium sein. Somit wird ein Bereich verdeutlicht, welcher erörtert und weiterentwickelt werden soll.

Bei der sprachlichen Vorbereitung auf die Vermittlung der deutschen Fremd- und Fachsprache für berufliche Zwecke ist dann ein Angebot im Rahmen eines Masterstudiengangs in Betracht zu ziehen. Die deutlich geringere durchschnittliche Stundenzahl, die dem praktischen Deutschunterricht gewidmet wird, kann auf eine andere Zielsetzung im Masterstudium hindeuten. Der Schwerpunkt einer angemessenen sprachlichen Vorbereitung liegt daher eher auf dem Bachelorstudium, während das Masterstudium dafür zuständig ist, diese zu vervollkommnen und sich auf den Aufbau vertieften Wissens und zusätzlicher erweiterter Fachkompetenzen zu konzentrieren. Dies wird auch durch größere Stundenanzahl in Fachsprachen erzielt. Darüber hinaus könnte es auch auf eine gewisse Bestrebung hinweisen, wonach der Erwerb von Fachsprachenkompetenz zunächst auf dem Aufbau einer zufriedenstellenden Kompetenz in der Allgemeinsprache beruht. Dieses Argument spricht für eine stärkere Konzentration von Fachinhalten auf der nächsten Ausbildungsstufe, kann aber eine Art Hindernis für diejenigen darstellen, die ihre berufliche Laufbahn auf der Stufe des Bachelorstudiums beenden wollen.

Zusammenfassend kann festgestellt werden, dass die von den polnischen Universitäten angebotenen Curricula für das Fach Germanistik eine gute sprachliche Vorbereitung vor allem auf die Vermittlung der deutschen Fremdsprache für berufliche Zwecke anbieten. Diese Behauptung wird auch durch die Ergebnisse der Online-Befragung unterstrichen. Nach Ansicht von 66 % der Befragten ist diese Vorbereitung gut, während 16 % sie als sehr gut bezeichnen. Im Falle von Vorbereitung auf die Vermittlung der deutschen Fachsprache für berufliche Zwecke wirken die Curricula auf Masterniveau attraktiver als diese auf Bachelor-Stufe. Somit könnten einige Lösungen zur Erweiterung dieses Angebots im Bachelorstudium erörtert werden.

Die zweite Forschungsfrage setzt sich zum Ziel die Curricula für das Fach Germanistik in Bezug auf die fachliche bzw. sachliche Vorbereitung auf die Vermittlung der deutschen Fremd- und Fachsprache für die berufliche Zwecke zu prüfen. Dabei werden Lehrveranstaltungen zur Didaktik der Fremd- und Fachsprache, zur Kultur sowie zu der Fachkompetenz analysiert. Aus den ausgewerteten Curricula geht hervor, dass der Schwerpunkt des Bachelorstudiums in Didaktik auf der Ausbildung von Grundschullehrkräften liegt, während der Schwerpunkt des Masterstudiums auf der Ausbildung von Oberschullehrkräften ausgerichtet ist. Fast alle Universitäten (außer z. B. der Universität Ermland-Masuren-Universität in Olsztyn im Bachelorstudium und z. B. Kazimierz-Wielki-Universität in Bydgoszcz im Masterstudium) bieten ein Lehramt-Modul an. Didaktische Inhalte werden im Rahmen der Pflichtfächer z. B. an der Universität Opole, Universität Warschau oder Adam-Mickiewicz-Universität in Poznań vermittelt. Die angebotenen Programme in diesem Bereich bestehen hauptsächlich aus Psychologie- sowie Pädagogikkursen und aus der Deutschdidaktik. Darüber hinaus bieten die Universitäten keine zusätzlichen Aktivitäten wie Erwachsenenbildung oder Fachsprachendidaktik an. Es fehlt auch an separaten Kursen zu innovativen Arbeitsmethoden, zur Erstellung eigener Lehrmaterialien oder zur Durchführung von Bedarfsanalysen. Somit kann die Vorbereitung im Bereich der Fremd- und Fachsprachendidaktik für berufliche Zwecke als nicht ausreichend betrachtet werden. Um die Berufsperspektiven der Studierenden zu erweitern und ihnen den Einstieg in den Arbeitsmarkt zu erleichtern wäre hier die Einführung zusätzlicher Kurse erforderlich.

Der Kulturunterricht wird in jedem Studiengang im Rahmen der kulturwissenschaftlichen Disziplin angeboten. Die Lehrveranstaltungen vermittelt Kenntnisse über die Kultur aller DACH-Länder, was sich auf die Attraktivität und den Umfang der Ausbildung auswirken kann. Obwohl das Angebot zwar relativ breit gefächert ist, könnte aber in einigen Punkten verbessert werden, um es arbeitsmarktorientierter zu gestalten. Die praktische Dimension dieses Ausbildungselements könnte durch die Einführung von Kursen über die Kultur in Unternehmen oder über Geschäftsgepflogenheiten in deutschsprachigen Ländern verstärkt werden.

Den letzten Aspekt bilden die Fachkompetenzen. Dieser Bereich überschneidet sich mit Inhalten, die sich auf Fachsprachen beziehen, lenkt aber die Aufmerksamkeit auf Aktivitäten, welche sich ausschließlich auf den Erwerb von Fachkompetenzen konzentrieren, wie z. B. Grundlagen der Ökonomie, Grundlagen des Rechnungswesens. Nach der vorgenommenen Analyse gibt es nur wenige Fächer dieser Art. In diesem Fall wäre es von Vorteil, die Curricula mit Lehrveranstaltungen zur Vermittlung von den Fachkompetenzen zu bereichern. Es würde zu einem effektiveren Lehrprozess sowie zum Erwerb von Fachsprachenkenntnissen beitragen, wenn parallel zum Rechtssprachenunterricht beispielsweise eine Einführung in die Rechtswissenschaft angeboten würde, welche es den Studierenden ermöglichen könnte, sich mit grundlegenden Konzepten in diesem Bereich vertraut zu machen. Eine verstärkte Sensibilisierung für Fachkompetenzen könnte zu einem genaueren und schnelleren Verständnis der fachsprachlichen Inhalte führen.

Abschließend lässt sich sagen, dass die fachliche bzw. sachliche Vorbereitung auf die Vermittlung der deutschen Fremd- und Fachsprache für die berufliche Zwecke nicht ausreichend ist und somit eine Aktualisierung der bisher gelehrten

Inhalte und die Berücksichtigung bestimmter Innovationen als Reaktion auf die Veränderungen auf dem Arbeitsmarkt und im Bereich der Lehrtätigkeit erfordert. Dies korrespondiert auch mit einer der Fragen, welche im Fragebogen gestellt wurden. Die Hälfte der Befragten bewertete diese Vorbereitung während des Studiums negativ. Etwas mehr als 40 % der Probanden schätzte sie als gut ein, während nur 8 % sie als sehr gut bezeichneten.

Das Ziel der dritten Forschungsfrage war es, die Schwierigkeiten beim Unterrichten der deutschen Fremd- und Fachsprache für berufliche Zwecke zu bestimmen. Einige davon decken sich mit denen, die in der Primärliteratur genannt werden, während nach der Analyse der Fragebögen auch völlig neue Aspekte auftauchen. Diese weisen auf weitere Bereiche hin, welche in den Curricula berücksichtigt werden könnten. Zu den am häufigsten genannten Schwierigkeiten gehören in erster Linie Mangel an entsprechenden fachbezogenen Lernmaterialien und Lehrbüchern sowie an Fachwissen sogar in der polnischen Sprache. Im Zusammenhang damit steht auch die von Befragten benannte Unfähigkeit, die vom Unternehmen erhaltenen Dokumente zu verarbeiten und darauf basierend Lernmaterial zu erstellen. Dabei werden auch unzureichende Fachkompetenzen und Fähigkeiten im Bereich der Entwicklung eigener Materialien sowie der Planung und Organisation des Sprachkurses thematisiert. Die identifizierten Aufgaben bilden Bestandteile der täglichen Arbeit einer Lehrkraft. Daraus folgt, dass Personen, die sich mit dieser Tätigkeit befassen, aufgrund des fehlenden Hintergrundwissens, welches während des Studiums erworben werden könnte, selbst nach umsetzbaren Lösungen suchen müssen. Zum einen führt dies zu einer beträchtlichen Verlängerung der Berufseinstiegszeit. Zum anderen werden bestimmte Lösungen erst durch Versuch und Irrtum gefunden, was die Arbeit wegen der langen Vorbereitungszeit für eine Unterrichtseinheit weniger rentabel macht. Die Relevanz dieser Punkte wird durch das Erfordernis einer langen Vorbereitungszeit auf jede Unterrichtseinheit unterstrichen. Laut den Befragten beträgt die durchschnittliche Vorbereitungszeit auf einen 90-minutigen Unterricht in der untersuchten Gruppe 76 Minuten. Des Weiteren wird die Problematik der Durchführung einer Bedarfsanalyse und zugleich Anpassung der Inhalte an die unterschiedlichen Anforderungen, Motivationen und Kapazitäten der Lernenden genannt. Die Aufstellung wird noch durch mangelnde Erfahrung im Umgang mit Erwachsenen Lernenden in höheren Positionen innerhalb der Unternehmensstruktur ergänzt, was als *Novum* gelten kann und bis dahin kein Gegenstand von Studien war. Als eine gewisse Schwierigkeit wird auch die Notwendigkeit der ständigen autodidaktischen Weiterbildung empfunden. Die Bestimmung der oben genannten problematischen Bereiche war ausschlaggebend für die Beantwortung der letzten der gestellten Forschungsfragen.

Der curriculare Vergleich sowie die Analyse der Fragebögen zur Verifizierung der in der Literaturübersicht dargestellten Thesen ermöglichten es, die Schwachstellen der Studienprogramme im Kontext der Ausbildung der fachspezifischen DaF-Lehrenden zu identifizieren. Daraus ergibt sich die Möglichkeit, einige Änderungen an den Curricula, bzw. an den Lehramt-Modulen vorzuschlagen, um sie an die sich dynamisch verändernden Bedürfnisse anzupassen und somit die Vorbereitung auf die Vermittlung der deutschen Fremd- und Fachsprache für berufliche Zwecke zu erleichtern. In Bezug auf die so gestellte Forschungsfrage können die folgenden Hinweise als Quelle, bzw. Orientierungshilfe oder Inspiration für die an der Gestaltung der Curricula Beteiligten dienen.

1. Zusammenarbeit der Universitäten mit dem wirtschaftlichen Sektor. Die Beobachtung des lokalen Arbeitsmarktes durch die Universitäten unter Berücksichtigung der am stärksten entwickelten Wirtschaftszweige in der Region könnte es ermöglichen, auf dieser Grundlage ein angemessenes Angebot für die fachsprachliche Ausbildung zu schaffen. Die Präsenz von Unternehmen aus verschiedenen Sektoren kann eine gute Möglichkeit bilden, Ideen und Erfahrungen mit Fachleuten aus der Geschäftswelt auszutauschen. Der Trend zu einer solchen Partnerschaft ist auch Teil der so genannten dritten Mission der *Academia* welche als breites Spektrum von Aktivitäten verstanden wird, die auf Zusammenarbeit der Universitäten und Hochschulen mit dem außerwissenschaftlichen Umfeld abzielen (Grzeszczakowska-Pawlikowska 2021: 80, Goźdź-Roszkowski, Makowski 2015: 67 f.). Der Aufbau einer solchen Zusammenarbeit könnte zu einer Reihe von thematischen Vorträgen oder Workshops mit Spezialisten, zur Schaffung von Praktikumsprogrammen und anderen Initiativen beitragen, welche auf die Verbindung der akademischen Theorie mit der Arbeitsmarktpraxis ausgerichtet werden könnten. Eine solche Tätigkeit würde einen Raum für den Erwerb der Fachsprachenkenntnisse sowie des Fachwissens und für ein besseres Verständnis der Unternehmenskultur schaffen.

2. Bestimmung eines alternativen Weges der Lehrerausbildung. Die Angabe einer zusätzlichen beruflichen Möglichkeit, welche sich auf die Vermittlung der Fremd- und Fachsprache für berufliche Zwecke konzentriert, könnte das Lehrangebot bereichern. Heutzutage ist es wesentlich, beim geringen Interesse am Lehrerberuf im traditionellen Sinne, neue Lösungen vorzuschlagen. Im akademischen Bereich könnte die Sensibilisierung für diesen Karriereweg mit der Einführung einer Diskussion über die breiten Entwicklungsmöglichkeiten und zusätzlichen Karriereperspektiven für Absolventen anfangen.

3. Berücksichtigung der Erwachsenenbildung. Die Aktualisierung der Curricula, bzw. der Lehramt-Module und die Einbeziehung der Erwachsenenbildung kann ebenfalls ein wichtiger Schritt sein. Das Aufzeigen der Unterschiede beim Unterrichten von Erwachsenen, der besonderen Bedürfnisse dieser Lerngruppe, das Kennenlernen möglicher Hindernisse und die Einführung einer Kultur des didaktischen Dialogs auf der Grundlage des Austauschs, in

der die Lehrkräfte die Instrumente zur Beherrschung der Sprache anbieten,
während die spezialisierten Lernenden sie mit deem Fachwissen unterstützen,
können sich erheblich auf den gesamten Unterrichtsprozess auswirken. Dieser
Ansatz entspricht dem Trend des lebenslangen Lernens und nimmt dem
künftigen Lehrer den Stress und die Frustration über unzureichende Fachkenntnisse ab.

4. Einbeziehung der Fachsprachendidaktik in die Curricula. An dieser Stelle
   wäre es wichtig, Grundkenntnisse über die Unterschiede zwischen dem Unterrichten einer Fachsprache und einer Allgemeinsprache zu vermitteln und
   Hilfsmittel für das Unterrichten komplexer, unbekannter Fachgebiete aufzuzeigen. Die Einführung methodischer Grundsätze der Fachsprachendidaktik könnte zur gelungenen Vermittlung der Fachsprachen verhelfen.

5. Einführung von Methoden zur Durchführung von Bedarfsanalysen und zur
   Entwicklung maßgeschneiderter Kurse. Wesentlich ist hier die Fähigkeit, unterschiedliche Quellen zu nutzen, um eine Art Datenbank mit allgemein-
   sprachlichem an das jeweilige Sprachniveau angepassten Material zu erstellen.
   In die bestehende Datenbank sollte dann entsprechend das fachsprachliche
   Material aufgenommen werden, welches aufgrund der spezifischen Bedürfnisse
   der Lernenden sowie jeweils anderer Fachsprachen austauschbar sein könnte.
   Dies könnte im Rahmen des Studiums z. B. durch die Erstellung von Lehrmaterialien oder zusätzlichen universellen Übungen geschehen, welche unabhängig von der unterrichteten Fachsprache verwendet werden können. Diese
   Art des Wissenserwerbs könnte in Projektgruppen unter Verwendung von
   Online-Tools stattfinden. Darüber hinaus könnte die Fähigkeit zur Entwicklung
   interaktiver Materialien sein, wie es das Online-Lernen während der Covid-
   Pandemie gezeigt hat. Das Ziel eines solchen Verfahrens wäre es, ein Portfolio
   von Handouts zu erstellen, welches in der Vermittlung aller Sprachkompetenzen verwendet werden kann. Ein zusätzlicher Aspekt könnte die Arbeit an
   authentischen Materialien bilden. Die Einführung von Techniken zu ihrer Er-
   arbeitung und die darauf aufbauende Gestaltung von wiederverwendbaren
   universellen Handouts könnte zur Optimierung der Lehrtätigkeit beitragen.

6. Meinungs- und Erfahrungsaustausch. Der letzte Punkt ist die Bereitstellung
   einer Plattform für den Austausch von Ansichten und Erfahrungen oder Arbeitsmethoden zwischen angehenden fachspezifischen DaF-Lehrenden und
   Praktikern. Ein solcher Raum könnte z. B. durch regelmäßige Konferenzen
   geschaffen werden. Das Aufmerksam machen auf den Richtungswechsel in der
   Lehrerausbildung könnte zu einem gesteigerten Interesse der Lehrbuchverlage
   an diesem Thema und damit zur Entwicklung neuer, fertiger und weithin
   verfügbarer Unterrichtsmaterialien zur Unterstützung der Lehrtätigkeit führen.

Ausblick

Die in dieser Arbeit behandelten Aspekte bilden ein Teil der aktuellen Forschung über die Fremd- und Fachsprachenvermittlung für den modernen Arbeitsmarkt. Die Relevanz, Aktualität sowie das breite Spektrum der erörterten Fragestellungen unterstreichen ebenfalls die Anzahl der Veröffentlichungen. Auf weiteren Forschungsbedarf in diesem Bereich weisen zweifelsohne die Schlussfolgerungen der durchgeführten Forschung auf. Darüber hinaus ermöglichen die Ergebnisse der vorliegenden Studie das Bereitstellen von empfehlenswerten Tipps, welche in die Curricula des Studiengangs Germanische Philologie in Polen implementiert werden könnten. Auf dieser Grundlage lassen sich einige Leitlinien für die Einrichtung einer separaten Lehrveranstaltung oder sogar eines ganzen Wahlmoduls nennen, welche sich mit der Fremd- und Fachsprachenvermittlung für den modernen Arbeitsmarkt befassen würden. Im engeren Sinne sollte der Schwerpunkt auf der Entwicklung eines Programms liegen, welches im Rahmen eines einsemestrigen Kurses angeboten werden könnte. Da die Fachsprachen selbst in der Mehrheit der Curricula präsent sind, könnten die Inhalte bei der Kursgestaltung auf die Besonderheiten der Fremd- und Fachsprachenvermittlung für den Arbeitsmarkt sowie auf die Spezifik der Arbeit mit Erwachsenen ausgerichtet werden. Berücksichtigt werden sollten solche Fragen wie die Durchführung einer Bedarfsanalyse, die Erstellung eines Kursprogramms, die Entwicklung eigener Unterrichtsmaterialien und die Anpassung der erworbenen Materialien an die Bedürfnisse der Gruppe. Des Weiteren sollte den persönlichkeitsbezogenen Kompetenzen sowie Soft Skills, aber auch den Fortbildungsmöglichkeiten der fachspezifischen DaF-Lehrenden Aufmerksamkeit geschenkt werden. Im weiteren Sinne könnte ein Programm für ein ganzes Wahlmodul für diejenigen in Erwägung gezogen werden, die sich für die Arbeit als fachspezifische DaF-Lehrende interessieren. In diesem Fall sollte zusätzlich zu den oben beschriebenen Inhalten eine Übersicht über die unterrichteten Fachsprachen beigefügt werden. An dieser Stelle könnten je nach Sprachniveau der Studierenden unterschiedliche Kriterien verwendet werden. Beispielsweise könnte der Fachsprachenerwerb in einer semesterlangen Sequenz erfolgen. Dies würde bedeuten, dass die Studierenden in jedem Semester eine andere Fachsprache erlernen würden. Auf diese Weise könnten die Grundlagen mehrerer Fachsprachen erlernt werden, deren vertiefte Beherrschung die eigene Arbeit der Studierenden erforderte. Eine Alternative dazu wäre die Verlängerung der Lehrzeit für eine Fachsprache auf zwei Semester, was die Beherrschung von weniger Fachsprachen, aber im größeren Umfang ermöglichen würde. Eine solche Herangehensweise an die vorgestellten Konzepte könnte nicht nur für angehende fachspezifische DaF-Lehrende von Interesse sein, sondern auch für diejenigen, die als Dolmetscher, bzw. Übersetzer oder in der Wirtschaft arbeiten möchten.

Literaturverzeichnis

Abendroth-Timmer Dagmar (2007) *Reflexive Lehrerbildung und Lehrerforschung in der Fremdsprachendidaktik: Ein Modell zur Definition und Rahmung von Reflexion.* [In:] Zeitschrift für Fremdsprachenforschung, Band 28, Heft 1/2017, S. 101–126.

Abrashi Teuta, Tichy Ellen, Sava Doris (2021) Einleitung. [In:] Abrashi Teuta, Tichy Ellen, Sava Doris (Hrsg.): Germanistik in Mittelost- und Südosteuropa. Bildung und Ausbildung für einen polyvalenten Arbeitsmarkt. Peter Lang, Berlin, S. 11–19.

Adamzik Kirsten (2018) *Fachsprachen. Die Konstruktion von Welten.* Tübingen: Narr.

Association of Business Service Leaders (2021) (Hrsg.): *Sektor nowoczesnych usług biznesowych w Polsce 2021.* https://shop-absl.pl/Sektor-Nowoczesnych-Uslug-Biznesowych-w-Polsce-2021-p112.

Ammon Ulrich (2010) *Die Verbreitung des Deutschen in der Welt.* [In:] Krumm, Hans-Jürgen, Fandrych Christian, Hufeisen Britta, Riemer Claudia (Hrsg.): Deutsch als Fremd- und Zweitsprache. Ein internationales Handbuch. Band 1.: Handbücher zur Sprach- und Kommunikationswissenschaft. Berlin, New York: Gruyter/Mouton, S. 89–106.

Ammon Ulrich (2016) *Berufssprache.* [In:] Glück Helmut, Rödel Michael (Hrsg.): Metzler Lexikon Sprache. Stuttgart: Metzler, S. 100.

Ardouin Thierry (2003) *L'ingénierie de formation pour l'entreprise: analyser, concevoir, realise, évaluer.* Paris: Dunod.

Auswärtiges Amt (2015) (Hrsg.): *Deutsch als Fremdsprache weltweit.* https://www.daad.de/de/der-daad/kommunikation-publikationen/veroeffentlichungen-publikationen/deutsch-als-fremdsprache-weltweit/.

Auswärtiges Amt (2020) (Hrsg.): *Deutsch als Fremdsprache weltweit.* https://www.auswaertiges-amt.de/blob/2344738/b2a4e47fdb9e8e2739bab2565f8fe7c2/deutsch-als-fremdsprache-data.pdf.

Babel Reinhard, Castro Ginette (2010) *Stand und Perspektiven der Germanistik in Chile.* [In:] Middeke Annegret (Hrsg.): Entwicklungstendenzen germanistischer Studiengänge im Ausland. Sprache – Philologie – Berufsbezug. Materialien DaF 84. Universitätsverlag, Göttingen, S. 83–90.

Bachman Lyle F. (1991) *Fundamental Considerations in Language Testing.* Oxford: OUP.

Backhaus M. (2020) *Amts- und Arbeitssprachen in der EU.* https://www.bpb.de/nachschlagen/lexika/das-europalexikon/176674/amts-und-arbeitssprachen-in-der-eu [letzter Zugang 31.08.2021].

Barth Erhard (1971) *Fachsprache. Eine Bibliographie.* [In:] Germanistische Linguistik 3, S. 209–363.

Baumann Klaus-Dieter (1990) *Der Aktuelle Entwicklungsstand der Fachsprachenforschung – Ein Überblick,* [In:] Pfeiffer Waldemar (Hrsg.): Deutsch als Fachsprache in der Deutschlehrerausbildung und -fortbildung, Wydawnictwo Naukowe UAM Poznań, S. 9–25.

Baumann Klaus-Dieter (2000) *Die Entwicklung eines integrativen Fachsprachenunterrichts – eine aktuelle Herausforderung der Angewandten Linguistik* [In:] Baumann Klaus-Dieter, Kalverkämper Hartwig, Steinberg-Rahal Kerstin (Hrsg.): Sprachen im Beruf. Stand – Probleme – Perspektiven. Günter Narr Verlag Tübingen, S. 149–173.

Berdychowska Zofia (2010) Rahmenbedingungen und Ziele fachkommunikativer Ausbildung im Germanistikstudium. [In:] Duś Magdalena, Zenderowska-Korpus Grażyna (Hrsg.): Fachsprachenpropädeutik im Germanistikstudium. Wydawnictwo Wyższej Szkoły Lingwistycznej, Częstochowa. S. 39–48.

Berger Susanne (2016) *Zum Vergleich von Curriculum und Unterrichtspraxis in der vorberuflichen Bildung in Teilen Deutschlands, Frankreichs und Großbritanniens. Eine explorative Fallstudie.* [In:] Tertium Comparationis Journal für International und Interkulturell Vergleichende Erziehungswissenschaft, Waxmann Verlag, S. 150–174.

Biaduń-Grabarek Hanna (2010) *Zur Rolle der deutschen Sprache im Vereinten Europa.* [In:] Łopuszańska Grażyna, Willma Doris (Hrsg.): Studien zur sprachlichen Kommunikation, Studia Germanica Gedaniensia 22, Sonderband 6, Festschrift aus Anlass des 70. Geburtstags von Prof. Dr. habil. Marian Szczodrowski. Gdańsk, S. 77–85.

Białczyk Przemysław (2015) *Die heutige Stellung des Deutschen als internationaler Wissenschaftssprache im Angesicht des wachsenden Vordringens des Englischen.* [In:] Mikołajczyk Beata (Hrsg.): Deutsch in Kommunikations- und Handlungsräumen der Gegenwart. Die deutsche Sprache als Forschungsobjekt polnischer Nachwuchslinguisten. Wydawnictwo Rys. Poznań, S. 11–26.

Bogacki Jarosław (2018) *Język niemiecki jako czynnik rozwoju gospodarczego na przykładzie Opola.* [In:] Stawikowska-Marcinkowska Agnieszka, Grzeszczakowska-Pawlikowska Beata (Hrsg.): Języki Specjalistyczne 2. Edukacja. Perspektywy. Kariera. Łódź, S. 9–27.

Bolten Jürgen (1991) *Fremdsprache Wirtschaftsdeutsch: Bestandsaufnahme und Perspektiven.* [In:] Müller Bernd Dietrich (Hrsg.): Interkulturelle Wirtschaftskommunikation. München: Iudicium, S. 71–89.

Borgwaldt Susanne, Sieradz Magdalena (2018) *Lexikalische Eigenschaften von Fachsprachen.* [In:] Roche Jörg, Drumm Sandra (Hrsg.): Berufs- Fach- und Wissenschaftssprachen. Didaktische Grundlagen. Narr, Tübingen, S. 54–63.

Braunert Jörg (2014) *Ermittlung des Sprachbedarfs: Fachsprache und Kommunikation am Arbeitsplatz.* [In:] Kiefer Karl-Hubert, Efing Christian, Jung Matthias, Middeke Annegret (Hrsg.): Berufsfeld-Kommunikation: Deutsch. Frankfurt am Main: Lang.

Braunert Jörg (2000) *Die Handlungsfelder der beruflichen Kommunikation. Bericht über die Erhebung des Sprachbedarfs am Arbeitsplatz.* [In:] Fachsprache 3-4 (22), S. 153–166.

Braunert Jörg (1999) *Allgemeinsprache, Berufssprache und Fachsprache – ein Beitrag zur begrifflichen Entwirrung.* Zielsprache Deutsch 30, S. 98–105.

Brown James Dean (2009) *Foreign and Second Language Needs Analysis.* [In:] Long Michael H., Douhty Catherine J. (Hrsg.): Handbook of Language Teaching. Oxford: Blackwell, S. 269–293.

Buhlmann Rosemarie, Fearns Anneliese (2000) *Handbuch des Fachsprachenunterrichts: Unter besonderer Berücksichtigung naturwissenschaftlich-technischer Fachsprachen.* Tübingen: Narr.

Bungarten Theo (1993) *Hinsichten zu einer Theorie der Fachsprachen. Zur Einführung.* [In:] Bungarten Theo (Hrsg.): Fachsprachentheorie. Bd. 1: Fachsprachliche Terminologie, Begriffs- und Sachsysteme, Methodologie. Attikon Verlag Tostedt.

Bungarten Theo (1994): Vorwort. [In:] Bungarten Theo (Hrsg.): Sprache und Kultur in der interkulturellen Marketingkommunikation. Tostedt: Attikon, S. 7–8.

Burneva Nikolina (2010) *Zur polyfunktionalen Ausbildung von Auslandsgermanisten.* [In:] Middeke Annegret (Hrsg.): Entwicklungstendenzen germanistischer Studiengänge im Ausland. Sprache – Philologie – Berufsbezug. Materialien DaF 84. Universitätsverlag, Göttingen, S. 11–22.

Bußmann Hadumod (1990) *Lexikon der Sprachwissenschaft,* Stuttgart.

Čapek Jan (2020) *Tatort Tschechien: Deutsch im toten Winkel.* [In:] Grzeszczakowska-Pawlikowska Beata, Stawikowska-Marcinkowska Agnieszka (Hrsg.): Germanistinnen und Germanisten im Beruf – zwischen Ausbildung und Realität. Wydawnictwo Uniwersytetu Łódzkiego, S. 23–34.

Chaudron Craig (1998) Second Language Classrooms. Cambridge: CUP.

Chłopek Zofia (2018) *Metodyka nauczania języka niemieckiego. Podręcznik dla studentów germanistyki i początkujących nauczycieli.* PWN, Warszawa.

Cholewa Joanna (2011) *Specyfika adresata w nauczaniu języka obcego dla potrzeb zawodowych.* [In:] Piotrowski Sebastian (Hrsg.): O nauczaniu i uczeniu się języka obcego dla potrzeb zawodowych 12/15, Lublin, S. 61–67.

Cothram Bettina F. (2010) *Germanistische Studiengänge im globalen Kontext: Programme und Perspektiven in den USA.* [In:] Middeke Annegret (Hrsg.): Entwicklungstendenzen germanistischer Studiengänge im Ausland. Sprache – Philologie – Berufsbezug. Materialien DaF 84. Universitätsverlag, Göttingen, S. 57–76.

DAAD-Informationszentrum Bukarest (2013) *Deutschsprachige Studiengänge an Hochschulen in Rumänien.* Bukarest: DAAD.

Dannerer Monika (2008) *Beschreibungsmöglichkeiten der Fach- und Berufskommunikation im Deutschen.* ÖDaF-Mitteilungen, 1(1), S. 22–36.

Dauenhauer Erich (1976) *Curriculumforschung. Eine Einführung mit Praxisbeispielen aus der Berufspädagogik.* München: Verl. Dokumentation.

Doktór Wiktor (2017) *Niemcy stawiają na nearshoring. Skorzystają polscy dostawcy usług.* Quelle: http://www.niemcy-online.pl/raporty/gospodarka/niemcy-stawiaja-na-nearshoring-1285 [letzter Zugang: 23.04.2021].

Duderstadt James (2000) *A University of 21st Century.* Ann Arbor, University of Michigan Press.

Dudley-Evans Tony, St John Maggie Jo (1998) *Developments in ESP. A multi-disciplinary approach.* Cambridge: Cambridge University Press.

Duszak Anna (2009) *Języki obce w szkole wyższej: fakty, mity, postulaty.* [In:] Komorowska Hanna (Hrsg.): Kształcenie językowe w szkolnictwie wyższym. Wydawnictwo SWPS Academica, Warszawa, S. 41–52.

Duś Magdalena, Zenderowska-Korpus Grażyna (2010) Vorwort. [In:] Duś Magdalena, Zenderowska-Korpus Grażyna (Hrsg.): Fachsprachenpropädeutik im Germanistikstudium. Wydawnictwo Wyższej Szkoły Lingwistycznej, Częstochowa. S. 7–8.

Efing Christian (2018a) *Registerbezogene Förderung der Sprachkompetenz in der beruflichen Bildung: Berufs-, Bildungs- und Fachsprache.* [In:] Efing Christian, Kiefer Karl-Hubert (Hrsg.): Sprache und Kommunikation in der beruflichen Aus- und Weiterbildung. Ein interdisziplinäres Handbuch. Narr, Tübingen, S. 229–238.

Efing Christian, Kiefer Karl-Hubert (2018) *Fach- und Berufssprachenvermittlung.* [In:] Roche Jörg, Drumm Sandra (Hrsg.): Berufs- Fach- und Wissenschaftssprachen. Didaktische Grundlagen. Narr, Tübingen, S. 168–189.

Efing Christian (2014) *Berufssprache & Co.: Berufsrelevante Register in der Fremdsprache. Ein varietätenlinguistischer Zugang zum berufsbezogenen DaF-Unterricht.* Info DaF, 4, S. 415–441.

Ehlich Konrad (1993) *Deutsch als fremde Wissenschaftssprache.* Jahrbuch Deutsch als Fremdsprache 19, S. 13–42.

Eilert-Ebke, Gabriele (2003): *Fremdsprachen am Arbeitsplatz – Sprachkompetenz wird messbar und europaweit vergleichbar: Neue Ansätze eines qualitativen und quantitativen Bildungscontrolling im Fremdsprachenbereich.* Henkel: HRC Learning Management/ Business Communication.

Ellis Mark, Johnson Christine (1994) *Teaching Business English.* Oxford University Press.

Ellis Rod (2003) *Task-based language Learning and Teaching.* Oxford: University Press.

Emery Frederick E. (1959) *Characteristics of Socio-Technical Systems. Tavistock Document 527.* London: Tavistock Institute of Human Relations

Emery Frederick E., Thorsrud Einar (1982) *Industrielle Demokratie.* [In:] Ulich Eberhard (Hrsg.): Schriften zur Arbeitspsychologie. Band 25. Bern: Huber.

Ewer Jack R. (1983) *Teacher training for EST: Problems and methods.* [In:] The ESP Journal 2 (1), S. 9–13.

Feinäugle Norbert (1976) (Hrsg.): *Arbeitstexte für den Unterricht. Fach- und Sondersprachen.* Philipp Reclam Jun. Stuttgart.

Fend Helmut (2006) *Neue Theorie der Schule. Einführung in das Verstehen von Bildungssystemen.* Wiesbaden: VS Verlag für Sozialwissenschaften.

Flinz Carolina (2019) *Fachsprachen – aktuelle Fragen zu Forschung und Lehre.* [In:] Zeitschrift für Interkulturellen Fremdsprachenunterricht 24: 1, S. 1–20. [online: http://tujournals.ulb.tu-darmstadt.de/index.php/zif/, letzter Zugang: 12.10.2021]

Florczak Jacek (2010) *Językoznawcze aspekty modeli kształtowania kompetencji języka obcego.* Wydawnictwo Uniwersytetu Łódzkiego, Łódź.

Fluck Hans-Rüdiger (1976) *Fachsprachen. Einführung und Bibliographie.* Francke Verlag München.

Fluck Hans-Rüdiger (1992) *Didaktik der Fachsprachen. Aufgaben und Arbeitsfelder, Konzepte und Perspektiven im Sprachbereich Deutsch.* Gunter Narr Verlag Tübingen.

Fluck Hans-Rüdiger (1996) *Fachsprachen. Einführung und Bibliographie.* Tübingen Basel: A. Francke Verlag.

Fluck Hans-Rüdiger (2006) *Fachsprachen und Fachkommunikation im Sprachunterricht.* [In:] Neuand Eva (Hrsg.): Variation im heutigen Deutsch: Perspektiven für den Sprachunterricht. Frankfurt am Main: Peter Lang, S. 289–304.

Fomina Sinaida (2010) *Deutsch als Fachfremdsprache für russische Bauingenieure Architekten aus der Perspektive des Bologna-Prozesses.* [In:] Middeke Annegret (Hrsg.): Entwicklungstendenzen germanistischer Studiengänge im Ausland. Sprache – Philologie – Berufsbezug. Materialien DaF 84. Universitätsverlag, Göttingen, S. 119–130.

Fraas Claudia (1998) *Lexikalisch-semantische Eigenschaften von Fachsprachen.* [In:] Hoffmann Lothar, Kalverkämper Hartwig, Wiegand Herbert Ernst (Hrsg.): Fachsprachen. Ein internationales Handbuch zur Fachsprachenforschung und Terminologiewissenschaft. 2 Halbbde. Berlin, New York, S. 428–437.

Furdal Antoni (1973) *Klasyfikacja odmian współczesnego języka polskiego.* Zakład Narodowy imienia Ossolińskich. Wydawnictwo Polskiej Akademii Nauk. Wrocław.

Funk Hermann (2003) *Deutsch als Fremdsprache – berufsbezogen lernen und studieren.* [In:] Schneider Günther, Clalüna Monika (Hrsg.): Mehr Sprache – mehrsprachig mit Deutsch. Didaktische und politische Perspektiven. München: Iudicium, S. 165–180.

Funk Hermann (2006) *Aufgabenorientierung in Lehrwerk und Unterricht – das Problem der Theorie mit der Vielfalt der Praxis.* [In:] Bausch Karl-Richard, Burwitz-Melzer Eva, Königs Frank G., Krumm Hans-Jürgen (Hrsg.): Aufgabenorientierung als Aufgabe. Arbeitspapiere der 26. Frühjahrskonferenz zur Erforschung des Fremdsprachenunterrichts. Narr: Tübingen, S. 52–61.

Funk Hermann (2010) *Berufsorientierter Deutschunterricht.* [In:] Krumm, Hans-Jürgen, Fandrych Christian, Hufeisen Britta, Riemer Claudia (Hrsg.): Deutsch als Fremd- und Zweitsprache. Ein internationales Handbuch. Band 2.: Handbücher zur Sprach- und Kommunikationswissenschaft. Berlin, New York: Gruyter/Mouton, S. 1145–1151.

Funk Hermann (2011) *Berufsorientierter Fremdsprachenunterricht: erweiterte Anforderungsprofile in der Ausbildung von Lehrkräften.* [In:] Barkowski Hans, Demmig Silvia, Funk Hermann, Würz Ulrike (Hrsg.): Deutsch bewegt: Entwicklungen in der Auslandsgermanistik und Deutsch als Fremd- und Zweitsprache. Baltmannsweiler: Schneider, S. 135–164.

Galter Sunhild (2021) *Soll und kann das Germanistikstudium wirtschaftskompatibel werden?* [In:] Abrashi Teuta, Tichy Ellen, Sava Doris (Hrsg.): Germanistik in Mittelost- und Südosteuropa. Bildung und Ausbildung für einen polyvalenten Arbeitsmarkt. Peter Lang, Berlin, S. 175–186.

Gabler Wirtschaftslexikon (2005) 16., vollständig überarbeitete und aktualisierte Auflage. Wiesbaden: Gabler.

Gajda Stanisław (2010) Perspektywy badań nad językami specjalistycznymi. [In:] Lingwistyka Stosowana/ Applied Linguistics/ Angewandte Linguistik 3, S. 53–60.

Gajewska Elżbieta (2011) *Poziomy biegłości a nauczanie języków specjalistycznych.* [In:] Piotrowski Sebastian (Hrsg.): O nauczaniu i uczeniu się języka obcego dla potrzeb zawodowych 12/15, Lublin, S. 10–21.

Gajewska Elżbieta, Sowa Magdalena (2014) *LSP, FOS, Fachsprache... Dydaktyka języków specjalistycznych.* Lublin.

Galian Christophe (2004) *Disciplines scientifiques et FOS.* [In:] Le Français dans le monde. Recherches et applications. S. 75–80.

Gałkowski Artur (2015) *Terminologie specjalistyczne w kształceniu italianistów i tłumaczy języka włoskiego na etapie konstruowania i realizacji programu studiów I i II stopnia filologii włoskiej z translatoryką Uniwersytetu Łódzkiego.* [In:] Sowa Magdalena, Mocarz-Kleindienst Maria, Czyżewska Urszula (Hrsg.): Nauczanie języków obcych na potrzeby rynku pracy. Wydawnictwo KUL, Lublin, S. 25–38.

Gauger Hans-M. (2000) *Warum nicht Englisch?* [In:] Debus Friedhelm, Kollmann Franz Gustav, Pörksen Uwe (Hrsg.): Deutsch als Wissenschaftssprache im 20. Jahrhundert. Steiner. Stuttgart, S. 19–44.

Gębal Przemysław (2014) *Glottodydaktyka poro´wnawcza jako nowa subdyscyplina glott-odydaktyki.* [In:] Lingwistyka Stosowana/ Applied Linguistics/ Angewandte Linguistik 10/2014, S. 37–49.

Gläser Rosemarie (1998) *Fachsprachen als Subsprachen.* [In:] Hoffmann Lothar, Kalver-kämper Hartwig, Wiegand Herbert Ernst (Hrsg.): Fachsprachen. Halbband 1. Berlin, New York: Walter de Gruyter, S. 199–208.

Gorąca-Sawczyk Gabriela (2016) *Możliwości rozwijania kompetencji miękkich dla wykła-dowców uczelni wyższych na przykładzie wykładowcy – filologa.* [In:] Makowski Jacek (Hrsg.): Języki specjalistyczne. Edukacja – Perspektywy – Kariera. Łódź, Primum Ver-bum, S. 28–39.

Goźdź-Roszkowski Stanisław, Makowski Jacek (2015) *Lingwistyka dla biznesu czy biznes dla lingwistyki? Rola i miejsce specjalistycznych języków obcych w programie inter-dyscyplinarnych studiów uniwersyteckich na przykładzie Uniwersytetu Łódzkiego.* [In:] Sowa Magdalena, Mocarz-Kleindienst Maria, Czyżewska Urszula (Hrsg.): Nauczanie języków obcych na potrzeby rynku pracy. Wydawnictwo KUL, Lublin, S. 67–78.

Greinert Wolf-Dietrich (2008) *Beschäftigungsfähigkeit und Beruflichkeit – zwei konkur-rierende Modelle der Erwerbsqualifizierung?* [In:] Berufsbildung in Wissenschaft und Praxis 37/4, S. 9–12.

Grosseck Maria-Dana (2017) *Die Bedeutung des Fachsprachenunterrichts und seine Rolle zur Verbesserung und Unterstützung der Unternehmenskommunikation.* [In:] Profes-sional Communication and Translation Studies 10, S. 45–52.

Grucza Franciszek (1978) *Glottodydaktyka w świetle modelu komunikacji językowej.* [In:] Grucza Franciszek (Hrsg.): Teoria komunikacji językowej glottodydaktyka. Warszawa, S. 7–26.

Grucza Franciszek (1983) *Zagadnienia metalingwistyki.* Warszawa.

Grucza Franciszek (1988) *Zum Begriff der Sprachkompetenz, Kommunikationskompetenz und Kulturkompetenz.* [In:] Honsza Norbert, Roloff Hans-Gert (Hrsg.): Daß eine Na-tion die andere verstehen möge. Festschrift für Marian Szyrocki zu seinem 60. Ge-burtstag. Beihefte zu Daphnis Band 7. Amsterdam, 309–331.

Grucza Franciszek (1993a) *Język, ludzkie właściwości językowe, językowa zdolność ludzi.* [In:] Piontek Janusz, Wiercińska Alina (Hrsg.): Człowiek w perspektywie ujęć bio-kulturowych. Poznań, 151–174.

Grucza Franciszek (1993b) *Zagadnienia ontologii lingwistycznej: o językach ludzkich i ich (rzeczywistym) istnieniu.* [In:] Opuscula logopedica in honorem Leonis Kaczmarek. Lublin, 25–47.

Grucza Franciszek (1997) *Języki ludzkie a wyrażenia językowe, wiedza a informacja, mózg a umysł ludzki.* [In:] Grucza Franciszek, Dakowska Maria (Hrsg.): Podejścia kognitywne w lingwistyce, translatoryce i glottodydaktyce. Warszawa, S. 7–21.

Grucza Franciszek (2001) *Deutschunterricht und Germanistikstudium in Polen.* [In:] Helbig Gerhard, Götze Lutz, Henrici Gert, Krumm Hans-Jörg (Hrsg.): Deutsch als Fremdsprache. Ein internationales Handbuch. Band 19.2. de Gruyter: Berlin, S. 1528–1543.

Grucza Franciszek (2002) *Języki specjalistyczne – indykatory i/lub determinanty rozwoju cywilizacyjnego.* [In:] Lewandowski Jan (Hrsg.): Języki specjalistyczne, Tom II, Pro-blemy technolingwistyki, KJS, Warszawa, S. 9–26.

Grucza Franciszek (2004) *O językach dotyczących europejskiej integracji i Unii Europejskiej i potrzebie ukonstytuowania ogólnej lingwistyki języków specjalistycznych* [In:] Lewandowski Jan (Hrsg.): Leksykografia terminologiczna – teoria i praktyka, „Języki Specjalistyczne« Warszawa, S. 9–51.

Grucza Franciszek (2005) *Wyrażenie »upowszechnianie nauki« – jego status i znaczenie w świetle teorii aktów komunikacji i lingwistyki tekstów* [In:] Grucza Franciszek, Wiśniewski Wojciech (Hrsg.): Teoria i praktyka upowszechniania nauki. Wczoraj i jutro. Warszawa, S. 41–76.

Grucza Franciszek (2007) *Lingwistyka stosowana. Historia – Zadania – Osiągnięcia.* Warszawa.

Grucza Franciszek (2012) *Antropocentryczna a paradygmatyczna (tradycyjna) lingwistyka (stosowana) i kulturologia (stosowana).* [In:] Lingwistyka Stosowana/ Applied Linguistics/ Angewandte Linguistik 6/2012, S. 5–44.

Grucza Sambor (2004) *Od lingwistyki tekstu do lingwistyki tekstu specjalistycznego,* Wydawnictwo Euro-Edukacja Warszawa.

Grucza Sambor (2007) *Od lingwistyki tekstu do lingwistyki tekstu specjalistycznego,* Uniwersytet Warszawski, wydanie drugie, poprawione i uzupełnione, Warszawa.

Grucza Sambor (2008) *Lingwistyka języków specjalistycznych,* Grucza Franciszek, Lukszyn Jurij (Hrsg.): Wydawnictwo Euro-Edukacja Warszawa.

Grucza Sambor (2009) *Kategoryzacja języków (specjalistycznych) w świetle antropocentrycznej teorii języków ludzkich* [In:] Komunikacja Specjalistyczna, Tom II, Specyfika języków specjalistycznych. Katedra Języków Specjalistycznych, Uniwersytet Warszawski, Warszawa S. 15–31.

Grucza Sambor (2010a) *Główne tezy antropocentrycznej teorii języków.* [In:] Lingwistyka Stosowana 2/2010, S. 41–68.

Grucza Sambor (2010b) *Sprache(n) – Fachsprache(n) – Fachsprachendidaktik.* [In:] Łopuszańska Grażyna (Hrsg.): Studien zur sprachlichen Kommunikation. Festschrift aus Anlass des 70. Geburtstages von Prof. dr habit. Marian Szczodrowski. Gdańsk, S. 31–46.

Grucza Sambor (2012) *Fachsprachenlinguistik,* Warschauer Studien zur Germanistik und zur Angewandten Linguistik, Band 1, Grucza Sambor, Kolago Lech (Hrsg.): Peter Lang, Frankfurt am Main.

Grünhage-Monetti Matilde (2010) *Expertise: Sprachlicher Bedarf von Personen mit Deutsch als Zweitsprache in Betrieben.* Bonn: Bundesamt für Migration und Flüchtlinge.

Grzeszczakowska-Pawlikowska Beata (2021) *Auslandsgermanistik in Polen – zwischen philologischer Bildung und Arbeitsmarktorientierung. Fallbeispiel: Universität Łódź/ Lodz.* [In:] Abrashi Teuta, Tichy Ellen, Sava Doris (Hrsg.): Germanistik in Mittelost- und Südosteuropa. Bildung und Ausbildung für einen polyvalenten Arbeitsmarkt. Peter Lang, Berlin, S. 77–96.

Grzeszczakowska-Pawlikowska Beata (2020): *Rhetorische Kompetenzen in der Fremdsprache Deutsch (DaF). Wirkung und Verständlichkeit polnischer Studentinnen in der interkulturellen Hochschulkommunikation* (= Schriften zur Sprachwissenschaft und Phonetik, Bd. 9). Berlin: Frank & Timme.

Grzeszczakowska-Pawlikowska Beata, Stawikowska-Marcinkowska Agnieszka (2020) *Vom Germanistikstudium zum Arbeitsmarkt – Rückblick und aktueller Bestand.* [In:] Grzeszczakowska-Pawlikowska Beata, Stawikowska-Marcinkowska Agnieszka (Hrsg.): Germanistinnen und Germanisten im Beruf – zwischen Ausbildung und Realität. Wydawnictwo Uniwersytetu Łódzkiego, S. 7–22.

Grzeszczakowska-Pawlikowska Beata, Stawikowska-Marcinkowska Agnieszka (2019) Vorwort [In:] Grzeszczakowska-Pawlikowska Beata, Stawikowska-Marcinkowska Agnieszka (Hrsg.): Speclang 2. Wydawnictwo Uniwersytetu Łódzkiego. Łódź, S. 7–8.

Grzeszczakowska-Pawlikowska Beata (2018a) *Germanistikabsolventen/-innen am Servicedesk – Chancen oder Schwierigkeiten für das Fach?* [In:] Grzeszczakowska-Pawlikowska Beata, Stawikowska-Marcinkowska Agnieszka (Hrsg.): Speclang 2. Wydawnictwo Uniwersytetu Łódzkiego. Łódź, S. 23–38.

Grzeszczakowska-Pawlikowska Beata (2018b) *Auf dem Wege zum beruflichen Erfolg. Einige Überlegungen zu Schlüsselkompetenzen.* [In:] Komunikacja Specjalistyczna, Tom 15–16, Specyfika języków specjalistycznych. Katedra Języków Specjalistycznych, Uniwersytet Warszawski. Warszawa, S. 31–44.

Grzybowska Magda (2018) *Germanista na rynku nowoczesnych usług biznesowych. Wyniki projektu »Trendy na rynku pracy a znajomość języków obcych«.* [In:] Stawikowska-Marcinkowska Agnieszka, Grzeszczakowska-Pawlikowska Beata (Hrsg.): Języki specjalistyczne 2. Edukacja – Perspektywy – Kariera. Wydawnictwo Uniwersytetu Łódzkiego. Łódź, S. 39–51.

Haider Barbara (2010) *Deutsch in der Gesundheits- und Krankenpflege.* Wien: Facultas Universitätsverlag.

Hamiti Vjosa, Ismajli Blertë (2021) *Deutsche Sprache und Kultur als Träger für den lokalen und globalen Arbeitsmarkt.* [In:] Abrashi Teuta, Tichy Ellen, Sava Doris (Hrsg.): Germanistik in Mittelost- und Südosteuropa. Bildung und Ausbildung für einen polyvalenten Arbeitsmarkt. Peter Lang, Berlin, S. 187–199.

Harbig Anna Maria (2013) *Der fachbezogene Fremdsprachenunterricht an polnischen Hochschulen (1953–1989)* [In:] Neofilolog 41/1. Poznań, Lublin, S. 7–20.

Hartmann Daniela (2014) *Die Förderung der Aneignung der akademischen Wissenschaftssprache DaF bei internationalen Studierenden mittels einer Online-Lernplattform: Eine Bedarfsanalyse.* Verlag: epubli GmbH, Berlin.

Hess-Lüttich Ernest W.B. (2009) *Wie kann man vom ›Deutschen‹ leben? Der Bedarf an Angewandter Germanistik und die Praxis Interkultureller Kommunikation – Ein Rückblick und Ausblick zur Einführung.* [In:] Hess-Lüttich Ernest W.B. (Hrsg.): Wie kann man vom ›Deutschen‹ leben? Zur Praxisrelevanz der interkulturellen Germanistik. (=Cross Cultural Communication, Bd. 17). Peter Lang: Frankfurt am Main, S. 19–45.

Hoffmann Lothar (1976) *Kommunikationsmittel Fachsprache. Eine Einführung.* Akademie Verlag Berlin.

Hoffmann Lothar (1984) *Kommunikationsmittel Fachsprache. Eine Einführung.* 2., überarbeitete Auflage. Akademie Verlag Berlin.

Hoffmann Lothar (1985) *Kommunikationsmittel Fachsprache. Eine Einführung.* Günter Narr Verlag Tübingen.

Hoffmann Lothar (1987) *Ein textlinguistischer Ansatz in der Fachsprachenforschung.* [In:] Sprissler Manfred (Hrsg.): Standpunkte der Fachsprachenforschung. Tübingen: Narr.

Holzner Johann (2021) *Fünf Anmerkungen zur Förderung der Schmalspur-Germanistik mit Blick auf eine Arbeitswelt im permanenten Wandel.* [In:] Abrashi Teuta, Tichy Ellen, Sava Doris (Hrsg.): Germanistik in Mittelost- und Südosteuropa. Bildung und Ausbildung für einen polyvalenten Arbeitsmarkt. Peter Lang, Berlin, S. 21–32.

Hucking Thomas, Olsen Leslie (1984) *On the use of informants in LSP discourse analysis.* [In:] Pugh A., Ulijn J. (Hrsg.): Reading for professional purposes. S. 120–129.

Hutchinson Tom, Waters Alan (1987) *English for Specific Purposes. A Learning-centred Approach.* Cambridge: Cambridge University Press.

Hyland Ken (2006) *English for Academic Purposes. An advanced resource book.* London/ New York: Routledge.

Ickler Theodor (1997) *Die Disziplinierung der Sprache. Fachsprache in unserer Zeit.* Gunter Narr Verlag, Tübingen.

Janku Marisa, Sadikaj Sonila (2021) *Berufs- und Fachsprachen in aktuellen DaF-Lehrwerken – eine arbeitsmarktorientierte Analyse.* [In:] Abrashi Teuta, Tichy Ellen, Sava Doris (Hrsg.): Germanistik in Mittelost- und Südosteuropa. Bildung und Ausbildung für einen polyvalenten Arbeitsmarkt. Peter Lang, Berlin, S. 47–62.

Janoszczyk Jolanta (2016) *Deutsch – (immer noch?) die zweitpopulärste Fremdsprache in Polen.* [In:] Mihułka Krystyna, Sieradzka Małgorzata, Budziak Renata (Hrsg.): Die Fremdsprache Deutsch in Polen: Anfänge, Gegewart, Perspektiven. Wydawnictwo Uniwersytetu Rzeszowskiego, S. 43–60.

Jenert Tobias (2021) *Curriculumforschung.* [In:] Schmol Tobias, Philipp Thorsten (Hrsg.): Handbuch Transdisziplinäre Didaktik, S. 57–66.

Jensen Eric (2005) *Teaching with the Brain in Mind.* Alexandria, VA: Association for Supervision and Curriculum Development.

Kalverkämper Hartwig (2000) *Sprachen im Beruf – Kommunikation im Fach: Herausforderungen an die arbeitsteilige Gesellschaft. Zur Einführung in den Band.* [In:] Baumann Klaus-Dieter, Kalverkämper Hartwig, Steinberg-Rahal Kerstin (Hrsg.): Sprachen im Beruf. Stand – Probleme – Perspektiven. Günter Narr Verlag Tübingen, S. 15–30.

Kalverkämper Hartwig (1998a) *Fach und Fachwissen* [In:] Fachsprachen, Bd. 1, S. 1–24.

Kalverkämper Hartwig (1998b) *Fachsprache und Fachsprachenforschung.* [In:] Hoffmann Lothar, Kalverkämper Hartwig, Wiegand Herbert Ernst (Hrsg.): Fachsprachen – Languages for Special Purposes. Ein internationales Handbuch zur Fachsprachenforschung und Terminologiewissenschaft. Berlin, New York: de Gruyter (=Handbücher zur Sprach- und Kommunikationswissenschaft (HSK) 14.1), S. 48–59.

Kałasznik Marcelina, Szczęk Joanna (2020a) *Fachsprachen in der universitären Ausbildung – Ein kritischer Überblick über die fachsprachliche Komponente in den Studienprogrammen für das Fach Germanistik in Polen.* [In:] Acta Facultatis Philosophicae Universitatis Ostraviensis. Studia Germanistica Nr. 26, S. 107–119.

Kałasznik Marcelina, Szczęk Joanna (2020b) *DaF-Ausbildung im universitären Bereich – Ein kritischer Überblick über die fachsprachliche Komponente in den Studienprogrammen für das Fach Germanistik in Polen.* [In:] Grzeszczakowska-Pawlikowska Beata, Stawikowska-Marcinkowska Agnieszka (Hrsg.): Germanistinnen und Germanisten im Beruf – zwischen Ausbildung und Realität. Wydawnictwo Uniwersytetu Łódzkiego, S. 36–51.

Kast Bernd, Neuner Gerhard (1994) *Zur Analyse, Begutachtung und Entwicklung von Lehrwerken für den fremdsprachlichen Deutschunterricht.* Langenscheidt, Berlin.

Kic-Drgas Joanna, Woźniak Joanna (2022) Perspektywy kształcenia nauczycieli języków specjalistycznych w Polsce. Warszawa: Wydawnictwo FRSE.

Kic-Drgas Joanna (2018a) *Präsentieren im Fachsprachenunterricht – eine Pilotstudie.* Scripta Manent, 12, S. 133–167.

Kic-Drgas Joanna (2018b) *Fachspezifische DaF-Lehrer – ein neues Konzept für die berufliche Laufbahn in Polen,* Informationen Deutsch als Fremdsprache 45(6), S. 1–13.

Kic-Drgas Joanna (2017) *A jeśli uczeń wie więcej – trudna interakcja na zajęciach z języka specjalistycznego.* [In:] Neofilolog 49/2, Poznań. S. 207–216.

Kic-Drgas Joanna (2015) *Trudności w uczeniu się terminologii specjalistycznej.* [In:] »ementor« Nr 3(60), S. 17–22, http://dx.doi.org/10.15219/em60.1180, [letzter Zugang: 04.12.2020].

Kic-Drgas Joanna (2010) *Rola refleksji w nauczaniu języków obcych.* [In:] Lingwistyka Stosowana 2/2010, S. 113–121.

Kic-Drgas Joanna (2009) *Jakość w nauczaniu języków obcych.* [In:] Lingwistyka Stosowana/ Applied Linguistics/ Angewandte Linguistik 1, S. 81–89.

Kiefer Karl-Hubert, Szerszeń Paweł (2015) *Badania potrzeb językowo-komunikacyjnych na przykładzie wybranych obszarów zawodowych w polsko-niemieckim kontekście gospodarczym.* [In:] Sowa Magdalena, Mocarz-Kleindienst Maria, Czyżewska Urszula (Hrsg.): Nauczanie języków obcych na potrzeby rynku pracy. Wydawnictwo KUL, Lublin, S. 129–142.

Klonowska-Matynia Maria (2010) *Znaczenie wiedzy w kontekście zmian na rynku pracy.* [In:] Zeszyty Naukowe Wydziału Nauk Ekonomicznych Politechniki Koszalińskiej Nr 15, S. 145–157.

Klute Wilfried (1975) *Fachsprache und Gemeinsprache*, Verlag Moritz Diesterweg, Frankfurt am Main.

Kniffka Gabriele, Roelcke Thorsten (2016) *Fachsprachenvermittlung im Unterricht.* Paderborn: Schöningh.

Komorowska Hanna (2001/2003) *Metodyka nauczania języków obcych.* Fraszka Edukacyjna, Warszawa.

Komorowska Hanna (2005a) *Metodyka nauczania języków obcych.* Fraszka Edukacyjna, Warszawa.

Komorowska Hanna (2005b) *Testowanie językowych osiągnięć uczniów – trudności i zagrożenia.* [In:] Języki Obce w Szkole, Nr 6, S. 41–65.

Komorowska Hanna (2009) *Polska szkoła a znajomość języków – zasięg, powszechność i wyniki nauczania języków obcych w Polsce.* [In:] Komorowska Hanna (Hrsg.): Kształcenie językowe w szkolnictwie wyższym. Wydawnictwo SWPS Academica, Warszawa, S. 23–38.

Krajka Jarosław (2015) *Analiza potrzeb w planowaniu kursów językowych do celów zawodowych – o roli technologii społeczeństwa informacyjnego.* [In:] Sowa Magdalena, Mocarz-Kleindienst Maria, Czyżewska Urszula (Hrsg.): Nauczanie języków obcych na potrzeby rynku pracy. Wydawnictwo KUL, Lublin, S. 221–237.

Krumm Hans-Jürgen (2003) *Der Gemeinsame europäische Referenzrahmen – das Kuckucksei für den Fremdsprachenunterricht?* [In:] Bausch Karl-Richard, Christ Herbert, Königs Frank, KrummHans-Jürgen (Hrsg.): Der Gemeinsame europäische Referenzrahmen für Sprachen in der Diskussion. Arbeitspapiere der 22. Frühjahrskonferenz zur Erforschung des Fremdsprachenunterrichts. Tübingen: Narr, S. 120–126.

Krumm Hans-Jürgen (2005) *Hilfreiche Standardisierung oder fatale Normierung: Gedanken zur Problematik von Bildungsstandards und Lernstandserhebungen.* [In:] Bausch Karl-Richard, Christ Herbert, Königs Frank, Krumm Hans-Jürgen (Hrsg.): Bildungsstandards für den Fremdsprachenunterricht auf dem Prüfstand. Arbeitspapiere der 25. Frühjahrskonferenz zur Erforschung des Fremdsprachenunterrichts. Tübingen: Narr, S. 151–158.

Kubiak Bogusław (2002) *Pojęcie języka specjalistycznego*, [In:] Języki Obce w Szkole, Nr 5, S. 6–11.

Kubiak Bogusław (2005) *Koncepcje nauczania języka specjalistycznego*, [In:] Języki Obce w Szkole, Nr 5, S. 19–24.

Kubiczek Agnieszka (2014) *Refleksja i elastyczność podstawą sukcesu nauczyciela języka obcego w erze post-metodycznej.* [In:] Karpeta-Peć Beata, Kucharczyk Radosław, Smuk Maciej, Torenc Marta (Hrsg.): Wyznaczniki sukcesu nauczyciela i ucznia w glottodydaktyce. Warszawa, S. 137–146.

Kuhn Christina (2007) *Fremdsprachen berufsorientiert lernen und lehren: Kommunikative Anforderungen der Arbeitswelt und Konzepte für den Unterricht und die Lehrerausbildung am Beispiel des Deutschen als Fremdsprache.* Diss. Jena: Digitale Bibliothek Thüringen [http://www.db-thueringen.de/servlets/DerivateServlet/Derivate-13903/Kuhn/Dissertation.pdf].

Künzli Rudolf (2009) *Curriculum und Lehrmittel.* [In:] Andresen Sabine, Casale Rita, Gabriel Thomas, Horlacher Rebekka, Larcher Klee Sabina, Oelkers Jürgen (Hrsg.): Handwörterbuch Erziehungswissenschaft. Weinheim: Beltz, S. 134–148.

Lasatowicz Maria Katarzyna (2010) *Język niemiecki na Górnym Śląsku. Tradycja i teraźniejszość.* [In:] Łopuszańska Grażyna, Willma Doris (Hrsg.): Studien zur sprachlichen Kommunikation, Studia Germanica Gedaniensia 22, Sonderband 6, Festschrift aus Anlass des 70. Geburtstags von Prof. Dr. habil. Marian Szczodrowski. Gdańsk, S. 255–261.

Le Boterf Guy (1990) *L'ingénierie et l'évaluation de la formation.* Paris: Editions d'Organisation.

Lee Kishik (2010) *Reformversuche der südkoreanischen Germanistik: Rettung oder Beschleunigung ihres Untergangs?* [In:] Middeke Annegret (Hrsg.): Entwicklungstendenzen germanistischer Studiengänge im Ausland. Sprache – Philologie – Berufsbezug. Materialien DaF 84. Universitätsverlag, Göttingen, S. 33–42.

Lehmann Denis (1993) *Objectifs spécifiques en langue étrangère. Les programmes en cours.* Paris: Hachette.

Lesiak-Bielawska Elżbieta Danuta (2015a) *Potrzeby nauczycieli języków specjalistycznych a programy kształcenia i formy doskonalenia zawodowego.* [In:] Języki Obce w Szkole, Nr 3, S. 75–79.

Lesiak-Bielawska Elżbieta Danuta (2015b) *Specyfika pracy nauczyciela języka specjalistycznego (JS) a implikacje dla procesu kształcenia.* [In:] Sowa Magdalena, Mocarz-Kleindienst Maria, Czyżewska Urszula (Hrsg.): Nauczanie języków obcych na potrzeby rynku pracy. Wydawnictwo KUL, Lublin, S. 380–392.

Lewicka Grażyna (2007) *Glottodydaktyczne aspekty akwizycji języka drugiego a konstruktywistyczna teoria uczenia się.* Atut, Wrocław.

Linde-Usiekniewicz Jadwiga (2009) *Nauczanie języków obcych na kierunkach filologicznych.* [In:] Komorowska Hanna (Hrsg.): Kształcenie językowe w szkolnictwie wyższym. Wydawnictwo SWPS Academica, Warszawa, S. 69–78.

Long Michael H. (2005) *Methodological issues in learner needs analysis.* [In:] Long Michael H. (Hrsg.): Second Language Needs Analysis. Cambridge University Press, S. 19–76.

Maghetiu Anca-Raluca (2017) *Fachsprachenunterricht im Hochschulbereich*, [In:] Professional Communication and Translation Studies 10, S. 213–219.

Makowski Jacek (2018) *Zur textuellen Teilkompetenz im arbeitsmarktorientierten Fachsprachenunterricht am Beispiel der Branche moderner Unternehmensdienstleistungen und des Wissensbereichs Finanzen.* [In:] Grzeszczakowska-Pawlikowska Beata, Stawikowska-Marcinkowska Agnieszka (Hrsg.): Speclang 2. Wydawnictwo Uniwersytetu Łódzkiego, Łódź, S. 66–99.

Mamet Piotr (2002) *Relacja miedzy kompetencją językową a kompetencją merytoryczną na przykładzie języka biznesu* [In:] Lewandowski Jan (Hrsg.): Języki specjalistyczne 2. Problemy technolingwistyki, Uniwersytet Warszawski, Warszawa, S. 141–151.

Mangiante Jean-Marc, Parpette Chantal (2004) *Le français sur Objectif Spécifique: de l'analyse des besoins à l'élaboration d'un cours.* Hachette, Paris.

Matulewska Aleksandra (2022) *Przyszłość dydaktyki języków specjalistycznych (dyskusja panelowa).* [In:] Kic-Drgas Joanna, Woźniak Joanna (Hrsg.): Perspektywy kształcenia nauczycieli języków specjalistycznych w Polsce. Warszawa: Wydawnictwo FRSE, S. 8–29.

Maturana Humberto (1982) *Erkennen. Die Organisation und Verkörperung von Wirklichkeit.* Braunschweig.

Matušková Lenka (2010) *Germanistik an der Universität Pardubice. Vom Lehramt zum interkulturellen berufsorientierten Studium.* [In:] Middeke Annegret (Hrsg.): Entwicklungstendenzen germanistischer Studiengänge im Ausland. Sprache – Philologie – Berufsbezug. Materialien DaF 84. Universitätsverlag, Göttingen, S. 131–142.

Mezzadri Marco (2003) *I ferri del mestiere. (Auto)formazione per l'insegnante di lingue.* Perugia: Edizioni Guerra/Soleil.

Middeke Annegret, Tichy Ellen (2017) *Curricularreformen und neue Anforderungen an Germanistik-/DaF-Dozentinnen und -Dozenten im nicht-deutschsprachigen Ausland am Beispiel Rumäniens.* [In:] Info DaF 2017; 44(1). De Gruyter, S. 101–116.

Mikuła Bogusz (2006) *Organizacje oparte na wiedzy.* Wydawnictwo Akademii Ekonomicznej w Krakowie, Kraków.

Miodek Wacław (2010) *Elemente der Fachsprachen im Germanistikstudium (Fachkorrespondenz).* [In:] Duś Magdalena, Zenderowska-Korpus Grażyna (Hrsg.): Fachsprachenpropädeutik im Germanistikstudium. Wydawnictwo Wyższej Szkoły Lingwistycznej, Częstochowa. S. 57–66.

Möhn Dieter (1968) *Fach- und Gemeinsprache. Zur Emanzipation und Isolation der Sprache,* [In:] Mitzka Walther (Hrsg.): Wortgeographie und Gesellschaft. Festgabe für Ludwig Schmitt zum 60. Geburtstag, Berlin, S. 23–42.

Möhn Dieter, Pelka Roland (1984) *Fachsprachen: eine Einführung.* Niemeyer, Tübingen.

Mocarz-Kleindienst Maria (2015) *Języki specjalistyczne w programach nauczania na kierunkach slawistycznych.* [In:] Sowa Magdalena, Mocarz-Kleindienst Maria, Czyżewska Urszula (Hrsg.): Nauczanie języków obcych na potrzeby rynku pracy. Wydawnictwo KUL, Lublin, S. 90–97.

Mourlhon-Dallies Florence (2008) *Enseigner une langue à des fins professionnelles.* Didier, Paris.

Müller-Tochtermann Helmut (1959) *Struktur der deutschen Rechtssprache. Beobachtungen und Gedanken um Thema Fachsprache und Gemeinsprache.* [In:] Muttersprache 69.

Myczko Kazimiera (2008) *Curriculare Arbeiten für den DaF-Unterricht nach der Schulreform in Polen.* [In:] Myczko Kazimiera, Skowronek Barbara, Zabrocki Władysław (Hrsg.): Perspektywy glottodydaktyki i językoznawstwa. Tom jubileuszowy z okazji 70.

urodzin Profesora Waldemara Pfeiffera, Wydawnictwo Naukowe UAM, Poznań, S. 185–196.

Nerlicki Krzysztof (2011) *Lernreflexionen im Blickpunkt: Polnische Germanistikstudenten über ihre fremdsprachlichen Lern- und Kommunikationserfahrungen*, Verlag Dr. Kovac Hamburg.

Neuner Gerhard (2003) *Lehrwerke*. [In:] Bausch Karl-Richard, Christ Herbert, Krumm Hans-Jürgen (Hrsg.): Handbuch Fremdsprachenunterricht. Francke, Tübingen, S. 399–402.

Olpińska-Szkiełko Magdalena (2016) *Anthropozentrische Sprachtheorie und Fachsprachenforschung* [In:] Lingwistyka Stosowana/ Applied Linguistics/ Angewandte Linguistik 18, S. 81–90.

Osiejewicz Joanna (2010) *Zum ontologischen und komponentalen Status von Versicherungsfachsprachen.* [In:] Lingwistyka Stosowana 3/2010, S. 219–245.

Osiejewicz Joanna (2016) *Fachsprache(n) im Lichte der anthropozentrischen Sprachentheorie.* [In:] Nycz Krzysztof, Baumann Klaus-Dieter, Kalverkämper Hartwig (Hrsg.): Fachsprachenforschung in Polen. Berlin, Frank & Timme, S. 65–76.

Paprocka-Piotrowska Urszula, Knieja Jolanta (2009) *Motywacje studentów neofilologii: od kandydata do absolwenta.* [In:] Przegląd Glottodydaktyczny 26/2009. Warszawa. S. 159–172.

Peć Beata (2020) *Interdyscyplinarna specyfika kształcenia nauczycieli języków obcych (ze szczególnym uwzględnieniem pedeutologii i glottodydaktyki).* [In:] Neofilolog Nr 55/1, Poznań, S. 27–49.

Pendanx Micèle (1998) *Les Activités d'apprentissage en classe de langue.* Hachette, Paris.

Pfeiffer Waldemar (1986) *Fremdsprachendidaktische Prinzipien und Fachsprachenmethodik.* [In:] Wierlacher Alois (Hrsg.): Jahrbuch Deutsch als Fremdsprache 12. Thematischer Teil: Fachsprache und Fachsprachenvermittlung. München: Hueber Verlag, S. 193–203.

Pfeiffer Waldemar (1990) *Lernziele und Lernstrategie. Eine problemorientierte Skizze.* [In:] Leupold Eynar, Petter Yvonne (Hrsg.): Interdisziplinäre Sprachforschung und Sprachlehre. Tübingen: Günter Narr Verlag, S. 141–158.

Pfeiffer Waldemar (2001) *Nauka języków obcych.* Wagros, Poznań.

Piasecka Małgorzata (2009) *Nauczane języków obcych a jakość kształcenia akademickiego.* [In:] Komorowska Hanna (Hrsg.): Kształcenie językowe w szkolnictwie wyższym. Wydawnictwo SWPS Academica, Warszawa, S. 115–129.

Porst Rolf (2014) *Fragebogen. Ein Arbeitsbuch.* 4. Auflage. Springer VS, Wiesbaden.

Porst Rolf (2000) *Praxis der Umfrageforschung.* 2., überarbeitete Auflage. Teubner- Studienskripten zur Soziologie 126. Stuttgart, Leipzig, Wiesbaden: Teubner.

Porst Rolf (1996) *Fragebogenerstellung.* [In:] Goebl Hans, Nelde Peter H., Starý Zdenek, Wölck Wolfgang (Hrsg.): Kontaklinguistik. Ein internationales Handbuch zeitgenössischer Forschung. Walter de Gruyter, Berlin, New York, S. 737–744.

Posner Roland (1988) *What is an Academic Discipline?* [In:] Claussen/Daube-Schackat, S. 165–185.

Prokop Izabela, Kic-Drgas Joanna (2018) *Kierunki badań nad językami specjalistycznymi w Instytucie Lingwistyki Stosowanej.* [In:] Grzeszczakowska-Pawlikowska Beata, Stawikowska-Marcinkowska Agnieszka (Hrsg.): Języki Specjalistyczne 2. Edukacja – Perspektywy – Kariera. Wydawnictwo Uniwersytetu Łódzkiego, Łódź, S. 28–38.

Rada Roberta V. (2021) *Duale Studiengänge in der Auslandsgermanistik – Chancen und Möglichkeiten*. [In:] Abrashi Teuta, Tichy Ellen, Sava Doris (Hrsg.): Germanistik in Mittelost- und Südosteuropa. Bildung und Ausbildung für einen polyvalenten Arbeitsmarkt. Peter Lang, Berlin, S. 63–76.

Rauterberg Matthias, Strohm Oliver, Ulich Eberhard (1993) *Arbeitsorientierte Gestaltung von Informationsprozessen*. [In:] Reichel Horst (Hrsg.): Informatik – Wirtschaft – Gesellschaft. 23. GI – Jahrestagung Dresden, 27. September – 1. Oktober 1993, Berlin, Heidelberg u. ö.: Springer, S. 163–168.

Richards Jack C. (1993) *The Dilemma of Teacher Education in Second Language Teaching*. [In:] Richards Jack C., Nunan David (Hrsg.): Second Language Teacher Education. Cambridge: CUP, S. 3–15.

Richards Jack C., Lockhart Charles (1996) *Reflective Teaching in Second Language Classrooms*. Cambridge: CUP.

Richterich Rene (1985) *Besoins langagiers et objectifs d'apprentissage*. Paris: Hachette.

Ritzer George (2000) *The McDonaldization of Society – New Centrury Edition*. Thousand Oaks: Pine Forge Press.

Roca Francisca, Bosch Gloria (2015) *Deutsch für den Tourismus im Spannungsfeld zwischen Gemein-, Berufs- und Fachsprache*. Encuentro 15, S. 79–85.

Roelcke Thorsten (1999) *Fachsprachen*, Erich Schmidt Verlag Berlin.

Roelcke Thorsten (2010) *Fachsprachen*, 3., neu bearbeitete Auflage, Erich Schmidt Verlag Berlin.

Roelcke Thorsten (2020) *Fachsprachen*. Berlin: Erich Schmidt Verlag.

Roggausch, Werner (2010) Einleitung. [In:] Middeke Annegret (Hrsg.): Entwicklungstendenzen germanistischer Studiengänge im Ausland: Sprache – Philologie – Berufsbezug. Göttingen: Universitätsverlag (Materialien DaF, 84), S. 1–9.

Roters Bianca (2012) *Professionalisierung durch Reflexion in der Lehrerbildung. Eine empirische Studie an einer deutschen US-amerikanischen Universität*. Münster, New York, München, Berlin: Waxmann.

Rozporządzenie Ministra Nauki i Szkolnictwa Wyższego w sprawie dziedzin nauki i dyscyplin naukowych oraz dyscyplin artystycznych z dnia 20 września 2018 r. [In:] Dziennik Ustaw Rzeczpospolitej Polskiej [pdf-online http://isap.sejm.gov.pl/isap.nsf /download.xsp/WDU20180001818/O/D20181818.pdf, letzter Zugang: 20.08.2021].

Römer Christof, Schöpper-Grabe Sigrid, Wegner Anne, Weiß Reinhold (2004) *Bilateraler Fremdsprachenbedarf in Deutschland und Frankreich – Eine Bestandsaufnahme in Großunternehmen. Abschlussbericht*. Köln: Institut der deutschen Wirtschaft [pdf-online https://www.land.nrw/sites/default/files/asset/document/abschlussbericht-bilateraler-fremdsprachenbedarf.pdf, letzter Zugang 30.10.2021].

Sakowski Krzysztof (2018) *Zajęcia projektowe jako walidacja kompetencji zdobytych w trakcie studiów neofilologicznych drugiego stopnia*. [In:] Stawikowska-Marcinkowska Agnieszka, Grzeszczakowska-Pawlikowska Beata (Hrsg.): Języki Specjalistyczne 2. Edukacja. Perspektywy. Kariera. Łódź, S. 89–103.

Sander Isa-Lou (2021) *Berufssprache*. [In:] Efing Christian, Arich-Gerz Bruno, Sander Isa-Lou (Hrsg.): Vielfalt des Gegenwartsdeutschen. Sonderheft der Lublin Studies in Modern Languages and Literature. Band 45/1, S. 65–73.

Sava Doris, Lăzărescu Ioan (2021) *Beständigkeit im Wandel. Deutsch nach der Wende in Rumänien. Aktuelle Herausforderungen und Perspektiven*. [In:] Abrashi Teuta, Tichy

Ellen, Sava Doris (Hrsg.): Germanistik in Mittelost- und Südosteuropa. Bildung und Ausbildung für einen polyvalenten Arbeitsmarkt. Peter Lang, Berlin, S. 151–173.

Sawicka Agnieszka (2009) *Krótka charakterystyka języków specjalistycznych*, [In:] Komunikacja Specjalistyczna, Tom II, Specyfika języków specjalistycznych. Katedra Języków Specjalistycznych, Uniwersytet Warszawski, Warszawa, S. 188–198.

Schart Michael (2005) Entscheidungsspielräume im aufgabenbasierten Fremdsprachenunterricht. [In:] Müller-Hartmann Andreas, Schocker-v. Ditfurth Marita (Hrsg.): Aufgabenorientierung im Fremdsprachenunterricht. Task-Based Language Learning and Teaching. Tübingen: Narr, S. 125–133.

Schirmer Alfred (1913) *Erforschung der deutschen Sondersprachen*, [In:] Hahn Walther von (1981) (Hrsg.): Fachsprachen. Wissenschaftliche Buchgesellschaft Darmstadt.

Schmidt Wilhelm, Scherzberg Johanna (1968) *Fachsprache und Gemeinsprache.* [In:] Sprachpflege: Zeitschrift für gutes Deutsch in Schrift und Wort (4), S. 65–74.

Schmidt Wilhelm (1969) *Charakter und gesellschaftliche Bedeutung der Fachsprachen.* [In:] *Sprachpflege.* 18. Jahrgang, Heft 1, Leipzig, S. 10–21.

Schober Karen (2001) *Berufsorientierung im Wandel – Vorbereitung auf eine veränderte Arbeitswelt.* In: Wissenschaftliche Begleitung des Programms »Schule – Wirtschaft/ Arbeitswelt« (Hrsg.): Dokumentation 2. Fachtagung Bielefeld 30.–31. Mai 2001. SWA-Materialien Nr. 7, Bielefeld, S. 7–38 [online https://www.sowi-online.de/book/export/h tml/396, letzter Zugang: 20.08.2021].

Schumacher Jana (2020) *Wissenschaftliche Zeitschriftenartikel und Letters der Physik und Informatik. Eine Mehr-Ebenen-Differenzierung*, Frank&Timme Verlag für wissenschaftliche Literatur, Berlin.

Schwerdtfeger Inge C. (2001) *Ganzheitliches Lernen und Leiblichkeit im Fremdsprachenunterricht – zwei Seiten einer Medaille?* [In:] Info DaF 28, 5, S. 431–442.

Siewert Katarzyna (2010) *Semantische Analyse juristischer Fachwörter am Beispiel der Terminologie des Handelsrechts. Eine deutsch-polnische kontrastive Studie*, Wydawnictwo Uniwersytetu Kazimierza Wielkiego Bydgoszcz.

Singh R. K. (1983) *ESP: Communication Constraints.* System 11, 2., S. 155–158.

Skowronek Barbara, Budin Gerhard (1985) *Zur Methodologie der Fachsprachenforschung und der fachsprachlichen Barrieren.* Adam Mickiewicz University Poznań Poland, Institute of Linguistics. Working Papers 21.

Skowronek Barbara (1997) *Methodologische Rekonstruktion glottodidaktischer Theorien.* Wydawnictwo Naukowe UAM, Poznań.

Skowronek Barbara (2008) *Fremdsprachenunterricht als intersemiotische Kommunikation.* [In:] Myczko Kazimiera, Skowronek Barbara, Zabrocki Władysław (Hrsg.): Perspektywy glottodydaktyki i językoznawstwa. Tom jubileuszowy z okazji 70. urodzin Profesora Waldemara Pfeiffera, Wydawnictwo Naukowe UAM, Poznań, S. 107–114.

Skowronek Barbara (2010) *FSU: sprachliche und nichtsprachliche Kommunikation.* [In:] Łopuszańska Grażyna, Willma Doris (Hrsg.): Studien zur sprachlichen Kommunikation, Studia Germanica Gedaniensia 22, Sonderband 6, Festschrift aus Anlass des 70. Geburtstags von Prof. Dr. habil. Marian Szczodrowski. Gdańsk, S. 77–85.

Skowronek Barbara (2013) *Glottodidaktik und Fremdsprachenunterricht in der Diskussion.* Wydawnictwo Naukowe UAM, Poznań.

Skrzypczak Józef (1998) *Tak zwane kompetencje kluczowe, ich charakter i potrzeba kształtowania w toku edukacji ustawicznej.* [In:] Edukacja ustawiczna dorosłych Nr 3/ 1998, S. 19–30.

Sławek Tadeusz (2002) *Antygona w świecie korporacji. Rozważania o uniwersytecie i czasach obecnych.* Katowice, Wydawnictwo Uniwersytetu Śląskiego.

Sobkowiak Paweł (2011) *O potrzebach ucznia kursu języka specjalistycznego.* [In:] Piotrowski Sebastian (Hrsg.): O nauczaniu i uczeniu się języka obcego dla potrzeb zawodowych 12/15, Lublin, S. 68–80.

Sowa Magdalena (2009) *Nauczyciel języka czy nauczyciel zawodu – o nauczaniu języka dla potrzeb zawodowych.* [In:] Pawlak Mirosław, Derenowski Marek, Wolski Bartosz (Hrsg.): Problemy współczesnej dydaktyki języków obcych, Wydział Artystyczno-Pedagogiczny UAM w Kaliszu. Poznań–Kalisz, S. 437–445.

Sowa Magdalena (2015) *Ewolucja programu kształcenia na filologii romańskiej w świetle wyzwań rynku pracy i Krajowych Ram Kwalifikacji.* [In:] Srebro Monika, Typek Elżbieta, Zielińska Lidia (Hrsg.): Przyszłość nauczania języków obcych na uczelniach wyższych. Kraków: Uniwersytet Ekonomiczny, S. 111–122.

Sowa Magdalena (2016a) *Nomenklatura na usługach glottodydaktyki. Koncepcje nauczania języka francuskiego dla potrzeb zawodowych.* [In:] Języki Obce w Szkole, Nr 3, S. 4–11.

Sowa Magdalena (2016b) *Nauczyciel języka specjalistycznego: pomiędzy standardami kształcenia a rzeczywistością zawodową.* [In:] Języki Obce w Szkole, Nr 4, S. 12–17.

Stasiak Halina (2008) *Osobowość nauczyciela a jego autorytet.* [In:] Myczko Kazimiera, Skowronek Barbara, Zabrocki Władysław (Hrsg.): Perspektywy glottodydaktyki i językoznawstwa. Tom jubileuszowy z okazji 70. urodzin Profesora Waldemara Pfeiffera, Wydawnictwo Naukowe UAM, Poznań, S. 213–223.

Stawikowska-Marcinkowska Agnieszka (2020) *Frauen auf dem Arbeitsmarkt – Lodzer Germanistikabsolventinnen erobern die großen Auslagerungsunternehmen.* [In:] Grzeszczakowska-Pawlikowska Beata, Stawikowska-Marcinkowska Agnieszka (Hrsg.): Germanistinnen und Germanisten im Beruf – zwischen Ausbildung und Realität. Wydawnictwo Uniwersytetu Łódzkiego, S. 85–98.

Steinhoff Torsten (2007) *Wissenschaftliche Textkompetenz. Sprachgebrauch und Schreibentwicklung in wissenschaftlichen Texten von Studenten und Experten.* Tübingen: Niemeyer.

Steinmüller Ulrich (2021) *Überlegungen zur Didaktik von Fach- und Berufssprachen.* [In:] Abrashi Teuta, Tichy Ellen, Sava Doris (Hrsg.): Germanistik in Mittelost- und Südosteuropa. Bildung und Ausbildung für einen polyvalenten Arbeitsmarkt. Peter Lang, Berlin, S. 33–45.

Strzelecka Grażyna (2014) *Wędrówka po równoważni, czyli próba krytycznego spojrzenia na nauczanie »języka biznesu« na filologii germańskiej na przykładzie zajęć z niemieckiego języka gospodarki.* [In:] Lingwistyka Stosowana/ Applied Linguistics/ Angewandte Linguistik 10, S. 103–109.

Strzelecka Grażyna (2018) *Logistik an der Germanistik – warum nicht? Ein Plädoyer für den Fachsprachenunterricht an der Universität.* [In:] Neofilolog Nr 51/2 Poznań, S. 211–224.

Szczęk Joanna, Kałasznik Marcelina (2016) *Deutsch als Fremdsprache im universitären Bereich – Diagnose und Perspektiven für die Zukunft.* [In:] Mihułka Krystyna, Sieradzka Małgorzata, Budziak Renata (Hrsg.): Die Fremdsprache Deutsch in Polen: Anfänge, Gegenwart, Perspektiven. Wydawnictwo Uniwersytetu Rzeszowskiego, S. 99–116.

Szerszeń Paweł (2012) *Zum Stand der Fachsprachendidaktikforschung in Polen. Ein Abriss.* [In:] Olpińska-Szkiełko Magdalena, Grucza Sambor, Berdychowska Zofia, Żmudzki Jerzy (Hrsg.): Der Mensch und seine Sprachen. Peter Lang, Frankfurt am Main, S. 586–596.

Tyler Ralph (1949) *Basic Principles of Curriculum and Instruction.* Chicago: Chicago University Press.

Ushioda Ema, Dörnyei Zoltan (2012) *Motivation.* [In:] Gass Susan, Mackey Alison (Hrsg.): The Routledge handbook of second language acquisition. New York: Routledge, S. 396–409.

Vielau Axel (2003) *Die aktuelle Methodendiskussion.* [In:] Bausch Karl-Richard, Christ Herbert, Krumm Hans-Jürgen (Hrsg.): Handbuch Fremdsprachenunterricht. Francke, Tübingen, S. 238–241.

Von Hahn Walther (1981) Fachsprachen. Wissenschaftliche Buchgesellschaft, Darmstadt.

Von Hahn Walther (1983) *Fachkommunikation: Entwicklung, linguistische Konzepte, betriebliche Beispiele.* De Gruyter, Berlin, New York.

Wąsik Elżbieta, Wąsik Zdzisław (2008) *Zagadnienie właściwości lingwistycznych człowieka wobec definicji przedmiotu językoznawstwa na potrzeby glottodydaktyki.* [In:] Myczko Kazimiera, Skowronek Barbara, Zabrocki Władysław (Hrsg.): Perspektywy glottodydaktyki i językoznawstwa. Tom jubileuszowy z okazji 70. urodzin Profesora Waldemara Pfeiffera, Wydawnictwo Naukowe UAM, Poznań, S. 129–143.

Weber Siegfried (2010) *Fachsprachenpropädeutik im Germanistikstudium: Ziele, Merkmale, Inhaltskomponenten.* [In:] Duś Magdalena, Zenderowska-Korpus Grażyna (Hrsg.): Fachsprachenpropädeutik im Germanistikstudium. Wydawnictwo Wyższej Szkoły Lingwistycznej, Częstochowa, S. 9–38.

Weber Hartmut, Becker Monika, Laue Barbara (2000) *Fremdsprachen im Beruf. Diskursorientierte Bedarfsanalysen und ihre Didaktisierung.* Aachen: Shaker.

West Richard (1994) *Needs analysis in language teaching.* Language Teaching, 27(1), S. 1–19.

Weiß Reinhold, Schöpper-Grabe Sigrid (2001) *Go global – Stellenwert der Fremdsprachenförderung in der Wirtschaft.* [In:] NATALI (Hrsg.): Zehn Jahre europäische Sprachenförderung. LINGUA, LEONARDO, SOKRATES – 1990–2000, Saarbrücken, S. 135–150 [online https://docplayer.org/10921589-Zehn-jahre-europaeische-sprachenfoerderung-in-lingua-leonardo-sokrates-1990-2000.html, letzter Zugang: 30.10.2021].

Westbury Ian (1995) *Didaktik und Curriculumtheorie: Zwei Seiten einer Medaille?* [In:] Stefan Hopmann Stefan, Riquarts Kurt (Hrsg.): Zeitschrift für Pädagogik, Beiheft 33. Weinheim und Basel: Beltz, S. 211–236.

Willis Jane (1996) *A Framework for Task-Based Learning.* London: Longman.

Wojnicki Stanisław (1991) *Nauczanie języków obcych do celów zawodowych*, Wiedza Powszechna Warszawa.

Wójcicka Maria (1999) Oczekiwania studentów wobec studiów i wybranego kierunku. Komunikat z badań [In:] Nauka i szkolnictwo wyższe 14/99, S. 56–71.

Wysocka Maria (2003) *Profesjonalizm w nauczaniu języków obcych.* Wydawnictwo Uniwersytetu Śląskiego, Katowice.

Zabrocki Ludwik (1975) *Kybernetische Modelle der sprachlichen Kommunikation.* Ossolineum, Wrocław.

Zawadzka Elżbieta (2004) *Nauczyciele języków obcych w dobie przemian.* Oficyna Wydawnicza IMPULS, Kraków.

Zenderowska-Korpus Grażyna (2004) *Sprachliche Schematismen des Deutschen und ihre Vermittlung in DaF.* Peter Lang, Frankfurt am Main.

Zielińska Lidia (2015) *Content and Language Integrated Learning approach in Teaching Foreign Languages at the University Level.* [In:] Srebro Monika, Typek Elżbieta, Zielińska Lidia (Hrsg.): Przyszłość nauczania języków obcych na uczelniach wyższych. Kraków: Uniwersytet Ekonomiczny, S. 53–68.

Zertifikat Deutsch für den Beruf (ZDfB) (1995) *Lernziele – Wortliste – Testmodell – Bewertungskriterien* (Hrsg.): v. Deutscher Volkshochschul-Verband (DVV) e.V. / Goethe-Institut e.V. München: Goethe-Institut.

Żebrowska Ewa (2017) *Deutsch und Germanistik in Polen.* [In:] Miedema Nine (Hrsg.): Mitteilungen des Deutschen Germanistenverbandes 2017 Jg. 64, Heft 1 Themenheft Germanistik in Europa: Forschungs- und Ausbildungsperspektiven. V&R unipress GmbH, Göttingen, S. 101–105.

Anhang

Titel der Befragung:
Fremd- und Fachsprachenvermittlung für berufliche Zwecke

Sehr geehrte Teilnehmer/in,
vielen Dank für Ihre Zeit und Ihre Teilnahme an der Studie.
Der vorliegende Fragebogen umfasst insgesamt 14 Fragen. Die Bearbeitungsdauer dieser Umfrage beträgt etwa 10 Minuten.
Mit dieser Studie sollen folgende Forschungsfragen beantwortet werden:
– Wie werden die notwendigen Qualifikationen für die Fremd- und Fachsprachenvermittlung für den modernen Arbeitsmarkt erworben?
– Wie ist die Spezifik dieser Tätigkeit?
– Was ist die Motivation der Lehrkräfte?

Die Probanden dieser Studie sind Germanistikabsolventen, die derzeit mit der Fremd- und Fachsprachenvermittlung für berufliche Zwecke beschäftigt sind. Sämtliche Daten werden streng vertraulich bearbeitet und sie können Ihrer Person nicht zugeordnet werden. Die Ergebnisse der Studie werden nur für wissenschaftliche Zwecke benutzt.

Daten der erhebenden Einheit
Institut für Germanistik
Philologische Fakultät Universität Łódź
Abteilung für Deutsche Sprachwissenschaft
Koordinatorin des Projekts: mgr Magda Grzybowska
A: Pomorska 171/173, 90-236 Łódź
T: 042 665 54 22
E: magda.grzybowska@uni.lodz.pl

1. Wie lange unterrichten Sie Deutsch als Fremdsprache?

2. Wie lange unterrichten Sie Deutsch als Fachsprache für berufliche Zwecke?

3. Was bereitete Ihnen in der Anfangsphase der Vermittlung der deutschen Fremd- und Fachsprache für berufliche Zwecke die meisten Schwierigkeiten?

4. Wie haben Sie die zum Unterrichten der deutschen Fremd- und Fachsprache für berufliche Zwecke notwendige Qualifikationen erworben? *Mehrfachnennungen möglich.*
   o abgeschlossenes philologisches Studium,
   o andere abgeschlossene Studien,
   o Aufbaustudium,
   o Selbststudium,
   o zusätzliche Schulungen,
   o Auslandsreisen,
   o Sonstiges, bitte nennen...

5. Haben Sie die offizielle glottodidaktische Spezialisierung zur Lehrerausbildung während des Studiums abgeschlossen?
   o ja
   o nein

6. Wie hat Sie Ihr abgeschlossenes philologisches Studium fachlich bzw. sachlich (z. B. Fachwissen, Didaktik der Fremd- und Fachsprache, Kultur) auf Ihre berufliche Tätigkeit der Fremd- und Fachsprachenvermittlung für berufliche Zwecke vorbereitet?
   o Sehr gut,
   o gut,
   o schlecht,
   o gar nicht

7. Wie hat Sie Ihr abgeschlossenes philologisches Studium sprachlich auf Ihre berufliche Tätigkeit der Fremd- und Fachsprachenvermittlung für berufliche Zwecke vorbereitet?
   o Sehr gut,
   o gut,
   o schlecht,
   o gar nicht

8. Welche zusätzlichen Lehrangebote seitens der Hochschule könnten bei der späteren Vermittlung von Deutsch als Fremd- und Fachsprache für berufliche Zwecke behilflich sein? *Mehrfachnennungen möglich.*
   o Praktika in den Firmen,
   o Online-Materialien,
   o Grundlagen der Erwachsenenbildung,
   o Grundlagen der Sprachkursgestaltung,
   o Schulungen zu weichen Kompetenzen (Soft Skills),
   o Sonstiges, bitte nennen…

9. Wie lange bereiten Sie sich durchschnittlich auf Ihren Unterricht vor? (Dauer des Unterrichts 1,5 h)

10. Welche Bezeichnung trifft auf Ihre Tätigkeit am besten zu?
    o Lehrer/in,
    o Sprachtrainer/in,
    o Lektor/in,
    o Coach,
    o Tutor/in,
    o Sonstiges, bitte nennen…

11. Wie viele Stunden pro Woche unterrichten Sie Deutsch als und Fachsprache für berufliche Zwecke?

12. Welche Quellen nutzen Sie, um Materialien für Ihre Arbeit vorzubereiten?
Mehrfachnennungen möglich.
   o fertige Materialien aus dem Internet,
   o Lehrwerke,
   o Fachbücher,
   o eigene Handouts,
   o Notizen aus dem Studium,
   o Sonstiges, bitte nennen...

13. Warum haben Sie sich für diesen Beruf entschieden? *Mehrfachnennungen
möglich.*
   o günstige finanzielle Bedingungen,
   o persönliche Interessen und Ambitionen,
   o Möglichkeit zur Weiterentwicklung,
   o Arbeit mit Menschen,
   o flexible Arbeitszeiten,
   o keine anderen Jobangebote,
   o Sonstiges, bitte nennen...

14. Haben Sie vor, weiterhin diese Tätigkeit auszuüben?
   o Ja,
   o nein,
   o ich weiß nicht

→ persönliche Anmerkungen oder Feedback: ....

Vielen Dank für Ihre Mithilfe und Unterstützung!